●収録内容一覧

■2025年度中学受験用

昭和学院中学校

5年間スーパー過去問

入試問題と解説・解答の収録内容

年度・入試	収録内容	
2024年度 算数１科／国語１科	算数（解答のみ）／国語（解答のみ）	実物解答用紙DL
2024年度 ｱﾄﾞﾊﾞﾝｽﾄﾁｬﾚﾝｼﾞ	算数・社会・理科・英語・国語 （英語は解答のみ）	実物解答用紙DL
2023年度 算数１科／国語１科	算数（解答のみ）／国語（解答のみ）	実物解答用紙DL
2023年度 ｱﾄﾞﾊﾞﾝｽﾄﾁｬﾚﾝｼﾞ	算数・社会・理科・英語・国語 （英語は解答のみ）	実物解答用紙DL
2022年度 算数１科／国語１科	算数（解答のみ）／国語（解答のみ）	実物解答用紙DL
2022年度 ｱﾄﾞﾊﾞﾝｽﾄﾁｬﾚﾝｼﾞ	算数・社会・理科・英語・国語 （英語は解答のみ）	実物解答用紙DL
2021年度 適性検査型	適性検査Ⅰ・適性検査Ⅱ （解答のみ）	
2021年度 ｱﾄﾞﾊﾞﾝｽﾄﾁｬﾚﾝｼﾞ	算数・社会・理科・英語・国語 （英語は解答のみ）	
2020年度 一般ｼﾞｪﾈﾗﾙｱｶﾃﾞﾐｰ	算数・国語 （解答のみ）	
2020年度 ｱﾄﾞﾊﾞﾝｽﾄﾁｬﾚﾝｼﾞ	算数・社会・理科・国語	

～本書ご利用上の注意～　以下の点について，あらかじめご了承ください。

★別冊解答用紙は巻末にございます。実物解答用紙は，弊社サイトの各校商品情報ページより，一部または全部をダウンロードできます。

★編集の都合上，学校実施のすべての試験を掲載していない場合がございます。

★当問題集のバックナンバーは，弊社には在庫がございません（ネット書店などに一部　あり）。

合格を勝ち取るための
『スーパー過去問』の使い方

本書に掲載されている過去問をご覧になって，「難しそう」と感じたかもしれません。でも，多くの受験生が同じように感じているはずです。なぜなら，中学入試で出題される問題は，小学校で習う内容よりも高度なものが多く，たくさんの知識や解き方のコツを身につけることも必要だからです。ですから，初めて本書に取り組むさいには，点数を気にしすぎないようにしましょう。本番でしっかり点数を取れることが大事なのです。

過去問で重要なのは「まちがえること」です。自分の弱点を知るために，過去問に取り組むのです。当然，まちがえた問題をそのままにしておいては意味がありません。

本書には，長年にわたって中学入試にたずさわっているスタッフによるていねいな解説がついています。まちがえた問題はしっかりと解説を読み，できるようになるまで何度も解き直しをしてください。理解できていないと感じた分野については，参考書や資料集などを活用し，改めて整理しておきましょう。

このページも参考にしてみましょう！

◆どの年度から解こうかな　「入試問題と解説・解答の収録内容一覧」

本書のはじめには収録内容が掲載されていますので，収録年度や収録されている入試回などを確認できます。

※著作権上の都合によって掲載できない問題が収録されている場合は，最新年度の問題の前に，ピンク色の紙を差しこんでご案内しています。

◆学校の情報を知ろう‼「学校紹介ページ」

このページのあとに，各学校の基本情報などを掲載しています。問題を解くのに疲れたら息ぬきに読んで，志望校合格への気持ちを新たにし，再び過去問に挑戦してみるのもよいでしょう。なお，最新の情報につきましては，学校のホームページなどでご確認ください。

◆入試に向けてどんな対策をしよう？「出題傾向＆対策」

「学校紹介ページ」に続いて，「出題傾向＆対策」ページがあります。過去にどのような分野の問題が出題され，どのように対策すればよいかをアドバイスしていますので，参考にしてください。

◇別冊「入試問題解答用紙編」

本書の巻末には，ぬき取って使える別冊の解答用紙が収録してあります。解答用紙が非公表の場合などを除き，（注）が記載されたページの指定倍率にしたがって拡大コピーをとれば，実際の入試問題とほぼ同じ解答欄の大きさで，何度でも過去問に取り組むことができます。このように，入試本番に近い条件で練習できるのも，本書の強みです。また，データが公表されている学校は別冊の１ページ目に過去の「入試結果表」を掲載しています。合格に必要な得点の目安として活用してください。

本書がみなさんの志望校合格の助けとなることを，心より願っています。

株式会社　声の教育社　編集部

昭和学院中学校

所在地	〒272-0823 千葉県市川市東菅野2-17-1
電　話	047-323-4171～5(17：00以降は047-323-4174・中学校直通)
ホームページ	https://showa-gkn.ed.jp/js/junior/
交通案内	JR 総武線・都営新宿線「本八幡駅」，京成本線「京成八幡駅」より徒歩約15分またはバス／JR 武蔵野線・北総鉄道「東松戸駅」よりバス

トピックス

★2025年度は一般入試の募集人数が116名になります。
★2023年度より，IA・AA・GA・SA・TA(中3～)の5コース制を導入。

創立年 昭和15年　男女共学　高校募集あり

応募状況

年度	募集数				応募数	受験数	合格数	倍率
2024	第一	2科(全)	52名	男	66名	65名	27名	2.4倍
				女	89名	86名	22名	3.9倍
		マイ①(GA)		男	5名	5名	2名	2.5倍
				女	24名	24名	19名	1.3倍
	一般	国語(全)	72名	男	93名	92名	19名	4.8倍
				女	155名	147名	55名	2.7倍
		算数(全)		男	201名	192名	79名	2.4倍
				女	139名	134名	43名	3.1倍
		マイ②(GA)		男	8名	8名	2名	4.0倍
				女	12名	12名	6名	2.0倍
		適性(全)		男	92名	80名	18名	4.4倍
				女	123名	107名	30名	3.6倍
		アド(全)		男	184名	125名	18名	6.9倍
				女	214名	156名	14名	11.1倍

※マイ①とマイ②は，Ⅰ型とⅡ型の合算です。

2024年春の主な大学合格実績

<国立大学>
東京外国語大
<私立大学>
慶應義塾大，早稲田大，上智大，東京理科大，明治大，青山学院大，立教大，中央大，法政大，学習院大，成蹊大，成城大，明治学院大

2025年度入試に向けた学校説明会等日程（※予定）

【オープンスクール】
7月13日　14：00～16：00
8月31日　9：30～11：30
【入試説明会】
10月12日／11月2日／12月14日
14：00～16：00

2025年度入試情報

〔第一志望入試〕
・2科
　2024年12月1日…2科選択(国算英)
・マイプレゼンテーションⅠ型①
　2024年12月1日…自己表現文，プレゼンテーション，質疑応答
・マイプレゼンテーションⅡ型①
　2024年12月1日…自己表現文，プレゼンテーション(大会等の実績含む)，質疑応答
〔一般入試〕
・算数1科／国語1科
　2025年1月20日…算数／国語
・マイプレゼンテーションⅠ型②
　2025年1月20日…第一志望入試と同じ
・マイプレゼンテーションⅡ型②
　2025年1月20日…第一志望入試と同じ
・適性検査型
　2025年1月22日…適性検査Ⅰ・Ⅱ
・アドバンストチャレンジ
　2025年1月24日…2科選択(国算英)または4科選択(国算英から2科＋社理)

編集部注一本書の内容は2024年6月現在のものであり，変更されている場合があります。正式な情報は，学校のホームページ等で必ずご確認ください。

算数 出題傾向＆対策

◆基本データ（2024年度アドバンスト）

試験時間／満点	50分／100点
問題構成	・大問数…５題 計算１題（５問）／応用小問２題（７問）／応用問題２題 ・小問数…16問
解答形式	解答のみを記入する形式になっている。必要な単位などはあらかじめ印刷されている。
実際の問題用紙	Ａ４サイズ，小冊子形式
実際の解答用紙	Ａ４サイズ

◆出題傾向と内容

▶過去３年の出題率トップ３
１位：四則計算・逆算20％　２位：角度・面積・長さ11％　３位：計算のくふう10％
▶今年の出題率トップ３
１位：四則計算・逆算23％　２位：調べ・推理・条件の整理13％　３位：角度・面積・長さ10％

１題めの計算問題は３～５問出題されています。くふうをすれば簡単になるものもあります。

２題めの応用小問は，５問前後出題されています。逆算，比，割合，数の性質，速さなどが出題されています。

数量分野からは，数の性質，規則性，割合，濃度などがよく出題されます。特殊算では，旅人算，過不足算，相当算などが取り上げられています。

図形分野からは，角度・面積・体積を求める問題がよく出題されています。立体の体積，容積を求める問題や速さに関係して，グラフの問題も毎年のように出題されています。

◆対策～合格点を取るには？～

計算力は算数の基本的な力です。標準的な計算問題集を１冊用意して，毎日５問でも10問でも欠かさずに練習すること。数量分野では，単位の計算，割合と比，数の性質，数列などに注目しましょう。図形分野では，角度・面積・長さ・体積を求める基本的な考え方や解き方をはば広く身につけ，すばやく解けるようになること。また，グラフの問題は，水位変化や速さと組み合わせた問題の基本をおさえておきましょう。特殊算も，ひと通りの基本は習得しておいてください。

分野	年度	2024		2023		2022	
		算１	アド	算１	アド	算１	アド
計算	四則計算・逆算	●	●	◎	●	●	◎
	計算のくふう	○	◎	◎		◎	◎
	単位の計算				○		
和と差	和差算・分配算						
	消去算						
	つるかめ算		○				
	平均とのべ						
	過不足算・差集め算				○		
	集まり					○	
	年齢算						
割合と比	割合と比			○		○	
	正比例と反比例					○	
	還元算・相当算					○	
	比の性質				○		
	倍数算						
	売買損益		○				○
	濃度			○		○	
	仕事算						
	ニュートン算						
速さ	速さ	○	○			○	
	旅人算	○				○	○
	通過算			○			
	流水算						
	時計算						
	速さと比						
図形	角度・面積・長さ	○	◎	●	○	○	●
	辺の比と面積の比・相似				○		
	体積・表面積	○					
	水の深さと体積		○	○		○	
	展開図						
	構成・分割			○			
	図形・点の移動				○		
表とグラフ		○		○	○	○	○
数の性質	約数と倍数						
	N進数				○		
	約束記号・文字式						○
	整数・小数・分数の性質	◎			○		○
規則性	植木算						
	周期算			○	◎		◎
	数列		○				
	方陣算						
	図形と規則						
場合の数		○	○				
調べ・推理・条件の整理		◎	◎		○	○	○
その他							

※　○印はその分野の問題が１題，◎印は２題，●印は３題以上出題されたことをしめします。

出題傾向＆対策

◆基本データ（2024年度アドバンスト）

試験時間／満点	30分／50点
問題構成	・大問数…３題 ・小問数…19問
解答形式	記号選択と適語の記入のほかに，２～３行程度の記述問題も見られる。
実際の問題用紙	Ａ４サイズ，小冊子形式
実際の解答用紙	Ａ４サイズ

◆出題傾向と内容

●地理…日本の食料自給率や自然災害など特定の分野について集中的に問う傾向にあります。比較的狭い範囲から出題されるので，日本の都市でおこった自然災害や県名，産業，文化などがくわしく問われます。また，日本の世界遺産などについての問題も出題されています。

●歴史…特定のテーマを取り上げた問題や，年表形式の問題などが出題されています。過去には，奈良時代から江戸時代まではば広く取り上げられた説明文を読んで，代表的な人物や地名，できごとなども問われました。また，写真や絵などの資料を用いたものも出題されています。

●政治…日本国憲法や三権のしくみ，国際関係が多い傾向にあります。国会・内閣・裁判所や選挙のしくみについては，用語をしっかりおさえておく必要があります。また，政治分野だけでなく，どの分野においても，時事分野の用語が使われることがあるため，日ごろからの注意が必要です。

分野＼年度			2024	2023	2022	2021	2020
日本の地理	地図の見方				○	○	
	国土・自然・気候		○				
	資源						
	農林水産業		○	○		○	★
	工業						
	交通・通信・貿易				○		
	人口・生活・文化			○			
	各地方の特色		★	○	○	★	
	総合			★			
世界の地理				○		★	
日本の歴史	時代	原始～古代	○		○	○	○
		中世～近世	○	○	○	○	○
		近代～現代	○	○	○	○	○
	テーマ	政治・法律史					
		産業・経済史					
		文化・宗教史					
		外交・戦争史					
		総合	★		★	★	
世界の歴史							
政治	憲法			○			○
	国会・内閣・裁判所		○	○	○		
	地方自治		○				
	経済						
	生活と福祉		○	○			○
	国際関係・国際政治				○	★	
	総合		★	★	★		★
環境問題						○	○
時事問題			○	○			○
世界遺産				○	○		
複数分野総合				★	★	★	★

※　原始～古代…平安時代以前，中世～近世…鎌倉時代～江戸時代，近代～現代…明治時代以降
※　★印は大問の中心となる分野をしめします。

◆対策～合格点を取るには？～

問題はやや難しいものもふくまれますが，まずは基礎を固めることを心がけてください。教科書のほか，説明がていねいでやさしい標準的な参考書を選び，基本事項をしっかりと身につけましょう。

地理分野では，地図とグラフが欠かせません。つねにこれらを参照しながら，白地図作業帳を利用して，特に産業（農林水産業・工業）のようす（もちろん統計表も使います）を重点的に学習していってください。

歴史分野では，教科書や参考書を読むだけでなく，自分で年表をつくって覚えると学習効果が上がります。でき上がった年表は，各時代，各分野のまとめに活用できます。本校の歴史の問題にはさまざまな時代や分野が取り上げられていますから，この作業はおおいに威力を発揮するはずです。

政治分野からの出題も多いので，日本国憲法の基本的な内容と三権（国会・内閣・裁判所）について，確実におさえておいた方がよいでしょう。また，時事問題については，新聞やテレビ番組などでニュースを確認し，国の政治や経済の動き，環境問題や世界各国の情勢などについて，ノートにまとめておきましょう。

理科 出題傾向＆対策

◆基本データ（2024年度アドバンスト）

試験時間／満点	30分／50点
問題構成	・大問数…４題 ・小問数…16問
解答形式	記号選択と適語・適文・数値の記入のほかに，１～２行の記述問題が数問見られる。
実際の問題用紙	Ａ４サイズ，小冊子形式
実際の解答用紙	Ａ４サイズ

分野＼年度		2024	2023	2022	2021	2020
生命	植物	★	○	★	★	
	動物		○	○		★
	人体					
	生物と環境					
	季節と生物					
	生命総合		★			
物質	物質のすがた	★				
	気体の性質					○
	水溶液の性質		★	★		
	ものの溶け方				★	
	金属の性質					
	ものの燃え方					★
	物質総合					
エネルギー	てこ・滑車・輪軸			★		
	ばねののび方					
	ふりこ・物体の運動	★				
	浮力と密度・圧力					
	光の進み方					
	ものの温まり方					
	音の伝わり方					
	電気回路					★
	磁石・電磁石		★		★	
	エネルギー総合					
地球	地球・月・太陽系		★			★
	星と星座	★				
	風・雲と天候			★		
	気温・地温・湿度					
	流水のはたらき・地層と岩石					
	火山・地震					
	地球総合					
実験器具						
観察						
環境問題						○
時事問題						
複数分野総合						

※　★印は大問の中心となる分野をしめします。

◆出題傾向と内容

各分野からかたよりなく出題されています。試験時間に対して問題量は適切といえるでしょう。理由を記述させる問題も出ているので注意が必要です。

●生命…発芽の実験，メダカの観察，ハスの花と虫の関係，光合成や呼吸などの問題が，実験や観察をもとに出題されています。

●物質…集気びんの中でのものの燃え方，水の温度と状態変化，ものの溶け方，気体の性質，水溶液の性質とその判別などが取り上げられています。

●エネルギー…風力発電における風速と発電量の関係，電磁石を使った金属ゴミの分別，光の反射，ものの温まり方，ふりこの運動と周期，てこのつり合いなど，計算を主体とした出題が目立ちます。

●地球…太陽系の惑星のようすと特ちょう，川の流れと流れる水のはたらき，カシオペヤ座の動き，月の動きと見え方など，図をもとにして読みとる力も試されています。

◆対策～合格点を取るには？～

基礎力を問う標準的なものが大半です。したがって，まず基本的な知識をしっかり身につけることが大切です。各単元の教科書レベルの知識や解き方を完全にマスターするとともに，ふだんから身近なものに対して関心をよせて観察したり，調べたりしていくことも重要です。観察力とすじみちを立てて考える力が理科の学習の基本です。

「生命」は，身につけなければならない基本知識の多い分野ですが，一歩一歩確実に学習する心がけが大切です。動物とヒトのからだのつくり，植物のつくりと成長などを中心に知識を深めましょう。「物質」では，水溶液の性質やものの溶け方に重点をおいて学習してください。中和反応や濃度など，表やグラフをもとに計算させる問題にも取り組んでおきましょう。「エネルギー」では，てこ，輪軸，ふりこの運動などについて，さまざまなパターンの問題にチャレンジしてください。さらに，かん電池のつなぎ方などもよく出題される内容なので，学習計画から外すことのないようにしておきましょう。「地球」では，太陽・月・地球の動き，天気と気温・湿度の変化，流水のはたらき，地層のでき方などが重要なポイントです。

国語 出題傾向＆対策

◆基本データ(2024年度アドバンスト)

試験時間／満点	50分／100点
問題構成	・大問数…４題 文章読解題２題／知識問題２題 ・小問数…25問
解答形式	記号選択と記述問題で構成されている。記述問題はすべて字数制限がある。漢字の読みや書き取りも見られる。
実際の問題用紙	Ａ４サイズ，小冊子形式
実際の解答用紙	Ａ３サイズ

◆出題傾向と内容

▶過去の出典情報(著者名)
説明文：齋藤　孝　更科　功　佐渡島庸平
小　説：夏目漱石　佐藤いつ子　志賀直哉

●読解問題…説明文と小説が１題ずつ出題されています。設問に関しては，接続語などの適語補充，指示語の内容，脱文挿入，文中での語句の意味，内容一致，同意表現の抜き出しなど，はば広く出題されています。

●知識問題…大問が１題出され，漢字の読み書き以外に，故事成語，ことわざ，四字熟語，慣用句，敬語，用法選択，文の組み立て，誤字訂正，言葉の呼応などが出されたこともあります。特にことわざや，熟語の組み立てがよく出題されます。

◆対策～合格点を取るには？～

試験問題で正しい答えを出せるようになるためには，なるべく多くの読解問題にあたり，出題内容や形式に慣れることが大切です。接続詞の使い方や指示語の内容などには特に注意して読み進め，本文の内容を自分のことばで説明できるようにくり返し練習してください。

表現力をつけるのに最も大切なことは，要点をしっかりとらえた簡潔な文を書く技術を身につけることです。たとえば，新聞のコラムを短くまとめてみるとか，日記をつけるなどの学習方法を取り入れるのもよいでしょう。

知識問題については，漢字や文法の問題集を１冊仕上げるほか，ことわざや慣用句などについても，ノートにまとめるなどして覚えていきましょう。

分野 ＼ 年度			2024		2023		2022
			国１	アド	国１	アド	
読解	文章の種類	説明文・論説文	★	★	★	★	★
		小説・物語・伝記	★	★	★	★	★
		随筆・紀行・日記					
		会話・戯曲					
		詩					
		短歌・俳句					
	内容の分類	主題・要旨	○	○	○	○	○
		内容理解	○	○	○	○	○
		文脈・段落構成	○	○			
		指示語・接続語	○	○	○	○	○
		その他	○	○	○	○	○
知識	漢字	漢字の読み				○	
		漢字の書き取り	★	★	★	○	★
		部首・画数・筆順					
	語句	語句の意味			○		○
		かなづかい					
		熟語	★	★	★	○	★
		慣用句・ことわざ		○			
	文法	文の組み立て					
		品詞・用法					
		敬語					
	形式・技法						
	文学作品の知識						
	その他		○			★	
	知識総合						
表現	作文						
	短文記述				○		
	その他						
放送問題							

※　★印は大問の中心となる分野をしめします。

2024年度 昭和学院中学校

【算　数】〈算数１科試験〉（50分）〈満点：100点〉

1 次の計算をしなさい。

（１） $5\times(22-15)+332\div(2023-1940)$

（２） $(5+5)\div(5\times5)+\dfrac{1}{5\times5}\times\{5\times(5+5)-5\}$

（３） $\left\{5-\left(3\dfrac{3}{7}+1.6\right)\div1\dfrac{4}{7}\right\}\times\dfrac{2}{3}+\dfrac{1}{5}\div0.25$

（４） $\left(\dfrac{2}{1\times2}-\dfrac{1}{2}\right)+\left(\dfrac{1}{2}-\dfrac{2}{2\times3}\right)+\left(\dfrac{1}{3}-\dfrac{1}{4}\right)$

2 次の問いに答えなさい。

（１）□に当てはまる数を答えなさい。

$6\times(18-\square\div2)=36$

（２）１周３ km の池の周りをＡさんは自転車で，Ｂさんは徒歩で周ります。同時に同じ地点を出発して，同じ方向に周るとＡさんはＢさんを２０分後に初めて追いこし，反対方向に周ると１２分後に初めて出会います。Ａさんの進む速さが時速何 km か求めなさい。

（３）箱の中に１から１０までの番号が書かれたカードが１枚ずつ合計１０枚入っています。この箱の中からカードを同時に３枚取り出すとき，３枚とも奇(き)数になる取り出し方は，全部で何通りありますか。

（４）２秒ごとに「赤，白，黄，青」の順に色が変わるランプと，３秒ごとに「緑，青，紫（むらさき）」の順に色が変わるランプがあります。この２つのランプのスイッチを同時に入れるとき，それぞれ「赤，緑」のランプが点灯しました。
初めて２つのランプの色が同じ色になるのは何秒後ですか。

（５）りんごがいくつかあり，その数は２００個より少ないです。
このりんごを２１個ずつ分けると１０個あまり，８個ずつ分けると５個あまります。
このとき，りんごは全部でいくつありますか。

（６）昭子さんは町内会のお祭りでラムネを販（はん）売することになり，一緒に販売するお父さんからラムネの販売金額を考えるように言われました。
ただし，販売金額は次の５つの条件を満たすように設定するものとします。

条件
① ラムネは１本９５円で，２００本仕入れる
② ラムネを冷やすためのクーラーボックスのレンタル代は５５００円
③ ラムネを冷やすための氷代は３２００円
④ ２００本売り切ったとき，５％以上の利益が出るようにする
⑤ おつりに１円玉と５円玉を用意しなくてもいいようにする

５つの条件を満たしてラムネを販売するには，ラムネ１本の販売金額を最低いくらに設定すればいいですか。

3 次の問いに答えなさい。

（１）下の三角柱の表面積が６６０ cm^2 のとき，この立体の体積を求めなさい。

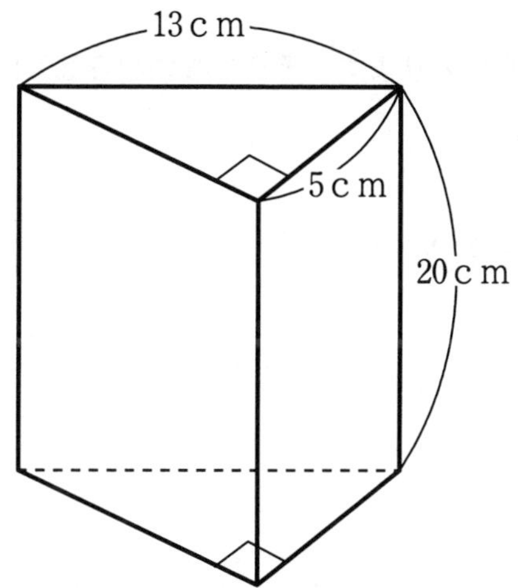

（２）下の図で，四角形ＡＢＣＤは対角線の長さが１０ cm の正方形です。点Ｃを中心として点Ａ，点Ｂを通るような円をそれぞれかきます。
このとき，しゃ線部分の面積を求めなさい。ただし，円周率は３．１４とします。

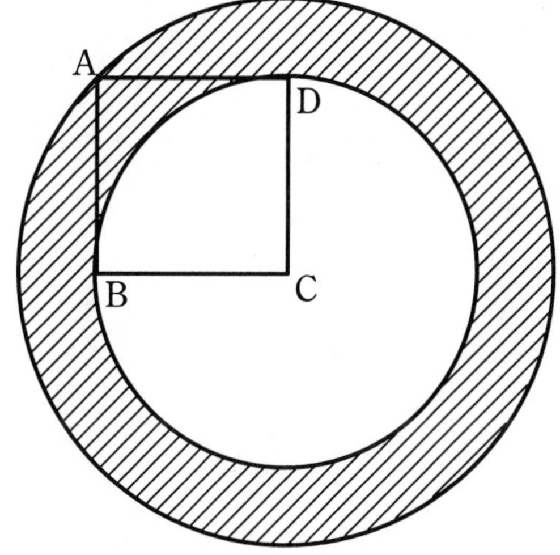

4 次のような規則で整数ＸをＡ，Ｂ，Ｃの３つのグループに分けます。

① Ｘを５で割ったとき，余りが奇数ならばＸはＡに入ります。そうでないならば②の作業をします。

② Ｘを４で割ったとき，余りが奇数ならばＸはＢに入ります。そうでないならばＸはＣに入ります。

（１）３０はＡ，Ｂ，Ｃのどのグループに入るか答えなさい。

（２）Ａに入る２けたの整数の個数を求めなさい。

（３）すべての整数を規則によって分けたとき，Ｂに入っている整数のうち，２０番目に小さい整数を求めなさい。

5 ある路線の普通(ふつう)電車は，A駅を出発するとB駅，C駅，D駅，E駅の順番で各駅に停車し，特急電車は，A駅を出発すると次はE駅に停車をします。
下のグラフは普通電車が午前１０時にA駅を出発し，午前１０時２２分３０秒にE駅に到着するまでのようすを表したものです。普通電車の停車時間はB駅とD駅では１分間，C駅では特急電車の通過待ちのため５分間です。
また，電車の速度は普通電車が時速７２ km，特急電車は時速１０８ km です。
このとき，次の問いに答えなさい。

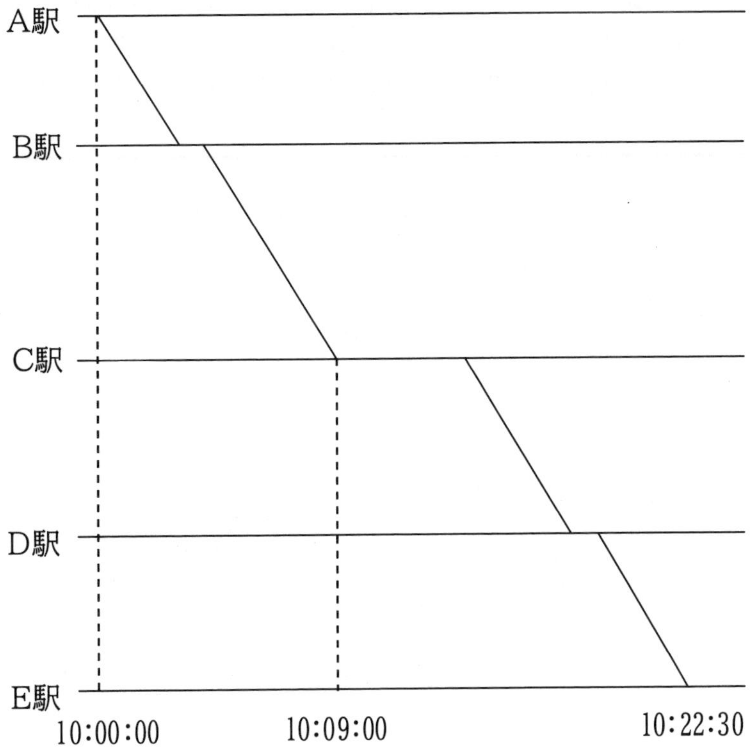

（１）特急電車は，午前１０時何分から何分の間にA駅を出発すればよいでしょうか。
ただし，特急電車は●分００秒で出発することとします。

（２）普通電車がD駅を出発する時刻は午前１０時何分何秒でしょうか。
ただし，普通電車がA駅からB駅まで行くのにかかる時間とD駅からE駅まで行くのにかかる時間の比は６：７，B駅からC駅まで行くのにかかる時間と，C駅からD駅まで行くのにかかる時間の比は５：４とします。

2024年度

昭和学院中学校

※　編集上の都合により，算数１科試験の解説は省略させていただきました。

算　数　<算数１科試験>（50分）<満点：100点>

解　答

1 (1) 39　(2) $2\frac{1}{5}$　(3) 2　(4) $\frac{3}{4}$　2 (1) 24　(2) 時速12km　(3) 10通り　(4) 14秒後　(5) 157個　(6) 150円　3 (1) 600cm^3　(2) 157cm^2　4 (1) C　(2) 36個　(3) 67　5 (1) 午前10時４分から８分　(2) 午前10時19分00秒

三　次の――線部のカタカナを漢字で書きなさい。送り仮名が必要ならば、送り仮名をひらがなで答えなさい。

１　母のチュウコクを聞かず失敗した
２　セイザにまつわる神話を調べる
３　雨で出発時間をノバス
４　久しぶりにキョウリにもどった

四　次の四字熟語の空らんにあてはまる漢字をそれぞれ二字ずつ書きなさい。また、完成した四字熟語の意味として最も適当なものを、次の１～５のうちからそれぞれ一つずつ選びなさい。

ア　（　　）雨読
イ　（　　）雷同
ウ　無病（　　）

１　人の意見に軽々しく同調すること
２　ぐずぐずして思い切りの悪いこと
３　ゆうゆうとした生活を送ること
４　行為の善悪に応じた報いがあること
５　病気もせず健康であること

問四　――線部Ｄ「何だか貴重の書物らしい気がした」とありますが、なぜ「貴重」だと思ったのですか。最も適当なものを、次の１～５のうちから一つ選びなさい。

１　喜いちゃんが言うことはいつも正しいことだと信じており、その彼が持ってきたものだったから。

２　喜いちゃんは、漢学が好きで漢籍のことや自分の知らないことを教えてくれることがたびたびあったから。

３　漢文で書いてあり、自分の知らない名前や場所が、たくさん出て来たので素晴らしいものなのだと思ったから。

４　私は特に漢学を学ぶことが好きだったので、漢文で書かれた文章はどれも勉強に必要だったから。

５　自分の知らない人の名前に興味を持ち、これから勉強する自分にとってとても大切なものだと感じたから。

問五　――線部Ｅ「私の顔を見ながら愚図々々している」とありますが、なぜ「愚図々々している」のですか。この時の喜いちゃんの気持ちを、五十字以上、六十字以内で答えなさい。

問六　――線部Ｆ「不善の行為」とはどのようなことですか。本文中の言葉を使って十五字以内で答えなさい。

問七　本文には次の一文が抜けています。この一文が入る場所を探し、本文中の【　１　】～【　４　】のうちから一つ選びなさい。

私はいきなり机の上に載せて置いた書物を取って、喜いちゃんの前に突き出した。

問八　――線部Ｇ「私はそれに手を触れようともしなかった」とありますが、この時の私の気持ちにふさわしいものを、次の１～５のうちから二つ選びなさい。

１　代金を値切った自分の「狡猾」さから自分で自分が嫌になり、たまらなく悔しい気持ち。

２　最初から読めない本だが勉強しようと楽しみにしていたのに、自分の物でなくなる残念な気持ち。

３　喜いちゃんの計画的な行動に自分がだまされたことに気がつき、許せない気持ち。

４　喜いちゃんの行いがいい加減で不誠実なのに、安過ぎると何度も言うことに腹が立つ気持ち。

５　喜いちゃんのことを本当に信じていたのに、裏切られ二度と一緒に遊ぶまいという気持ち。

「左右かそんなら、そうしよう」

喜いちゃんは、とうとう本だけ持って帰った。そうして私は何の意味なしに二十五銭の小遣を取られてしまったのである。

（夏目漱石『硝子戸の中』より）

（注）※本文中の漢字については、学習指導要領における小学校配当以外の難しい漢字にはふりがなをふっています。

※設問の都合上、一部表記を変えたところがあります。

※１　中町…現在の東京都新宿区中町のこと。

※２　細君…自分の妻を指す言葉。

※３　漢学が好きだった…同じ作者の談話「文話」の中に、「私の父も、兄も、一体に私の一家は漢文の愛した家で」、その感化を受けたという一節がある。

※４　漢籍…中国人によって漢文で書かれた書物。

※５　太田南畝…「太田」は「大田」が正しいと言われる。江戸時代後期の作家。一七四九年～一八二三年に蜀山人と名乗った。

※６　南畝莠言…二巻本。文化十四年（一八一七）に著した考証随筆集。

問一　―線部Ａ「喜いちゃんは……極っていた」とありますが、喜いちゃんが来る別の理由は何ですか。「来るため」に続く形で本文中から七字で抜き出して答えなさい。

問二　―線部Ｂ「松さんの許」とありますが、ここで暮らしている人はどの組み合わせですか。最も適当なものを、次の１～５のうちから一つ選びなさい。

１　松さんと喜いちゃん
２　喜いちゃんと生の母
３　喜いちゃんと元夫
４　松さんと生の母
５　私と松さん

問三　―線部Ｃ「僕の友達がそれを売りたいというので君に見せに来たんだが、買って遣らないか」とありますが、喜いちゃんがこの本を売ろうとした本当の理由が書かれている一文を抜き出し、初めの五字を答えなさい。

うだけの満足はあった。私はその夜※6南畝莠言――たしかそんな名前だと記憶しているが、それを机の上に載せて寐た。

翌日になると、喜いちゃんが又ぶらりと遣って来た。

「君昨日買って貰った本の事だがね」

喜いちゃんはそれだけ云って、E私の顔を見ながら愚図々々している。私は机の上に載せてあった書物に眼を注いだ。

「あの本かい。あの本がどうかしたのかい」

「実はあすこの宅の阿爺に知れたものだから、阿爺が大変怒ってね。どうか返して貰って来てくれって僕に頼むんだよ。僕も一遍君に渡したもんだから厭だったけれども仕方がないから又来たのさ」

「本を取りにかい」

「取りにって訳でもないけれども、もし君の方で差支えがないなら、返して遣ってくれないか。何しろ二十五銭じゃ安過ぎるっていうんだから」

【　1　】

この最後の一言で、私は今まで安く買い得たという満足の裏に、ぼんやり潜んでいた不快、――F不善の行為から起る不快――を判然自覚し始めた。そうして一方では狡猾い私を怒ると共に、一方では二十五銭で売った先方を怒った。どうしてこの二つの怒りを同時に和らげたものだろう。私は苦い顔をしてしばらく黙っていた。【　2　】

私のこの心理状態は、今の私が小供の時の自分を回顧して解剖するのだから、比較的明瞭に描き出されるようなものの、その場合の私には殆んど解らなかった。私さえただ苦い顔をしたという結果だけしか自覚し得なかったのだから、相手の喜いちゃんには無論それ以上解る筈がなかった。括弧の中でいうべき事かも知れないが、年齢を取った今日でも、私には能くこんな現象が起ってくる。それで能く他から誤解される。

喜いちゃんは私の顔を見て、「二十五銭では本当に安過ぎるんだとさ」と云った。【　3　】

「じゃ返そう」

「どうも失敬した。何しろ安公の持ってるものでないんだから仕方がない。阿爺の宅に昔からあったやつを、そっと売って小遣にしようって云うんだからね」

私はぷりぷりして何とも答えなかった。喜いちゃんは袂から二十五銭出して私の前へ置き掛けたが、G私はそれに手を触れようともしなかった。

「その金なら取らないよ」

「何故」

「何故でも取らない」

「左右か。然しつまらないじゃないか、ただ本だけ返すのは。本を返す位なら二十五銭も取り給いな」

私は堪らなくなった。【　4　】

「本は僕のものだよ。一旦買った以上は僕のものに極ってるじゃないか」

「そりゃ左右に違いない。違いないが向の宅でも困ってるんだから」

「だから返すと云ってるじゃないか。だけど僕は金を取る訳がないんだ」

「そんな解らない事を云わずに、まあ取って置き給いな」

「僕は遣るんだよ。僕の本だけども、欲しければ遣ろうというんだよ。遣るんだから本だけ持ってったら好いじゃないか」

二　次の文章を読んで、後の問いに答えなさい。

（字数はすべて句読点を含む）

　私がまだ小学校に行っていた時分に、喜いちゃんという仲の好い友達があった。喜いちゃんは当時※1中町の叔父さんの宅にいたので、そう道程の近くない私の所からは、毎日会いに行くことが出来悪かった。私は重に自分の方から出掛けないで、喜いちゃんの来るのを宅で待っていた。A喜いちゃんはいくら私が行かないでも、きっと向うから来るに極っていた。そうしてその来る所は、私の家の長屋を借りて、紙や筆を売るB松さんの許であった。

　喜いちゃんには父母がない様だったが、子供の私には、それが一向不思議とも思われなかった。恐らく訊いてみた事もなかったろう。従って喜いちゃんが何故松さんの所へ来るのか、その訳さえも知らずにいた。これはずっと後で聞いた話であるが、この喜いちゃんの御父さんというのは、昔し銀座の役人か何かをしていた時、贋金を造ったとかいう嫌疑を受けて、入牢したまま死んでしまったのだという。それであとに取り残された※2細君が、喜いちゃんを先夫の家へ置いたなり、松さんの所へ再縁したのだから、喜いちゃんが時々生の母に会いに来るのは当たり前の話であった。

　何にも知らない私は、この事情を聞いた時ですら、別段変な感じも起さなかった位だから、喜いちゃんと巫山戯廻って遊ぶ頃に、彼の境遇などを考えた事はただの一度もなかった。

　喜いちゃんも私も※3漢学が好きだったので、解りもしない癖に、能く文章の議論などをして面白がった。彼は何処から聴いてくるのか、調べてくるのか、能くむずかしい※4漢籍の名前などを挙げて、私を驚ろかす事が多かった。

　彼はある日私の部屋同様になっている玄関に上がり込んで、懐から二冊つづきの書物を出して見せた。それは確に写本であった。しかも漢文で綴ってあった様に思う。私は喜いちゃんから、その書物を受け取って、無意味に其所此所を引っ繰返して見ていた。実は何が何だか私にはさっぱり解らなかったのである。然し喜いちゃんは、それを知っているかなどと露骨な事をいう性質ではなかった。

「これは※5太田南畝の自筆なんだがね。C僕の友達がそれを売りたいというので君に見せに来たんだが、買って遣らないか」

　私は太田南畝という人を知らなかった。

「太田南畝って一体何だい」

「蜀山人の事さ。有名な蜀山人さ」

　無学な私は蜀山人という名前さえまだ知らなかった。然し喜いちゃんにそう云われてみると、D何だか貴重の書物らしい気がした。

「若干なら売るのかい」と訊いてみた。

「五十銭に売りたいと云うんだがね。どうだろう」

　私は考えた。そうして何しろ価切ってみるのが上策だと思いついた。

「二十五銭なら買っても好い」

「それじゃ二十五銭でも構わないから、買って遣り給え」

　喜いちゃんはこう云いつつ私から二十五銭受け取って置いて、又しきりにその本の効能を述べ立てた。私には無論その書物が解らないのだから、それ程嬉しくもなかったけれども、何しろ損はしないのだろうとい

問三　空らん（　ア　）～（　ウ　）にあてはまる語句として最も適当なものを、次の１～５のうちからそれぞれ一つずつ選びなさい。

１　しかし　２　たとえば　３　また
４　やはり　５　なぜなら

問四　空らん【　Ｘ　】には「ある人について、あまり知られていない興味ある話」を表す語句が入ります。空らんにあてはまる語句として最も適当なものを、次の１～５のうちから一つ選びなさい。

１　エピローグ　２　プロローグ　３　エピソード
４　コンセプト　５　ターゲット

問五　―線部Ｃ「深い話をするためには……お勧めしています」とありますが、筆者がこのように考えるのはなぜですか。最も適当なものを、次の１～５のうちから一つ選びなさい。

１　聞き手が興味をもつ話をするためには、話し手が深い知識や広範囲の情報をもつことが重要だと考えるから。
２　他の人よりも多くの知識を得ていることで相手に対して優位に立つことができ、リーダーシップを発揮することができるから。
３　知識は量よりも質が高いことが大切だが、知識量が多いほど相手に良い印象をあたえることができるから。
４　話し手の話す内容を聞き手が面白いと感じるためには、多くの知識や情報を聞き手がもっておくべきだと考えているから。
５　質の高い情報や知識を集めることで相手との知識量のギャップが生まれ、話が単発になるから。

問六　―線部Ｄ「それぞれの情報を常につながりとしてとらえること」とありますが、それによって筆者はどのようなことが得られると考えていますか。本文中の言葉を使って二つ答えなさい。

問七　―線部Ｅ「５回は関連ページへクリックしていく癖をつけたほうがいいでしょう」ありますが、筆者がこのように考えるのはなぜですか。本文中の言葉を使って四十字以上、五十字以内で答えなさい。

問八　五人の生徒がこの文章をふまえて会話をしています。次の１～５のうちから、**間違った発言をしている人**を、二人選びなさい。

１　ツクシさん―「話し手が教養力のある人になると、聞き手は話し手に対して『深い』と感じてくれるんだね」
２　サクラさん―「教養力は自分の好きなものを突き詰めて、さまざまな情報を広げて知識を身につけていくと良いよ」
３　モミジさん―「一つの分野を細部まで知っている人は『マニア』と呼ばれて、情報をすべて知っている知識人になるんだね」
４　ツバキさん―「じゃあ、ぼくも大好きな車のことだけについて知識や情報を集めるようにしよう」
５　スミレさん―「インターネットで知識を集めるときは、いろんなサイトをたくさん見てみるとよさそうだね」

う利点もあります。
ぜひ、みなさんも、常に情報や知識はつながりでとらえることを意識してみてください。

インターネットで情報を収集する際も同様です。たとえば、検索(けんさく)サイトで調べたいものを検索したりしたときは、必ずそのページから、関連するページへもクリックしてください。
クリックして表示されたページを読み、また、関連ページへクリック。その次のページも目を通して、関連ページへクリック、という具合に、５回くらいはクリックするといいでしょう。
こうすると、お目当ての情報を中心に、そこに関連する情報がひとつのつながりとして頭のなかに整理できます。また、人に話す際も、そのつながりを使っていくつかの情報を展開すると話に深みが生まれます。
時事的な情報を検索する際も、関連するページをクリックする習慣をつけましょう。ニュースのような情報は、時間の経過によって最新状況が変わることもあります。ひとつの記事だけで鵜呑(うの)みにせず、何回かリンクに従って記事を確認して、たしかな事実関係をつかむ必要があります。
インターネットを利用した情報収集は、Ｅ５回は関連ページへクリックしていく癖(くせ)をつけたほうがいいでしょう。

（齋藤孝(さいとうたかし)『いつも「話が浅い」人、なぜか「話が深い」人』より）

（注）※本文中の漢字については、学習指導要領における小学校配当以外の難しい漢字にはふりがなをふっています。
※設問の都合上、一部表記を変えたところがあります。
※含有率…単位量における成分などの含まれる割合。

問一　―線部Ａ「リスペクトの系譜」とありますが、どのようなことを表していますか。最も適当なものを、次の１～５のうちから一つ選びなさい。

１　人それぞれ興味あるものとないものが分かることで、自分の興味のあることへのリスペクトが高まり、深く学べるということ。
２　自分がリスペクトするものに興味をもち学ぶことで、対象が何をリスペクトしているのかわかり、興味の幅(はば)が広がるということ。
３　自分が興味のないものを知るためには、対象が何をリスペクトしていたのか必ず知らなければならないということ。
４　自分がリスペクトしているものが、何をリスペクトしているのか知らなくても、興味の対象がどんどん広がるということ。
５　リスペクトしているものを突き詰めていくことで、一つの分野に対して知識を広げることができるということ。

問二　―線部Ｂ「自由に、好奇心の……広げていっていい」とありますが、この筆者の考えにあなたは「賛成」ですか。「反対」ですか。理由をあわせて七十字以内で答えなさい。

のを30枚にするほうが意味の※含有率が高い、深いものとなります。

このように、深い話を展開するためには、その背景にどれだけの知識と情報のストックをもっているかが重要になってくるのです。

これは学校の授業においても同じことがいえます。たとえば、ある先生が学校で世界史の授業をするとしましょう。この際、教科書だけを教材として、それに沿って教えるだけでは浅い話になってしまいます。

（　イ　）、生徒も同じ教科書をもっているからです。なかには予習をしてくる生徒もいるかもしれません。そうなると、生徒と先生の知識差はほとんどなくなってしまいます。

結果、生徒たちは、「先生の授業は、教科書を読むだけで面白くないよね」、「教科書をただ解説していて、ちょっと浅いよね」などと思ってしまうかもしれません。

このような状況を乗り越えるためには、先生がその授業で扱う分野に関連するさまざまな資料を事前に読んで、知識を得ておかなければなりません。

教科書で２ページほどの箇所だったとしても、他の資料を調べて30ページ、50ページと読んだうえで授業をすれば、雑談などで教科書に載っていない知識を話すことができます。

たとえば、「ナポレオンは戦闘を数学だと言ってるよ」、「ナポレオンは落ち着きがなくて、じっとしていられない人だったらしいよ。肖像画を描かれているときも、奥さんのジョセフィーヌの膝の上に、子どもみたいにのせられていたんだ」などと、【　X　】をつけ加えることができます。

こういった教科書以外の知識のストックが随所に出てくることで、生徒たちも、先生の話を面白いなと感じ、興味をもってくれるのです。

結局、相手の心を動かす深い話とは、話し手と聞き手の知識差によって生まれるという側面もあるのです。

教科書の内容をそのまま話すだけでは、先生と生徒の知識差はほとんどできません。（　ウ　）、先生が授業に向けて、教科書以外の資料などで知識のストックをつくっておくと、そこに知識量のギャップができ、生徒たちに対して深い話が可能になるのです。

聞き手よりも圧倒的に多くの知識があるということが、深い話をするひとつの条件です。だから私は、C深い話をするためには、話す内容の10倍を目指して、知識・情報を収集することをお勧めしています。そうすれば、聞き手との知識差も大きくつくれ、話が単発で終わってしまうというようなことも避けられます。

情報量が乏しく、単発で終わるような話は、聞き手に浅いという印象を与えます。そうならないために、多くの知識や情報を収集すべきですが、収集する際には、Dそれぞれの情報を常につながりとしてとらえることが大切です。

なぜなら、深い話とは、関連するいくつもの知識や情報で展開されるものだからです。

たとえば、「Aに関連して、Bがある」、「そしてBは、Cに関連していて」、「さらには、Dにつながっている」などと芋づる式に知識や情報が話のなかで展開されていくと、聞き手も「この人の話は深い」と感じるのです。

また、つながりで情報をとらえると、自分としても記憶しやすいとい

2024年度 昭和学院中学校

【国語】〈国語一科試験〉（五〇分）〈満点：一〇〇点〉

一　次の文章を読んで、後の問いに答えなさい。
（字数はすべて句読点を含む）

リスペクトするものを学ぶと、そのリスペクトの対象がリスペクトしているものを知ることができます。自分が敬愛するものが、何をリスペクトしていたのかは、誰でも興味があるのではないでしょうか。このようなAリスペクトの系譜で教養を広げていくことはとても効率的で、大人の勉強にはぴったりだと思います。

教養を単なる情報として学び、記憶するのであれば苦痛となることもありますが、好きで好きでたまらないものであれば、記憶したり、勉強したりすることは、むしろ楽しいはずです。

一分野のことだけを掘り下げて、細部まで知っているだけでは「マニア」にとどまりますが、ひとつの分野から別の分野、別の分野へと派生し、守備範囲の広がりをもっていると教養人、知識人となるのです。

学生であれば、教科書を読むようにじっくり学ぶこともいいかもしれませんが、自由な時間の少ない大人であれば、もっとB自由に、好奇心の赴くまま、好きなものを起点にして、そこから教養力を広げていっていいと私は考えます。

みなさんも、自分の好きなもの、はまっているものを大切にし、そこを徹底的に掘り下げてみてください。そこから広げた知識のネットワークは、好きという情熱を背景にしたものですから、語るときにも相手に「熱」は自然と伝わりますし、相手もそこを「深い」と感じてくれます。

話している内容に興味をもったり、疑問を感じたりすると、聞き手側から話し手に対して質問をするようなことがあります。そのときに、「ちょっとわかりません……」、「そこまでは調べていませんでした……」などと口ごもってしまい、まともに答えることができないようだと、聞き手は話し手に対して「浅いな」という印象をもってしまいます。

結局、ひとつの話題だけで、単発で終わってしまうような話は、相手に「浅い」という印象を与えてしまうのです。

そうならないためにも、話すことの10倍くらいの知識、情報を事前に準備してください。それだけストックがあれば、話を十分に展開することができ、深みが伝わります。

結果的には話さないことかもしれませんが、その話す内容の背景に、それだけの情報や知識があるということが、深い話を可能にするのです。

私が大学院生のときに先生に言われたことですが、論文を書く際は、同じテーマで原稿用紙1枚でも書けるし、30枚でも書ける、５００枚でも書けるようにしなさい。それが、「わかっている」ということだと言われました。

本当にその通りで、私も５００枚、一生懸命に書いたものです。そうして書いたものを、今度は30枚に短くする必要が出てきたときには、当然、省略もしなければならないのですが、とても中身の深い30枚になります。（　ア　）、全体で60枚のものを30枚にするよりも、５００枚のも

2024年度 昭和学院中学校 ▶解　答

※　編集上の都合により，国語１科試験の解説は省略させていただきました。

国　語　＜国語１科試験＞（50分）＜満点：100点＞

解　答

一 **問1**　2　**問2**　(例)　大人の学びは試験などのためではないことが多く，自由に自分の好きな分野から楽しんでよいと思うので，私もこの考えに賛成である。　**問3**　**ア**　4　**イ**　5　**ウ**　1　**問4**　3　**問5**　1　**問6**　(例)　聞き手が「この人の話は深い」と感じること。／自分としても記憶しやすいということ。　**問7**　(例)　いくつかの情報を集め展開したり，何回か記事を確認することでたしかな事実関係をつかんだりできるから。　**問8**　3，4　二 **問1**　生の母に会いに(来るため)　**問2**　4　**問3**　阿爺の宅に　**問4**　2　**問5**　(例)　自分が昨日本を売ったことを阿爺に怒られ，取り返すように言われてしまい，私にどのように言えばよいかわからず困っていたから。　**問6**　(例)　本を価切って安く買い得たこと。　**問7**　3　**問8**　1，4　三 下記を参照のこと。　四 (漢字，意味の順で)　**ア**　晴耕，3　**イ**　付和，1　**ウ**　息災，5

●漢字の書き取り

三 1　忠告　2　星座　3　延ばす　4　郷里

2024年度 昭和学院中学校

※ この試験は，算数・英語・国語から２科または算数・英語・国語から２科選択＋社会・理科を選択して受験します。

【算　数】〈アドバンストチャレンジ試験〉（50分）〈満点：100点〉

1 次の計算をしなさい。

（１） $99\times25+2\times11-385\div7\times5-33\times9$

（２） $2024\div3.3+2024\times\frac{5}{33}-2024\times\frac{3}{11}$

（３） $1.25\times\left(0.2+\frac{1}{4}\div0.01\right)\times(2+2-2\div2\times2)$

（４） $\left(\frac{1}{14}-\frac{1}{15}\right)\div\left(\frac{1}{2}+\frac{1}{3}+\frac{1}{4}+\frac{1}{7}\right)$

（５） $\{25\div0.2\div0.25+(25-11)\div(119\div51)\}\times\left(\frac{1}{11}-\frac{1}{23}\right)\div(6\times2\times16+44-28\times8)$

2 次の□に当てはまる数を求めなさい。

（１） 昭子さんは，A地点からB地点までは時速８０ km の電車で移動し，B地点からC地点までは時速３０km の車で移動します。A地点からC地点までは１５０ km あり，昭子さんがA地点からC地点まで移動するのに３時間かかりました。
このとき，昭子さんが電車で移動した道のりは□ km です。

(２) ある高飛び込み競技会の得点は，競技をした選手に対し，
「７人の審査員(しんさ)の上位２つと下位２つの点を除いた３人の審査員の合計点」×「技の難易率」で決まります。技の難易率は小数第１位までの値で表しています。
この競技会では，競技は６回行うものとし，６回の競技の合計点が最も高かった選手が優勝します。
選手Aは，競技を最後に行う選手です。５回目の競技を終えた選手Aの合計点は413.95点でした。選手Aが６回目に飛び込む前の上位３名の合計点は
「504.00点， 499.10点， 497.35点」となりました。
選手Aが６回目の競技を終了し得点が出ると，選手Aの優勝が決まりました。
７人の審査員の得点は
「9.5点， 9点， 8.5点， 8点， 8.5点， 9点， 9.5点」でした。
このとき，選手Aの難易率は□以上となります。

(３) 下の表は，あるクラスの算数のテストの得点と人数についてまとめたものです。このテストは全部で３問あり，配点は第１問が２点，第２問が３点，第３問が５点です。
第３問に正解した人数が２６人であるとき，第３問だけ正解したのは□人です。

得点	0	2	3	5	7	8	10	計
人数	0	3	2	15	8	7	5	40

(４) A，B，Cの３種類のコップが５つずつあります。Aのコップは２００ mL，Bのコップは３００ mL，Cのコップは１００ mLをそれぞれ計測できます。
この３種類のコップを１種類以上使って２Ｌを分ける方法は，同じ種類のコップの区別をしないとき，全部で□通りあります。

(５) 和也さんのお店では，原価４００円のお弁当を３０％の利益が出るように販売(はん)しています。
ある日，学校から１０００個のお弁当の注文を受けたので，特別に販売価格から１０％引きで販売しました。このとき，利益は□円になりました。

3 次の問いに答えなさい。

（1）下の図は，３つの三角形と２つの直角二等辺三角形を組み合わせた図形です。
しゃ線部分の面積の和が１０ cm^2 のとき，○の長さと△の長さの和は何cmですか。
ただし，図の中の同じ印は同じ長さを表しています。

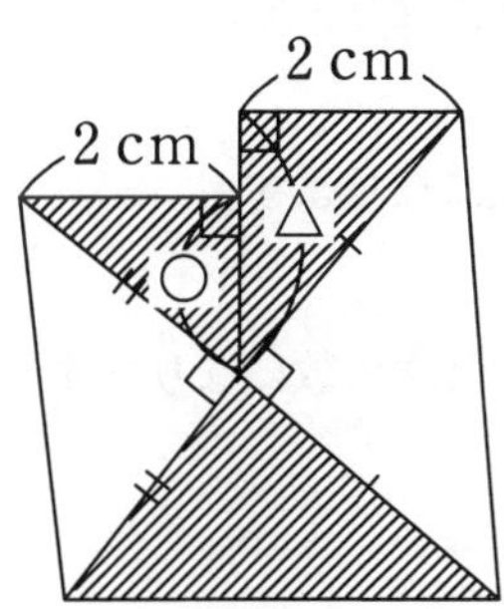

（2）下の図は，同じ半径の円を８個つなげ，それぞれの円の中心を直線で結んだ図形です。
しゃ線部分の面積の和が９４.２ cm^2 のとき，この円の半径は何 cmですか。
ただし，円周率を３．１４とします。

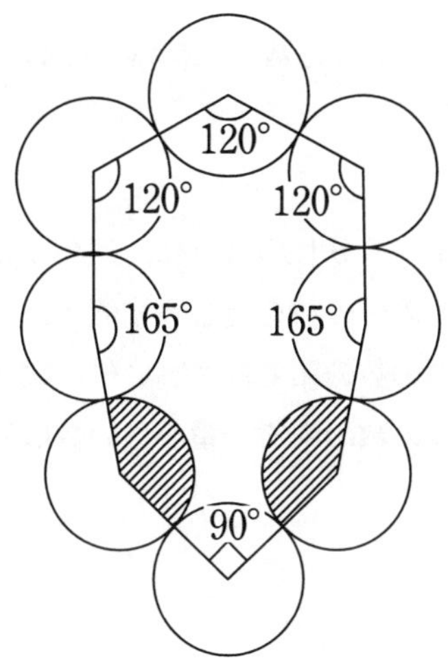

4 次の規則にしたがって，数を並べます。

規則1　1番目の数は1です。

規則2　2番目以降は，規則3，4，5を繰り返して，数を並べます。

規則3　前の数を9倍すると次の数になります。

規則4　前の数に1を足すと次の数になります。

規則5　前の数に3つ前の数を足すと次の数になります。

規則1から5で数を並べると，次のようになります。

1，9，10，11，99，100，111，999，1000，…

このとき，規則1から5で並べた数の列について，次の問いに答えなさい。

（1）11…1（1を50個並べてできた数）は何番目にありますか。

（2）数の列から，「10，11，99」のように，連続する3つの数を取り出します。
その3つの数の積のすべての位の数を足し算すると，99になりました。
また，その取り出した3つの数の和で最も高い位の数は2となりました。
このとき，取り出した3つの数の中で一番小さい数は列の何番目にあるか答えなさい。

5 同じ円柱の形をした高さ１２ｃｍの容器が2つあります。この2つの容器をそれぞれA，Bとします。容器A，Bそれぞれについて，その上には，水を1分間に同じ量だけ入れることができる蛇口(じゃぐち)があり，その底には栓(せん)があって，栓を開けると，水を1分間に同じ量だけ出すことができます。最初，容器Aには高さ１２ｃｍまで水が入っていて，容器Bは空で，２つの容器の蛇口も栓も閉めたままでした。

ここから，９時ちょうどに容器Aの底にある栓を開けて，同時に容器Bの蛇口を開けました。

すると，９時５分に容器Aの水はなくなり，容器Bには高さ８ｃｍまで水が入りました。

このとき，次の問いに答えなさい。

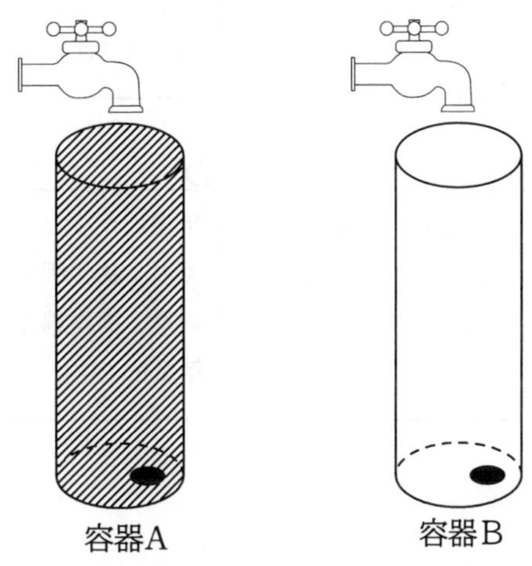

（１）２つの容器A，Bに入っている水の量が同じになるのは，９時何分ですか。

（２）９時５分に容器Aの底の栓を閉じ，蛇口を開けました。同時に，容器Bの蛇口はそのままにして，底の栓を開けました。容器の高さをこえた水はあふれます。

容器Bの水がすべてなくなったときに容器Aからあふれた水の体積は，２０ cm^3 でした。

このとき，１つの容器の底面の面積は何 cm^2 ですか。

【社　会】〈アドバンストチャレンジ試験〉(30分)〈満点：50点〉

〈編集部注：実物の試験問題では，写真・グラフ・カードと**3**の問４の図はカラー印刷です。〉

1　**授業で都道府県名をあてるカードを作成した。次のA～Dはその問題カードで、下のア～エはA～Dの答えとなる都道府県のカードである。これらを見て、各問いに答えなさい。**

問題カード

A

冬でも気温が高く、ビニルハウスなどを使って、なす・ピーマン・きゅうりなどの野菜を、冬から春の時期にたくさん作っています。

B

本州の日本海沿岸に位置し、東側には越後山脈などがあります。有数の米作地帯です。また、[Ⅰ]など数多くの河川が日本海に注いでいます。

C

一年中温暖な気候ですが、[Ⅱ]の通り道になりやすい場所です。第二次世界大戦後、一時期アメリカの占領地になりました。

D

平坦地が少なく起伏に富み、海岸線は多くの半島、岬と湾、入江から形成されており、海岸線の長さは北海道につぎ全国第２位です。

答えのカード

ア

イ

ウ

エ

問１　問題カードA～Dの都道府県名を答えなさい。また、答えとなる都道府県のカードをア～エから選び、記号で答えなさい。

問２　問題カードＢ・Ｃの文中の［　Ⅰ　］・［　Ⅱ　］に当てはまる語を、次のア～カからそれぞれ選び、記号で答えなさい。

ア　神通川（じんづうがわ）　　イ　信濃川（しなのがわ）　　ウ　最上川（もがみがわ）
エ　台風　　オ　竜巻　　カ　ハリケーン

問３　問題カードＡと農業の特徴が似ている府県名を、次のア～カから一つ選び、記号で答えなさい。

ア　鳥取県　　イ　和歌山県　　ウ　大阪府
エ　香川県　　オ　宮崎県　　カ　富山県

問４　日本の時間を定めている経線は、東経 135 度で兵庫県の明石市（あかしし）を通過する。東経 135 度より西側に位置する都道府県を、問題カードＡ～Ｄからすべて選び、記号で答えなさい。

問５　問題カードＤの都道府県では、入り組んだ海岸線を利用してつくり育てる漁業がさかんである。次の①・②の文は、つくり育てる漁業のうち、何と呼ばれるものか答えなさい。

①　たまごから成魚になるまで、いけすなどで育てる。
②　人間の手で魚や貝のたまごをかえして、川や海に放流し、自然の中で育ててからとる漁業。

問６　次の雨温図ア～エは、問題カードＡ～Ｄのいずれかのものである。問題カードＢにあたるものを次のア～エから一つ選び、記号で答えなさい。また、選んだ理由を書きなさい。

ア

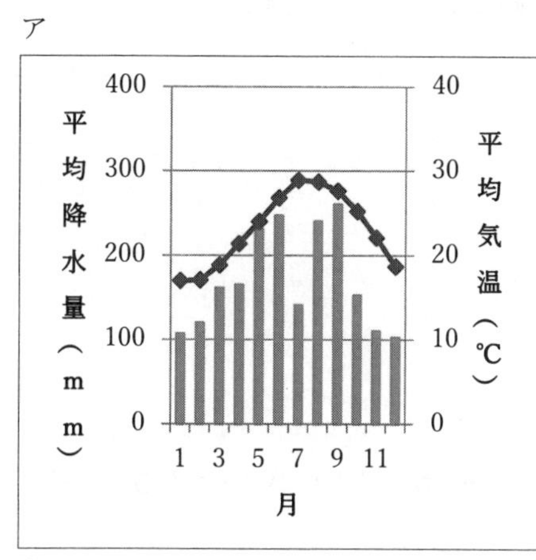

イ

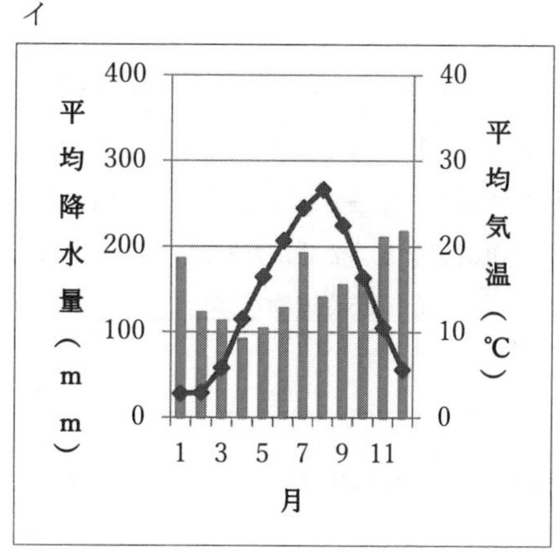

ウ

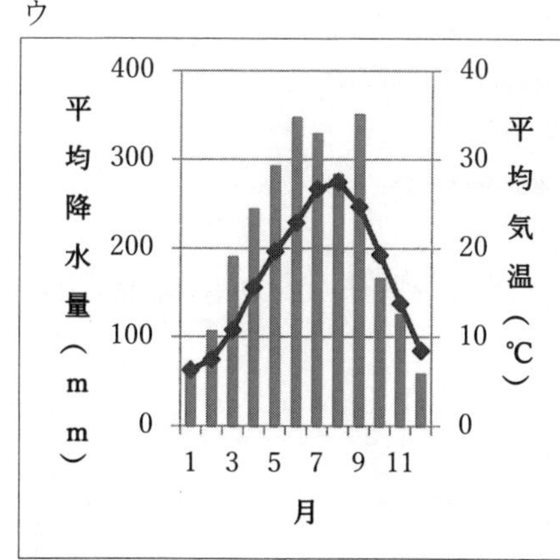

エ

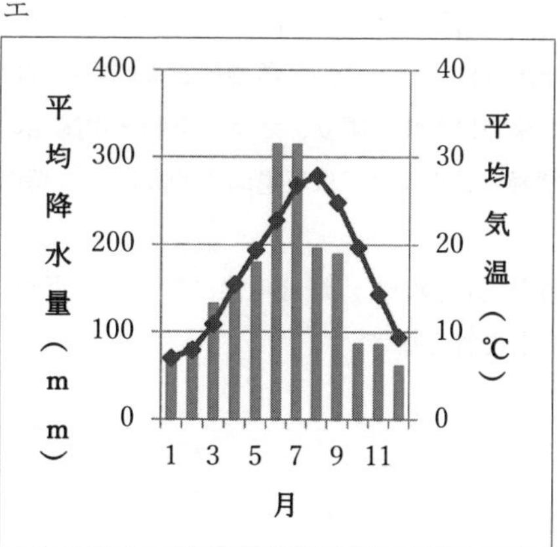

2　社会の授業で学習した内容をもとに、日本を訪れる方に対してグループでおすすめの道府県の紹介メモを作成した。このメモをもとに、各問いに答えなさい。

私は【　北海道　】を紹介します。
戊辰戦争最後の戦いの場所である函館の五稜郭の夜景は見ものです。また、①日米和親条約が結ばれて開港地になったことで有名な、旧アメリカ領事館跡に行くのもおすすめです。

私は【　神奈川県　】を紹介します。
日本で最初に武士が政治を行った源頼朝が幕府を開いたのが②鎌倉です。また、開国後に貿易の中心地となったので、幕末の日本について学ぶことができます。

私は【　山口県　】を紹介します。
世界文化遺産の松下村塾や萩反射炉など、歴史的建造物があります。また、③日本が清と戦争したときには、その講和条約が結ばれました。

私は【　群馬県　】を紹介します。
世界遺産に登録された〔　X　〕を見学して、明治時代の殖産興業について知ってもらいたいです。温泉や上毛かるたが有名です。

私は【　大阪府　】を紹介します。
江戸時代には「天下の台所」とよばれ、全国から物が集まり、経済の中心でした。明治時代には、数多くの④紡績工場が建設され、綿糸が生産されていました。

私は【　⑤京都府　】を紹介します。
仏像や絵画、建物など貴重な国宝が多く残っています。また、能の鑑賞や座禅の体験など、日本の文化を味わうことができます。

私は【　青森県　】を紹介します。
本州の最北端にあって三方を海に囲まれ、南には白神山地や十和田湖など、名勝がたくさんあります。⑥縄文時代の有名な遺跡や遺物が多いことでも有名です。

問１　下線部①の条約が結ばれた江戸時代の出来事として最も適切なものを次のア～エから一つ選び、記号で答えなさい。

ア　５代目の将軍である徳川綱吉によって、参勤交代の制度が定められた。
イ　伊能忠敬はオランダの医学書を訳す作業を行い、『解体新書』を出版した。
ウ　江戸幕府は長崎に限り、オランダ船と中国船の来航を認めた。
エ　薩摩藩と長州藩は、板垣退助の仲介により幕府を倒す運動を行った。

問２　下線部②について、鎌倉時代には元の大軍が二度、日本に攻めてきた。このときに執権の立場であった人物の名を答えなさい。

問3　下線部③について、日清戦争の講和条約について説明した文のうち、誤っているものを次のア～エから一つ選び、記号で答えなさい。

ア　清は朝鮮の完全な独立を認める。

イ　清は日本に対してリャオトン半島や台湾をゆずりわたす。

ウ　清は多額の賠償金を日本に支払う。

エ　この講和条約は、ポーツマス条約である。

問4　空欄〔　X　〕に当てはまる語句を漢字5字で答えなさい。

問5　下線部④について、大阪においては紡績会社の建設にも関わり、2024 年に新たに発行される1万円札の肖像画となる人物はだれか。次のア～エから一人選び、記号で答えなさい。

ア　津田梅子　　イ　渋沢栄一　　ウ　北里柴三郎　　エ　樋口一葉

問6　下線部⑤について、(1)と(2)の各問いに答えなさい。

(1) 京都に関係する歴史的建造物として最も適切なものを次のア～エから二つ選び、記号で答えなさい。

ア　中尊寺金色堂(こんじきどう)

イ　平等院鳳凰堂(ほうおうどう)

ウ　日光東照宮(とうしょうぐう)

エ　鹿苑寺(ろくおんじ)(金閣)

（2）平安時代の政治について述べた文として最も適切なものを次のア～エから一つ選び、記号で答えなさい。

ア　聖武天皇が国分寺の建設や大仏をつくることを命令するなど、仏教の力で社会不安をしずめようとした。
イ　蘇我氏が天皇をしのぐほどの力を持ち、独裁的な政治を行ったため、中大兄皇子や中臣鎌足らが倒した。
ウ　藤原道長は自分の娘を天皇のきさきとし、力をにぎった。
エ　小野妹子が遣隋使として隋に派遣され、すぐれた技術を日本に持ち帰った。

問７　下線部⑥について、青森県内の縄文時代の遺物や遺跡として適切なものの組み合わせを次のア～エから一つ選び、記号で答えなさい。

A　遮光器土偶

B　縄文のビーナス

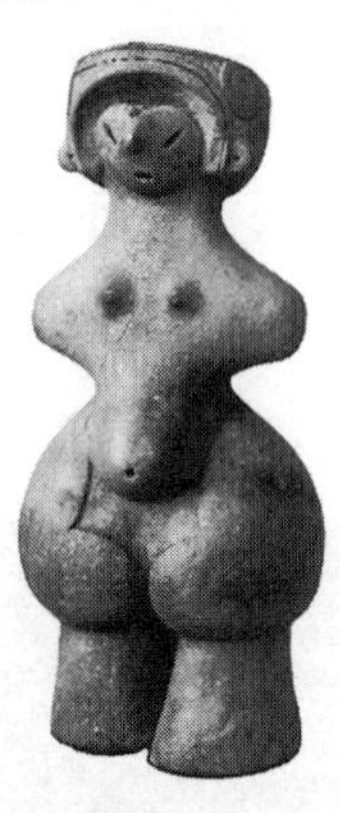

C　加曽利貝塚

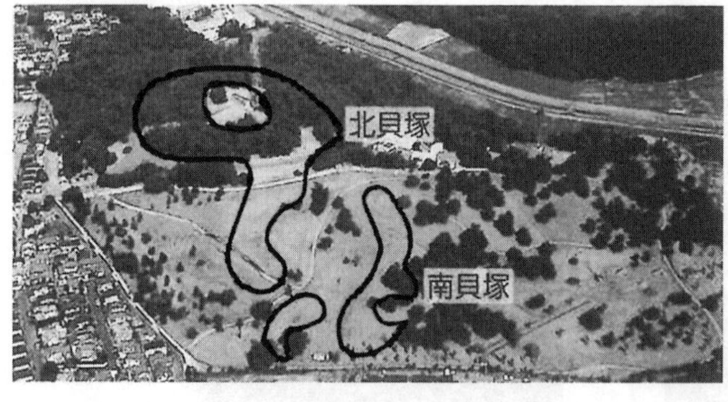

D　三内丸山遺跡

ア　A・C　　イ　A・D　　ウ　B・C　　エ　B・D

3 **次の文を読んで、各問いに答えなさい。**

公職選挙法が2015年に改正されて、選挙権が［①］歳に引き下げられました。投票は、私たち国民が政治に参加し、主権者としてその意思を政治に反映させることができる最も重要な機会です。

国の政治では②国会・内閣・裁判所が、地方の政治では地方議会と首長が、それぞれ互いに抑制し合い均衡を保っているため、私たちの権利と自由が守られています。とはいえ、私たちの権利や自由について課題がないわけではありません。例えば、ジェンダーの多様性に関する国民の理解が必ずしも十分ではない現状があります。それに対して、2023年6月16日には、国会の参議院本会議で③LGBT理解増進法が可決され、成立しました。

2015年、東京都渋谷区議会が初めて渋谷区パートナーシップ証明書を出す条例を制定しました。その後、他の④自治体にもパートナーシップ制度導入の動きが広がり、2021年には100自治体を超え、急速に増えています。パートナーとして公的な機関に申請ができると、どちらか一方が死亡した場合に⑤年金を受け取ることができます。また、子どもに対する共同親権も認められるなど、様々な権利が認められるようになります。

問1　［①］に当てはまる数字を答えなさい。

問2　下線部②について、国会は、日本国憲法の中で「［　　］の最高機関」としている。［　　］の空欄に当てはまる語句を漢字2字で答えなさい。

問3　下線部②の役割に関連した次のW～Zのカードがある。Aさん、Bさん、Cさん、Dさんが社会の授業でこのカードを見て、国会の役割として正しいものを二枚ずつ選んだ。その組み合わせとして最も適切なものを次のア～エから一つ選び、記号で答えなさい。

W	法律について話し合い、成立させる
X	外国と結んだ条約について承認する
Y	最高裁判所の長官を指名する
Z	法律が憲法に違反していないか審査する

ア　Aさんの持っているカード　WとX
イ　Bさんの持っているカード　XとY
ウ　Cさんの持っているカード　YとZ
エ　Dさんの持っているカード　ZとW

問4　次の図は、2015 年に国際連合で掲げられた「持続可能な開発目標」の 17 の目標である。1～17 のうち、下線部③と最も関連があるものを一つ選び、番号で答えなさい。また、選んだ番号の目標を達成するために行われている具体的な取り組みを、所定の解答欄に答えなさい。ただし、本文中に書かれている LGBT 理解増進法は除く。

問5　下線部④について、下の図は市民と市長と市議会の関係を示したものである。図の（　1　）と（　2　）に当てはまる最も適切な語句を次のア～エからそれぞれ選び、記号で答えなさい。

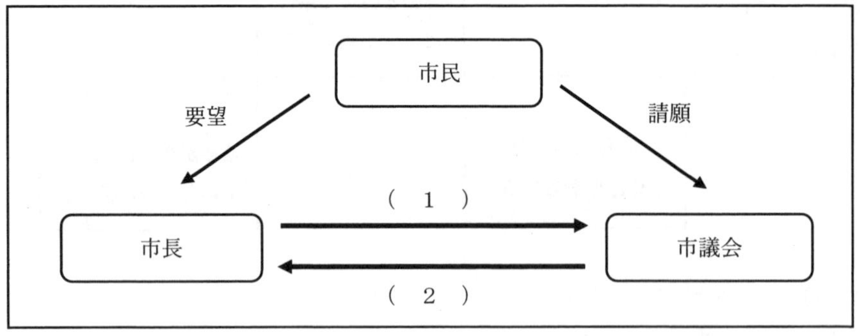

ア　投票する　　イ　予算案・計画案の提出　　ウ　賛否の議決　　エ　税金をおさめる

問6　下線部⑤について、政府は国民の健康や生活を保障するために、年金の他も医療費の負担や、公衆衛生の整備、様々な種類の保険制度などがある。このことを総称して何というか。漢字4字で答えなさい。

【理　科】〈アドバンストチャレンジ試験〉（30分）〈満点：50点〉

〈編集部注：実物の試験問題では，**2**の写真・**3**の図はカラー印刷です。〉

1　ふりこについて、あとの問いに答えなさい。ただし、各問においてふりこの糸の重さ、おもりの大きさ、各部がこすれることや空気による影響（えいきょう）はすべて無視できるものとし、糸はたるむことなく運動したものとし、ふりこのふれる角度は 40° 以内におさまるものとします。図 1 はふりこの運動のようすを表しています。

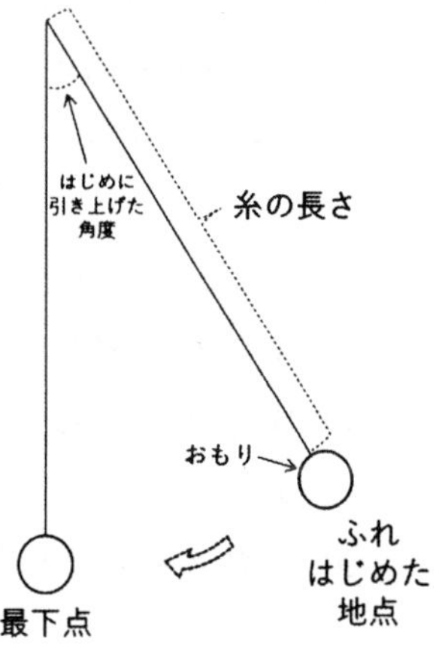

図 1　ふりこの運動のようす

(1) ふりこの 1 往復する時間を 5 回はかったところ、それぞれ 2.2 秒、2.4 秒、2.1 秒、2.0 秒、2.3 秒でした。ふりこの 1 往復する時間の平均を求めなさい。割り切れない場合は、小数第 2 位を四捨五入して答えなさい。

(2) どのような操作を行えばふりこの 1 往復する時間をより短くできますか。正しい操作を選択肢（せんたくし）**a**～**f** の中からすべて選び符号（ふごう）で答えなさい。ただし操作する部分以外はどの実験でも同じ条件にしているものとします。

a　ふりこのおもりを重くする
b　ふりこのおもりを軽くする
c　ふりこの糸の長さを長くする
d　ふりこの糸の長さを短くする
e　ふりこのはじめに引き上げた角度を大きくする
f　ふりこのはじめに引き上げた角度を小さくする

(3) ふりこのおもりの最下点での速さ(※)を、さまざまな条件ではかりました。なお、すべての実験でふりこのおもりは同じ 50〔kg〕のおもりを使ったとします。このとき、結果は右の表のようになりました。最下点でのふりこの速さについて表から分かることを 1 つ説明しなさい。

【表】各条件における最下点でのふりこの速さ

		はじめに引き上げた角度			
		10°	20°	30°	40°
糸の長さ〔cm〕	20	秒速0.24m	秒速0.49m	秒速0.72m	秒速0.96m
	40	秒速0.35m	秒速0.69m	秒速1.02m	秒速1.35m
	60	秒速0.42m	秒速0.84m	秒速1.26m	秒速1.66m
	80	秒速0.49m	秒速0.97m	秒速1.45m	秒速1.92m
	100	秒速0.55m	秒速1.09m	秒速1.62m	秒速2.14m
	120	秒速0.6m	秒速1.19m	秒速1.78m	秒速2.35m
	140	秒速0.65m	秒速1.29m	秒速1.92m	秒速2.53m
	160	秒速0.69m	秒速1.38m	秒速2.05m	秒速2.71m
	180	秒速0.73m	秒速1.46m	秒速2.17m	秒速2.87m
	200	秒速0.77m	秒速1.54m	秒速2.29m	秒速3.03m

※ここでは、おもりがちょうど最下点にくる前後のほんのわずかな間の移動時間を測定してはかった平均の速さのことを「最下点での速さ」と表現しています。

(4)ふりこに関係する遊具として、ブランコがあります。実際のブランコでは、ブランコの座面の上で立ちあがったり、座りながら足をゆらしたりすることでもブランコのゆれのようすを変えることができます。今回は次の①から③の文章に示すブランコの動きについて考えます。

① ブランコの座面の上で人がしゃがんでいる状態で、はじめに引き上げた角度が角度Ⅰである A 地点からブランコを静かに動かしはじめた。
② B 地点(最下点)にブランコが来たときに、人がブランコの座面の上でまっすぐ立ち上がった。
③ ブランコは最大で C 地点まで持ち上がった。

ここで、人がしゃがんでいるときのブランコは、糸の長さが 2〔m〕、おもりが 50〔kg〕のふりこと考えることができるとする。また、人が立っているときのブランコは、糸の長さが1.6〔m〕、おもりが 50〔kg〕のふりこと考えることができるとする。このとき、この運動は、下の図 2 のようにモデル化して考えることができる。ただし、正しい C 地点は図 2 の **h**〜**j** のどれかであり、角度Ⅱは角度Ⅰと同じ角度である。

正しい C 地点を次の選択肢 **h**〜**j** の内 1 つだけ選び、符号で答えなさい。

h 角度Ⅰよりも大きな角度までふりこが上がった地点
i 角度Ⅰとちょうど同じ角度である角度Ⅱまでふりこが上がった地点
j 角度Ⅰよりも小さな角度までふりこが上がった地点

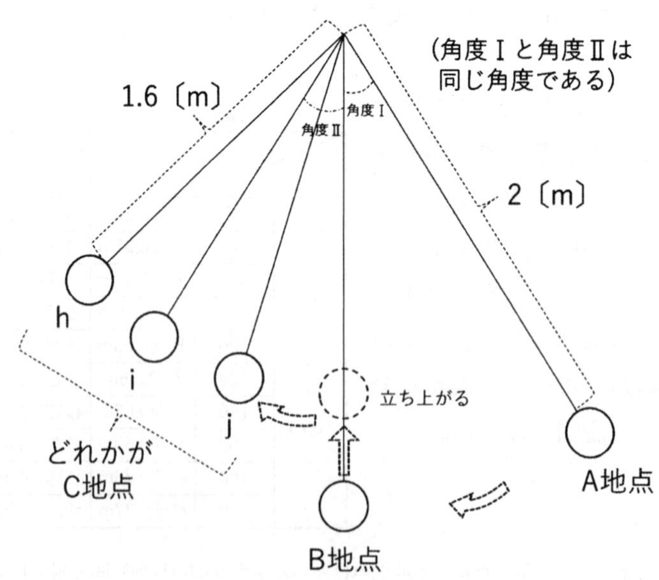

図 2 ブランコのモデル図

2 以下の文章を読んで、あとの問いに答えなさい。

野菜は、植物のさまざまな部分から得られる食品で、私たちの食事には欠かせないものです。野菜の可食部は、根、茎(くき)、葉、（　**A**　）、果実などさまざまな部分に分かれます。①根菜類は、地下に育つ植物の根を食べる野菜です。これらの野菜は主に根の部分が食べられ、ビタミンやミネラルが豊富にふくまれています。茎菜類(けいさいるい)は、主に地上に伸びる植物の茎を食べる野菜です。食物繊維(しょくもつせんい)などの栄養素が多くふくまれています。葉菜類は、主に植物の葉を食べる野菜で、栄養価が高いことで知られています。これらの野菜はビタミンやミネラル、抗(こう)酸化物質が豊富で、健康に良い影響をあたえます。主に植物の（　**A**　）を食べる野菜としては、ブロッコリーやカリフラワーが典型的な例です。これらの野菜には食物繊維やビタミンがふくまれており、料理のバリエーションを広げる素材として重要です。②果菜類は、主に果実や種子を食べる野菜です。トマト、ナス、ダイズ、ピーマン、ゴーヤ、トウモロコシなどが代表例です。野菜は、それぞれ異なる栄養素をふくみ、バランスの取れた食事を作る上で欠かせない存在です。さまざまな色や形、風味を持つこれらの食材は、健康的で美味しい料理を作るための重要な要素となっています。

(1)（　**A**　）に当てはまる植物のつくりを答えなさい。

(2) 下線部①について、次の **a**～**g** のうち、野菜の可食部が主に植物の根にあたるものをすべて選び符号で答えなさい。

a レタス
b ニンジン
c ホウレンソウ
d サツマイモ
e アスパラガス
f ゴボウ
g カボチャ

(3) 下線部②について、次の **a**～**e** の果菜類において主に種子を可食部としているものをすべて選び符号で答えなさい。

a ピーマン
b トウモロコシ
c スイカ
d グリーンピース
e ナス

(4) 一般的にスーパーマーケットなどの野菜売り場では、さまざまな野菜や果物などの根・茎・葉を持つ植物が売られています。その一方で、植物ではない生物のなかまもまた、野菜売り場に並んでいることが多いです。図1を参考に、一般的な野菜売り場にある、植物ではない生物を答えなさい。

図1　一般的な野菜売り場

3 図１はカシオペア座、図２の**ア～シ**は千葉県で観察した北極星を中心としたカシオペア座の位置を示しています。あとの問いに答えなさい。

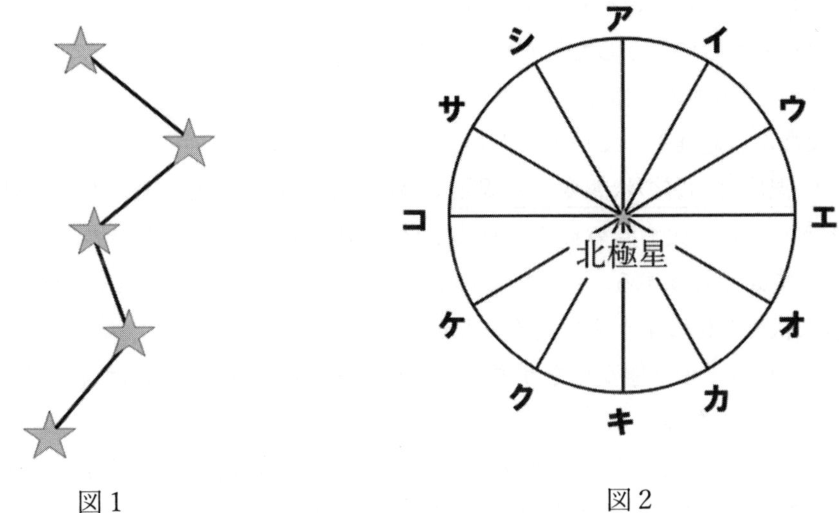

図1　図2

(1) 図１のカシオペア座の向きで観察できるのは、図２の**ア**、**エ**、**キ**、**コ**のうち、どの位置にある時か。**ア**、**エ**、**キ**、**コ**から１つ選び符号で答えなさい。

(2) 午後８時に観察した時に、カシオペア座が図２の**サ**の位置に観察できたとすると、その日の午後１０時には、カシオペア座は図２の**ア～シ**のどこの位置に観察できますか。**ア～シ**から１つ選び符号で答えなさい。

(3) 午後８時に観察した時に、カシオペア座が図２の**サ**の位置に観察できたとすると、そのちょうど３ヶ月後の午後８時には、カシオペア座は図２の**ア～シ**のどの位置に観察できますか。**ア～シ**から１つ選び符号で答えなさい。

(4) 千葉でカシオペア座を観察すると、地平線近くを通って動いていますが、地平線にしずむことはありません。日本の別の場所で北の空を観察すると、カシオペア座が地平線にしずんで、地平線から出てくる様子が観察できる場所があります。下の**a～d**の都市のうちの１つは、カシオペア座が地平線にかくれてしまいます。その都市はどこか、**a～d**から１つ選び符号で答えなさい。

a 札幌（さっぽろ）
b 仙台（せんだい）
c 金沢（かなざわ）
d 那覇（なは）

(5) (4)でその答えを選んだ理由を説明しなさい。

4 Aくんとお父さんの会話を読み、あとの問いに答えなさい。

会話文

やかんがしゅうしゅう音を立てている。

父：お湯をわかしてどうしたんだい。まあ、どうせまたカップ麺(めん)か。

A：まあね！ 勉強の息ぬき、息ぬき。

父：今はなんの勉強をしているんだい？

A：今は①温度と物質の状態変化の関係について勉強してるよ。やかんでお湯をわかすときもそうだけど、火で温めればその熱で水の温度が上がって、やがてふっ点である 100℃に達してふっとうする。そしてこのとき、液体である水から、気体である水蒸気へのさかんな状態変化のようすを見ることができるんだ。

父：カップ麺もその状態変化をうまく利用した商品なんだけど知っているか？

A：えっ？ そうなの？

父：カップ麺の中にはフリーズドライ製法というのを利用している商品もあるんだ。一度低温でこおらせて水分を氷に状態変化させた食材を真空状態にして、水分を一気に水蒸気へと状態変化させることでカラカラにかわかしているんだよ。つまり固体から気体への状態変化を利用しているんだ。これは通常のかわかしかたとはちがって食品を高温にする必要がないから、食材の色や風味、食感や栄養素も失われづらいという利点があるんだ。それに水蒸気になったとき、氷があったところは穴が開くよね。カップ麺ではこの穴に注いだお湯が入っていくことで具材が元にもどりやすくなっているんだ。

A：ぼくの大好きなものにそんな科学があったなんて。

父：じゃあ、なんで真空状態にするのか分かるか？

A：んー……なんでだろ。

父：空気にも重さがある。空気自体は軽いけれど私たちの上空にはたくさんあるわけだ。で、この私たちの上に乗っかっている空気の重さによって、その下にいる私たちの体には、体の内側に向かって四方八方からおしつぶすような作用がはたらいている。この作用は「大気圧」と言う言葉で表されていて、この大気圧が大きくはたらいているほど、物質は液体から気体、固体から気体に状態変化することをジャマされてしまうんだ。

A：なるほど。だからフリーズドライ製法では、カップ麺のまわりを真空にして食材に大気圧がほとんどはたらかないようにすることで、固体の氷が気体に状態変化しやすい環境にしていたってことか。

父：そうそう。そういえばお前、この前富士山に登りに行っただろ。お前のことだ。山頂でもカップ麺を食べたんだろ。

A：もちろん！！ あの解放感の中で食べるカップ麺はいい経験だったな。でも、残念だったこともあって。ふっとうしたお湯を使って、お湯をそそいでからの待ち時間もちゃんと指定通りに守ったのに麺があまりやわらかくならなくて、おいしく感じなかったんだ。

父：それはしょうがない。富士山の山頂はここよりもずっと高いところにあるだろ。地上よりも、自分たちの上に積み重なっている空気の量が少ないんだ。つまり地上に比べて「大気圧が小さい」状態だと言えるな。

A：それとカップ麺の美味しさに何の関係があるの？

父：じゃあ、ヒントを出そう。カップ麺は100℃のお湯で作るから麺が適切なやわらかさになって美味しいんだよな？　でも……

A：んっ？　あっ！　そっか！！　気圧の低い山頂では（　　　　**A**　　　　）から、麺がやわらかくなりきらず、あまり美味しくなかったのか。

父：その通り。

A：疑問が１つ解決したらお腹すいてきちゃった。カップ麺２個食いしちゃおうかな。

父：やめておきなさい……

会話文は以上です

(1) 下線部①について、氷を加熱していったときの加熱時間と温度の関係を表す図としてもっとも適当なものを以下の選択肢 **a〜d** の中から１つ選び、符号で答えなさい。

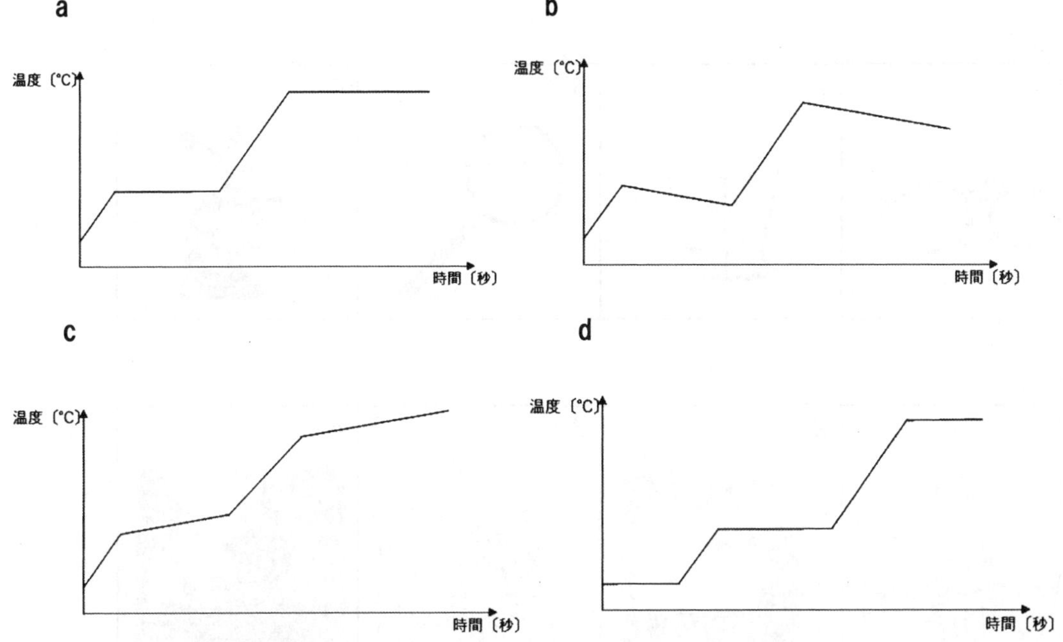

(2) 次の文の下線部に関係する状態への変化を答えなさい。
（答え方の例：水たまりが<u>かわく</u>。　　液体→気体）

やかんの口から少しはなれたところで、<u>湯気が見られる</u>。

(3) 空らんＡに入る適当な言葉を「ふっとう」という語句を使って答えなさい。

【英　語】〈アドバンストチャレンジ試験〉（50分）〈満点：100点〉

〈編集部注：実物の試験問題では，4のイラストはカラー印刷です。リスニングの放送原稿は，未公表につき掲載していません。〉

注意　リスニングは開始５分後より始まります。

リスニング問題

Part 1　これから流れる英語を聞いて，英語の内容と合う絵を1～4の中から1つずつ選び，番号で答えなさい。なお，英語は2回放送します。

No.1

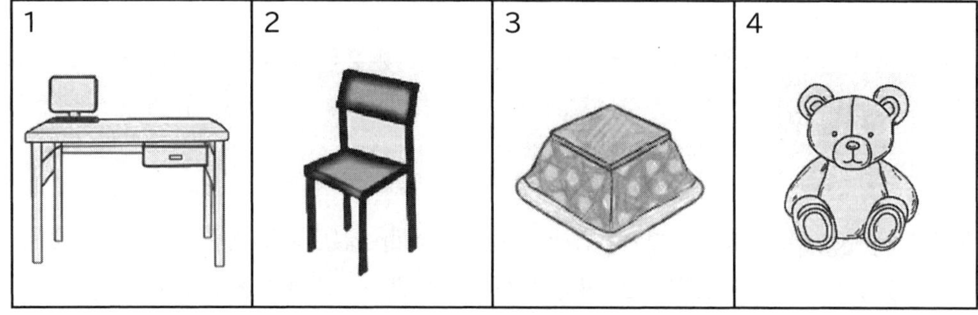

No.2

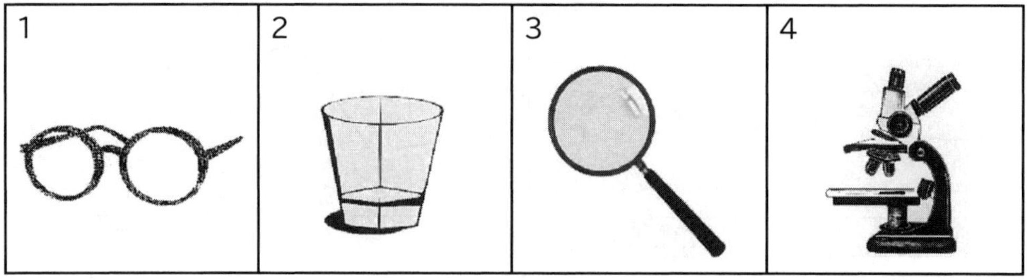

No.3

No.4

Part 2　これから流れる会話を聞いて，その後に読まれる質問に対して最も適切な答えを1～4の中から1つ選び，番号で答えなさい。なお，1つの会話に対して質問は3つあります。会話と質問はそれぞれ2回放送します。

No.1

1　Swung a bat and played baseball
2　Swam and played beach volleyball
3　Swam and ate an ice cream
4　Swam and ate sandwiches

No.2

1　A big sandcastle and a small dragon
2　A big Santa and a castle
3　A big sandcastle with a prince
4　A big dragon with a small sandcastle

No.3

1　Under the shade of the big trees
2　Under the shade of the mountains
3　Under the shade of a big dragon
4　Under the shade of an umbrella

Part 3　これから流れる英語を聞いて，それぞれの英語の質問の答えとして最も適切なものを1～4の中から1つずつ選び，番号で答えなさい。なお，1つの英文に対して質問は3つあります。英語は2回放送します。

No.1 How did they get to the zoo?

1 By bus　　2 By car

3 By train　　4 On foot

No.2 What were Sarah's favorite animals?

1 Lions and birds　　2 Lions and elephants

3 Lions and tigers　　4 Lions and monkeys

No.3 What did they share during lunch?

1 Pictures of animals they took

2 Stories about the animals they saw

3 Interesting facts about the animals

4 Delicious sandwiches and orange juice

筆記問題

2 次の日本文に合うように,(　)内の語(句)を並べかえなさい。
ただし,文の先頭に来る語(句)の最初の文字も小文字になっています。解答時は大文字にしなさい。

(1) あなたは何を探していますか。
(are / looking / what / you / for)?

(2) 富士山は日本で一番高い山です。
(the / in / highest / Mt. Fuji / Japan / is / mountain).

(3) 私は野球の試合を見ることが好きです。
(baseball / like / games / watching / I).

(4) その女性たちは明日買い物に行く予定です。
(are / go / to / the women / shopping / going) tomorrow.

(5) 私には髪の長い姉がいます。
(a sister / I / long / who / hair / have / has).

3 次の英文が成り立つように(　　)に入れるのに最も適切な語(句)を1～4の中から1つずつ選び,番号で答えなさい。

(1) We enjoy going to the beach.　It always makes (　　) relaxed.
1 she　　2 we　　3 us　　4 my

(2) A: George, do you play basketball?
B: No, I don't.　What about you?
A: I don't, (　　).　I wish I could, though.
1 yet　　2 either　　3 too　　4 also

(3) Mia finished (　　) her homework and then went to the park.
1 do　　2 doing　　3 did　　4 does

(4) A: What did you think of the movie, Liam?
B: The first half (　　) the movie was exciting, but I didn’t like the ending.
1 in　　2 of　　3 from　　4 at

(5) A: I haven’t heard from Jake for a while.　Is everything okay?
B: He has been travelling (　　) last month.
1 around　　2 between　　3 since　　4 toward

(6) This bag is (　　) than any other bag in the shop.
1 big　　2 biger　　3 biggest　　4 bigger

(7) A: Are you going to jog today, Mom?
B: No, Alex.　It’s too hot (　　).
1 run　　2 to run　　3 ran　　4 running

(8) Bon voyage, Sam.　I hope you will (　　) your time in Japan.
1 enjoy　　2 expect　　3 wish　　4 care

(9) He (　　) study hard for the test.
1 has to　　2 have to　　3 need to　　4 needs

(10) A: I have (　　) played this video game.
B: Really?　I have played it more than five times.
1 been　　2 never　　3 yet　　4 ever

4 次の指示に従って英語で答えなさい。ただし，主語と動詞を含む文の形で答えなさい。

(1) 次の英文の質問に対して，あなた自身について自由に英文で答えなさい。

What is your favorite season of the year and why do you like it?

(2) 次の対話が続くように，下線部に入る英語を1文で書きなさい。

A: ＿＿＿＿＿＿.　Take your umbrella with you, Beth.
B: OK, I will.　See you later, Dad.

(3) Look at the pictures.　Write about what the people are doing.

5 次の英文を読んで，設問に答えなさい。

Did you know that being ready can make a big difference if something bad happens? Just like a superhero gets ready to save the day, you can get ready too, to keep yourself and your family safe.

Long ago, in 1923, a very big earthquake, known as the Great Kanto Earthquake, hit Japan. It was so strong that buildings broke and fell, roads were broken, and many people were left without homes. This event showed everyone it is important to prepare for *disasters.

Getting ready doesn't mean we have to be scared, but just like when we practice *fire drills at school, it means we're ready to act quickly and not *panic when something happens. There are a few simple things that you can do.

First, learn about the kinds of disasters, accidents, bad things that could happen in your city. Is it earthquakes or *floods? If you prepare ahead of time, you don' t have to worry if something happens.

Next, plan with your family. Pick a place to meet your family if you can't go home, and pick a person you all can *contact if you get *separated. It's like planning a family day trip, but this one is for safety.

Don't forget to prepare an *emergency kit, too! It's a bit like *packing for a camping trip. It should have things like water, food, medicine, warm clothes, a *flashlight, and a *whistle. These items can help you stay safe and comfortable until help arrives.

Remember, just like the superheroes you love, the best way to face any challenge is to be prepared! Even though the Great Kanto Earthquake was very *scary, it taught us a very important and necessary lesson. If we prepare well for disasters, we can protect ourselves and the people we care about.

By practicing these steps, you're becoming a superhero in your own way, ready to keep yourself and your family safe when it *matters the most.

注釈
disaster(s): 災害　fire drill(s): 避難訓練　panic: 慌てふためく　flood(s): 洪水
contact: 接触する　separate(d): 引き離す　emergency kit: 防災セット
pack(ing): 荷造りする　flashlight: フラッシュライト　whistle: 笛　scary: 恐ろしい
matter(s): 重要である

(1) 次の質問の答えとして，本文の内容に合う最も適切なものを 1～4 の中から 1 つずつ選び，番号で答えなさい。

① Why should we get ready for disasters?
1 To make people scary
2 To make people react quickly and stay calm during a disaster
3 To turn people into superheroes
4 To make people create emergency kits

② What was the Great Kanto Earthquake?
1 A small earthquake in Japan
2 A big earthquake that hit Japan
3 A hurricane that hit Japan
4 A flood that happened in Japan

③ What is the first step to get ready for disasters?
1 Buying a flashlight
2 Learning about the kinds of disasters that could happen in your town
3 Packing for a camping trip
4 Contacting a person when you get separated

④ What are some of the items that you should put in your emergency kit?
1 Flashlight, games and water
2 Water, food and medicine
3 Water and a smartphone
4 Watermelon and a fan

⑤ What can you become by being ready for disasters?
1 A teacher
2 A firefighter
3 A superhero
4 An athlete

(2) 次の英文が本文の内容にあっていれば○，間違っていれば×と答えなさい。

① The Great Kanto Earthquake did not cause a lot of damage.
② Fire drills teach us how to act during disasters.
③ You should pick a place to meet your family if you can't go home during a disaster.
④ Superheroes are always ready to face any challenge.
⑤ The Great Kanto Earthquake taught us a lot of things about being ready.

三 次の―線部のカタカナを漢字で書きなさい。送りがなが必要ならば、送りがなをひらがなで答えなさい。

1 遠足がヨクシュウに延期された
2 窓枠のスンポウを測る
3 バスのウンチンを調べる
4 店内がカイソウされて明るくなった
5 コーチの指示にシタガウ
6 球場に三万人のカンシュウが集まった

四 次の四字熟語の―線部を漢字で書きなさい。

1 針小ボウダイ
2 天変チイ

問五　――線部Ｅ「晴美の曇った顔に、パッと晴れ間が広がった」とありますが、なぜですか。その理由として最も適当なものを、次の１～４のうちから一つ選びなさい。

１　自分がオンチであるということを指摘されてショックを受けていたが、音心に声質を褒(ほ)められてうれしかったから。

２　自分がオンチであったとしても、音心のアドバイスを参考にすれば上達することができると期待が持てたから。

３　音心に声質を褒められたことがうれしく、早紀の声とハモることが楽しみになったから。

４　岳からオンチであると陰口(かげぐち)をたたかれ沈んでいたが、音心からオンチではないと言われて安心したから。

問六　空らん【　Ｘ　】にあてはまる語句として最も適当なものを、次の１～５のうちから一つ選びなさい。

１　猿(さる)　２　虎(とら)　３　狐(きつね)　４　犬　５　馬

問七　この文章を読んで「晴美」はどのような人物だと考えられますか。最も適当なものを、次の１～４のうちから一つ選びなさい。

１　自己主張が強く、他人の意見を簡単には受け入れることができないような強情な人物。

２　人のために行動することを好み、他人からの評価を常に意識しているような気弱な人物。

３　人前で弱みは見せないが、実は他者からの評価を気にしてしまうような繊細(せんさい)な人物。

４　悩んでいることがあっても、すぐに切りかえることができるような能天気な人物。

問八　この文章の表現の特徴(とくちょう)として最も適当なものを、次の１～４のうちから一つ選びなさい。

１　複数人の視点から登場人物の心情が語られており、読者が共感しやすい構成となっている。

２　登場人物のやり取りが晴美の視点で語られており、晴美の心情の変化がわかりやすく描かれている。

３　晴美の心情の変化がわかりやすいように描かれている一方で、その他の登場人物の心情が読み取れない構成となっている。

４　登場人物同士の会話を中心として描かれており、特に音心の心情に寄り添(そ)った描かれ方をしている。

「早紀とは幼なじみっていうだけ。幼稚園のときからのね」
「なんだ、そーゆーこと」
晴美はちょっぴり落胆しながら、幼なじみといえば、性格の裏まで分かってしまう自分と岳みたいなものかと、納得もした。

(佐藤いつ子『ソノリティ　はじまりのうた』より)

(注) ※本文中の漢字については、学習指導要領における小学校の配当以外の難しい漢字にはふりがなをふっています。
※設問の都合上、一部表記を変えたところがあります。
※1　晴美のアドバイス…初日の朝練の際に、「指揮者らしくみんなをまとめないと」と早紀にアドバイスしていた。
※2　岳…晴美のクラスメイトであり、幼なじみ。バスケットボール部の朝練に参加しており、合唱コンクールの朝練には参加していない。
※3　アルト…アルトパート。女性の声域の一つで、ソプラノよりも低いパートである。

問一　―線部A「晴美には物足りなくて」とありますが、どういうことですか。その説明として最も適当なものを、次の1～4のうちから一つ選びなさい。

1　もう少し長い時間合唱の練習をしたいということ。
2　もう少し早紀にうまく指揮をしてほしいということ。
3　もっとクラスの合唱のレベルを上げたいということ。
4　もっと早紀にクラスをまとめてもらいたいということ。

問二　―線部B「わざとだらだらと帰り支度をした」とありますが、なぜですか。本文中の言葉を用いて、三十字以内で説明しなさい。

問三　―線部C「音心は黙っている」とありますが、この時の「音心」の気持ちとして最も適当なものを、次の1～4のうちから一つ選びなさい。

1　晴美から自分がオンチであるかどうかを尋ねられて困惑するとともに、晴美を傷つけないようにするためにはどのように答えたらよいかを悩んでいる。
2　晴美から自分がオンチであるかどうかを尋ねられて驚くとともに、晴美の歌声を思い出してどこで音程がずれていたのかを思い出そうとしている。
3　晴美から自分がオンチであるかどうかを尋ねられて不思議に思うとともに、どうすれば落ち込んだ晴美のことを慰めてあげられるかを考えている。
4　晴美から自分がオンチであるかどうかを尋ねられて心配するとともに、晴美の不安を解消するためにはどのように返答すればよいかを考えている。

問四　―線部D「サンドバッグみたいに心がなぶられる」とありますが、どういうことですか。五十字以内で説明しなさい。

ところ」

晴美が鍵盤に顔を近づける。

「Aってラのことか。Aフラットっていうと……？」

晴美に答えるように、音心がラの左の黒鍵を押した。ずいぶんと音が違う。重力に引きずられるように肩が落ちた。

「実際にはここまでは、全然下がってないよ。けど、金田は下がり傾向があるんだな。あと、B寄りって言ったのは――」

音心はピアノを弾きながら、音がずれている箇所を指摘した。晴美はショックを受けると同時に、音心の耳に驚いた。

「井川さぁ、よくそこまで分かるね」

「まぁね、絶対音感持ってるから、音程には敏感なんだ」

「っていうか、そもそもわたしのはずれた歌声って、ひとりだけそんなに目立ってんの？」

音心はどう答えたものか考えるように、口をつぐんだ。答えにくいのかも知れない。

「正直、声量があるから目立ってるかも知れない」

「……そっか」

晴美は上履きの先に視線を落とした。今日はDサンドバッグみたいに心がなぶられる。

「他との調和を考えると、ソプラノがやや弱めだから、正確な音程が取れたとしても、もう少し声量は抑えた方がいいかもね」

「ん」

上履きの先には、知らぬ間に誰かに踏まれたのか、ゴム底の波線が数本ついている。

「井川……」

続きの言葉がなかなか出ない。波線の数を数えた。

「正直に言ってくれてありがと」

沈んだ声でつぶやいた。

「あ、でも。声質はいいんだ。すっごく。好きだな、金田の声質」

「えっ、わたしの？」

晴美は弾かれたみたいに顔を上げた。うんうんと、音心が小刻みにうなずく。

「なんか、やる気出てきちゃったな」

E晴美の曇った顔に、パッと晴れ間が広がった。

「早紀の声とハモるといいだろうなぁ」

音心が目線を上げた。

「早紀って、指揮者の水野さんのこと？」

晴美の瞳がちろりと揺れた。

「そう。あいつの歌、いいんだ」

「ふーん。ね、井川、ズバリ聞くけど、井川と水野さんってつきあってんの？」

音心は【　X　】につままれたような表情でかたまった。

この表情は、真実ゆえの表情か事実無根ゆえの表情か、測りかねる。晴美は、なぜだろう、真実である方を願っていた。

「まっさかぁ」

音心はあきれたように脱力した。

音楽室の扉が開いていたので、そっとのぞいてみると、音心がピアノのいすに腰掛けて、組まれた脚の上に置いた楽譜をパラパラめくっていた。

「井川！」

思わず声が出た。音心が譜面からゆっくり顔を上げた。

「何？」

いぶかしむような冷静な声だった。

「あ、あのさ。そうそう、今日部活オフなの？」

音心はいたずらっぽく、にやっと笑った。

「いや、みんな走りに行った」

音心のにやり顔の意味が分かった。

「なるほどね、体調不良ね」

ピアノにずかずか近づきながら、晴美もにやっと返した。ピアノの脇に立った晴美に、音心はますます不可解な様子で、

「で、何？」

と、片眉をひねり上げてから、譜面に目を戻した。

「いや、あの、さ。うん……」

喉もとに言葉がつっかえる。口ごもる晴美に、音心は楽譜を閉じた。

「らしくないね。言いたいことがあったら、早く言えば」

音心の淡々とした口調に、背中をドンと押された。

「わたしって、オンチかな？」

「はぁ!?」

音心は長い前髪を透かしてでも分かるくらい、一瞬目を見開いた。

「何、いきなり」

「だから、わたしってオンチ？　井川なら分かるでしょ」

晴美は一気に言った。勢いあまって、音心に迫るように顔を近づけていた。音心はするすると顔を引いて、晴美との距離を保った。

「……」

C音心は黙っている。

黙っているってことは、そうなんだ。やっぱりオンチなんだ……。

あっという間に心が萎えていった。音心に限って、きっとお世辞や慰めみたいなことは言わないはずだが、「そんなことないよ」って否定してくれるのを、心の中で期待していた。思った以上に期待が大きかったようで、その分がっくりも倍増した。

音心はまだ沈黙を保っている。少しあごを上に向けて宙を睨み、なにか思い出すようなそぶりをしている。

一分は経っただろうか、音心は唐突に口を開いた。

「『本当のわたし』の『し』のAのところ、Aフラットに近くなってる。それから『未来へと歌は』の『は』のCもB寄りに。それから――」

「ちょちょちょ、ちょっと待って」

音心が早口で堰を切ったようにしゃべり出したのを、晴美はストップした。

「AとかCとかって、なんだっけ」

音心は「あぁ」とうなずくと、軽やかなタッチで『ソノリティ』のソプラノとアルトのメロディーを、ピアノで弾きだした。そして、「本当のわたし」のところで指を止めた。

「ここだよ。アルトがソプラノから分かれて、初めて音が伸びる『し』の

晴美はおでこに手のひらを掲げて、敬礼ポーズをとった。

授業が始まる前に、トイレに行こうと晴美が廊下に出たときだった。合唱ではなく部活の朝練に出ていた※2岳たち数人が、廊下にたむろしていた。

晴美の姿に気づいていないのか、

「キンタの歌声さー、めっちゃ目立つな」

という声が聞こえた。合唱の練習を廊下で聴いていたのだろうか。確かに今日は練習の時間が昨日より延びた。

「あいつさ、なんか音ずれてね?」

体がビクッと反応した。岳の声だ。

「そっかぁ?　※3アルトだからだろ」

「いや、そうじゃなくて……。あ、思い出したっ」

晴美はその場から動けなくなった。聞きたくないことが始まる、嫌な予感が背中を走った。

「キンタさ、保育園のとき、オンチって言われてた！」

「マジかー」

輪の中で爆笑が起こった。

――オンチ。

鋭利な刃物で刺されるというよりは、鈍器で殴られたような痛みが胸に広がった。頭の片側だけ、右のこめかみのあたりで脈打つのが分かる。

……岳のやつ、絶対に許さない。

岳たちに気づかれないように、晴美は足音に十二分に気をつけて、そっとその場を離れた。

今日の放課後は、バスケ部の部活オフの日だった。先生の負荷を減らすために、今年度からウィークデーも必ず一日は部活オフの日を設定し、それぞれの部活をずらして休むことになっている。

晴美は女子バスケの友だちに「宮下先生に交渉しに行くから」と先に帰ってもらい、Bわざとだらだらと帰り支度をした。本当はなんとかして、音心と話したかった。

でも吹奏楽部は今日はオフではないらしく、音心は部活に向かうのか、早紀と肩を並べていっしょに教室を出て行ってしまった。話しかけられるようなチャンスはなかった。

ふだんの晴美なら人と話すのに、チャンスをうかがうようなことはない。初対面の人でも全く気にせずに話しかけるし、話したいと思ったことは、考える前に口から言葉が出ている。遠慮が足りないくらいだ。でも、あのことについては、それが出来ない。

あのことが、今日一日中、頭から離れなかった。

晴美はすぐにあきらめる気にもなれず、教室でぼんやりしていた。しばらくすると、グラウンドで練習している野球部のかけ声が、三階の教室まで風に乗ってきた。風に当たりに窓際に近づいた。

つい半月ほど前までは、残暑の熱風のようだった風も、今ではすっかり落ち着いた秋の風に変わっていた。暑い暑いと散々文句を言っていたのに、涼しくなってみれば、ちょっぴり寂しい気がした。

音楽室で活動している吹奏楽部の様子を、いちおうのぞいてみようと、廊下に出た。そういえば、楽器の音が聞こえない。音心は早紀と連れだって教室を出て行ったから、てっきり部活かと思ったが、ひょっとしたら吹奏楽部も今日はオフなのだろうか。

問八　この文章を二つの部分に分けるとき、後半の部分はどこから始まりますか。本文中の[1]～[4]のうちから一つ選びなさい。ただし、解答らんには、数字1～4のみ記入すること。

問九　本文の内容と一致（いっち）するものとして最も適当なものを、次の1～4のうちから一つ選びなさい。

1　大きさに関わらずその動物が長生きできるかどうかは、一生のあいだに使うエネルギー量によって大きく影響（えいきょう）される。

2　動物の寿命はその体の大きさによって左右されるが、それは体の中の代謝の量や速度が寿命を決めるからである。

3　小さい動物は一般（いっぱん）的に短命とされるが、少しのエネルギー量をすばやく代謝できるという点でより優れている。

4　大きい動物は小さい動物ほど大量のエネルギー量を必要としないので、わずかな食物しかなくても長く生きられる。

二　次の文章を読んで、後の問いに答えなさい。（字数はすべて句読点を含む）

中学一年生の金田晴美（かねだはるみ）（キンタ）は、クラスメイトである指揮者の水野早紀（みずのさき）、伴奏者（ばんそうしゃ）の井川音心（いがわそうる）らとともに合唱コンクールにむけて練習に励（はげ）んでいる。

合唱コンクールの朝練の二日目が終わった。合唱がぐんと良くなっているのが、歌っている本人たちにも分かる。

今日は練習の最後に、早紀が、

「明日も朝練、よろしくお願いします」

と、みんなに声をかけた。※1晴美のアドバイスが効いているのだろう。

それでもA晴美には物足りなくて、早紀のとなりに思わずしゃしゃり出た。

「本番までもうあんまり時間ないけど、頑張（がんば）ろうねー。なんか、優勝出来そうな気がしてきた」

「ほんと、ほんと」

みんなの反応もいい。涼万（りょうま）が小さくうなずいているのが分かる。

「ねぇ、みんな。明日からの朝練、音楽室で出来ないか、宮下先生に交渉（こうしょう）してみようと思うんだ」

「いいねー」

女子が食いついた。

「でしょ。井川の生伴奏で合わせてみたいしね」

「じゃ、キンタよろしく」

「了解（りょうかい）！」

問三　空らん（ア）・（イ）にあてはまる言葉の組み合わせとして最も適当なものを、次の1～4のうちから一つ選びなさい。

1　ア＝または　イ＝だから　2　ア＝なぜなら　イ＝ただし
3　ア＝さらに　イ＝しかし　4　ア＝けれども　イ＝または

問四　―線部B「代謝速度と寿命の関係」とありますが、その内容として最も適当なものを、次の1～4のうちから一つ選びなさい。

1　体が大きい動物ほど多くのエネルギーを速い代謝速度で使うために、その寿命は短い。
2　単位時間当たりに使うエネルギー量がより多くなるため、小さい動物の方が短命である。
3　動物の体の大きさに関わらず代謝速度は同じなので、寿命の長さは代謝速度とは関係がない。
4　体の大きさによって使うエネルギー量が大きく違うので、代謝速度で寿命は測れない。

問五　―線部C「1960年代のアメリカで、こんなことがあった」とありますが、動物が使うエネルギー量に関するルブナーの考えに対して、筆者はどのようなことを述べていますか。それについて説明した次の文の《　》にあてはまる語句を、次の1～4のうちから一つ選びなさい。

筆者はルブナーの考えに関連して《　》。

1　結論となる具体例を用いて論を終わらせている
2　新たな疑問を提出し、考え方をより深めている
3　判断がつかない事例を挙げて問題提起している
4　具体的な例を挙げてわかりやすく説明している

問六　―線部D「そのゾウは2時間も経たずに死んでしまった」とありますが、なぜですか。「体重」、「エネルギー量」という言葉を使って、五十字以内で説明しなさい。

問七　―線部E「この結果は、ルブナーの考えを支持するものと解釈された」とありますが、そのように言えるのはなぜですか。その理由として最も適当なものを、次の1～4のうちから一つ選びなさい。

1　低温よりも高温のときのほうがショウジョウバエの成長速度が速く寿命が短くなるので、代謝速度が速いほど寿命は短くなると言えるから。
2　低温よりも高温のときのほうがショウジョウバエは大きく成長することができるので、エネルギー量が増えるほど代謝量も増えていくと言えるから。
3　低温よりも高温のときのほうがショウジョウバエの寿命が短くなるので、呼吸に使われる二酸化炭素の量が増えるほど寿命は短くなると言えるから。
4　低温よりも高温のときのほうがショウジョウバエの寿命が短くなるので、一生のあいだに使うエネルギー量が大きい動物ほど寿命が短くなると言えるから。

たとえば、C1960年代のアメリカで、こんなことがあった。ある動物園で、ゾウに薬を飲ませることになったのだが、どのくらいの量を飲ませたらよいのかわからない。（　イ　）、その薬をサルやネコに飲ませる量はわかっていた。そこで、体重（ゾウは3トンだった）に比例させた量をゾウに飲ませたところ、可哀想なことに、Dそのゾウは2時間も経たずに死んでしまったという。

たしかに、体の大きい動物ほど代謝量は大きい。しかし、体重が10倍になっても、使うエネルギー量は、だいたい5～6倍にしかならない。代謝量は、体重ほどには増えないのである。逆にいえば、体重1キログラム当たりの代謝量は、体の小さい動物のほうが大きくなるわけだ。

このルブナーの発見を、初めて実験的に確かめたのが、ドイツ生まれのアメリカの生理学者、ジャック・レーブ（1859～1924）とアメリカの生化学者、ジョン・ノースロップ（1891～1987）だ。彼らは、ショウジョウバエを実験材料にして、温度を10度から30度まで変化させて飼育した。すると、低温のときよりも高温のときのほうが、ショウジョウバエの成長速度は速くなり、寿命も短くなったのである。Eこの結果は、ルブナーの考えを支持するものと解釈された。レーブとノースロップは、生物の寿命には何らかの物質が関係していると考えた。その物質が減っていって無くなるか、あるいは増えていって一定量に達すると、寿命に達して死ぬというわけだ。

（更科功『ヒトはなぜ死ぬ運命にあるのか　生物の死4つの仮説』より）

（注）※本文中の漢字については、学習指導要領における小学生の配当以外の難しい漢字にはふりがなをふっています。

※設問の都合上、一部表記を変えたところがあります。

※1　アリストテレス…古代ギリシャの哲学者。

※2　脊椎動物…背骨を持つ動物のこと。魚類、両生類、は虫類、鳥類、哺乳類の五つのグループに分けられる。それに対して無脊椎動物は背骨を持たない動物である。

問一　――線部A「アリストテレス」とありますが、アリストテレスに関する説明に**あてはまらないもの**を、次の1～4のうちから一つ選びなさい。

1　脊椎動物は無脊椎動物よりも多くの脂質を持っており、脊椎動物の方がより長く生きると考えたが、必ずしも正しいとは言えない。

2　植物は動物より長生きだとアリストテレスは言ったが、それは植物には動物よりも多くの熱を含む材料が含まれていると考えたからだ。

3　アリストテレスは物事を単純にはとらえなかったので、必ずしも大きい動物が小さい動物よりも長生きするとは限らないと考えた。

4　アリストテレスが考えたことは、現在でも大体は正しいと思われているが、それはルブナーの理論によって証明されたからだ。

問二　空らん［I］にあてはまるものとして最も適当なものを、次の1～4のうちから一つ選びなさい。

1　視野が狭い　　2　腹が黒い

3　押しが強い　　4　肝が小さい

2024年度 昭和学院中学校

【国　語】〈アドバンストチャレンジ試験〉（五〇分）〈満点：一〇〇点〉

一　次の文章を読んで、後の問いに答えなさい。

（字数はすべて句読点を含む）

A※1アリストテレスは、大きな動物が小さな動物より長生きだと考えたが、それと同時に、※2脊椎動物は無脊椎動物より長生きで、植物は動物より長生きである、とも考えていた。その理由も、熱や湿気で説明できるのである。

　脊椎動物が無脊椎動物よりも長生きする理由は、脊椎動物のほうが多くの熱を含む材料でできているから、と考えれば説明することができる。多くの熱を含む材料というのは、具体的には脂質のことらしい。植物には、この脂質がたくさん含まれているので、動物より長命なのだそうだ。まあ、現在の知識と照らし合わせれば、突っ込みどころ満載の議論だけれど、時代を考えれば仕方のないことかもしれない。

　それに、アリストテレスは［　I　］人ではない。大きい動物は小さい動物より長生きであると考えてはいたけれど、それは大まかな傾向であって、例外がたくさんあることは認識していた。（　ア　）、大きい動物が小さい動物より長生きである理由についても、熱や湿気の量だけを考えていたわけではない。たとえば、大きな動物のほうが環境の変動に対して抵抗力がある、ということも、大きい動物が長命である理由と考えていたようだ（これも正しいかどうかは微妙だけれど）。

［1］このように、アリストテレスは、大きい動物は小さい動物より長生きだと考えていたけれど、この点に関しては、現在でも基本的には正しいと考えられている。そして、アリストテレスの時代から２２５０年ほど経つと、体の大きさと寿命の関係について、新たな理論が提唱された。生命活動速度論（Rate-of-living theory）である。

［2］ドイツの生理学者、マックス・ルブナー（１８５４〜１９３２）は、B代謝速度と寿命の関係を調べ、その結果を１９０８年に発表した。

　代謝というのは生物の体における物質やエネルギーの流れのことである。そこで、生物の代謝速度というのは、単位時間当たりに生物が使うエネルギー量を測れば、だいたいわかると考えられる。具体的には、熱量計を使ったり、呼吸で吐き出される二酸化炭素の量を測ったりすることが多かったようだ。

［3］ルブナーは、飼育されている5種の哺乳類（ウマ、ウシ、イヌ、ネコ、モルモット）を実験材料とした。一番小さいのはモルモットで、寿命は6年、一番大きいのはウマで、寿命は約50年だった。小さい動物のほうが大きい動物より代謝速度は速かったが、その分寿命は短い。そこで、一生のあいだに使うエネルギー量を、同じ重さに揃えて比べてみると、どの種でもほとんど同じになった。一生のあいだに動物が使うエネルギー量は、どの種でも、1グラム当たりだいたい２００キロカロリーだったのである。

［4］たしかに、体の大きい動物ほど、一匹が使うエネルギー量は多い。しかし、体重が10倍になったからといって、使うエネルギー量も10倍になるわけではない。

2024年度

昭和学院中学校　▶解説と解答

算　数　＜アドバンストチャレンジ試験＞（50分）＜満点：100点＞

解　答

1 (1) 1925　(2) 368　(3) 63　(4) $\frac{2}{515}$　(5) 2　2 (1) 96km　(2) 3.4　(3) 6人　(4) 10通り　(5) 68000円　3 (1) 5 cm　(2) 6 cm　4 (1) 148番目　(2) 31番目　5 (1) 9時3分　(2) 5 cm^2

解　説

1 四則計算，計算のくふう

(1) $A\times B+A\times C=A\times(B+C)$となることを利用すると，$99\times25+2\times11-385\div7\times5-33\times9=11\times9\times25+11\times2-55\times5-11\times3\times9=11\times225+11\times2-11\times5\times5-11\times27=11\times(225+2-25-27)=11\times175=1925$

(2) $2024\div3.3+2024\times\frac{5}{33}-2024\times\frac{3}{11}=2024\div\frac{33}{10}+2024\times\frac{5}{33}-2024\times\frac{3}{11}=2024\times\frac{10}{33}+2024\times\frac{5}{33}-2024\times\frac{3}{11}=2024\times\left(\frac{10}{33}+\frac{5}{33}-\frac{3}{11}\right)=2024\times\left(\frac{10}{33}+\frac{5}{33}-\frac{9}{33}\right)=2024\times\frac{6}{33}=368$

(3) $1.25\times\left(0.2+\frac{1}{4}\div0.01\right)\times(2+2-2\div2\times2)=1\frac{1}{4}\times\left(\frac{1}{5}+\frac{1}{4}\div\frac{1}{100}\right)\times(4-2)=\frac{5}{4}\times\left(\frac{1}{5}+\frac{1}{4}\times100\right)\times2=\frac{5}{4}\times\left(\frac{1}{5}+25\right)\times2=\frac{5}{4}\times25\frac{1}{5}\times2=\frac{5}{4}\times\frac{126}{5}\times\frac{2}{1}=63$

(4) $\left(\frac{1}{14}-\frac{1}{15}\right)\div\left(\frac{1}{2}+\frac{1}{3}+\frac{1}{4}+\frac{1}{7}\right)=\left(\frac{15}{210}-\frac{14}{210}\right)\div\left(\frac{42}{84}+\frac{28}{84}+\frac{21}{84}+\frac{12}{84}\right)=\frac{1}{210}\div\frac{103}{84}=\frac{1}{210}\times\frac{84}{103}=\frac{2}{515}$

(5) $\{25\div0.2\div0.25+(25-11)\div(119\div51)\}\times\left(\frac{1}{11}-\frac{1}{23}\right)\div(6\times2\times16+44-28\times8)=\left(125\div0.25+14\div\frac{7}{3}\right)\times\left(\frac{23}{253}-\frac{11}{253}\right)\div(192+44-224)=\left(500+14\times\frac{3}{7}\right)\times\frac{12}{253}\div12=(500+6)\times\frac{12}{253}\div12=\frac{506}{1}\times\frac{12}{253}\times\frac{1}{12}=2$

2 速さ，つるかめ算，条件の整理，場合の数，売買損益

(1) 右の図1のようにまとめることができる。時速30kmの車で3時間移動したとすると，30×3＝90(km)しか進まないから，実際に移動した道のりよりも，150−90＝60(km)短くなる。時速30kmの車のかわりに時速80kmの電車で移動すると，移動する道のりは1時間あたり，80−30＝50(km)長くなるので，電車で移動した時間は，60÷50＝1.2(時間)とわかる。よって，電車で移動した道のりは，80×1.2＝96(km)と求められる。

図1

電車(時速80km)｝合わせて
車（時速30km）｝3時間で150km

(2) 選手Aの得点は，5回目までの合計が413.95点であり，6回目までの合計が504.00点より高いから，6回目の得点は，504.00−413.95＝90.05(点)より高いことがわかる。また，選手Aの6回目の得点について，審査員の得点の上位2つと下位2つを除いた3人の合計は，9＋8.5＋9＝26.5

(点)である。よって，選手Aの難易率を□とすると，26.5×□>90.05と表すことができるので，90.05÷26.5＝3.39…より，□>3.39…と求められる。さらに，難易率は小数第1位までの値だから，選手Aの難易率は3.4以上である。

(3) 点数ごとに正解した問題をまとめると，右の図2のようになる。3を正解した人数の合計が26人なので，得点が5点の人のうち3だけを正解した人数は，26－(8＋7＋5)＝6(人)とわかる。

図2

得点	0	2	3	5	7	8	10	計
正解	なし	1	2	1 2 または 3	1 3	2 3	1 2 3	
人数	0	3	2	15	8	7	5	40

(4) 2Lは2000mLである。A，B，Cのコップの数をそれぞれⒶ個，Ⓑ個，Ⓒ個とすると，200×Ⓐ＋300×Ⓑ＋100×Ⓒ＝2000と表すことができ，等号の両側を100で割って簡単にすると，2×Ⓐ＋3×Ⓑ＋1×Ⓒ＝20となる。ここで，Ⓐ＝0とすると，3×Ⓑ＋1×Ⓒ＝20となり，この式にあてはまるⒷとⒸの組は，(6，2)，(5，5)，(4，8)，(3，11)，(2，14)，(1，17)，(0，20)とわかる。ただし，Ⓐ，Ⓑ，Ⓒの値は5以下だから，条件に合うのは(5，5)だけである。同様に，Ⓐの値を変えて調べると右上の図3のようになるので，全部で，1＋1＋2＋2＋2＋2＝10(通り)と求められる。

図3

Ⓐ	0	1	2	2	3	3	4	4	5	5
Ⓑ	5	5	5	4	4	3	4	3	3	2
Ⓒ	5	3	1	4	2	5	0	3	1	4

(5) 1個あたりの販売(はんばい)価格(値引きの前)は，400×(1＋0.3)＝520(円)だから，実際に販売した値段は1個あたり，520×(1－0.1)＝468(円)である。よって，1個あたりの利益は，468－400＝68(円)なので，1000個販売したときの利益の合計は，68×1000＝68000(円)と求められる。

3 面積

(1) 右の図で，しゃ線部分の2つの直角三角形AFGとDEGを，点Gを中心としてそれぞれ回転させると，辺AGは辺BGと，辺DGは辺CGとそれぞれぴったり重なる。また，角AGF，角DGE，角BGCの大きさの和は，360－90×2＝180(度)だから，回転させた後の辺FGと辺EGは一直線になっている。よって，回転させた後，しゃ線部分の図形は，縦が2cmの1つの長方形となっていて，その面積は10cm^{2}だから，長方形の横の長さは，10÷2＝5(cm)となる。これは，FGとEGの長さの和に等しいから，○と△の長さの和は5cmとわかる。

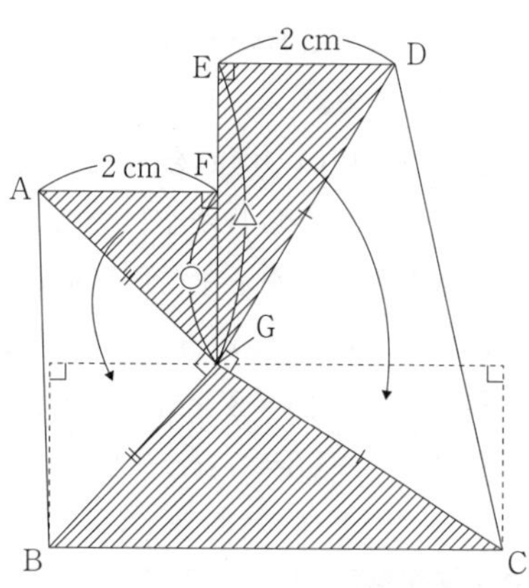

(2) N角形の内角の和は，180×(N－2)で求められるから，八角形の内角の和は，180×(8－2)＝1080(度)である。また，中心角がわかっている6個のおうぎ形の中心角の和は，120×3＋165×2＋90＝780(度)なので，しゃ線部分の2個のおうぎ形の中心角の和は，1080－780＝300(度)とわかる。よって，円の半径を□cmとすると，□×□×3.14×$\frac{300}{360}$＝94.2(cm^2)と表すことができるから，□×□×$\frac{5}{6}$＝94.2÷3.14＝30，□×□＝30÷$\frac{5}{6}$＝36＝6×6より，□＝6cmと求められる。

4 数列

(1) 下の図1のように組に分けると，N組の最後には1がN個並んだ数が並ぶ。よって，1が50個並んだ数が並ぶのは50組の最後とわかる。また，1組には1個，それ以外の組には3個の数があるから，50組の最後の数ははじめからかぞえて，1＋3×(50－1)＝148(番目)の数である。

図1

1組			1
2組	9,	10,	11
3組	99,	100,	111
4組	999,	1000,	1111
5組	9999,	10000,	11111

(2) 連続する3つの数の中で一番小さい数が，組の1番目の数の場合，組の2番目の数の場合，組の3番目の数の場合に分けて考えると，それぞれの場合で，3つの数の和は下の図2の㋐，㋑，㋒のように計算できる。よって，最も高い位の数字が2になるのは㋒の場合だから，3つの中で一番小さい数は組の3番目の数とわかる。この場合で，3つの数の積とその積の各位の和を，一番小さい数が1組の数のとき，2組の数のとき，…と順に求めていくと，下の図3のようになる。図3から，一番小さい数がN組の数のとき，各位の和は，N×9になる。これが99になればよいから，N×9＝99より，N＝99÷9＝11と求められる。したがって，求めるのは11組の3番目の数なので，はじめからかぞえて，1＋3×(11－1)＝31(番目)となる。

図2

㋐	㋑	㋒
99…9	100…0	111…1
100…0	111…1	999…9
＋111…1	＋ 999…9	＋1000…0
311…0	1211…0	2111…0

図3

1組	1×9×10=90	(和9)
2組	11×99×100=108900	(和18)
3組	111×999×1000=110889000	(和27)

5 水の深さと体積

(1) 栓(せん)を開けると毎分，12÷5＝2.4(cm)の割合で水面の高さが低くなり，蛇口(じゃぐち)を開けると毎分，8÷5＝1.6(cm)の割合で水面の高さが高くなる。はじめ，AとBの水面の高さの差は12cmであり，Aの栓とBの蛇口を開けると，AとBの水面の高さの差は毎分，2.4＋1.6＝4(cm)の割合で縮まる。よって，AとBの水面の高さが同じになるまでの時間は，12÷4＝3(分)だから，その時刻は9時3分である。

(2) 栓と蛇口の両方を開けると毎分，2.4－1.6＝0.8(cm)の割合で水面の高さが低くなるので，Bの栓を開けてからBが空になるまでの時間は，8÷0.8＝10(分)である。また，Aの蛇口を開けてからAが満水になるまでの時間は，12÷1.6＝7.5(分)だから，Aから水があふれていた時間は，10－7.5＝2.5(分)とわかる。この間にあふれた水の体積が20cm^{3}なので，蛇口から1分間に入る水の体積は，20÷2.5＝8(cm^3)となる。さらに，水面の高さは1分間に1.6cm高くなるから，容器の底面積は，8÷1.6＝5(cm^2)と求められる。

社 会 <アドバンストチャレンジ試験>(30分)<満点：50点>

解 答

1 **問1** **A** 高知県，イ **B** 新潟県，エ **C** 沖縄県，ウ **D** 長崎県，ア **問2** Ⅰ イ Ⅱ エ **問3** オ **問4** A，C，D **問5** ① 養しょく ② さいばい漁業 **問6** **記号**…イ，**理由**…(例) 日本海側にある新潟県は，11月から1月にかけての降水(降雪)が多いから。(12月から1月にかけての冬の気温がほかより低いから。) **2** **問1** ウ **問2** 北条時宗 **問3** エ **問4** 富岡製糸場 **問5** イ **問6** (1) イ，エ

⑵ ウ　**問7** イ　**3** **問1** 18　**問2** 国権　**問3** ア　**問4** 5／(例) 企業における管理職や指導的地位に就く女性の割合を高くする。　**問5** **1** イ　**2** ウ　**問6** 社会保障

解　説

1 **4つの都道府県の特徴や地形，気候，産業などについての問題**

問1　**A**　沖合を暖流の日本海流(黒潮)が流れる高知県は，冬でも温暖な気候を利用した野菜の促成栽培が高知平野でさかんで，なすの収穫量は全国で最も多い(2022年)。イのカードには，土佐藩(高知県)出身の坂本龍馬の銅像と，その銅像が立つ桂浜が写っている。　**B**　日本海に面している新潟県と，その東側に位置する福島県や群馬県などの県境を，越後山脈が走っている。また，雪解け水が豊富な越後平野では水田単作がさかんで，新潟県の米の生産量は全国一多い(2022年)。エのカードには，新潟県の県鳥に指定されているトキが写っている。　**C**　第二次世界大戦末期にアメリカ軍が上陸して国内で唯一の地上戦が行われた沖縄県は，1945年に占領地となって以降，1972年に日本への返還が実現するまでアメリカ軍の統治下に置かれた。ウのカードには，琉球王国の王城であった首里城の門の1つ，守礼門が写っている。　**D**　離島が多く，海岸線が複雑に入り組んだリアス海岸が発達した長崎県は，北海道に次いで全国で2番目に海岸線が長い。アのカードには，長崎港内につくられた出島が描かれている。出島はオランダ商館が置かれた扇形の島で，鎖国政策がとられた江戸時代に，ヨーロッパに対して開かれた唯一の窓口となった。

問2　Ⅰ　日本で最も長いイの信濃川は，長野県から流れ出て新潟県に入り，河口付近で越後平野を形成して日本海に注ぐ。長野県内を流れる間は千曲川と呼ばれ，新潟県に入ると信濃川と呼ばれる。なお，アの神通川は岐阜県と富山県，ウの最上川は山形県を流れる川である。　Ⅱ　沖縄県はエの台風の通り道になっており，たびたび強風や大雨に見舞われるため，鉄筋コンクリート製の住宅が多い。伝統的な家屋でも台風の強風に備えた工夫が見られる。なお，オの竜巻は発達した積乱雲によって発生する激しい風の渦巻き，カのハリケーンは北大西洋や北東太平洋などで発生する発達した熱帯低気圧のうち，最大風速が秒速約33m以上になったものをいう。

問3　高知県と同様に太平洋側に位置するオの宮崎県では，宮崎平野の冬でも温暖な気候を生かした野菜の促成栽培がさかんに行われている。きゅうりやピーマンの生産がさかんで，宮崎県のきゅうりの収穫量は全国第1位，ピーマンの収穫量は全国第2位である(2022年)。

問4　兵庫県の明石市を通る東経135度の経線(日本の標準時子午線)は，京都府北西部や兵庫県，淡路島北部や和歌山県の友ヶ島などを通るが，四国は通らない。よって，東経135度より西側に位置しているのは，四国地方の南部に位置するAの高知県，九州・沖縄地方に位置するCの沖縄県とDの長崎県の3つになる。

問5　①　養殖(養殖業・養殖漁業)とは，魚や貝をたまごや小さい状態から食べられる大きさになるまでいけすなどで育てて，出荷する漁業である。　②　魚や貝のたまごを人工的にふ化させて，ある程度成長するまで育てた後，川や海などに放流し，自然の中で大きく成長したものをとる漁業は，栽培漁業と呼ばれる。

問6　カードBの新潟県は日本海側に位置するため，暖流の対馬海流と冬の北西の季節風の影響を強く受けて，冬の降水量(降雪量)が多いことが特徴である。また，新潟県は高知県・沖縄県・長

崎県に比べて高緯度に位置するため，特に冬の平均気温がこれらの県よりも低くなる(イ…○)。なお，アは沖縄県，ウは高知県，エは長崎県の雨温図を表している。

2 各時代の歴史的なことがらについての問題

問1 江戸幕府は，キリスト教の禁止を徹底し，貿易の利益を独占するため，オランダと清(中国)に限り，長崎を唯一の貿易港として貿易を行う鎖国政策をとった(ウ…○)。なお，武家諸法度を改定し，参勤交代を制度化したのは，江戸幕府第3代将軍の徳川家光である(ア…×)。杉田玄白や前野良沢らはオランダ語で書かれた医学解剖書『ターヘル・アナトミア』を翻訳し，『解体新書』として出版した。伊能忠敬は全国の沿岸を測量して回り，正確な日本地図を作成したことで知られる(イ…×)。1866年，坂本龍馬の仲介により，薩摩藩(鹿児島県)と長州藩(山口県)は薩長同盟(薩長連合)を結んで倒幕を進めた。板垣退助は，自由民権運動を指導した高知県出身の政治家である(エ…×)。

問2 鎌倉幕府第8代執権の北条時宗のとき，元(中国)・高麗の連合軍が博多湾に侵攻した。北条時宗は御家人らを指揮し，文永の役(1274年)と弘安の役(1281年)の2度にわたる大軍の襲来を撃退した。

問3 ポーツマス条約は，日露戦争(1904～05年)の講和条約である。日清戦争(1894～95年)の講和会議は山口県の下関で開かれ，伊藤博文・陸奥宗光らが出席して下関条約が結ばれた(エ…×)。

問4 明治政府は欧米諸国に追いつくために近代化政策をおし進め，殖産興業政策の1つとして，養蚕業のさかんな群馬県に日本初の官営模範工場である富岡製糸場を設立した。富岡製糸場は，「富岡製糸場と絹産業遺産群」として2014年にユネスコ(国連教育科学文化機関)の世界文化遺産に登録された。

問5 埼玉県出身の実業家であるイの渋沢栄一は，日本初の銀行である第一国立銀行を設立したほか，大阪紡績会社をはじめとする数多くの企業の設立や経営にたずさわり，実業界で活躍したことから，「日本資本主義の父」とも呼ばれる。なお，2024年7月発行の新1万円札には渋沢栄一，新5千円札にはアの津田梅子，新千円札にはウの北里柴三郎の肖像画がそれぞれ採用されている。エの樋口一葉は，2024年1月時点で発行されている5千円札の肖像画の人物である。

問6 (1) イの平等院鳳凰堂は，藤原頼通が京都府宇治市に建てた阿弥陀堂，エの鹿苑寺(金閣)は，室町幕府第3代将軍を務めた足利義満が京都市に建てた北山文化を代表する建造物である。なお，アの中尊寺金色堂は岩手県平泉町，ウの日光東照宮は栃木県日光市にある。 (2) 平安時代，藤原氏は娘を天皇のきさきとし，生まれた子を天皇とすることで天皇との関係を強め，摂政や関白といった地位について政治の実権を握った。藤原氏による摂関政治は，道長・頼通父子のときに全盛期をむかえた(ウ…○)。なお，アは奈良時代，イとエは飛鳥時代の政治について述べている。

問7 Aの遮光器土偶は，青森県つがる市の亀ヶ岡石器時代遺跡から出土した。また，Dの三内丸山遺跡は，青森市内にある縄文時代最大級の遺跡である。どちらの遺跡も「北海道・北東北の縄文遺跡群」の構成資産として，ユネスコの世界文化遺産に登録されている(イ…○)。なお，Bの縄文のビーナスは長野県茅野市の棚畑遺跡から出土した土偶，Cの加曽利貝塚は千葉市にある貝塚である。

3 政治の仕組みやSDGsについての問題

問1 2015年に公職選挙法が改正され，選挙権が認められる年齢がそれまでの20歳以上から18歳以上へと引き下げられた。この法律は2016年に施行され，国政選挙としてはその年の参議院議員通常選挙から適用された。

問２　日本国憲法第41条は国会について，「国会は，国権の最高機関であって，国の唯一の立法機関である」と定めている。国会が，主権者である国民によって直接選ばれた国会議員で構成されていることから，最高機関と位置づけられている。

問３　国会は唯一の立法機関として法律案を審議し，成立させる（W…○）。また，内閣が結んだ条約を事前または事後に承認することも国会の仕事である（X…○）。なお，最高裁判所の長官は内閣が指名し，天皇が任命する（Y…×）。国会が制定した法律が憲法に違反していないかどうかを審査する権限を違憲立法審査権といい，全ての裁判所がこの権限を持っている（Z…×）。

問４　本文から，LGBT理解増進法が「ジェンダーの多様性に関する国民の理解」を進めるための法律であることが読み取れるので，５（ジェンダー平等を実現しよう）が最も関連があるものといえる。なお，ジェンダーとは男らしさや女らしさのような，社会的・文化的に形成された男女の性差のこと，LGBT（Q）は性的な少数派を表す言葉である。企業においては，女性が管理職や指導的地位に就く割合を大きくするほか，就労の継続や昇進で女性が不利にならないための環境整備が進められている。政治においては，選挙の立候補者や議席の一定数を女性に割り当てるクオータ制の導入が議論されている。また，女子の制服にスカートだけでなくズボンが選べる学校が一般的になりつつあることや，男性の家事育児・介護への参加を政府が積極的に支援していることなども，ジェンダー平等への取り組みといえる。

問５　**１**　地方自治では，首長（都道府県知事や市区町村長）が中心となって予算案を作成したり，政治の方針を決めたりして地方議会（都道府県議会や市区町村議会）に提出する（イ…○）。　**２**　地方議会は，首長が提出した案について賛成や反対の議決を行って意見を示す（ウ…○）。なお，首長は議会の議決に異議がある場合，審議と議決のやり直しを議会に対して求めることができる。

問６　日本国憲法第25条が定める生存権を保障するため，国は社会保障制度を整備している。日本の社会保障制度は大きく，公的扶助（生活保護）・社会保険・社会福祉・公衆衛生の４つからなる。

理　科　＜アドバンストチャレンジ試験＞（30分）＜満点：50点＞

解　答

1 (1)　2.2秒　　(2)　d　　(3)　(例)　糸の長さが同じならば，はじめに引き上げた角度が大きいほど速い。　　(4)　h　　**2** (1)　花　　(2)　b，d，f　　(3)　b，d　　(4)　キノコ　**3** (1)　エ　　(2)　コ　　(3)　ク　　(4)　d　　(5)　(例)　dの都市は，千葉より南に位置する都市だから。　　**4** (1)　a　　(2)　気体→液体　　(3)　(例)　ふっとうする温度が100℃よりも低くなる

解　説

1　ふりこについての問題

(1)　ふりこが１往復する時間を５回測定した値の平均を計算すると，(2.2＋2.4＋2.1＋2.0＋2.3)÷５＝2.2(秒)になる。

(2)　ふりこが１往復するのにかかる時間(周期)は，ふりこの長さ(ふりこの支点からおもりの重心までの距離(きょり))によって決まる。そのため，周期を短くするには，ふりこの糸の長さを短くすればよい。なお，ふりこの周期はおもりの重さやはじめに引き上げた角度を変えても変わらない。

(3)　表から，糸の長さが同じ場合，はじめに引き上げた角度が大きくなるほど，最下点でのふりこの速さが速くなっている。また，はじめに引き上げた角度が同じときは，糸の長さが長いほど，最下点でのふりこの速さが速い。

(4)　たとえば，糸の長さが２m(200cm)のふりこで角度Ⅰが30度である場合，表より，B地点でのふりこの速さは秒速2.29mになる。この速さのまま，糸の長さが1.6m(160cm)になるので，ふりこが持ち上がる地点は，30度(最下点での秒速2.05m)と40度(同秒速2.71m)の間のところであると考えられる。角度Ⅰが20度や10度であっても同様なので，ふりこは角度Ⅰ(角度Ⅱ)より大きな角度まで上がるといえる。

2　食用植物についての問題

(1)　ブロッコリーやカリフラワーは，主に花のつぼみを食べている。

(2)　主に根を食べる植物として，ニンジン，サツマイモ，ゴボウが選べる。なお，レタスやホウレンソウは葉，アスパラガスは茎(くき)，カボチャは果実を主に食用にしている。

(3)　トウモロコシは種子が，グリーンピースはエンドウマメの成熟する前の種子が可食部となる。ピーマンとスイカ，ナスは主に果実を食べている。

(4)　図１には，ロマネスコ(カリフラワー)，タマネギ，インゲン，トウモロコシ，アスパラガス，トウミョウ，山菜，ポルチーニ茸(だけ)などがうつっている。このうち，ポルチーニ茸はキノコのなかまで，菌(きん)類に分類される。

3　星の見え方についての問題

(1)　カシオペア座など北の空の星は，北極星を中心に反時計回りに回っているように見える。このとき，図１の左側が北極星のある方向となるから，この向きでカシオペア座が見られるのは図２のエの位置にあるときとわかる。

(2)　カシオペア座は，北極星を中心に１日(24時間)にほぼ360度，１時間に約15度動いて見える。図２は，360÷12＝30(度)ごとに区切ってあるので，午後10時にはカシオペア座がサの位置から，15×(10－８)＝30(度)だけ反時計回りに動いたコの位置に見られる。

(3)　カシオペア座を同じ時刻に観察すると，北極星を中心にして１年(12ヶ月)に360度，１ヶ月に30度動いて見える。したがって，３ヶ月後のカシオペア座の位置は，サの位置から反時計回りに，30×３＝90(度)動いたクの位置である。

(4)，(5)　北極星は地球の地軸(じく)を延長した線上にあり，北極星とその近くに見える北の空の星は，南半球から見ることはできない。日本でも，南に位置する場所では，カシオペア座が図２のカ～クのように低い位置にあるとき，地平線にかくれて見えなくなると考えられる。千葉県の北緯(い)は約35度で，札幌(さっぽろ)は約43度，仙台(せんだい)は約38度，金沢(かなざわ)は約36度，那覇(なは)は約26度なので，那覇が最も適当である。

4　水の状態変化についての問題

(1)　０℃より低い温度の氷を加熱すると，０℃までは時間とともに温度が上昇(しょう)するが，氷の一部が水に変化し始めると，温度が０℃のまま上がらなくなる。この後，氷がすべてとけて水になると，再び温度が上がり始めるが，ふっとうを始めて水が水蒸気に変化し始めると，100℃で一定になる。

よって，グラフはaのようになる。

(2) やかんで湯をわかすと，やかんの口の近くには何も見えないが，少しはなれたところに湯気が見られる。これは，部屋の空気によって水蒸気が冷やされて水てきになったものである。気体の水蒸気は無色とう明で目に見えないが，液体の細かい水てきは光を乱反射するため，白く見えるようになる。

(3) 標高の高いところは気圧が低く，液体の物質が気体になりやすくなっている。そのため，富士山の山頂で湯をわかすと，100℃になる前にふっとうが始まるため熱い湯とならず，カップ麺(めん)を美味しくつくることができない。

英語 <アドバンストチャレンジ試験>（50分）<満点：100点>

※ 編集上の都合により，英語の解説は省略させていただきました。

解答

1 **Part 1** (1) 2 (2) 1 (3) 3 (4) 1 **Part 2** (1) 2 (2) 1 (3) 4 **Part 3** (1) 1 (2) 3 (3) 2 2 (1) What are you looking for (2) Mt.Fuji is the highest mountain in Japan (3) I like watching baseball games (4) The women are going to go shopping (5) I have a sister who has long hair 3 (1) 3 (2) 2 (3) 2 (4) 2 (5) 3 (6) 4 (7) 2 (8) 1 (9) 1 (10) 2 4 (1) (例) I like winter because I want to go skiing. (2) (例) It's going to rain. (3) ① (例) A man is lifting up the box. ② (例) A man is cleaning(wiping) the floor. ③ (例) A woman is using a computer. ④ (例) A woman is watering some flowers. ⑤ (例) A woman is waiting for the bus. 5 (1) ① 2 ② 2 ③ 2 ④ 2 ⑤ 3 (2) ① × ② ○ ③ ○ ④ ○ ⑤ ○

国語 <アドバンストチャレンジ試験>（50分）<満点：100点>

解答

一 **問1** 4 **問2** 1 **問3** 3 **問4** 2 **問5** 4 **問6** （例） 体重が十倍になっても使うエネルギー量はおよそ五～六倍であるのに，体重に比例させた量の薬を与えたから。 **問7** 1 **問8** 2 **問9** 2 二 **問1** 4 **問2** （例） 音心に自分が本当にオンチなのかどうかを確かめたかったから。 **問3** 2 **問4** （例） 岳だけでなく音心にまで音程のずれが目立っていることを一方的に指摘されて傷づいているということ。 **問5** 1 **問6** 3 **問7** 3 **問8** 2 三 下記を参照のこと。 四 **1** 棒大 **2** 地異

●漢字の書き取り

三 1 翌週 2 寸法 3 運賃 4 改装 5 従う 6 観衆

解　説

一　出典：更科功『ヒトはなぜ死ぬ運命にあるのか　生物の死４つの仮説』。大きい動物と小さい動物ではどちらが長生きかということについて，さまざまな実験の結果とともに説明されている。

問１　続く部分の，アリストテレスの考えについて説明されている部分に注目する。アリストテレスは，無脊椎動物よりも脊椎動物の方が，多くの熱を含む「脂質」でできているから長生きできると考え，さらに植物は「脂質」の量が多いから動物よりも長生きできると考えた。このような考え方は，「現在の知識と照らし合わせ」ると，「突っ込みどころ満載の議論」だと述べられているので，４が正しくない。なお，アリストテレスは「大きい動物は小さい動物より長生きである」という自説に，「例外がたくさんあることは認識していた」ので，３は正しい。

問２　アリストテレスは，自分の考えに「例外がたくさんある」ことを認識していただけではなく，「環境の変動」に対する「抵抗力」という視点でも考察していたので，「視野が狭い」人ではない。

問３　ア　アリストテレスは，「大きい動物は小さい動物より長生きである」という自分の考えに「例外がたくさんある」ということは認識しており，その理由についても，いくつかの視点から考察していたという文脈になる。よって，前のことがらに別のことをつけ加えるときに用いる「さらに」が入る。　　イ　ある動物園では，ゾウに「どのくらいの量」の薬を「飲ませたらよいのか」わからなかったが，「その薬をサルやネコに飲ませる量はわかっていた」という文脈になるので，前のことがらを受けてそれに対立する内容を述べるときに用いる「しかし」が入る。

問４　続く部分で，ルブナーが発見した「代謝速度と寿命の関係」について説明されている。ぼう線部Ｄの後の部分にある通り，「体の大きい動物ほど代謝量は大きい」が，「体重が10倍になっても，使うエネルギー量は，だいたい５〜６倍にしかならない」ので，「体重１キログラム当たりの代謝量」は小さい動物の方が大きいことになる。つまり，単位時間当たりに使うエネルギー量が多くなる小さい動物の方が，大きい動物よりも短命だと，ルブナーは考えたのである。

問５　同じ文に「たとえば」とあることから，筆者は，「体重が10倍になったからといって，使うエネルギー量も10倍になるわけではない」というルブナーの考えをわかりやすく説明するために，体重に比例させた大量の薬を飲まされたゾウが死んでしまったという事例をあげたのだとわかる。

問６　問４と問５でみたように，「体重が10倍」になったとしても，「使うエネルギー量」は，10倍になるどころか，「５〜６倍」くらいにしかならない。ところが，アメリカの「ある動物園」では，サルやネコに飲ませる薬の量を基準とし，それをゾウの体重に比例させ，大量に与えてしまったのである。

問７　低温のときより高温のときの方が，「ショウジョウバエの成長速度」が速くなったということは，より高温の方が代謝量は大きくなるということを意味している。この実験結果は，代謝速度が速いほど成長速度も速くなるので寿命が短くなる，というルブナーの考えを裏づけるものとなる。

問８　本文では，前半にアリストテレスの考えが述べられており，後半でルブナーの発見について説明されている。よって，ルブナーの発見について書かれはじめた②段落からが，後半部分のはじまりとなる。

問９　①段落に書かれている通り，アリストテレスの「大きい動物は小さい動物より長生きだ」とする考えは，「現在でも基本的には正しいと考えられて」おり，それは体内の「代謝量」や「代謝速度」によって寿命が決まるということが実験によって証明されているからである。

二 出典：佐藤いつ子『ソノリティ　はじまりのうた』。中学一年生の晴美は，クラスメイトたちと共に合唱コンクールに向けて練習に励んでいるが，幼なじみの岳の一言に深く傷つく。

問1　続く部分で，晴美の「なんか，優勝出来そうな気がしてきた」という声かけに，みんなは「ほんと，ほんと」などと反応している。このことから，晴美は，みんなのやる気を高めたり，団結を強めたりするような声かけを，早紀に期待していると考えられる。

問2　岳が，一緒にいたクラスメイトに「あいつさ，なんか音ずれてね？」と，オンチであることをほのめかし，次いで，「キンタさ，保育園のとき，オンチって言われてた！」と話しているのを聞いた晴美は，深く傷つき，そのことが一日中，頭から離れなかった。後の，晴美が音心に質問している部分からもわかる通り，晴美は，自分が本当にオンチかどうかということを，音心に確かめに行く機会をうかがっているのである。

問3　続く部分で，「沈黙」の後，音心は晴美の歌について，細かく音がずれている箇所を指摘している。「わたしって，オンチかな？」という意外な言葉に，「何，いきなり」と驚いたが，その質問に答えるために，音心はしばらく黙って，晴美の歌を思い出していたのである。

問4　問2でみたように，晴美は，オンチであると岳たちに笑いものにされている。それだけでなく，音心にも音程のずれがあることをはっきりと指摘されてしまったので，晴美の気持ちは深く傷ついたのである。

問5　音程にずれがあることは指摘されたが，「声質はいいんだ」「好きだな，金田の声質」などと音心に褒められたので，落ち込んでいた晴美の気持ちは一気に明るくなったのだと想像できる。

問6　「狐につままれた」は，意外なことが起こってあっけにとられているさま。「井川と水野さんってつきあってんの？」という質問は，音心にとって予想もできない意外なものだったのである。

問7　晴美は，冒頭にある通り，クラスのみんなをまとめようとする姿や，ぼう線部Bの後で，「話したいと思ったことは，考える前に口から言葉が出ている」と書かれている通り，積極的な性格であるとわかる。その反面，岳の発した一言が頭から離れないといった繊細な性格も持ち合わせている。よって，3の内容が合う。

問8　この文章では，登場人物のようすや言動が晴美の視点から描かれており，傷ついたり喜んだりする晴美自身の心情の変化も細かく描写されているので，2が選べる。

三 漢字の書き取り

1　その次の週。　**2**　物の長さ。　**3**　旅客や貨物などを運ぶ料金。　**4**　建物の内部や外観を変えること。　**5**　音読みは「ジュウ」で，「服従」などの熟語がある。　**6**　催し物などを見物しに集まった多くの人々。

四 四字熟語の完成

1　「針小棒大」は，小さなものごとを大げさに言うこと。　**2**　「天変地異」は，天空や地上をふくむ自然界に起こる異変。

Dr.福井の

入試に勝つ！脳とからだのウルトラ科学

試験場でアガらない秘けつ

キミたちの多くは，今まで何度か模擬試験（たとえば合不合判定テストや首都圏模試）を受けていて，大勢のライバルに囲まれながらテストを受ける雰囲気を味わっているだろう。しかし，模擬試験と本番とでは雰囲気がまったくちがう。そういうところでも緊張しない性格ならば問題ないが，入試独特の雰囲気に飲みこまれてアガってしまうと，実力を出せなくなってしまう。

試験場でアガらないためには，試験を突破するぞという意気ごみを持つこと。つまり，気合いを入れることだ。たとえば，中学の校門前にはあちこちの塾の先生が激励（げきれい）のために立っている。もし，キミが通った塾の先生を見つけたら，「がんばります！」とあいさつをしよう。そうすれば先生は必ずはげましてくれる。これだけでもかなり気合いが入るはずだ。ちなみに，ヤル気が出るのは，TRHホルモンという物質の作用によるもので，十分な睡眠をとる，運動する（特に歩く），ガムをかむことなどで出されやすい。

試験開始の直前になってもアガっているときは，腹式呼吸が効果的だ。目を閉じ，おなかをふくらませるようにしながら，ゆっくりと大きく息を吸う。ここでは「ゆっくり」「大きく」がポイントだ。そして，ゆっくりと息をはく。これをくり返し何回も行うと，ノルアドレナリンという悪いホルモンが減っていくので，アガりを解消することができる。

よく「手のひらに“人”の字を書いて飲みこむことを３回行う」とアガらないというが，そのようなおまじないを信じて実行し，自分に暗示をかけてもいいだろう。要は，入試に対するさまざまな不安な気持ちを消し去って，試験に集中できるようなくふうをこらせばいいのだ。

Dr.福井（福井一成（ふくいかずしげ））…医学博士。開成中・高から東大・文Ⅱに入学後，再受験して翌年東大・理Ⅲに合格。同大医学部卒。さまざまな勉強法や脳科学に関する著書多数。

2023 年度

昭和学院中学校

【算　数】〈算数１科試験〉（50分）〈満点：100点〉

1　次の計算をしなさい。

（１）$0.6\times\left\{0.25\div\left(\frac{5}{8}-\frac{3}{5}\right)\right\}$

（２）$1\frac{4}{5}\times\left\{2-\left(1-\frac{13}{12}\div\frac{3}{2}\right)\right\}$

（３）$1.23\times9+2.46\times7-3.69\times5+4.92\times3$

（４）$\frac{3}{4}+\frac{3}{4\times7}+\frac{10-7}{70}+\left(\frac{1}{10}-\frac{1}{13}\right)$

2　次の問いに答えなさい。

（１）次の計算の□に当てはまる数を答えなさい。
$(55\times55+605)\div(22+22\times22+\square)=5$

（２）ある中学校１年５組の生徒の人数は３０人で，クラスの生徒の６０％が部活に入部しており，その中の３人に１人は塾（じゅく）に通っています。クラスの生徒の５０％が塾に通っているとき，部活に入部していなくて塾に通っている生徒の人数を求めなさい。

（３）長さ１４０ mで速さが分速１５００mの特急列車と，長さ１２８mの普通列車が同じ方向に走っています。この特急列車が，前を走る普通列車に追いついてから追いこすまでに０．８分かかりました。普通列車の速さは分速何mか求めなさい。

（４）濃度（のうど）３％の食塩水と濃度７％の食塩水を混ぜて，濃度４％の食塩水を８００ｇ作りました。このとき，濃度３％の食塩水を何ｇ混ぜたか答えなさい。

（５）右の図は１辺１cmの正方形を２０個並べたものです。この図の中で作ることができるすべての正方形の面積の和を求めなさい。

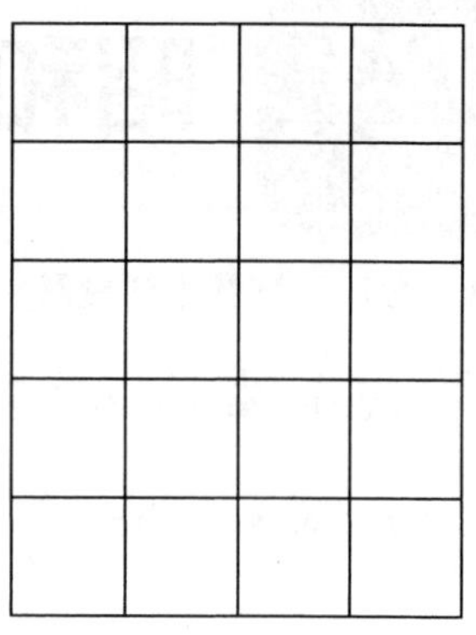

3 次の問いに答えなさい。

（１）次の図は，正五角形ＡＢＣＤＥと正三角形ＦＣＤを重ねたものです。角アと角イの大きさをそれぞれ求めなさい。

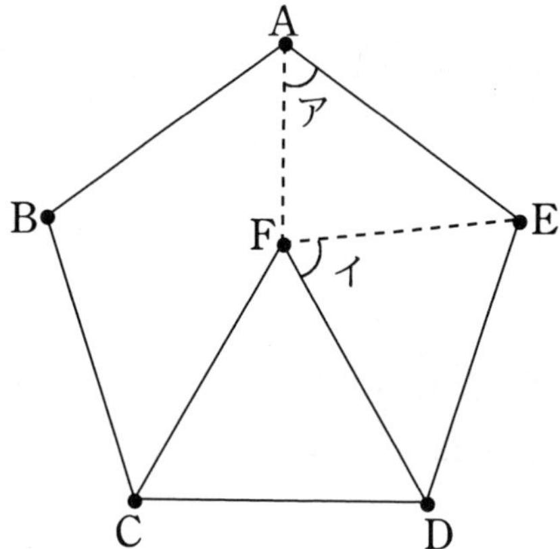

（２）次の図は，半径４０cmの円Ｏと横の長さが３２cmの長方形を重ねたものです。しゃ線の部分の面積が長方形の面積の３倍になるとき，長方形の縦の長さを求めなさい。ただし，長方形は円の内側にあるものとし，円周率は３．１４とします。

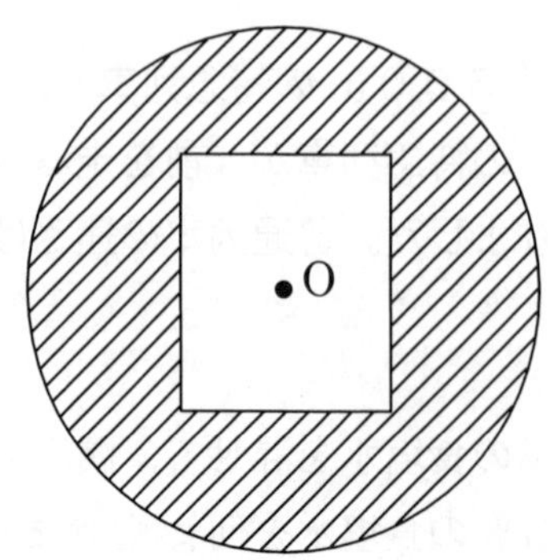

4　赤，白，黄の３色の長方形の紙を，次の手順で並べて長方形を作ります。３種類の紙の縦の長さは全て４cmで，横の長さは，赤が２cm，白が１cm，黄が５cm です。

【手順】

①「１番の長方形」は赤の紙を置きます。

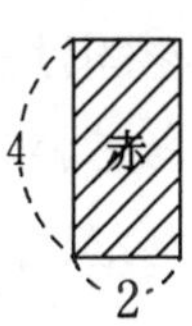

②「２番の長方形」は「１番の長方形」の右側にすき間がないように，白の紙を並べて作ります。

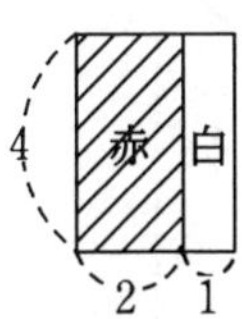

③「３番の長方形」は「２番の長方形」の右側にすき間がないように，黄の紙を並べて作ります。

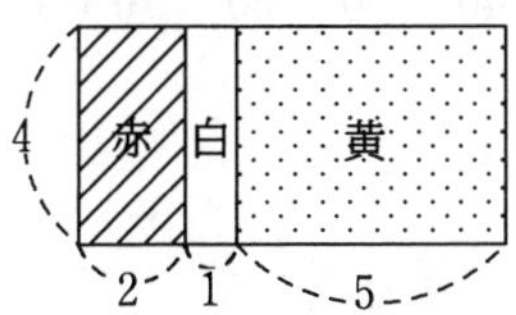

④「４番の長方形」は「３番の長方形」の右側にすき間がないように，赤の紙を並べて作ります。

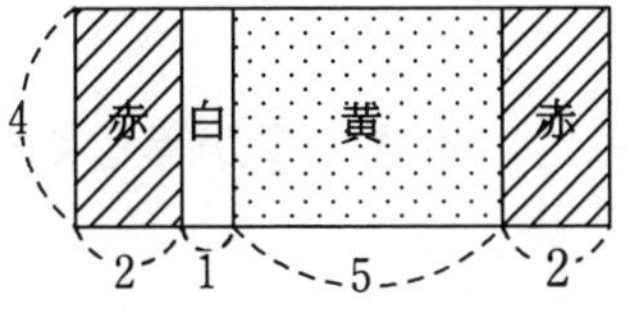

このように，左から，赤→白→黄→赤→白→…の順にすき間がないように紙を並べて長方形を作ります。次の問いに答えなさい。

（１）「１４番の長方形」を作ったとき，一番右側に並べた紙の色を求めなさい。

（２）長方形の面積が６２０ cm^2 になるのは「何番の長方形」か求めなさい。

5 図１のように，３つの水そうＡ，Ｂ，Ｃがあり，水そうＡには排水口①が，水そうＢには排水口②が付いています。最初，水そうＡには８０Lの水が入っており，水そうＢと水そうＣは空の状態です。排水口①を開けると水そうＡから水そうＢへ，排水口②を開けると水そうＢから水そうＣへ水が流れていき，水そうＡの水を全て水そうＣへ移すことができます。ただし，排水口①と排水口②はそれぞれ一定の割合で水が流れ出るものとします。まず，排水口①のみを開け，２０分後に排水口②を開けました。図２のグラフは，排水口①を開けてからの時間（分）と，各水そうに入っている水の量（Ｌ）の関係を表したものです。このとき，次の問いに答えなさい。ただし，図２の水そうＢのみ０分から２０分までを表しています。

図１

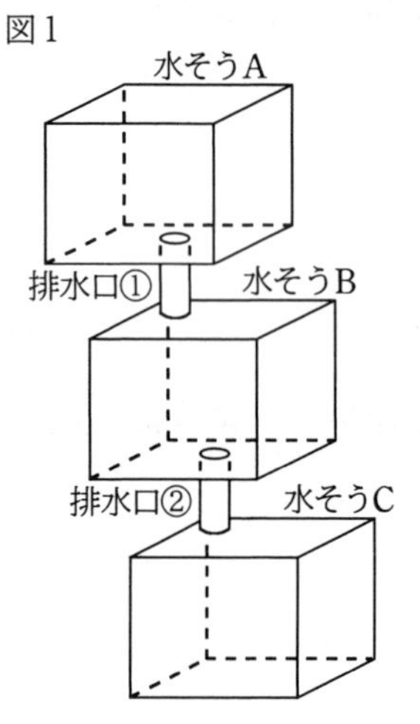

図２

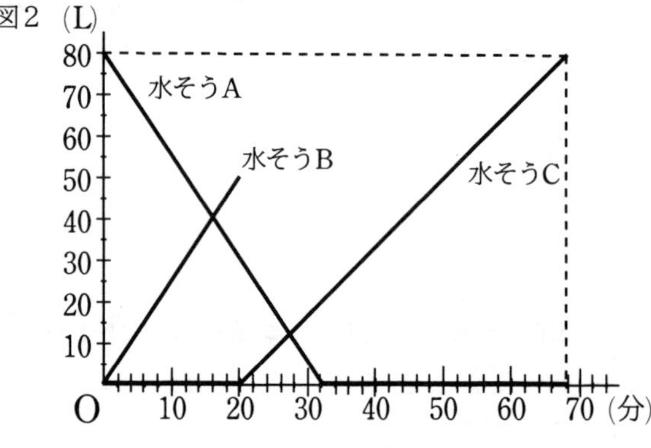

（１）排水口①のみを開けてから，水そうＡと水そうＢの水の量が等しくなるのは何分後か求めなさい。

（２）排水口②を開けたあと，水そうＢと水そうＣに入っている水の量が等しくなるのは，排水口①を開けてから何分後か求めなさい。

（３）排水口①から流れる水の量と排水口①を開けてから排水口②を開けるまでの時間は変えずに，排水口②から流れ出る水の量を変えます。水そうＡが空になったときに，水そうＢと水そうＣに入っている水の量がちょうど等しくなるのは，排水口②から流れ出る水の量を毎分何Ｌにすればよいか求めなさい。

2023年度

昭和学院中学校

▶解　答

※　編集上の都合により，算数１科試験の解説は省略させていただきました。

算　数　<算数１科試験>（50分）<満点：100点>

解　答

1 (1)　6　(2)　$3\frac{1}{10}$　(3)　24.6　(4)　$\frac{12}{13}$　2 (1)　220　(2)　9人　(3)　分速1165m　(4)　600g　(5)　154cm^2　3 (1)　ア…54度，イ…66度　(2)　39.25cm　4 (1)　白　(2)　59番　5 (1)　16分後　(2)　44分後　(3)　毎分$3\frac{1}{3}$L

三　次の―線部のカタカナを漢字に直し、送りがなが必要ならばひらがなで書きなさい。

1　毎日キビシイ寒さが続いている
2　アブナイ橋を渡る
3　山のイタダキで記念写真を撮る
4　里山のイタル所で山菜が芽吹く
5　王女がキヌのドレスを着る

四　次の言葉の対義語を【語群】から選び、漢字で答えなさい。

1　地味
2　拡大
3　公開
4　通常
5　両方

【語群】りんじ・はで・しゅくしょう・かたほう・ひみつ

問二　――線部Ａ「怪しいと思った」とありますが、「私」はどういうことを疑っているのか。それがわかる「私」の発言を十三字以上、十五字以内で抜き出して答えなさい。

問三　――線部Ｂ「きみは黙っていた」とありますが、この時のきみの気持ちとして最も適当なものを、次の１から５のうちから一つ選びなさい。

１　「石」をかばっているのではないかと「私」から疑われてしまい、どう返答するべきか悩んでいる。

２　薪を取りに行くことを「石」だけに任せずに、自分も行けばよかったと思っている。

３　「石」から芝居を見に行くと聞かされた時に、止めていればよかったと後悔している。

４　「私」からの追及がしつこく、これ以上「石」が芝居を見に行っていることを隠し切れないと思っている。

５　「私」からの追及に耐え切れず、「妻」に助けてほしいと思っている。

問四　――線部Ｃ「善意にとっていた」とありますが、どういうことですか。二十五字以内で説明しなさい。

問五　――線部Ｄ「あんなうまい事」とありますが、どの発言を指していますか。会話の内容を抜き出し、初めと終わりの三字をそれぞれ答えなさい。

問六　――線部Ｅ「何だか腑に落ちなかった」とありますが、どういうことですか。六十字以内で説明しなさい。

問七　本文の内容に関する説明として最も適当なものを、次の１から５のうちから一つ選びなさい。

１　風邪が流行っている中ではあるが、今年だけは特別に女中たちに芝居を見せてあげたいと「私」は考えていた。

２　芝居を見に行くことを「石」から聞かされていたきみは、「私」からの追及に正直に答えるべきか悩んでいる。

３　「石」が芝居を見に行ったことを知っている妻は、「石」をかばうために「私」を説得しようとしている。

４　「私」に芝居を見に行ったことを知られてしまった「石」は、ごまかすために必死に話を逸らそうとしている。

５　「石」が薪を取りに行っていたという話は筋が通っていたため、疑いの余地はないと「妻」は感じている。

「風邪ひいていません」

「とにかく疑われるに決った事をするのは馬鹿だ。若し行かないにしても行ったろうと疑われるに決った事ではないか。……それで薪はどうだった」

「沼向うにも丁度切ったのがないと云ってました」

「お前は本統に芝居には行かないね」

「芝居には参りません」

私は信じられなかったが、答え方が余りに明瞭していた。ウ疚しい調子は殆どなかった。縁に膝をついている石の顔色は光を背後から受けていて、まるで見えなかったが、その言葉の調子には偽りを云っているようなところは全くなかった。それ故妻は素直に石の言った通りに信じている。私もそうかも知れないという気を持った。が、E何だか腑に落ちなかった。

（志賀直哉「流行感冒」より）

（注）本文中の漢字については、学習指導要領における小学校の配当以外の難しい漢字にはふりがなをふっています。

（注）設問の都合上、一部表記を変えたところがあります。

（注）本文中に現代では不適切と思われる表現がありますが、原作のまま掲載しています。

（注）※1旅役者…地方を旅しながら芝居をして回る役者。

※2女中…よその家に雇われて家事の手伝いなどをする女性。

※3縁…家の外側の板敷きの部分。縁側。

※4庵看板…役者の名前や家紋を書いた木製の看板。

※5野天…屋根などの覆いがない外の場所。露天。

※6幟…旗。

※7鎮守神…特定の建造物や土地を守るために祀られた神。

※8半纏…脇にゆとりのある袖の短い羽織のようなもの。

※9左枝子…「私」と妻の子。

※10おでんち…袖なしの羽織。ちゃんちゃんこ。

問一　――線部ア～ウの本文中における意味として最も適当なものを、次の1から4のうちから、それぞれ一つずつ選びなさい。

ア　見す見す

1　見ていながら何もしないさま　2　何度も繰り返すさま
3　物事をはっきりと見るさま　4　よりいっそう増えるさま

イ　景気がよかった

1　好景気だった　2　活気があった　3　景色がよかった
4　天気がよかった

ウ　疚しい

1　疑わしい　2　調子がいい　3　うしろめたい
4　弱々しい

何しろ馬鹿だ。何方(どっち)にしろ馬鹿だ。行けば大馬鹿だし。行かないにしても疑われるにきまった事をしているのだからね。順序(じゅんじょ)が決り過ぎている。行ったら居なかったから、それを云いに行ったという心算(つもり)なんだ」

妻は耳を欹(そばだ)てていたが、

「きみは行きませんわ」と云った。

「呼んで御覧(ごらん)」

「きみ。きみ」と妻が呼んだ。

「はい」

「行かなかったのかい。……行かなかったら、早く御風呂へ入るがいいよ」

「はい」きみは元気のない声で答えた。

「きっともう帰って参りますよ」妻はしきりにC善意にとっていた。

「帰るかも知れないが、何しろあいつはいかん奴(やつ)だ。若(も)しそんなうまい事を前に云って置きながら行ったなら、出して了(しま)え。その方がいい」

私達二人は起きていようと云ったのではなかったが、もう帰るだろうという気をしながら茶の間で起きていた。私は本を見て、妻は※9左枝子の※10おでんちを縫(ぬ)っていた。そして十二時近くなったが、石は帰って来なかった。

「行ったに決ってるじゃないか」

「今まで帰らないところを見ると本統(ほんとう)に行ったんでしょうね。本統に憎(にく)らしいわ、Dあんなうまい事を云って」

私は前日東京へ行っていたのと、少し風邪気だったので、万一を思い、自分だけ裏の六畳(ろくじょう)に床(とこ)をとらして置いた。丁度(ちょうど)左枝子が眼をさまして泣き出したので、妻は八畳の方に、私は裏の六畳の方へ入った。私は一時頃まで本を見て、それからランプを消した。

間もなく飼犬がけたたましく吠(ほ)えた。然し直ぐ止(や)めた。石が帰ったなと思った。戸の開く音がするかと思ったが、そんな音は聞えなかった。

翌朝(よくあさ)眼をさますと私は寝(ね)たまま早速妻を呼んだ。

「石はなんて云っている」

「芝居へは行かなかったんですって。元右衛門のおかみさんも風邪をひいて寝ていて、それから石の兄さんが丁度来たもんで、つい話し込(こ)んで了ったんですって」

「そんな事があるものか。第一元右衛門のかみさんが風邪をひいているなら其処(そこ)に居るのだっていけない。石を呼んでくれ」

「本統に行かないらしいのよ。風邪が可恐(こわ)いからといって兄さんにも止めさせたんですって。兄さんも芝居見に出て来たんですの」

「石。石」私は自分で呼んだ。妻は入れ代って彼方(むこう)へ行って了った。

「芝居へ行かなかったのか？」

「芝居には参りません」いやに明瞭(はっきり)した口調で答えた。

「元右衛門のかみさんが風邪をひいているのに何時(いつ)までもそんな所にいるのはいけないじゃないか」

「元右衛門のおかみさんは風邪をひいてはいません」

「春子がそういったぞ」

たらしい、いい着物を着た娘達が所々にかたまって場の開くのを待っていた。

帰って来る途、※7鎮守神の前で五六人の芝居見に行く婆さん連中に会った。申し合せたように手織木綿のふくふくした※8半纏を着て、提灯と弁当を持って大きい声で何か話しながら来る。或者は竹の皮に包んだ弁当をむき出しに大事そうに持っていた。皆の眼中には流行感冒などあるとは思えなかった。私は帰ってこれを妻に話して「明後日あたりからきっと病人がふえるよ」と云った。

その晩八時頃まで茶の間で雑談して、それから風呂に入った。前晩はその頃はもう眠っていたが、その晩は風呂も少し晩くなっていた。

二人が済んだ時に、

「空いたよ。余りあつくないから直ぐ入るといいよ」妻は台所の入口から女中部屋の方へそう声をかけた。「はい」ときみが答えた。

「石はどうした。いるか？」私は茶の間に坐ったまま訊いてみた。

「石もいるだろう？」と妻が取り次いでいった。

「一寸元右衛門の所へ行きました」

「何しにいった」私は大きい声で訊いた。これはA怪しいと思ったのだ。

「薪を頼みに参りました」

「もう薪がないのかい？　……又何故夜なんか行ったんだろう。明るい内、いくらも暇があったのに」と妻も云った。

Bきみは黙っていた。

「そりゃいけない」と私は妻にいった。「そりゃお前、元右衛門の家へ行ったところで、夫婦共芝居に行って留守に決ってるじゃないか。石はきっと芝居へ行ったんだ。二人共いなかったから、それを頼みに出先へ行ったといって芝居を見に行ったんだ」

「でも、今日石は何か云ってたねえ、きみ。ほら洗濯している時。まさかそんな事はないと思いますわ」

「いや、それは分らない。きみ、お前直ぐ元右衛門の所へいって石を呼んでおいで」

「でも、まさか」と妻は繰り返した。

「薪がないって、今いったって、あしたの朝いったって同じじゃないか。あしたの朝焚くだけの薪もないのか？」

「それ位あります」きみは恐る恐る答えた。

「何しろ直ぐお前、迎えにいっておいで」こう命じて、私は不機嫌な顔をしていた。

「貴方があれ程いっていらっしゃるのをよく知っているんですもの、幾らなんでも……」

そんな事をいって妻も茶の間に入って来た。

二人は黙っていた。女中部屋で何かごとごといわしていたが、その内静かになったので、私は、

「きみはきっと弱っているよ。元右衛門の所にいない事を知っているらしいもの。居れば直ぐ帰って来るが、直ぐでないと芝居へ行っていたんだ。

問六　――線部Ｄ「ジョブズも悩んでいたのか」とありますが、ジョブズは何に悩んでいたと筆者は考えていますか。「～ということ。」に続くかたちで、十七字で抜き出して答えなさい。

問七　――線部Ｅ「感情の起伏があることはいいこと」とありますが、この考えにあなたは「賛成」ですか。「反対」ですか。理由をあわせて答えなさい。

問八　五人の生徒が《Ⅰ》《Ⅱ》の文章をふまえて会話をしています。次の１から５のうちから、**間違った発言**を二つ選びなさい。

１　生徒Ａ「ものごとの本質をとらえるためには『宇宙人視点』を持つことが大切なんだね。」

２　生徒Ｂ「『宇宙人視点』を持つというのは、当たり前だと思われている考え方を捨ててものごとを考えるということだよね。」

３　生徒Ｃ「仮説を立てる際には情報収集をしっかりと行い、複数の仮説を立てることが大切だね。」

４　生徒Ｄ「経営者は自由でお金を持っていそうで憧れがあったけれど、意外と苦労も多そうだね。」

５　生徒Ｅ「自分を『客観視』することが感情をコントロールするための唯一の方法だということがわかったよ。」

二　次の文章を読んで、後の問いに答えなさい。（字数はすべて句読点を含む）

「私」は実の兄と子どもを病気で亡くしているため、健康に対して神経質になっている。そんなとき、「私」が住んでいる我孫子の町では感冒（かぜ）が流行っていた。

我孫子では毎年十月中旬に町の青年会の催しで※1旅役者の一行を呼び、元の小学校の校庭に小屋掛をして芝居興行をした。夜芝居で二日の興行であった。私の家でも毎年その日は※2女中達をやっていた。然し今年だけは特別に禁じて、その代り感冒でもなくなったら東京の芝居を見せてやろうというような事を私は妻と話していた。

「こんな日に芝居でも見に行ったら、誰でもきっと風邪をひくわねえ」庭の井戸で洗濯をしていた石が※3縁を掃いているきみに大きい声でこんな事をいっていたそうだ。妻から聞いた。ア見す見す病人をふやすに決った、そんな興行を何故中止にしないのだろうと思った。

私は夕方何かの用で一寸町へいった。薄い板に市川某、尾上某と書いた※4庵看板が旧小学校の前に出してあった。小屋は舞台だけに幕の天井があって見物席の方は※5野天で、下は藁むしろ一枚であった。余り聞いた事もない土地から贈られた雨ざらしの※6幟が四五本建っていた。こういえば総てが見窄しいようであるが、若い男や若い女達が何となく亢奮して忙しそうに働いているところは中々イ景気がよかった。沼向うからでも来

（注）本文中の漢字については、学習指導要領における小学校の配当以外の難しい漢字にはふりがなをふっています。

（注）設問の都合上、一部表記を変えたところがあります。

（注）※１バイアス……先入観。

※２スティーブ・ジョブズ……アメリカ合衆国の起業家。Apple の創業者の一人。

※３コルク……筆者の経営する出版社。

※４キャッシュフロー……一定期間にどれだけ現金が流入し、どれだけ流出したのかという資金の流れ。

問一　空らん【　ア　】～【　ウ　】にあてはまる語句として最も適当なものを、次の１から３のうちから、それぞれ一つずつ選びなさい。ただし、同じ記号は二度使用しないこと。

１　意識的　　２　神秘的　　３　客観的

問二　空らん〔　X　〕〔　Y　〕にあてはまる語句として最も適当なものを、次の１から４のうちから、それぞれ一つずつ選びなさい。

１　たとえば　　２　しかし　　３　いわゆる　　４　ところで

問三　──線部Ａ「ステマ問題」とありますが、タレントに批判が集中した理由を筆者はどのように考えていますか。最も適当なものを、次の１から５のうちから一つ選びなさい。

１　タレントが自身のお気に入りの商品をブログで紹介することによって、企業からお金をもらい利益を得ていたから。

２　タレントが商品を紹介することで、企業から利益を得ていたことについての説明がブログに書かれていなかったから。

３　ブログではタレントの本心のみが語られるはずなのに、実は広告であったことに読者が騙されたと感じたから。

４　本心しか書いてはならないブログを利用して、タレントが宣伝活動を行い企業から利益を得ていたから。

５　ブログには本心しか書いてはいけないという明確な業界のルールがあるのにもかかわらず、タレントが宣伝活動を行ったから。

問四　──線部Ｂ「宇宙人視点」とありますが、どのような視点のことですか。≪Ⅰ≫の本文中の言葉を使って四十字以内で説明しなさい。

問五　──線部Ｃ「この感情のバイアスは、どうすれば防げるのでしょうか？」とありますが、これに対して筆者はどのように考えていますか。本文中から十字で抜き出して答えなさい。

わけではない。でも、ステマ問題を見ると、多くの人のあいだで「暗黙の(もしくは業界の)ルール」ができていて、そのルールを破っていることが問題になっているのです。

≪Ⅱ≫

仮説を立て、実行する。そこから集まってくる情報をもとに検証する。ぼくはこのサイクルを意識してきました。

そのときに大切なのが、あらゆる※1バイアスから自由になることです。「常識」と「自分の感情」が主なバイアスですが、「常識」は「B宇宙人視点」での思考が有効だとお伝えしました。一方、「自分の感情」のバイアスから自由になるのは、本当に大変で、ぼくも苦労しています。

うまくいっていないときは、何を見てもマイナスに捉えてしまう。逆に調子がいいときには、気が大きくなって誤った判断をしてしまう。

Cこの感情のバイアスは、どうすれば防げるのでしょうか?

起業した後は、感情の起伏がより大きくなったため、どのように感情をコントロールするかが、ぼくにとって大きな課題となりました。

以前は、※2スティーブ・ジョブズが禅にのめり込んでいたというエピソードを聞いても、何も思いませんでした。東洋思想とか、【　ウ　】なことが好きなのかな、と思ったくらいです。しかし、今は少し気持ちがわかります。ジョブズも、自分の感情をどうコントロールするかに興味を持っていたのだと思います。「Dジョブズも悩んでいたのか」と思うと、救われる思いがします。

「経営者」というと、決定権があって自由なイメージが大きかったのですが、実際は違います。悪い情報がもっとも集まってきて、日々決断を迫られるのです。9割が我慢と忍耐で、1割が喜びです。その1割の喜びがとてつもなく大きな喜びなので楽しいのですが、多くの時間は、さまざまなストレスにさらされ、不安に対処しなくてはいけません。

たいていの不安は慣れによって解消できますが、会社員時代は作品づくりに関わっているだけだったので、会社経営における不安にはなかなか慣れていきません。特に、「資金繰り」というのは、予算管理や数字のノルマといったものとは、まったく違った感覚があります。

※3コルクは、事業が順調に推移しているので、論理的に不安になる必要はなくても、予定納税を支払って、単月の※4キャッシュフローが赤だったりすると、なんとなく不安になるものです。

小さい不安を飼いならして、大きなリスクを平常心で取りにいけるようになりたい。

そのためにぼくが取ることにした方法は、「自分の感情を信じない」ということです。E感情の起伏があることはいいことなのですが、決定したり、指示したりするときには、自分の感情をまず疑って、確認してから行動するようにしています。

自分をある程度「客観視」できれば、感情への影響を考慮することができます。

(佐渡島庸平『ぼくらの仮説が世界をつくる』より)

2023年度 昭和学院中学校

【国　語】〈国語一科試験〉（五〇分）〈満点：一〇〇点〉

一　次の≪Ⅰ≫≪Ⅱ≫の文章を読んで、後の問いに答えなさい。
（字数はすべて句読点を含む）

≪Ⅰ≫

大胆な仮説を立てるためには、あらゆる常識や、これまでの慣習というものに囚われず、自由に思考することが大切です。

ぼくはものごとの本質を考えるときに「自分が宇宙人だったら、どういうふうに考えるだろう」と思考しています。

ぼくは、中学生時代を南アフリカ共和国で過ごしました。高校生になって日本に戻ってきたとき、かなり客観的に、日本の習慣などを眺め、思考することができました。その感覚を【　ア　】にするために、あえて極端に「宇宙人視点」という考え方をして、【　イ　】な視点を持とうとしているのです。

本章では、仮説を立てるときの前提となる「宇宙人視点」について語ります。

「ステルスマーケティング」は定期的に問題になってきました。〔　Ｘ　〕「Ａステマ問題」です。

タレントが自分のブログで「お気に入りの商品」を紹介したのだけれど、実はそれが企業からお金をもらっている広告だった、という問題です。事実が発覚すると批判が集中し、謝罪をする。そういう場面を覚えている方も多いと思います。

一方でテレビをつけると、有名なサッカー選手がひげ剃り用のカミソリのＣＭに出て「切れ味バツグン！」などと言っています。でも、この場合は「サッカー選手は、お金をもらってカミソリを絶賛していてひどい！」などとは誰も言いません。最近は「ＣＭ上の演出です」と小さく書かれているものもありますが、サッカー選手がテレビに映った際に「ＣＭなのでカミソリを褒めています」などといったテロップが出ることはありません。

ブログの場合だと大バッシングにあうのに、テレビＣＭであれば問題ない。この二つの差を、もし「宇宙人」が見たら、差に気付けるでしょうか？　どちらも同じ広告なのに、なぜ一方だけが非難されるのか——。

ステマ問題は「ブログでは本心しか語られていない」という思い込みが読者側にあったからこそ問題になりました。「本心しか書かれていないはずのブログで広告なんて！」と、読者が騙されたと思い、怒ったのです。

〔　Ｙ　〕、前提情報のない宇宙人が見たらテレビもブログも両方とも一緒です。

このように「宇宙人視点」で思考してみると、本質が少しずつ見えてきます。そして、社会がいかに「何となくのルール」で回っているかがわかります。

「ブログには本心しか書いていてはいけない」などという明確なルールがある

2023年度

昭和学院中学校　▶解　答

※　編集上の都合により，国語１科試験の解説は省略させていただきました。

国　語　＜国語１科試験＞（50分）＜満点：100点＞

解　答

［一］ **問1**　ア　1　イ　3　ウ　2　**問2**　X　3　Y　2　**問3**　3　**問4**　(例)　あらゆる常識や，これまでの習慣というものに囚われず，自由に思考し本質を見る視点。　**問5**　自分の感情を信じない　**問6**　自分の感情をどうコントロールするか(ということ。)　**問7**　(例)　私は感情の起伏があることには賛成です。悲しいことやつらいことを正面から受け止めたり，喜びもせいいっぱい感じたりすることで，心は豊かになり，成長していけると思うからです。　**問8**　3，5　［二］ **問1**　ア　1　イ　2　ウ　3　**問2**　石はきっと芝居へ行ったんだ。　**問3**　1　**問4**　(例)　石は芝居を見に行っていないと信じていること。　**問5**　こんな～わねえ　**問6**　(例)　芝居を見に行っていないという石の返事に嘘はなさそうだが，本当に薪を取りに行ったのかどうかをまだ信じきれないということ。　**問7**　5　［三］ 下記を参照のこと。　［四］ **1**　派手　**2**　縮小　**3**　秘密　**4**　臨時　**5**　片方

●漢字の書き取り

［三］ **1**　厳しい　**2**　危ない　**3**　頂　**4**　至る　**5**　絹

Dr.福井の

入試に勝つ！ 脳とからだのウルトラ科学

寝る直前の30分が勝負！

みんなは，寝る前の30分間をどうやって過ごしているかな？　おそらく，その日の勉強が終わって，くつろいでいることだろう。たとえばテレビを見たりゲームをしたり——。ところが，脳の働きから見ると，それは効率的な勉強方法ではないんだ！

実は，キミたちが眠っている間に，脳は強力な接着剤を使って海馬(かいば)（脳の，知識をためる倉庫みたいな部分）に知識をくっつけているんだ。忘れないようにするためにね。もちろん，昼間に覚えたことも少しくっつけるが，やはり夜——それも“寝る前”に覚えたことを海馬にたくさんくっつける。寝ている間は外からの情報が入ってこないので，それだけ覚えたことが定着しやすい。

もうわかるね。寝る前の30分間は，とにかく勉強しまくること！　そうすれば，効率よく覚えられて，知識量がグーンと増えるってわけ。

では，その30分間に何を勉強すべきか？　気をつけたいのは，初めて取り組む問題はダメだし，予習もダメ。そんなことをしても，たった30分間ではたいした量は覚えられない。

寝る前の30分間は，とにかく「復習」だ。ベストなのは，少し忘れかかったところを復習すること。たとえば，前日の勉強でなかなか解けなかった問題や，１週間前に勉強したところとかね。一度勉強したところだから，短い時間で多くのことをスムーズに覚えられる。そして，30分間の勉強が終わったら，さっさとふとんに入ろう！

ちなみに，寝る前に覚えると忘れにくいことを初めて発表したのは，アメリカのジェンキンスとダレンバッハという２人の学者だ。

Dr.福井（福井一成(ふくいかずしげ)）…医学博士。開成中・高から東大・文Ⅱに入学後，再受験して翌年東大・理Ⅲに合格。同大医学部卒。さまざまな勉強法や脳科学に関する著書多数。

2023年度 昭和学院中学校

※ この試験は，算数・英語・国語から２科または算数・英語・国語から２科選択＋社会・理科を選択して受験します。

【算　数】〈アドバンストチャレンジ試験〉（50分）〈満点：100点〉

1 次の計算をしなさい。

（１） $3\frac{1}{33}\div\left\{\left(\frac{3}{7}-\frac{1}{4}\right)\div\frac{5}{7}+\frac{6}{11}\right\}$

（２） $20.5\times8\times0.25-4\times0.5\times2.5+32\times0.125\times6.5$

（３） $1\frac{1}{27}\times\left(\frac{2}{7\times8\times9}+\frac{2}{8\times9\times10}+\frac{2}{9\times10\times11}\right)$

2 次の問いに答えなさい。

（１）次の計算の□にあてはまる数を答えなさい。

$\{5051-(461+\square\div4)\}\div2=2023$

（２）１Ｌのペットボトルを１２０円で売っているスーパーがあります。同じペットボトルを年会費１０００円支払(はら)うと会員価格１０５円で購入することができます。毎日１本ずつ購入するとき，会員になった方が得になるのは何日目からですか。ただし，会員となった日を１日目とします。

（３）昭子さん，学さん，和也さんの３人がお金を出し合って，プレゼントを買いました。最初，昭子さんは学さんより６００円多く払い，学さんは和也さんが出した代金の２倍より２００円多く払(はら)いました。しかし，プレゼントの値段に３人が出し合ったお金では３００円足りなかったので，全員が１００円ずつ追加して払いました。その結果，昭子さんと和也さんの支払った代金の比が３：１になりました。３人が買ったプレゼントの値段を求めなさい。

（4）１から９までのカードが１枚ずつあります。そのカードの中から３枚のカードを選びます。選んだ３枚のカードでできる３けたの数で，最も大きい数と最も小さい数の和は，１１１０となりました。このとき，３枚のカードにかかれている数を小さい順に並べたとき，真ん中のカードにかかれている数を答えなさい。

（5）次の会話を読み，□にあてはまる数を答えなさい。ただし，解答は小数第１位を四捨五入しなさい。

昭子：ゴルフのニュースを見ていると，「ヤード」っていう長さの単位が出てくるんだけど，どれくらいの長さなのかな？
学：２００ヤードで約１８２ｍみたいだよ。あまり日本では一般的じゃないけど，他の単位も知ってる？
昭子：映画を見ていると車が走っているシーンで「マイル」っていう単位が出てくる気がするよ。
学：そうだね。ハイウェイ（高速道路）を走っているシーンで出てくるね。確か，１０マイルが約１６ｋｍだったと思うよ。
昭子：そうなんだ！じゃあ，１マイルは□ヤードってことだね。

3 次の問いに答えなさい。

（1）次の三角形ＡＢＣは辺ＢＣと辺ＤＥが平行であり，同じ記号の角がそれぞれ同じ大きさです。このとき，三角形ＡＤＥの周の長さを求めなさい。

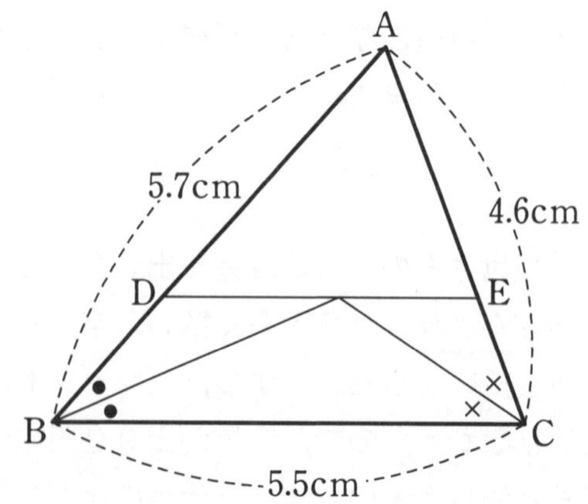

（2）次の図で三角形ＡＢＣは１辺が２cmの正三角形です。ＡＤ＝２cm，ＢＥ＝３cm，ＣＦ＝５cmのとき，三角形ＤＥＦの面積は，三角形ＡＢＣの面積の何倍か求めなさい。

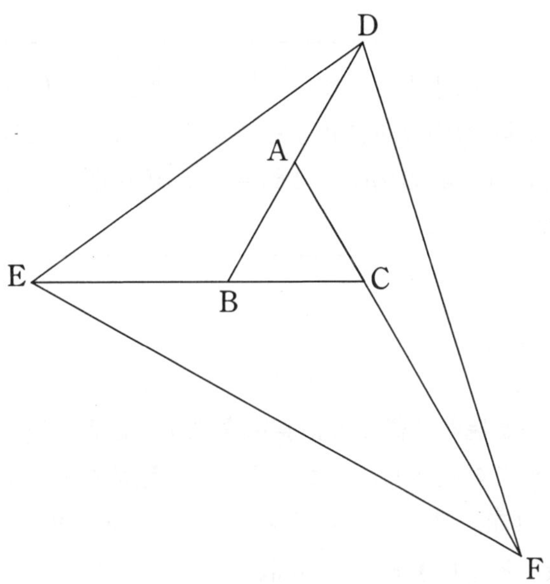

4 コースＡとコースＢを走る車のおもちゃがあります。車のおもちゃは，それぞれコースＡ，Ｂの1の場所にいます。次のルールを読み，問いに答えなさい。

コースＡ

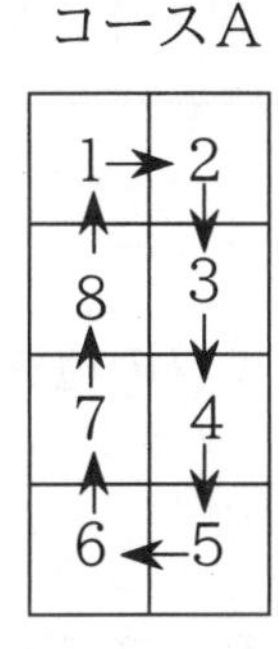

コースＢ

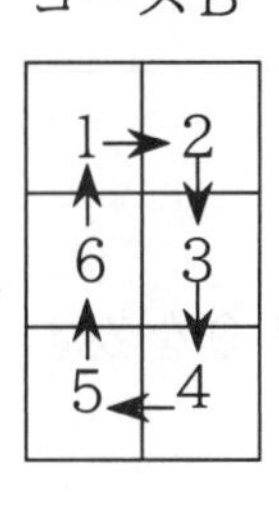

【ルールⅠ】
コースＡの車のおもちゃは１秒ごとに
1→2→3→4→5→6→7→8→1→2→…
コースＢの車のおもちゃは１秒ごとに
1→2→3→4→5→6→1→2→…
と移動します。

（1）コースＡとコースＢの車のおもちゃが同時に1の場所にいるのは，１００秒間に何回ありますか。ただし，スタートの1は数えないものとします。

（2）コースBの車のおもちゃの移動の仕方を【ルールⅡ】に変更します。２００秒後のコースAの車のおもちゃとコースBの車のおもちゃの場所の数の和を求めなさい。

【ルールⅡ】
1周目は1秒間[2]の場所に止まってから，再び1秒ごとに【ルールⅠ】の通り移動します。2周目は1秒間[3]の場所に止まってから，再び1秒ごとに【ルールⅠ】の通り移動します。3周目は[4]の場所，4周目は[5]の場所，5周目は[6]の場所，6周目は[1]の場所…と繰り返します。

5 次の図のように，ある規則に従って，整数を表す5色のブロックが1つずつ並んでいます。このブロックを使って，1から7までの整数を使って表すと，1＝（赤），2＝（青），3＝（赤，青），4＝（緑），5＝（赤，緑），6＝（青，緑），7＝（赤，青，緑）となります。次の問いに答えなさい。
ただし，（赤，青）と（青，赤）のように同じブロックを使っている場合は，同じ整数を表すものとします。

赤	青	緑	黄	白

（1）ブロックを使って１０を表すとき，使うブロックの色を答えなさい。

（2）（赤，緑，黄）＋（赤，白）を計算した答えを，ブロックを使って表すとき，使うブロックの色を答えなさい。

6 右の図のように，４点Ａ，Ｐ，Ｑ，Ｒが円周上にあります。３点Ｐ，Ｑ，Ｒは円周上を反時計回りに１秒間に１ cm の速さで移動しています。点Ａにはタイマーが設置してあります。タイマーの目盛りは最初，１００にセットされていて，０になるまで１秒ごとに１ずつ減っていきます。また，３点Ｐ，Ｑ，Ｒが点Ａを通過するとタイマーの目盛りは１０増加します。下のグラフは，タイマーが起動してからの秒数とタイマーの目盛りとの関係を表したものです。

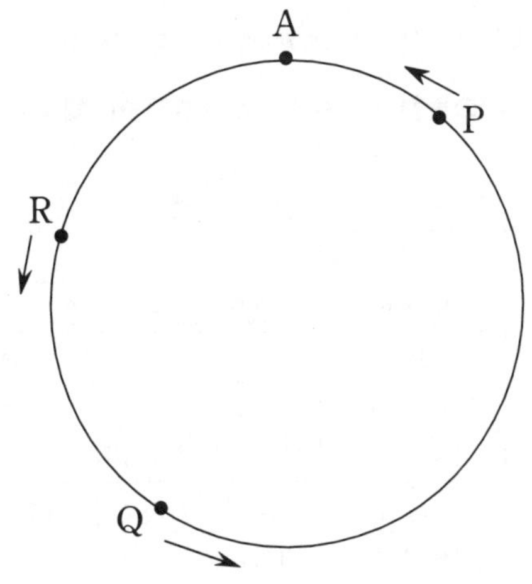

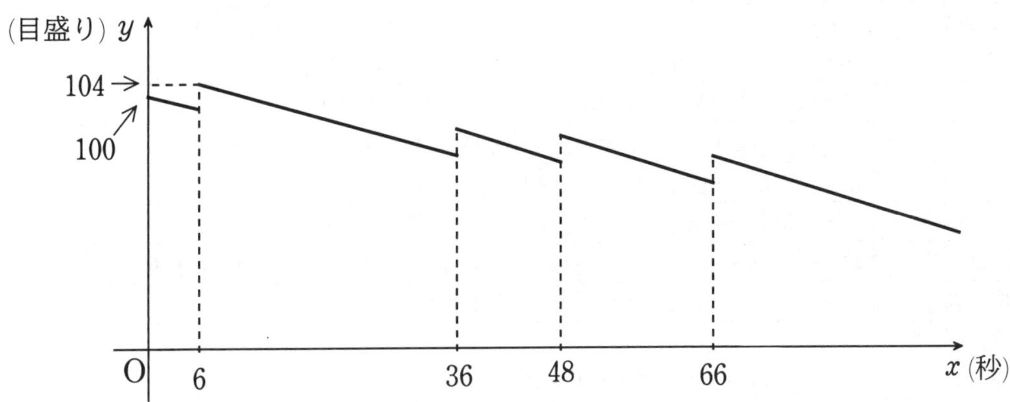

（１）円周の長さを求めなさい。

（２）タイマーが起動してから５０秒後の目盛りを求めなさい。

（３）タイマーの目盛りが０になるのは，タイマーが起動してから何秒後か求めなさい。

【社 会】〈アドバンストチャレンジ試験〉(30分)〈満点:50点〉

〈編集部注:実物の試験問題では,写真・グラフはカラー印刷です。〉

1 **次の資料は日本サッカーの歴史に関するものである。これらを参考にし、各問いに答えなさい。**

資料1 日本サッカーの歴史

年代	できごと
1964年	①東京オリンピックで日本代表がベスト8進出を果たす
1968年	メキシコオリンピックで日本代表が銅メダルを獲得(かくとく)
1969年	メキシコオリンピックで日本代表が②ユネスコのフェアプレー賞を受賞
1974年	日本で初めてFIFAワールドカップが生中継される(西ドイツ大会決勝)
1977年	古河電工(ふるかわでんこう)の奥寺康彦(おくでらやすひこ)選手が③ドイツのチームに入団し、日本人プロ第1号となる
1979年	FIFAワールドユース・トーナメントが日本で開催され、アルゼンチンのディエゴ・マラドーナ選手がMVPに輝く
1993年	④Jリーグが開幕 FIFAワールドカップアメリカ大会アジア地区最終予選で本大会出場を逃(のが)す(「ドーハの悲劇(ひげき)」)
1996年	井原正巳(いはらまさみ)選手が1995年のAFC年間最優秀プレーヤーに選ばれる
1997年	FIFAワールドカップフランス大会アジア地区第3代表決定戦で勝利し、ワールドカップ本大会への初出場を決める(「ジョホールバルの歓喜(かんき)」)
1998年	日本代表がFIFAワールドカップに初出場(フランス大会)
1999年	⑤中田英寿(なかたひでとし)選手が2年連続でAFC年間最優秀プレーヤーに選出される
2001年	toto(スポーツ振興(しんこう)くじ)の全国販売が始まる
2002年	日本と韓国の共催でFIFAワールドカップが開催される
2011年	FIFA女子ワールドカップで日本代表が優勝し、澤穂希(さわほまれ)選手がMVPと得点王に輝く
⑥2021年	東京オリンピックで日本代表がベスト4進出を果たす

資料2 オリジナル10(Jリーグ開幕当初の登録チーム)

チーム名	ホームタウン所在地
鹿島アントラーズ	茨 城 県
ジェフユナイテッド市原	千 葉 県
浦和レッドダイヤモンズ	埼 玉 県
ヴェルディ川崎	神 奈 川 県
横浜マリノス	神 奈 川 県
横浜フリューゲルス	神 奈 川 県
清水エスパルス	静 岡 県
名古屋グランパスエイト	愛 知 県
ガンバ大阪	大 阪 府
サンフレッチェ広島	広 島 県

(日本サッカー協会ホームページより作成)

問1　下線部①について、1964 年の東京オリンピックは高度経済成長期での開催となった。この時期の説明として内容の正しいものを次のア～エから一つ選び、記号で答えなさい。

ア　高速道路や地下鉄が新たにつくられ、東京・大阪間で東海道新幹線が開通した。
イ　小学校6年間、中学校3年間の9年間が義務教育となった。
ウ　女性に選挙権が保障された初めての選挙が行われ、女性の国会議員が選ばれた。
エ　新しい憲法が施行(しこう)され、民主主義など日本の進む方向が定められた。

問2　下線部②について、令和3年に世界自然遺産に登録されたものの例として正しい場所を、次の地図中のア～エから一つ選び、記号で答えなさい。

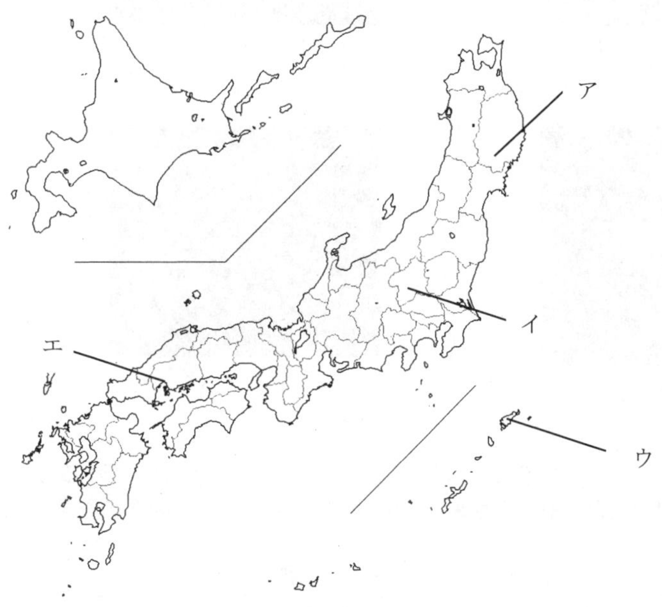

問3　下線部③について、日本とドイツの関わりとして正しいものを次のア～エから一つ選び、記号で答えなさい。

ア　1940 年にイタリアとともに軍事同盟を結んだ。
イ　ノルマントン号事件によって不平等条約の改正を強く求めるようになった。
ウ　ペリーが浦賀(うらが)に現れ、大統領の手紙を幕府に渡し、開国を求めた。
エ　満州(まんしゅう)や朝鮮への勢力争いで対立したが、東郷平八郎(とうごうへいはちろう)らの活躍で日本が勝利した。

問４　下線部④について、Ｊリーグの開幕試合でＪリーグの第１号ゴールをあげたのはオランダ国籍のヘニー・マイヤー選手であった。オランダが世界一の生産量を誇り、国花としている花を次のア～エから一つ選び、記号で答えなさい。

ア【チューリップ】　イ【タンポポ】

ウ【アジサイ】　エ【ツツジ】

問５　下線部⑤について、次の表は令和３年産の「ぶどう」と「もも」の収穫量に関するものである。空らん（　１　）に当てはまる都道府県は中田英寿選手の出身地である。この都道府県名を漢字で答えなさい。

ぶどうの収穫量

都道府県名	収穫量
（　１　）	40, 600 t
長野県	28, 800 t
岡山県	15, 100 t
山形県	14, 600 t

もものの収穫量

都道府県名	収穫量
（　１　）	34, 600 t
福島県	24, 300 t
長野県	10, 600 t
山形県	8, 880 t

（参考：農林水産省ＨＰより作成）

問６　下線部⑥について、東京でオリンピックが開催されたのは2021年で２回目となった。1940年にも東京でオリンピックが開催される予定であったが、これは日本が開催権を返上したために実現しなかった。日本が開催権を返上した理由を歴史的な視点から15字以内で答えなさい。

問７　次の文章は、Ｊリーグオリジナル10のあるクラブチームが本拠地とする府県について述べたものである。どの府県について述べたものであるか、漢字で答えなさい。

> この府県は、かつおの水揚げ量や一番茶の生葉収穫量が多いことで有名である。また、1854年にペリーが来航したことで結んだ日米和親条約で開港した港があることでも知られている。

2 次の会話文に関する各問いに答えなさい。

生徒：日本の食料自給率は年々下がってきているんですよね。

先生：そうです。①グラフXを見てください。昭和40年度にカロリーベース自給率※で73%だったのが、令和元年度には38%まで下がっています。

生徒：世界のどの国も食料自給率は低くなっているのですか。

先生：そんなことはありません。日本と同じように食料自給率が低い国はありますが、例えばアメリカやフランスは100%を超えています。

生徒：日本はなぜこんなに食料自給率が低いのでしょう。

先生：資料をもとに一緒に考えましょう。
表Yは「品目別自給率と国民1人1年あたり消費量の変化」を示しています。これを見て気がつくことはありますか。

生徒：【　　　　　　②　　　　　　】

先生：ハンバーガーやスパゲティは好きですか。

生徒：ハンバーガーは大好きです。家族で出かけると、お父さんが必ず買ってくれます。

先生：日本で好まれる食べ物の原材料は、輸入されたものが多いのです。③食料自給率が低くなり輸入に頼(たよ)る割合が増えることによって、さまざまな問題が起こっています。学校ではできるだけ④地元で生産されたものを地元で消費するように、学期に一度⑤地域の農産物などを中心に給食の献立(こんだて)を設定していますね。

生徒：はい。この間の献立の「いわしのさんが焼き」は初めて食べました。魚は骨を取るのが面倒(めんどう)であまり好きではありませんが、栄養士の先生や漁師さんのお話を聞いた後だったので、とてもおいしく食べることができました。

先生：漁師さんの話で特に印象に残っている内容は何ですか。

生徒：今は自分たちが漁をしているけれど、⑥仲間が少なくて人手が足りないし、歳をとってきてこのあとを継(つ)いでくれる若い人もいない。漁業が衰退(すいたい)してしまうのではないかと心配だというお話が、印象に残っています。日本には魚を使った料理がたくさんあるのに、それが日本でとれる魚で作れなくなってしまうと考えると、大きな問題だと感じます。

先生：では皆さんが漁師になりましょう、というのも難しいですね。この問題を解決するために、一人ひとりにできることには何があると思いますか。学級で話し合ってみましょう。

※カロリーベース自給率 … 基礎的な栄養価であるエネルギー（カロリー）に着目して、国民に供給される熱量に対する国内生産の割合を示す指標のこと。

グラフX　昭和40年度以降の食料自給率の推移（農林水産省）

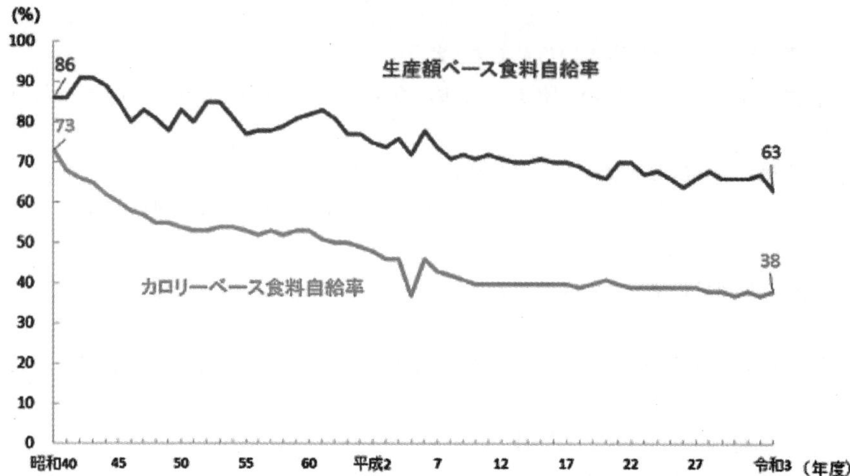

表Y　A「品目別自給率」とB「国民1人1年あたり消費量の変化」（農林水産省）

品目	A	B		
	品目別自給率（重量ベース）	国民1人1年あたり消費量の変化		
		昭和40年度		令和元年度
米	97%	111.7kg	↘	53.0kg
小麦	16%	29.0kg	→	32.3kg
牛肉	35%（9%）	1.5kg	↗	6.5kg
豚肉	49%（6%）	3.0kg	↗	12.8kg
鶏肉	64%（8%）	1.9kg	↗	13.9kg
鶏卵	96%（12%）	11.3kg	↗	17.5kg
牛乳・乳製品	59%（25%）	37.5kg	↗	95.4kg
魚介類	52%	28.1kg	↘	23.8kg
野菜	79%	108.1kg	↘	90.0kg
果実	38%	28.5kg	↗	34.2kg
大豆	6%	4.7kg	→	6.7kg
砂糖類	34%	18.7kg	→	17.9kg
油脂類	13%	6.3kg	↗	14.4kg

（注）畜産物の（　）の数字は飼料自給率を考慮した自給率

問1　下線部①について、グラフXを見て平成5年が低くなっている理由を考えるために参考となる資料として最も適切なものを、次のア～エから一つ選び、記号で答えなさい。

ア　ハンバーガー店の出店数（しゅってんすう）の変化　　　イ　月ごとの降水量と気温の変化

ウ　米の消費量の変化　　　エ　食品にかかる税の変化

問２　【　②　】に当てはまる文として誤っているものを、次のア～エから一つ選び、記号で答えなさい。

ア　米の消費量は昭和40年度に比べて令和元年度は半分以下になっています。
イ　米の消費が減り肉類の消費が増えていることから、食生活が変化してきていることがわかります。
ウ　令和元年度の牛肉・豚肉・鶏肉の消費量の合計は、米の消費量より多くなっています。
エ　肉類の自給率は飼料自給率を考慮(こうりょ)すると下がることから、飼料は外国から輸入していることがわかります。

問３　下線部③について、問題の一つに、フードマイレージが高くなることがあげられる。これによって起こりうることとしてふさわしくないものを、次のア～エから一つ選び、記号で答えなさい。

ア　食品の価格が高くなり、消費者の負担が増える。
イ　食品の仕入れ額が高くなり、生産者に利益が入ってこない。
ウ　食品を運ぶ距離が長くなり、環境に悪影響を及(およ)ぼす。
エ　食品の加工にかかる時間が長くなり、農作物の鮮度(せんど)が落ちる。

問４　下線部④について、このことを何というか。漢字４字で答えなさい。

問５　下線部⑤について、次のある県の〈給食の献立〉は、その材料に地元の農水産物等を中心に用いた特別献立である。どの県で出された特別献立であるか、次の地図上ア～エから一つ選び、その県名を答えなさい。
〈給食の献立〉　※(　)内は材料を記してある。

さつまいもごはん(米、さつまいも、塩、ごま) みそ汁(みそ、ねぎ、にんじん、かぶ、油揚げ) 小松菜のピーナッツ和(あ)え(小松菜、にんじん、白菜、ピーナッツ、砂糖、しょうゆ) いわしのさんが焼き(いわし、ラード、しょうが、ねぎ、みそ、ごま)

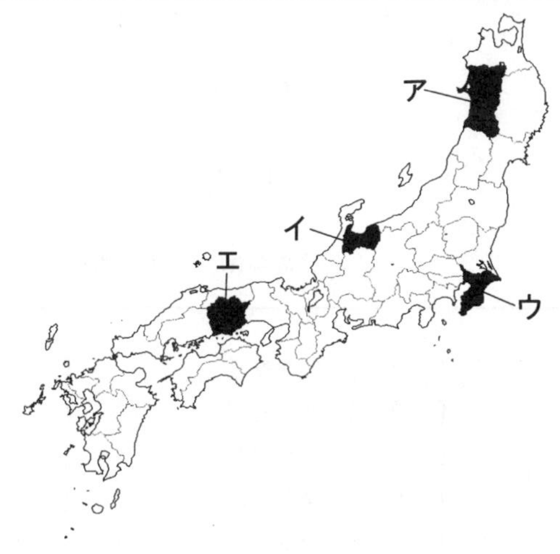

問６　下線部⑥について、この問題に対処するために、次の技術はどのように活用することができるか。次の語群から一つ選び、あなたの考えるその活用法について述べなさい。ただし、解答らんをはみ出さないこと。
(記述の例)○○を活用して、△△できる。

ドローン（小型の飛ぶ機器）	人工知能（ＡＩ）	ＩＣＴ（情報通信技術）

3 **次の文章を読んで各問いに答えなさい。**

民主主義では、ものごとを決める際に話し合う場をもうけて自由に意見を出し合うことが大切となります。話し合いは、国際社会や①地域社会など、構成員(こうせいいん)の規模(きぼ)の大きさに応じてさまざまな形があり、全員が集まって話し合う直接民主制とよばれる方法や、②選挙で選ばれた代表者が集まって話し合う間接民主制というものがあります。話し合いは、③法やルールにもとづいて進められ、④意見がまとまらない場合は、多数の意見を採用することが一般的です。しかし、結論を出す前に少数の意見も十分に聞いて、できるだけ尊重(そんちょう)することが重要となります。

主権者である国民の代表者によって構成される国会は、⑤日本国憲法によって「国権の最高機関であり唯一の立法機関である」とされています。その国会での政治の方向にもとづき、⑥国民全体のための仕事を行っているのが内閣です。内閣は、国会で選ばれた内閣総理大臣がそれぞれの国務大臣を任命し、省庁(しょうちょう)を監督(かんとく)させます。国務大臣は、担当する省庁の大臣として、任された役割を担(にな)いながら仕事を進めていきます。

⑦私たち国民は主権者であり有権者です。政治に対する興味や関心を持ち、たえず良い政治が行われるように見つめていくことが大切です。一人ひとりがこの国の今だけではなく、未来をつくっていくという気持ちを改めて強く持ちたいものです。

問１　下線部①について、現在でもなお地域社会の中では年中行事(ねんちゅうぎょうじ)（毎年特定の時期に行われる行事）が行われている。資料１に示したものは、その主な年中行事である。資料１の【　１　】～【　３　】に当てはまる語句の組み合わせとして正しいものを次のア～カから一つ選び、記号で答えなさい。

資料１

1月	初詣(はつもうで)	7月	七夕(たなばた)
2月	節分(せつぶん)	8月	お盆(ぼん)
3月	【　1　】	9月	お彼岸(ひがん)
4月	花祭り(はなまつり)	11月	【　3　】
5月	【　2　】	※お盆は、一部の地域では７月中旬	

ア	【　1　】七五三	【　2　】ひな祭り	【　3　】端午(たんご)の節句
イ	【　1　】ひな祭り	【　2　】七五三	【　3　】端午の節句
ウ	【　1　】端午の節句	【　2　】ひな祭り	【　3　】七五三
エ	【　1　】七五三	【　2　】端午の節句	【　3　】ひな祭り
オ	【　1　】端午の節句	【　2　】七五三	【　3　】ひな祭り
カ	【　1　】ひな祭り	【　2　】端午の節句	【　3　】七五三

問２　下線部②について、国民の代表者が集まって国政について話し合う場として国会があるが、その国会における仕事として誤っているものを次のア～エから一つ選び、記号で答えなさい。

ア　外国と条約を結ぶ。
イ　内閣総理大臣を指名する。
ウ　裁判官をさばく裁判を行う。
エ　憲法改正を国民に提案する。

問３　下線部③について、我が国の現在の法や裁判所に関する説明として、誤っているものを次のア～エから一つ選び、記号で答えなさい。

ア　裁判所は法律にもとづいて問題を解決し、国民の権利を守る仕事をしている。
イ　だれでも裁判を受ける権利を持っていて、判決内容に不服な場合は原則３回まで裁判が受けられる。
ウ　これまで日本の裁判において、罪のない者にまちがった判決が出されたことは一度もない。
エ　わかりづらい裁判のあり方に市民の感覚を取り入れる裁判員制度が採用されている。

問４　下線部④について、花子さんの小学校では運動会の種目について、児童会が全校児童にアンケート調査を行い、その結果を参考にして種目決めを行うことにした。資料２は、アンケート結果を学年ごとにまとめたもので、資料３はその後の児童会役員の話し合いの様子である。資料３の空らん【　４　】・【　５　】にはどのような理由が入ると考えられるか。資料２から読み取れることにふれながら【　４　】・【　５　】に入る内容をそれぞれ20字以上30字以内で答えなさい。

資料２

	１年生	２年生	３年生	４年生	５年生	６年生
種目/学年の人数	35	35	35	35	35	35
玉入れ	24	20	15	12	8	6
つな引き	10	12	16	18	15	13
ぼう倒し	1	3	4	5	12	16

(単位：人)

資料３

児童会司会　一郎くん：アンケートの結果を見て、２人はどのように思いますか。
児童会役員　英子さん：私は玉入れが良いと思います。理由は【　４　】からです。
児童会役員　次郎くん：私はつな引きの方が良いと考えます。それは【　５　】からです。
児童会司会　一郎くん：それぞれ意見を出していただき、ありがとうございました。

問５　下線部⑤について、日本国憲法は国民が社会生活を支えるためになすべき３つの義務を明らかにしている。この義務を表した次の国民の三大義務のうち、【　６　】に当てはまる語句を漢字２字で答えなさい。

国民の三大義務
・子どもに普通教育を受けさせる義務 ・【　６　】の義務 ・勤労の義務

問６　下線部⑥について、次の【　７　】～【　９　】の３つの省の主な仕事を見て、それぞれに当てはまる省の組み合わせとして正しいものを次のア～カから一つ選び、記号で答えなさい。

【　７　】省の主な仕事	【　８　】省の主な仕事	【　９　】省の主な仕事
・病気の予防をしたり、食品の安全を確かめたりする ・働きたい人に仕事を紹介したり、働きやすい環境づくりを行う ・お年寄りや身体が不自由な人のための仕事をする	・選挙の管理を行う ・情報通信に関する整備を行う ・国勢調査の実施とデータを作成する ・消防の仕事や災害の救助活動を行う	・学校での教える内容を決定する ・学校の先生の数や建物の基準の決定を行う ・科学技術が発展する環境や設備を整備する ・研究者への支援を行う

ア	【　７　】文部科学	【　８　】経済産業	【　９　】厚生労働
イ	【　７　】総務	【　８　】文部科学	【　９　】厚生労働
ウ	【　７　】厚生労働	【　８　】経済産業	【　９　】文部科学
エ	【　７　】厚生労働	【　８　】文部科学	【　９　】総務
オ	【　７　】厚生労働	【　８　】総務	【　９　】文部科学
カ	【　７　】文部科学	【　８　】厚生労働	【　９　】総務

問７　下線部⑦について、日本国憲法の三大原則の一つである「国民主権（主権在民）」とはどのような原則か。「政治」という語句を必ず使用して25字以内の一文で説明しなさい。

【理　科】〈アドバンストチャレンジ試験〉(30分)〈満点：50点〉

1 無色とう明の 8 つの液体ア～クが試験管の中に入っています。太郎(たろう)くんと花子さんはア～クの液体が何かを調べるために，実験の計画を立てています。ただし，ア～クの液体は，水，うすい塩酸，砂糖水，炭酸水，石灰水，食塩水，アンモニア水，水酸化ナトリウム水よう液のいずれかです。次の会話文を読み，あとの問いに答えなさい。

会話文

太郎「よし，それじゃあまずはリトマス紙にそれぞれの液体を 1 てきずつつけてみよう！結果は表 1 みたいになったよ！」

表 1 リトマス紙の変化

	赤色リトマス紙のようす	青色リトマス紙のようす
液体ア	変化なし	赤色に変化した
液体イ	変化なし	
液体ウ	変化なし	赤色に変化した
液体エ	青色に変化した	変化なし
液体オ	変化なし	
液体カ	青色に変化した	変化なし
液体キ	青色に変化した	変化なし
液体ク	変化なし	

花子「なるほど。だとすると，液体ア，ウは(　①　)のうちのどれかだとわかるわね」

太郎「そうだね。次に，赤色リトマス紙を変化させた液体を見分けよう。液体エ，カ，キを別々の試験管に入れて，ストローで息をふきこんでみるよ」

花子「液体エだけが②白くにごったわ。ということは，エの正体がわかったわね」

太郎「あとはそうだね，液体をそれぞれ蒸発させてみよう。スライドガラスに少しずつのせて，ドライヤーの熱風をあてて水を蒸発させてみたよ」

花子「液体ア，ウ，カ，クは何も残らなかったね。液体イ，エ，オ，キは白色の固体が残ったわ」

太郎「よし，そうしたら液体の正体がだんだんわかってきたぞ。えーっと，この時点で正体がわかっていないのは(　③　)だね」

花子「じゃあ，他にも実験をしないといけないわね。④全ての液体の正体を知るためには，どんな実験をするべきかしら……？」

会話文は以上です

問 1. 文中の①にあてはまる液体を次の A～H の中から 2 つ選び，符号で答えなさい。ただし，答える際にはアルファベット順に書くこと。

A 水
B うすい塩酸
C 砂糖水
D 炭酸水
E 石灰水
F 食塩水
G アンモニア水
H 水酸化ナトリウム水よう液

問 2. 文中の下線部②とありますが，液体エを白くにごらせたのは何という気体か答えなさい。

問 3. 文中の③にあてはまる，正体のわかっていない液体をア～クの中から 4 つ選び，答えなさい。ただし，答える際には五十音順に書くこと。

問 4. 文中の下線部④とありますが，あと 2 つ実験をすれば全ての液体の正体がわかります。その実験として最もあてはまる実験を次の A～F の中から 2 つ選び，符号で答えなさい。ただし，答える際にはアルファベット順に書くこと。

A ヨウ素液を入れる
B 石灰水を入れる
C デンプンを入れる
D 磁石を近づける
E 蒸発させて出てきた白い固体をさらに熱する
F ろ紙を使ってそれぞれの液体をろ過する

2 太郎くんは SDGs に関する調べ学習の中で，家庭から出た金属ゴミがどうやって処理されていくのか疑問に思い，リサイクル工場の見学に参加しました。工場見学中は，昭和さんという方が説明してくださいました。以下の会話文を読み，あとの問いに答えなさい。

会話文

昭和「今日はリサイクル工場へようこそ。太郎くんは，金属ゴミの分別に興味があると聞いたんだけど，何が知りたいのかな？」

太郎「はい，例えば同じかんゴミでも，アルミニウムでできたかんやスチール(鉄)でできたかんが混ざってすてられていると思います。これをどうやって分別しているのでしょうか？」

昭和「そうだね，さまざまな分別の方法があるよ。これはこの工場でちょっと前まで使っていた，磁石につくゴミだけを選別するための磁気分離機(じきぶんりき)という機械だよ(図1)」

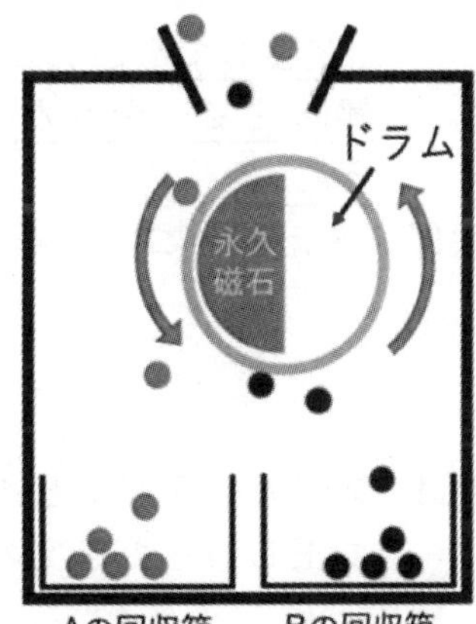

図1 磁気分離機

太郎「これはどういうしくみの機械なんですか？」

昭和「上から細かくくだいたアルミニウムや鉄，プラスチックやガラスなどが混ざったものを入れると，その下にある，常に外側が回転しているドラムという部分にゴミがぶつかるんだ。ドラムの内側には永久磁石がついていて，そのおかげでゴミを2種類に分別することができるんだよ」

太郎「なるほど，①<u>この場合だと，B の回収箱に磁石につく物が回収できますね！</u>」

昭和「その通り。あと，まだくだかれていない大きめのゴミの中から磁石につく物を取り出すためには，図2のように大きな電磁石を使う場合があるよ。この電磁石でゴミの中から磁石につく物をくっつけて，他の場所に運んでいるんだ」

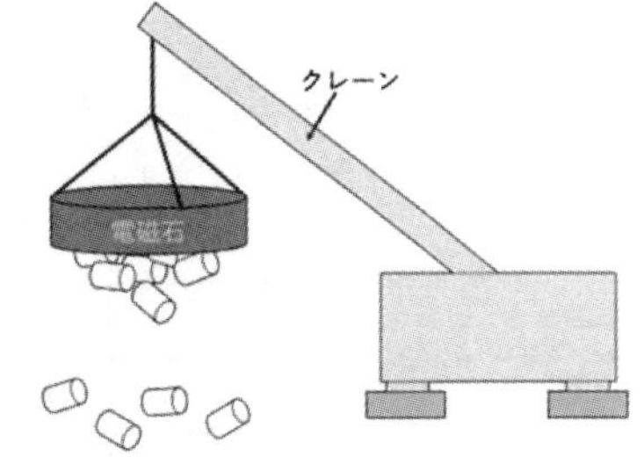

図2 大きな電磁石

太郎「とても大きい電磁石ですね！　あれ，でもこっちの機械ではなぜ永久磁石ではなくて電磁石を使っているんですか？」

昭和「それはね，電磁石ならよくある永久磁石よりも磁力を強くすることができるし，永久磁石だと(　②　)からだよ」

太郎「なるほど，だから電磁石を使っているんですね！ ただ，もっと大きな磁石につくゴミが混ざっていて，重すぎるために電磁石にくっつけられなかったらどうしているのですか？」

昭和「対策としてはいくつかあるよ。太郎くんはどう思う？」

太郎「うーん，例えば(　③　)などが考えられます」

昭和「素晴らしい，よく考えていますね。うちのリサイクル工場では，こうして取り出したゴミに，図３のような風力選別機（ふうりょくせんべつき）という機械で強い風をあてさらに分別をしているんだ」

太郎「えっ，磁石につく物を回収したのに，さらに分別しないといけないんですか？」

昭和「そうだよ。ガサッと持ち上げてしまう以上，④どうしても磁石につく物だけを回収するのは難しくて，余計なゴミがまとわりついてしまうんだ」

太郎「へえ，すごいですね！」

会話文は以上です

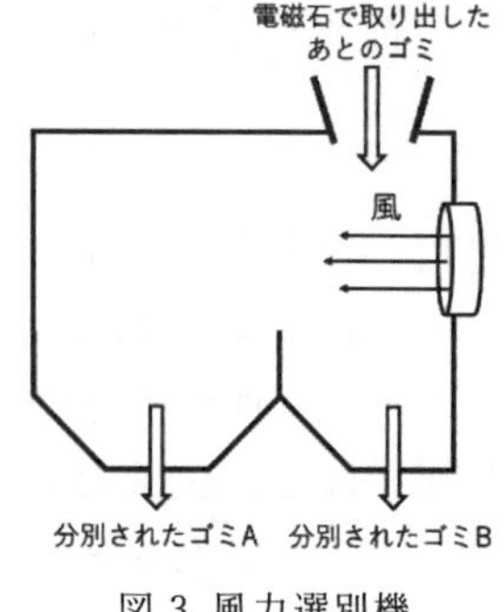

図３ 風力選別機

問１．文中の下線部①とありますが，A，Bの回収箱に入る物の例の組み合わせとして正しいものを次のa～dの中から１つ選び符号で答えなさい。

	Aの回収箱に入る物の例	Bの回収箱に入る物の例
a	鉄	アルミニウム，プラスチック，ガラス
b	鉄，アルミニウム	プラスチック，ガラス
c	プラスチック，ガラス	鉄，アルミニウム
d	アルミニウム，プラスチック，ガラス	鉄

問２．文中の②にあてはまる文を簡単に答えなさい。

問３．文中の③にあてはまる対策として適切なものを次のa～eの中から１つ選び符号で答えなさい。

	対策
a	大きな電磁石の下に強力な永久磁石をくっつける
b	大きな電磁石に流れる電流の向きを逆にする
c	大きな電磁石に流れる電流の大きさを小さくする
d	大きな電磁石に流れる電流の大きさを大きくする
e	大きな電磁石の外側に銅線をたくさん巻き付ける

問４．下線部④とありますが，図３において風力選別機で分別されたゴミAは分別されたゴミBと比べてどのようにちがうか答えなさい。

3 天体の観測について太郎くんと花子さんが話しています。会話文を読み,あとの問いに答えなさい。

会話文

太郎「花子さん,図1のような実験器具で一年かけて続けてきた太陽のかげの観察の結果を見てみない?」

花子「わあ,①かげの長さや向きが変わっていくようすがよくわかるわね」

太郎「ん? かげの先の動きが面白い日があるよ!」

花子「どれどれ……本当だ! 日付を見ると……あっ,この日って春分の日だ! かげの先が(②)わ!」

太郎「不思議だね,どうしてだろう?」

花子「春分や秋分の日って,昼と夜の時間がだいたい同じになる日だったよね。たしか,太陽が赤道の真上を通るんじゃなかった?」

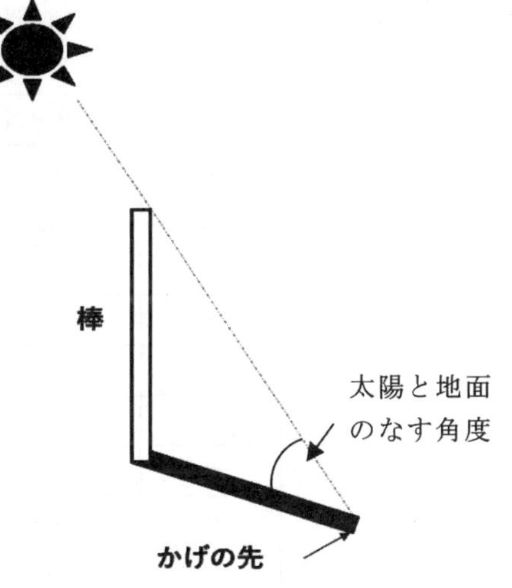

図1 太陽のかげの観察のようす

太郎「そうそう。太陽の光と,地球の回転じくが垂直にまじわるんだよね。だからもし赤道の上の場所に立っていたら,正午に太陽が空の真上に来るはず!」

花子「あれ,じゃあ赤道からズレた場所にある日本って,春分の日の正午に太陽は空の真上にないのかな?」

太郎「まあ,緯度(いど)が違うから真上には来ないよね」

花子「えーっと,緯度ってたしか,赤道を0°,北極または南極を90°として,その間の角度で地球上の位置を表す方法よね? たとえば北の方向に緯度が高いということは,その場所がそれだけ赤道から北極の方に向かってはなれているってことでしょ?」

太郎「そうそう。もっと言えばそもそも正午ってその地域の標準とする場所で太陽が真南に来る時間のことで,確か③日本の標準時は,兵庫県に合わせてるんだったよね」

花子「ん? だとすると,もしかして春分の日に,太陽が真南に来た時の太陽光と地面のなす角度をはかると,今自分がいる場所が赤道からどれくらいはなれているかわかるんじゃないかしら?」

太郎「面白そう! ちょっと計算してみよう!」

会話文は以上です

問 1. 文中の下線部①とありますが，かげがのびる方位は１日の中で時間がたつとともにどの方向へ移動するでしょうか。また，かげの長さを９時・１２時・１５時で比べると，一番短いのは何時の時のかげでしょうか。正しい組み合わせを下のア～シから１つ選び符号で答えなさい。

	かげがのびる方位	かげの長さが短い時間
ア	東→南→西	9 時
イ	東→南→西	12 時
ウ	東→南→西	15 時
エ	西→南→東	9 時
オ	西→南→東	12 時
カ	西→南→東	15 時
キ	東→北→西	9 時
ク	東→北→西	12 時
ケ	東→北→西	15 時
コ	西→北→東	9 時
サ	西→北→東	12 時
シ	西→北→東	15 時

問 2. 文中②にあてはまる文章を下のア～オから１つ選び，符号で答えなさい。

ア　時計回りに円をえがくように動いている
イ　反時計回りに円をえがくように動いている
ウ　東西方向にのびる直線にそって平行に動いている
エ　南北方向にのびる直線にそって平行に動いている
オ　止まっている

問 3. 文中の下線部③とありますが，日本の標準時は，兵庫県明石市で太陽が真南に来た時を正午と定めています。千葉県市川市のある地点 A は明石市より東に位置しています。日本の標準時において，地点 A で太陽が真南に来る時刻はいつになるでしょうか。次のア～エから最もあてはまるものを選び，符号で答えなさい。

ア　11 時 40 分　イ　12 時 00 分　ウ　12 時 20 分　エ　13 時 20 分

問 4. ある春分の日に，本州のある地点 B で太陽が真南に来た時の太陽光と地面のなす角度をはかったら，55°でした。同じ日に北海道の札幌(さっぽろ)市で太陽が真南に来た時の太陽光と地面のなす角度をはかると，どうなりますか。下のア～ウから１つ選び，符号で答えなさい。

ア　55°より大きくなる　イ　55°になる　ウ　55°より小さくなる

4 次の文章は，ハスの花と，ハスの花にやってくる虫の関係について調べた論文の内容を説明した文章です。文章を読み，あとの問いに答えなさい。

文章

ハスは池などで水底からくきをのばして水面に葉をひろげる水生植物です。ハスは夜間に花びらを閉じ，昼間にだけ花びらを開く特ちょうをもつ虫ばい花の植物です。

図１はある研究グループが行った実験結果です。ハスの花が開花して１日目から３日目までの夜明け前から日がしずむまで自然光を用いて５秒おきにカメラで写真をとり，その写真画像においてどのような種類の虫がハスの花に訪れていたのかを調べたものです。

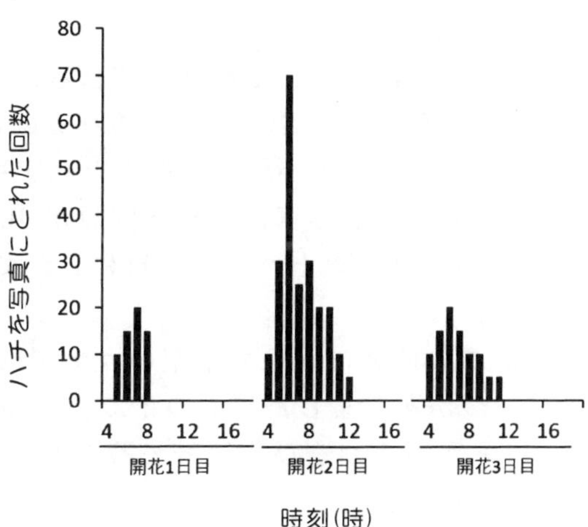

図１ ハチ類に属する虫を写真にとれた回数と時刻の関係

測定にはたくさんのハスの花を使い，花ごとに虫を何回カメラで写真にとることができたかを調べました。たとえばある虫が30秒間ひとつの花のちかくにずっといれば，６回その虫の写真がとれることになります。その中で，図１ではハチ類に属する虫を写真にとれた回数をグラフに示しています。

図２は開花２日目の５～７時のハチを写真にとれた回数ごとに，その後訪れた花においてどれくらいの割合で種子ができたかどうか（結実率）を示したものです。

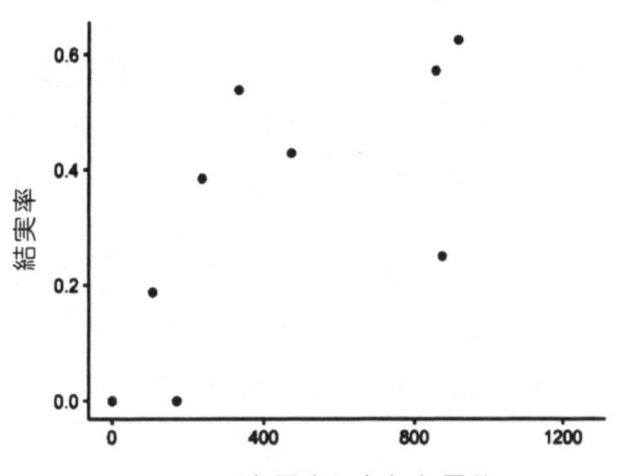

図２ 開花２日目の５～７時におけるハチ類に属する虫を写真にとれた回数と結実率の関係

文章は以上です

問 1. 図 1 の結果から，ハチがハスの花に集まる際の特ちょうについてわかることを 2 つ具体的に説明しなさい。

問 2. 図 2 からわかることとしてあてはまるものを次の a～e から全て選び符号で答えなさい。
a 花にたくさんハチが訪れるほど，結実率が低くなる
b 花にたくさんハチが訪れるほど，結実率が高くなる
c 花にハチが訪れる回数と結実率に関係はない
d ハチを写真にとれた回数が 400 回をこえると必ず種子ができる
e 100 回以上ハチを写真にとれていてもほとんど種子ができないこともある

問 3. この研究において小型のハチがほとんど花に訪れず，種子もできない花がいくつかありました。その花で多く観察された虫として考えられるものを次の a～e から 1 つ選び，符号で答えなさい。
a アリ
b モンシロチョウ
c テントウムシ
d クモ
e カ

問 4. この研究ではなるべく照明などを使わず，自然に近い状態でハチの行動やハスのようすを観察することができました。さて，この研究でなぜハスが用いられたのか，その理由として考えられるハスの特ちょうを説明しなさい。

※これらの実験結果は中央大学高田まゆら教授らによる「5 秒おきの撮影(さつえい)で昆虫(こんちゅう)の訪花が種子生産に寄与(きよ)するタイミングが明らかに～ハスの花を用いた実験的検討～」を参考に再編したものです。

【英　語】〈アドバンストチャレンジ試験〉(50分)〈満点：100点〉

〈編集部注：実物の試験問題では，1の［Part 1］(4)のグラフはカラー印刷です。リスニングの放送原稿は，未公表につき掲載していません。〉

リスニング

1　[Part 1] これから読まれる英文を聞いて，次の英文の内容と合う絵を1～4の中から1つ選び，番号で答えなさい。英文は2回読まれます。

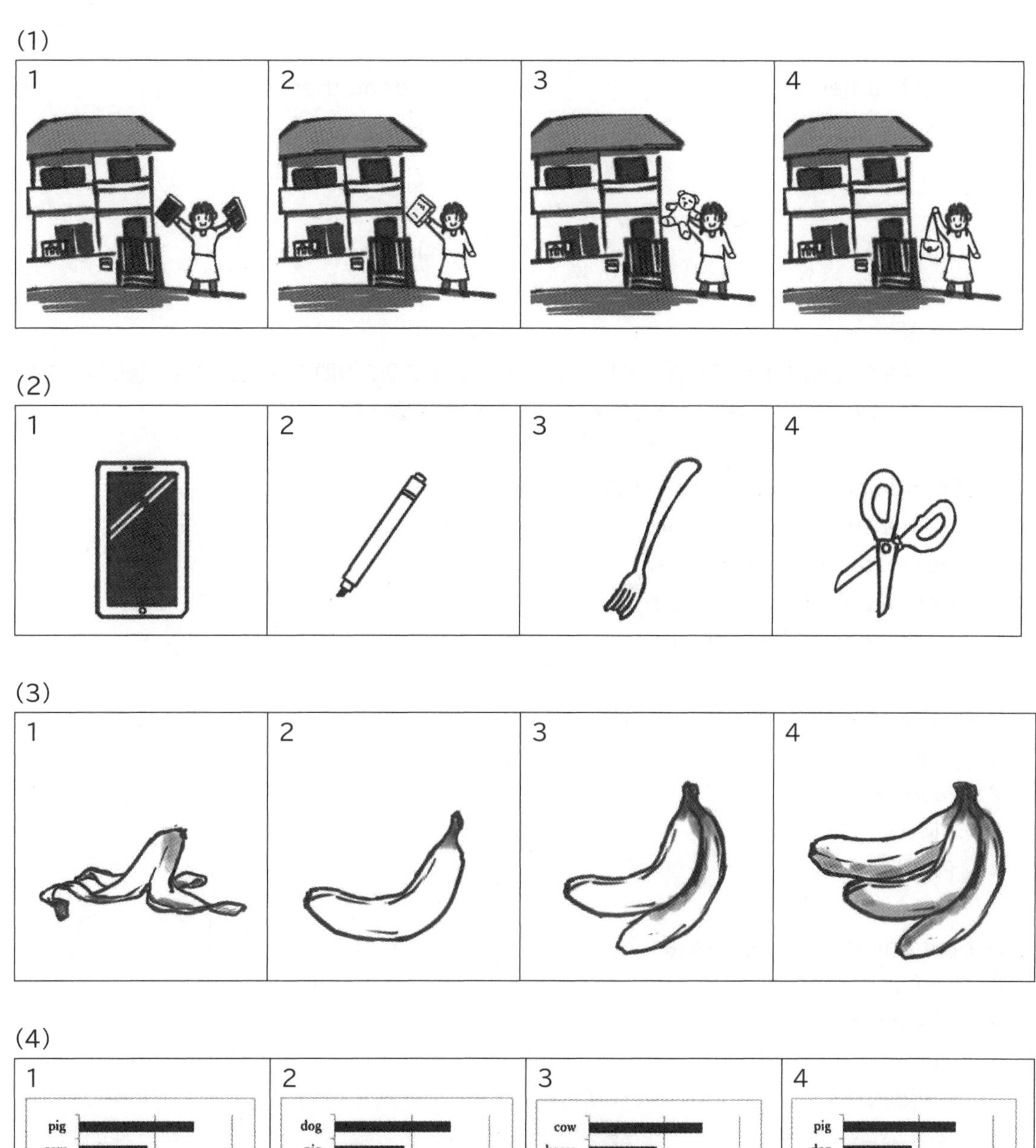

[Part 2] 英文が3つ読まれます。それぞれの英文を聞いて，その後に読まれる質問に対して最も適切な答えを1～4の中から1つ選び，番号で答えなさい。 英文は2回読まれます。

(1)

1 one　　2 two

3 three　　4 four

(2)

1 her brother　　2 her mother

3 her father　　4 her sister

(3)

1 outside　　2 in his house

3 in his cage　　4 in her hands

[Part 3] 英文が1つ流れます。その英文を聞いて，(1)～(3)の英語の質問の答えとして最も適切なものを1～4の中から1つ選び，番号で答えなさい。英文は2回読まれます。

(1) Who did she go to the zoo with?

1 Her mother and her father
2 Her sister and her brother
3 Her sister and her mother
4 Her father and her brother

(2) What was the scary animal she saw?

1 Lions
2 Monkeys
3 Tigers
4 Pandas

(3) What animal did she see last?

1 Lions
2 Monkeys
3 Tigers
4 Pandas

筆記試験

2 次の日本文にあうように(　　　)内の語(句)を並べかえ，英文を完成させなさい。
(ただし，文の先頭に来る語句の最初の文字も小文字になっている。解答時は大文字にしなさい。)

(1) 新しい帽子(ぼうし)屋さんがどこにあるか知っていますか。
(the new hat shop / know / is / where / you / do)?

(2) 東京タワーは東京スカイツリーほどは高くない。
(Tokyo Tower / is / tall / not / as / as) Tokyo Skytree.

(3) ジョンはアメリカ（the States）で撮った写真を私に見せてくれた。
(John / took / showed / me / the pictures / he / in) the States.

(4) 事故のニュースで私は悲しくなった。
(the accident / me / the news / made / about / sad).

(5) 私の家は雪で覆(おお)われていた。
(with / covered / house / was / snow / my).

3 次の対話が成り立つように(　　　)に入れるのに最も適切な語や文を1つ選び，1～4の番号で答えなさい。

(1) A: How was the book?
B: It was (　　　). I couldn't understand the story well.
1 better　2 different　3 easy　4 difficult

(2) A: It's warm today, too.
B: The weather (　　　) warm since last Monday.
1 will be　2 has been　3 are　4 was

(3) A: Do you know that man?
B: Yes, he is one of the (　　　) for our college English speech contest.
1 judge　2 judging　3 judges　4 judgement

(4) A: I' ve been having a bad ( ) since this morning.
B: You should go home.
1 order 2 noise 3 house 4 headache

(5) A: Did anyone call me while I was out?
B: Yes, Cindy left a ( ) for you.
1 heart 2 talk 3 phone 4 message

(6) A: How do you like your new house, Teddy?
B: It' s near my school, so it' s really ( ).
1 careful 2 common 3 convenient 4 creative

(7) A: Here is your tea.
B: Thank you.
A: ( ). It' s still hot.
1 Look at the blackboard 2 Repeat after me
3 Be careful 4 Be ready to go

(8) A: Let' s go home. I can' t find any dresses I like.
B: Wait! ( ).
1 I don' t know 2 It' s time to go
3 Let' s leave then 4 Look at this one

(9) A: Shall we go to a movie tonight?
B: ( ). Let' s meet after work.
1 You' re fine 2 Yes, I did
3 I' d love to 4 That' s all for now

(10) A: Excuse me. Do you know where bus terminal 1 is?
B: ( ). I don' t know this area very well.
1 I' m sorry 2 I feel good
3 I can show you 4 I' m going there

4 次の指示に従って英語で答えなさい。ただし,主語と動詞を含む文の形で答えなさい。

(1) 次の英文の質問に対して,あなた自身について自由に英文で答えなさい。

Do you think more people will watch TV in the future? And why?

(2) 次の対話が続くように,下線部に入る英文を自由に表現しなさい。主語と動詞を含む1文で書きなさい。

A: Excuse me. I ordered a drink over ten minutes ago.
B: Hasn't it arrived yet?
A: ______________________
B: I'm sorry, sir. I'll bring it right away.

(3) Look at the picture. Write about what the people are doing as much as you can.

5 次のポスターを読んで，質問に答えなさい。

Showa Entertainment Show (SES)

Do you want to be part of the big show this year? Yes, you do!

Two years ago, the school started this show, and both years were successful. This year's show should be the best!

You can be the next SES champion!

Who: Any student or teacher can apply to join the SES. Solo performers, pairs and teams (maximum of five members) can join.

What: Each performance will have up to two minutes. They must bring any special items they will use in the show. Last year, a student lost their pet bird in the show, so animals cannot be used in the show.

When: The first round will be on October 10th. The championship round will be the next week on October 17th. Both shows will start at 3PM.

Where: The Niyama Hall across from the school. Doors will open at 2:30PM, but please come early to get a good seat.

This year, the SES has created a school website and student accounts so that everyone can vote online. Make sure to vote for your favorite performer. We won't use paper votes this year, so use the hashtag #SES and vote for your favorite performer. Please vote during the show. The computer club is going to count the votes and post the results at the show.

If you want to join the show, please see Mr. Peters by October 7th.

Good luck to everyone and see you at the show!

(1) 次の質問の答えとして最も適切なものを1〜4の中から１つ選び，番号で答えなさい。

① How many Showa Entertainment Shows have already happened?

1 One
2 Two
3 Three
4 Zero

② Which performance cannot join?

1 A magic performance by one person
2 A two teacher comedy performance
3 A team of three singers
4 A dog and student dance performance

③ When will the champion be decided?

1 On October 7th
2 On October 10th
3 On October 17th
4 On October 18th

④ How can you vote at the show?

1 Make a reservation
2 Write in your vote
3 Post your vote using the hashtag
4 Talk to the computer club

⑤ What do students have to use on their vote?

1 Their names
2 The school's name
3 Their class number
4 The hashtag

(2) 次の英文が本文の内容にあっていれば○，間違っていれば×と答えなさい。

① Each performance has up to 120 seconds to perform.

② Performers can bring special items for their performance.

③ The show starts at 2:30PM.

④ The show will be at the hall near the station.

⑤ Mr. Peters can help students join the show.

問七　―線部G「みんなが帰り支度をしている中、基は動くことができなかった」とありますが、なぜですか。最も適当なものを、次の1～4のうちから一つ選びなさい。

1　コンクールメンバーを決めるオーディションの最中の自分の行動や発言をみんなに責められ、落ち込んでいるから。

2　コンクールメンバーにみんなから選ばれたが、自分の演奏に納得がいっておらず、そのことを瑛太郎にばらされて怒っているから。

3　オーディションに落ちた人のことを考えていない自分の言動を後悔しているとともに、自分の演奏も失敗してしまったから。

4　オーディションの時の発言や行動でみんなから責められるだけでなく、玲於奈からも怒られて悲しくなったから。

問八　この文章を読んで、瑛太郎はどのような人物だと考えられますか。最も適当なものを、次の1～4のうちから一つ選びなさい。

1　コンクールメンバーを部員たち自身で考えさせてはいるが、最後は自分の意見を押し通して決めようとしている勝手な人物。

2　コンクールメンバーを部員たちで考えさせた結果、もめ事が起こってもその一言で空気を変えてしまうほど影響力のある人物。

3　コンクールメンバーを部員たち自身で考えさせ、不満や苛立ちが出たときには生徒に責任を押しつけてしまういい加減な人物。

4　コンクールメンバーを部員たち自身で考えさせることとコンクールで良い結果を残すことに対し、強いこだわりを持っている人物。

三　次の各文には、間違って使われている同じ読みの漢字が一字あります。それぞれ間違っている漢字を抜き出し、正しい漢字を書きなさい。

1　人工衛生は宇宙から地球の陸や海を観測し、災害対策や温暖化対策のために使われている。

2　台風の影響で屋根がこわれてしまったので、専門業者にたのんで捕修してもらう。

3　最新の携帯電話のカメラ機能で動画を撮映してもらうと、画質がきれいで美しい。

4　人手不足が真刻な業界で、人材確保のために給与を上げる対策会議が行われた。

四　次の―線部の漢字をひらがなに直し、カタカナを漢字で書きなさい。送りがなが必要ならばひらがなで答えなさい。

1　友人に便乗する

2　問題が派生する

3　周囲の人にケイエンされる

4　各国のシュノウが集まる

5　京都のブッカクを見学する

6　嫌なことから目をソムケル

た。

「茶園」

やっと動くことができたのは、瑛太郎にそう名前を呼ばれてからだった。

「あとで音楽準備室に来い」

（額賀澪（ぬかがみお）『風に恋う』より）

（注）※本文中の漢字については、学習指導要領における小学校の配当以外の難しい漢字にはふりがなをふっています。

※設問の都合上、一部表記を変えたところがあります。

問一　――線部A「そんな優しさの皮を被った卑劣さ」とありますが、それはどのようなことですか。三十字以上、四十字以内で説明しなさい。

問二　――線部B「心臓はうるさくない。ちゃんと自分の呼吸の音が聞こえる。でも唇がかさかさに乾いている」とありますが、どのような心情が読み取れますか。最も適当なものを、次の1～4のうちから一つ選びなさい。

1　自分の演奏の順番が近づいてきて、三月にあった定期演奏会を思い出し、緊張で胸がいっぱいになっている。

2　自分の演奏の順番が近づいてきて、三月にあった定期演奏会を思い出し、緊張はしているが冷静である。

3　自分の演奏の順番が近づいてきて、あせりや不安があり逃げ出してしまいたくなるくらい怖がっている。

4　自分の演奏の順番が近づいてきたが、緊張やあせり、不安もないが、もうどうにでもなれとあきらめている。

問三　――線部C「また、頭の中で『違う』という声がした」とありますが、どういうことですか。本文中の言葉を使って六十字以内で説明しなさい。

問四　――線部D「つむじに感じる鋭い視線は、和らぐことがない」とありますが、このようになったのはなぜですか。説明した次の文の《　　》にあてはまる言葉を本文中から十字以内で抜き出して答えなさい。

基が自分の演奏に対して《　　　　　》から。

問五　――線部E「池辺先輩の～言わない」とありますが、この部分の状況を四字熟語で表した場合最も適当なものを、次の1～4のうちから一つ選びなさい。

1　針小棒大　　2　弱肉強食　　3　正当防衛　　4　四面楚（そ）歌

問六　――線部F「入道雲のように膨れあがる険悪な空気」とありますが、これを言いかえている部分を本文中から二十字で抜き出し、初めと終わりの五字を答えなさい。

「池辺」

瑛太郎の声が、聞こえた。さざ波のように、基に淡く打ちつける。

「気持ちはわかるが、お前が落ちたのは茶園のせいじゃない。みんなの選択の結果だ」

唇を噛んだ池辺先輩は、基を一睨みして、胸ぐらから手を離した。基にしか聞こえない微かな舌打ちをして、自分の席に戻っていく。越谷先輩が困ったように笑って、でも頬を強ばらせながら基の前を通り過ぎる。他の先輩達も同じだった。

窓の外が真っ暗になる頃、すべてのパートの審査が終わった。六十四人の部員の中から五十五人が選ばれ、九人が落ちた。

「君達が君達の判断で選んだ五十五人で、全日本を目指して明日からまた練習していく。ただ、コンクールのステージに上がる直前まで気は抜かないように。落ちた九人の方がいい演奏ができるようなら、積極的に替えていくから」

瑛太郎の言葉が自分の中を素通りしていく。辛うじて「今日はここまで」という声に、部長として号令を掛けることができた。

基に謝罪のチャンスすら与えず、池辺先輩は真っ直ぐ音楽室を出て行ってしまった。

「あのね、基」

サックスを抱えたまま呆然と立ち尽くしていた基のもとに、玲於奈がやって来る。

「あれはない、って私も思ったよ」

頑張って練習したのに、落ちちゃった人もいるんだからね。玲於奈が呆れながらも、でも穏やかな声色で話し始めたときだった。

「瑛太郎先生、茶園は結局、コンクールメンバーになるんですか？」

誰かが、そう言った。声だけで誰だかはわかった。わかったけれど、基はそちらを見ないようにした。見てしまったら、もう、明日からここに来られない気がする。

「先生がさっき言った通り、自分に挙手しなかったってことは、自分はコンクールメンバーに相応しくない、つまり、オーディションを辞退したのと一緒だと思います」

音楽室内の空気が蠢いて、「確かにそうだ」という声が聞こえてきた。

「ちょっとちょっと、そういう言い方はないでしょ」

玲於奈が制したけれど、収まらない。不愉快なものをみんなで排除しようという圧が、どんどん大きくなる。

「勘違いするなよ」

F入道雲のように膨れあがる険悪な空気を破ったのは、やはり、瑛太郎の声だった。笑いを含んだ声に、基は顔を上げる。譜面台に頬杖をついた瑛太郎は、何故か口の端を吊り上げていた。

「さっきも言っただろ。今、君達が腹を立てている茶園をコンクールメンバーに選んだのは、君達自身だ。まあ、部長にしたのは俺だけどな」

基をコンクールメンバーから外す気も、部長を交代させる気もない。瑛太郎の微笑みは、雄弁にそう語っていた。一人、また一人、渋々という顔で口を噤んでいく。

Gみんなが帰り支度をしている中、基は動くことができなかった。鞄を抱えた堂林が、「あんまり気にすんなよ」と基の肩を叩いて帰って行っあれから毎日、瑛太郎の演奏を脳裏に思い浮かべながら吹いた。吹くたびに「違う」という声が聞こえた。自分の音はあんな風にカラフルでなくて、踊ってもいなくて。理想に追いつこうと無様に飛び跳ねているだけだ。

　気がついたら演奏すべき範囲は終わっていた。ゆっくりマウスピースから口を離し、前を見る。瑛太郎は表情を変えずにそこにいた。

　テナーサックスとバリトンサックスの演奏が終わり、基はすぐに目を閉じた。瑛太郎が今日何度目かの「一番の演奏がいいと思った者」を言い、順番に手を挙げていく。基も、いいと思った演奏に手を挙げた。

「次、三番の演奏がいいと思った者」

　手を挙げようとした瞬間、Cまた、頭の中で「違う」という声がした。誰の声なのかはっきりわかった。瑛太郎だ。これは不破瑛太郎の声だ。

「——それでは、サックスの合格者を発表する」

　一呼吸置いて、瑛太郎がこちらを見た気がした。ひやりと背筋が寒くなった。

「アルトサックスが茶園基、越谷和彦。テナーが柄本純子、バリトンが矢沢美穂」

　これまで同様に淡白にそう告げた瑛太郎は突然、「茶園」と基を呼んだ。

「どうして、自分に手を挙げなかった」

　瑛太郎の声も視線も、決して怒ってはいなかった。ただ、一斉に振り返った部員達の顔は冷ややかで、憤りや苛立ちに満ちていて、たくさんの視線に基は串刺しにされた。

「……すみません」

　深々と頭を下げ、そのまま動けなくなる。Dつむじに感じる鋭い視線は、和らぐことがない。

「お前は、自分の演奏がコンクールメンバーに相応しくないと、そう思ったのか」

「違います」

　喰い気味に答えると、目の前に座る部員達の中から、確かに、「はあ？」という声がした。悪意に満ちた、基を糾弾する声が。

「オーディションとかコンクールとか関係なく、ただ、納得がいかなかったんです」

　基が言い終わらないうちに、隣から——池辺先輩の手が伸びてきた。乱暴に胸ぐらを摑まれて、切れ長の目が基を睨んでくる。

「お前、俺を馬鹿にしてんのかっ！」

　池辺先輩の唾が、基の頬に飛んでくる。ワイシャツの襟がねじり上げられ、息が苦しくなる。自分の演奏に夢中で、すっかり忘れていた。池辺先輩がコンクールメンバーに落ちたこと。アルトサックスでは、ただ一人。

「納得がいかなかった？　落ちた俺への当てつけかよ。落ちた他の連中に対する嫌みかよ！」

　E池辺先輩の怒鳴り声に、周囲が静まりかえる。誰も何も言わない。越谷先輩が止めに入ろうとしているけれど、言葉が出てこないみたいだった。きっと、ここにいる全員が池辺先輩と同じことを思っているのだ。

　自分を、張り倒したくなった。罵って、引っぱたいて……そして、どうすればいいんだろう。

「合格者を発表する」

ゆっくり瞼を上げると、蛍光灯の光がいつもより強く、鋭く感じた。

「堂林慶太、櫻井瞳、高橋成美、秋山周也、岸田さやか、長谷川友美、以上」

あまりにあっさりとした発表で、拍手をするタイミングも、落ちた人の顔を思い浮かべる余裕さえなかった。「はい次、ホルン」と促され、ホルンパートの人間が移動し始める。

恐る恐る、基は背後を振り返った。自分の席へと戻る堂林と目が合った。ていうか、向こうから基を見てきた。ガッツポーズまではしてこなかったけれど、ニッと笑いながら「どうよ？」と口元を動かす。コンクールメンバーから落ちてしまった二人ががっくりと肩を落とし、一人が泣き出したから、それに応えるどころではなかった。

「悪いけど、後悔するのも泣くのもあとにしてくれ」

腕を組んだ瑛太郎が、言い放つ。

「出番が終わったら、審査をする側だ。泣いてて審査できませんでした、では困る」

やや間を置いて「はい」というか細い声が聞こえ、すぐにホルンパートの審査が始まった。ホルン、フルート、トロンボーン、クラリネットとオーディションは続いていき、あっという間にサックスパートの番が回ってきた。

サックスパートは、アルトサックスとテナーサックスとバリトンサックスの三種類。楽譜は違うがみんな一緒にオーディションを受ける。バリトンサックスは一人しかいないから音で誰が吹いているかわかってしまうけれど、だからこそ瑛太郎はコンクールメンバーに相応しいと思った演奏に挙手と言ったのだと思う。たとえ部内に一人しかいない楽器でも、自動的にコンクールメンバーに選ばれることはないということだ。

演奏の順番は一番が越谷先輩で、次が池辺先輩、基は三番手だ。アルトサックスの演奏が終わったら、テナーサックスとバリトンサックスが続く。

握り込んだ拳を、基はゆっくりと開いた。指先が冷たくて、三月の定演を思い出す。B心臓はうるさくない。ちゃんと自分の呼吸の音が聞こえる。でも唇がかさかさに乾いている。

越谷先輩、池辺先輩の演奏が終わり、基は唇を舌先でなぞってマウスピースを咥えた。視線の先には瑛太郎がいる。指揮台の上に仁王立ちして、真っ直ぐ基を見ている。自分は審査に加わらないと言ったのに、視線でこちらを射貫こうとしているようだった。

演奏するのは、『スケルツァンド』『風を見つめる者』の冒頭。青い光の中で演奏する瑛太郎を思い浮かべ、息を吸って、口の中で密度を高めて、アルトサックスに吹き込む。

冒頭は特にアクセントを利かせて、はっきりと、でも音の強さを均一に。薄くならないように、厚みを持たせて。舌先でしっかり音を切って、一つ一つの音に躍動感を持たせて。

ミスなく吹けているのに、頭の中で誰かが「違う」と言う。

ほんの数週間前、チャペルで『スケルツァンド』を吹く瑛太郎を見た。彼の音は明るくて、ちょっとおどけてて、神聖なチャペルの中で音符が踊り狂っていた。

問七　―線部F「これまで信頼関係で結ばれてきた共同体が機能しなくなっている」とありますが、なぜですか。「人間」「インターネット」という言葉を使って六十字以内で説明しなさい。

問八　この文章を読んだ後の生徒たちの会話です。本文の内容と合っている意見を、次の1～5のうちから二つ選びなさい。

1　Aさん―私たちは、ＩＣＴによって人と同調して信頼関係を作り、社会の変化に対応してきたよね。

2　Bさん―今の世の中は、インターネットでたくさんの人とつなぐことができるから交流関係も広がるのは楽しい反面、犯罪に巻き込まれることもあるから怖いよね。

3　Cさん―スマホを使えば、世界中の人とつながることができる気がするけど、それは同調することとは違った考え方だと思うよ。

4　Dさん―今は情報の通信技術が発達しているから、身近な人たちとはラインやＳＮＳを中心にして信頼関係を築いていくことが大切だね。

5　Eさん―インターネットは絶えず自由につなげることができるけど、相手と時間を共有するためには、お互いの都合を合わせないといけないね。

二　次の文章を読んで、後の問いに答えなさい。

(字数はすべて句読点を含む)

かつて三年連続全国大会で金賞を取った名門高校吹奏楽部に入部した茶園基は、指導者の不破瑛太郎に一年生ながら部長に選ばれた。そして地区大会のコンクールのメンバーを決めるオーディションが始まった。

全員の演奏が終わったところで、瑛太郎がすぐさまそう言った。

「奏者も目を閉じて、コンクールメンバーに相応しいと思った演奏に手を挙げる。自分が相応しいと思うなら、自分に手を挙げるように」

「先生、一人何人まで手を挙げていいですか?」

誰かがそう聞いた。

「コンクールメンバーに相応しいと思うなら、何人でも挙げたらいいんじゃないか?」

瑛太郎の返答に、ざわざわと戸惑いの輪が広がった。トランペットパートは八人。コンクールメンバーに選ばれるのは、その中の六人といったところか。八人全員に手を挙げることもできる。誰も傷つかずに済む。もちろん、自分も。

でも、Aそんな優しさの皮を被った卑劣さを、瑛太郎が許すとも思えなかった。

「一番の演奏がいいと思った者」

周囲から衣擦れの音がする。基も高々と手を挙げた。二番、三番、四番と、挙手は続いていく。八人目までの審査が終わったところで、瑛太郎が「目を開けて」と言った。

(山極寿一『スマホを捨てたい子どもたち　野生に学ぶ「未知の時代」の生き方』より)

(注)※本文中の漢字については、学習指導要領における小学生の配当以外の漢字にはふりがなをふっています。
※設問の都合上、一部表記を変えたところがあります。

問一　――線部A「その間隔」とありますが、「その」が指している内容を、本文中から九字で抜き出して答えなさい。

問二　空らん(ア)~(ウ)にあてはまる語句の組み合わせとして最も適当なものを、次の1~4のうちから一つ選びなさい。

1　ア　しかし　イ　たとえば　ウ　さらに
2　ア　だから　イ　あるいは　ウ　しかし
3　ア　つまり　イ　あるいは　ウ　また
4　ア　つまり　イ　たとえば　ウ　しかし

問三　――線部B「子どもたちの漠とした不安」とありますが、「不安」になる理由を、本文中の言葉を使って七十字以内で説明しなさい。

問四　――線部C「人間はこれまで~させてきました」とありますが、社会を機能させる基盤となるものは何ですか。説明した次の文の《　》にあてはまる適当な言葉を、本文中から十一字で抜き出して答えなさい。

家族や仲間などの共同体がもつ文化の底流には《　　　　　　》が埋め込まれている。

問五　――線部D「同調する」とありますが、筆者の考える『同調する』の意味に**あてはまらないもの**を、次の1~4のうちから二つ選びなさい。

1　文化祭でのダンスの動画を友人が作成し、自宅で『同調』して何度も繰り返し踊ってみた。
2　合唱コンクールではクラス全員のハーモニーを合わせることで、『同調』を感じ一体になることができた。
3　友人がテーマパークに行った動画をアップしていたので、私も一週間後に行き動画をアップして『同調』して盛り上がった。
4　夏休みに映画を見て、あまりにも感動して涙が流れ、周囲を見渡したら同じような人が多数いて『同調』を感じた。

問六　――線部E「継続的な同調作用」とありますが、サルやゴリラの同調作用とは具体的にどのようなことですか。本文中の言葉を使って二つ答えなさい。

字通り「身体を接触させる」ということではなく、日々、お互いの存在を感じ合うことで、仲間として認識するということです。挨拶を欠かさないのもその一つ。ニホンザルであれば、親しい者同士、グルーミング（毛づくろい）をする。一方で、数日間群れを離れるなどしていったん身体的なつながりが切れてしまうと、二度と群れの仲間と認識しなくなります。群れのトップに君臨していたニホンザルであっても、群れを離れれば二度と同じ地位には戻れません。オスの最下位に甘んじて、いじめられることになります。言葉をもっていない彼らは、こうした日々の活動を通して、「身体がつながりあっている」という感覚を明確にもちます。

一方、言葉を持った人間は、言葉で表現しなければ納得できなくなっています。すでに述べたように、脳の発達には、集団サイズが関係しています。おそらく人の移動が頻繁になり、集団が分裂や統合を繰り返して150人を超える集団が生まれるなどしたときに、言葉を使った情報処理能力が必要になり始めたのでしょう。言葉をもったからこそ、農耕牧畜が始まって以降、多くの集団が統合されて民族や宗教の大集団が生まれ、数々の王朝や国家などといった規模にまで拡大したのです。

（　ウ　）、言葉で表現できるものはごく一部にすぎず、言葉だけで信頼関係をつくることはできません。だから、頭の中では言葉を通じて仲間とつながっていても、身体がつながっている感覚が得られない。逆にいえば、身体でのつながりを得ていないために、言葉にこだわってしまう。「そもそも言葉と身体は一致することがないものである」ということを理解できずに、一致を求めてさまようようになりました。

言葉をもったからこそ集団サイズを大きくできた一方で、その言葉によって、お互いがつながっているという感覚をもつことが難しくなってしまったのです。

さらに、情報通信技術の発達によって、継続的な身体のつながりで社会をつくるという、人類が何百万年もかけてつくり上げてきた方法が崩壊しかけています。一人一人の人間が、家族や地域などのコミュニティから引きはがされてバラバラになったことで、Fこれまで信頼関係で結ばれてきた共同体が機能しなくなっている。インターネットは、継続性だけは保証しました。インターネットで情報を交換し合っていれば、絶えずつながっていると思うことは可能だからです。ライン、ツイッターといったツールを通じて、時間や空間を軽々と超えて常時つながっている感覚を得るようになりました。でも、それは言葉をはじめとする「シンボル」を通じてつながっているだけで、身体がつなぎ合わされているわけではありません。

スマホを通じたコミュニケーションでは、ダンスによる同調のように、同時に行うこと、同時に感じることができません。スマホの動画の中で人が動いていたとしても、それは記録されたものであって生身の動きではありません。たとえそれがライブであったとしても、自分の都合で止めることができます。記録されたものは、逆に延々とリピートすることもできます。それは、自分だけの時間だからです。

一方、リアルな社会は現在進行形がずっと続いていて、振り出しに戻ることができません。現実というのは、自分の時間であるとともに相手の時間でもあります。そのため、「時間を共有している」という感覚は自分だけの都合で続けることはできません。いつか終わります。

2023年度

昭和学院中学校

【国　語】〈アドバンストチャレンジ試験〉（五〇分）〈満点：一〇〇点〉

一　次の文章を読んで、後の問いに答えなさい。

（字数はすべて句読点を含む）

今、ぼくたちを取り巻く環境はものすごいスピードで変化しています。人類はこれまで、農耕牧畜を始めた約1万2000年前の農業革命、18世紀の産業革命、そして現代の情報革命と、大きな文明の転換点を経験してきました。そして、Aその間隔はどんどん短くなっています。農業革命から産業革命までは1万年以上の年月があったのに、次の情報革命まではわずか数百年。この四半世紀の変化の激しさを考えれば、次の革命まではほんの数十年かもしれません。その中心にあるのがICT(Information and Communication Technology＝情報通信技術）です。インターネットでつながるようになった人間の数は、狩猟採集民だった時代からは想像もできないくらい膨大になりました。

一方で、人間の脳は大きくなっていません。（　ア　）、インターネットを通じてつながれる人数は劇的に増えたのに、人間が安定的な信頼関係を保てる集団のサイズ、信頼できる仲間の数は150人規模のままだということです。テクノロジーが発達して、見知らぬ大勢の人たちとつながれるようになった人間は、そのことに気づかず、AIを駆使すればどんどん集団規模は拡大できるという幻想に取り憑かれている。こうした誤解や幻想が、意識のギャップや不安を生んでいるのではないか。ぼくはそう考えています。そして、B子どもたちの漠とした不安も、このギャップからきているのではないでしょうか。

C人間はこれまで、同じ時間を共有し、「同調する」ことによって信頼関係をつくり、それをもとに社会を機能させてきました。「同調する」というのは、（　イ　）、ダンスを踊ったり歌を歌ったり、スポーツをしたり、あるいは一緒に掃除をしたり、同じように身体を動かしたり調子を合わせたりしながら共同作業をするということです。

次章以降で詳しく説明しますが、人間のコミュニケーションにおいて大事なのは、時を共有してD同調することであり、信頼はそこにしか生まれません。母と子が、何の疑いもなく信頼関係を結べるのは、もともと一体化していたからです。胎児のときは、お母さんの動きを直に感じとっています。そのつながりは、その後、赤ちゃんとして母親の身体の外に出た後、へその緒を切っても残ります。

そして、そのつながりを、音楽や音声、あるいは一緒に何かをするという形で継続しているのが家族や仲間などの共同体です。こうした共同体がもつ文化の底流には、同じような服を着たり、同じテーブルを囲んで食事をしたり、同じような歌を歌ったり、同じような作法を共有したりといった、身体を同調させる仕掛けが埋め込まれています。人々はそれを日々感じることで、疑いをもつことなく信頼関係をつくり上げています。信頼は、こうしたE継続的な同調作用がなければつくれません。

人間と共通の祖先をもつサルやゴリラを見てもそれはよくわかります。彼らは身体的なつながりで群れをつくっています。これは必ずしも、文

2023年度 昭和学院中学校 ▶解説と解答

算　数　＜アドバンストチャレンジ試験＞（50分）＜満点：100点＞

解　答

1 (1) $3\frac{17}{21}$　(2) 62　(3) $\frac{1}{110}$　2 (1) 2176　(2) 67日目　(3) 4300円　(4) 5　(5) 1758　3 (1) 10.3cm　(2) 13.75倍　4 (1) 4回　(2) 6　5 (1) （青，黄）　(2) （青，緑，黄，白）　6 (1) 60cm　(2) 80　(3) 200秒後

解　説

1 四則計算

(1) $3\frac{1}{33}\div\left\{\left(\frac{3}{7}-\frac{1}{4}\right)\div\frac{5}{7}+\frac{6}{11}\right\}=\frac{100}{33}\div\left\{\left(\frac{12}{28}-\frac{7}{28}\right)\div\frac{5}{7}+\frac{6}{11}\right\}=\frac{100}{33}\div\left(\frac{5}{28}\times\frac{7}{5}+\frac{6}{11}\right)=\frac{100}{33}\div\left(\frac{1}{4}+\frac{6}{11}\right)=\frac{100}{33}\div\left(\frac{11}{44}+\frac{24}{44}\right)=\frac{100}{33}\div\frac{35}{44}=\frac{100}{33}\times\frac{44}{35}=\frac{80}{21}=3\frac{17}{21}$

(2) $20.5\times8\times0.25-4\times0.5\times2.5+32\times0.125\times6.5=20.5\times8\times\frac{1}{4}-4\times\frac{1}{2}\times2.5+32\times\frac{1}{8}\times6.5=20.5\times2-2\times2.5+4\times6.5=41-5+26=62$

(3) $\frac{2}{7\times8\times9}+\frac{2}{8\times9\times10}+\frac{2}{9\times10\times11}=\frac{2\times10\times11}{7\times8\times9\times10\times11}+\frac{2\times7\times11}{7\times8\times9\times10\times11}+\frac{2\times7\times8}{7\times8\times9\times10\times11}=\frac{220+154+112}{7\times8\times9\times10\times11}=\frac{486}{56\times990}=\frac{243}{28\times990}=\frac{27}{28\times110}$より，あたえられた式は，$1\frac{1}{27}\times\frac{27}{28\times110}=\frac{28}{27}\times\frac{27}{28\times110}=\frac{1}{110}$と求められる。

2 逆算，差集め算，比の性質，条件の整理，単位の計算

(1) $\{5051-(461+\square\div4)\}\div2=2023$より，$5051-(461+\square\div4)=2023\times2=4046$，$461+\square\div4=5051-4046=1005$，$\square\div4=1005-461=544$　よって，$\square=544\times4=2176$

(2) 1本分の値段の差は，120−105＝15(円)であり，この合計が1000円をこえた日から得になる。よって，1000÷15＝66余り10より，得になるのは，66＋1＝67(日目)からとわかる。

(3) はじめに和也さんが出した金額を①，100円追加した後に和也さんが出した金額を1として図に表すと，右の図1のようになる。100円追加した後に昭子さんが出した金額は和也さんの3倍だから，(①＋100)×3＝③＋300(円)と表すことができる。また，100円追加した後に学さんが出した金額は，②＋200＋100＝②＋300(円)なので，100円追加した後に昭子さんと学さんが出した金額の差は，(③＋300)−(②＋300)＝③−②＝①(円)とわかる。また，この金額は，600＋100−100＝600(円)だから，①＝600円，1＝600＋100＝700(円)となる。よって，3人が出した金額は，昭子さんが，700×3＝2100(円)，学さんが，2100−600＝1500(円)，和也さんが700円なので，プレゼントの値段は，2100＋1500＋700＝4300(円)と求められる。

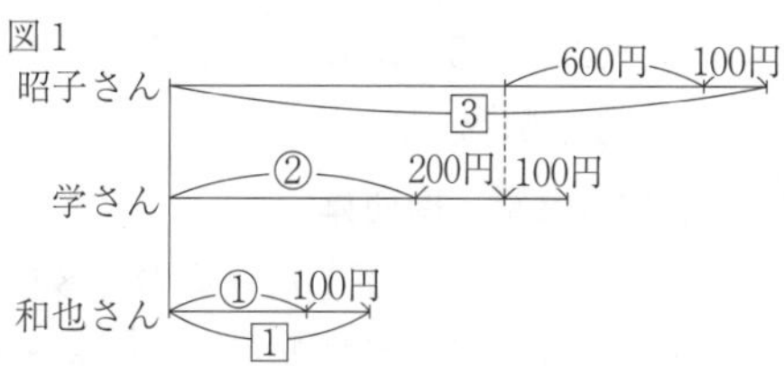

(4) 選んだ3枚のカードの数を大きい方から順にA，B，Cとすると，下の図2のように表すこと

ができる。図2で，一の位から十の位に1くり上がるから，十の位の計算は，1＋B＋B＝11となる。よって，B＝(11－1)÷2＝5と求められる。つまり，小さい順に並べたときに真ん中になる数は5である。

図2

$$\begin{array}{r} {\scriptsize 1\,1\,\,} \\ ABC \\ +\ \ CBA \\ \hline 1110 \end{array}$$

(5)　10マイルが16km(＝16000m)なので，1マイルは，16000÷10＝1600(m)である。これは200ヤード(＝182m)の，1600÷182＝$\frac{1600}{182}$(倍)だから，1マイルは，200×$\frac{1600}{182}$＝$\frac{320000}{182}$＝1758.2…(ヤード)と求められる。よって，小数第1位を四捨五入すると1758ヤードになる。

3　長さ，辺の比と面積の比

(1)　右の図1で，BC と DE は平行だから，角 DFB と角 FBC，角 EFC と角 FCB の大きさはそれぞれ等しい。よって，三角形 DBF と三角形 EFC は二等辺三角形なので，DB と DF，EF と EC の長さはそれぞれ等しくなる。したがって，三角形 ADE の周の長さは，AD＋DF＋AE＋EF＝AD＋DB＋AE＋EC＝AB＋AC＝5.7＋4.6＝10.3(cm)と求められる。

図1

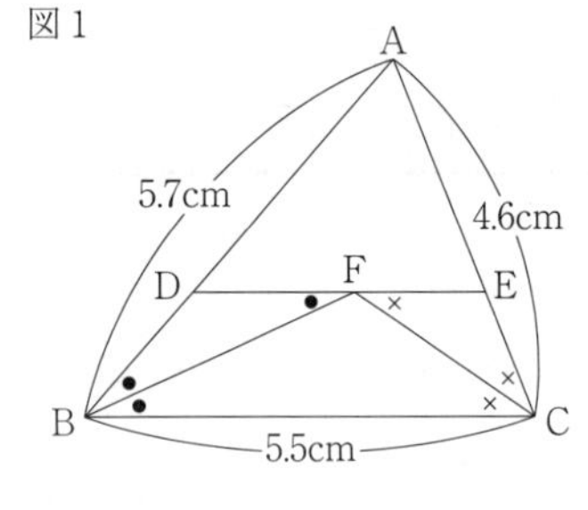

図2

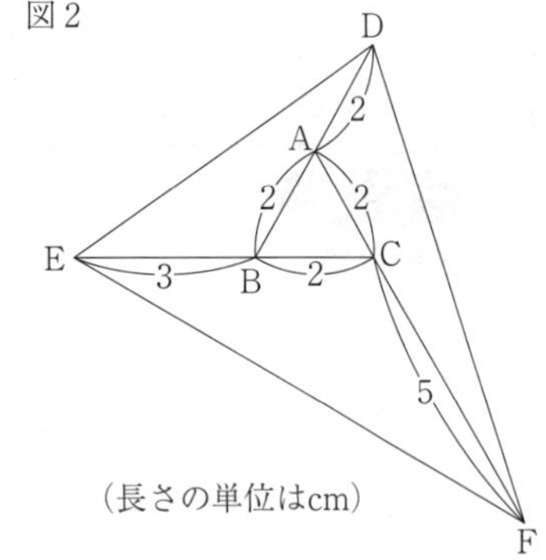

(2)　右上の図2で，三角形 DEB と三角形 ABC を比べると，底辺の比は，EB：BC＝3：2，高さの比は，DB：AB＝(2＋2)：2＝2：1だから，面積の比は，(3×2)：(2×1)＝3：1になる。また，三角形 EFC と三角形 ABC を比べると，底辺の比は，EC：BC＝(3＋2)：2＝5：2，高さの比は，CF：AC＝5：2だから，面積の比は，(5×5)：(2×2)＝25：4になる。さらに，三角形 DAF と三角形 ABC を比べると，底辺の比は，DA：AB＝2：2＝1：1，高さの比は，AF：AC＝(2＋5)：2＝7：2だから，面積の比は，(1×7)：(1×2)＝7：2になる。よって，三角形 ABC の面積を1とすると，三角形 DEB の面積は，1×$\frac{3}{1}$＝3，三角形 EFC の面積は，1×$\frac{25}{4}$＝6.25，三角形 DAF の面積は，1×$\frac{7}{2}$＝3.5になるから，三角形 DEF の面積は，1＋3＋6.25＋3.5＝13.75とわかる。したがって，三角形 DEF の面積は三角形 ABC の面積の，13.75÷1＝13.75(倍)である。

4　整数の性質，周期算

(1)　Aのおもちゃが[1]にいるのは8秒ごと，Bのおもちゃが[1]にいるのは6秒ごとである。また，8と6の最小公倍数は24だから，AとBのおもちゃが同時に[1]にいるのは24秒ごととわかる。よって，100÷24＝4余り4より，100秒間の中では4回ある。

(2)　200÷8＝25より，200秒後までにAのおもちゃはちょうど25周して，[1]にいることがわかる。一方，Bのおもちゃは，6＋1＝7(秒)ごとに[1]にもどるので，200÷7＝28余り4より，200秒後までにBのおもちゃは28周していて，29周目に入ってから4秒経過していることがわかる。ここで，Bのおもちゃが1秒間止まる場所は{[2]，[3]，[4]，[5]，[6]，[1]}が繰り返されるから，29÷6＝4余り5より，29周目で1秒間止まる場所は5周目で1秒間止まる場所と同じであり，[6]とわかる。

すると，29周目に入ってから4秒後は1秒間止まる前なので，[5]にいることになる。つまり，200秒後には，Aのおもちゃは[1]，Bのおもちゃは[5]にいるから，その和は，1＋5＝6と求められる。

[5] *N*進数

(1) 二進法の位取りと同じように考えることができる。つまり，それぞれのブロックが表す数は右の図のようになる。すると，10＝2＋8だから，10を表すには(青，黄)を使えばよい。

赤	青	緑	黄	白
↑	↑	↑	↑	↑
1	2	4	8	16
	(＝1×2)	(＝2×2)	(＝4×2)	(＝8×2)

(2) (赤，緑，黄)が表す数は，1＋4＋8＝13，(赤，白)が表す数は，1＋16＝17なので，その和は，13＋17＝30となる。また，30＝16＋8＋4＋2だから，30を表すには(青，緑，黄，白)を使えばよい。

[6] グラフ―図形上の点の移動，周期算

(1) 6秒後にPがAを通過し，その，36－6＝30(秒後)にQがAを通過するから，PとQの間の長さは，1×30＝30(cm)とわかる。また，QがAを通過した，48－36＝12(秒後)にRがAを通過するので，QとRの間の長さは，1×12＝12(cm)となる。さらに，RがAを通過した，66－48＝18(秒後)にPがAを通過するから，RとPの間の長さは，1×18＝18(cm)である。よって，AがPを通過したときのようすは上の図1のようになるので，円周の長さは，30＋12＋18＝60(cm)と求められる。

図1

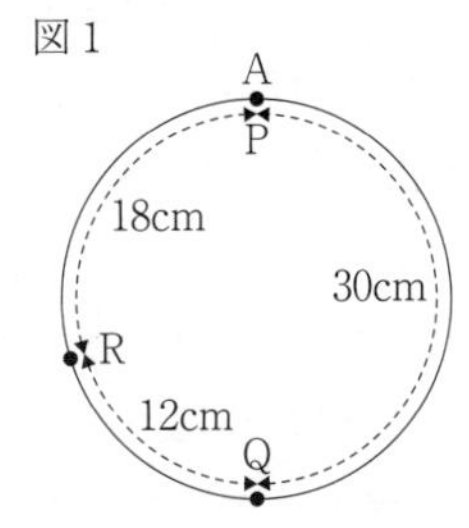

図2

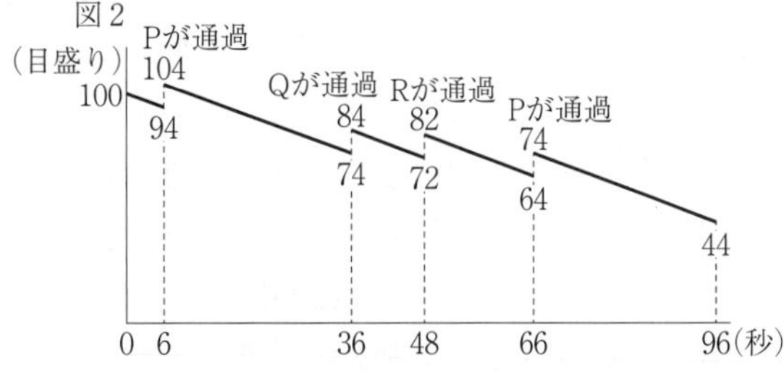

(2) 6秒後にPがAを通過し，このとき目盛りは，100－6＝94から，94＋10＝104に増加する。また，その30秒後にQがAを通過し，このとき目盛りは，104－30＝74から，74＋10＝84に増加する。同様に考えると，それぞれの時間における目盛りは上の図2のようになる。48秒後に増加した後の目盛りは82であり，48秒後から50秒後までの間に，50－48＝2減るから，50秒後の目盛りは，82－2＝80とわかる。

(3) 6秒後にPがAを通過してから66秒後にPが再びAを通過するまでの，66－6＝60(秒)で，増加した後の目盛りは，104－74＝30減る。これを周期と考えると，右の図3のようになる。よって，目盛りが0になるのは4周期目の14秒後なので，186＋14＝200(秒後)と求められる。

図3

周期	時間	目盛り
1周期目	6～66	104～74
2周期目	66～126	74～44
3周期目	126～186	44～14

社会 <アドバンストチャレンジ試験>(30分)<満点：50点>

解答

[1] **問1** ア **問2** ウ **問3** ア **問4** ア **問5** 山梨県 **問6** (例) 日中戦争を戦っていたため。 **問7** 静岡県 [2] **問1** イ **問2** ウ **問3** エ **問4** 地産地消 **問5** ウ，千葉(県) **問6** (例) ドローンを活用して魚のえさをまくことで，

人手不足をおぎなうことができる。 3 問1 カ 問2 ア 問3 ウ 問4 4 (例) 全校児童で見ると，玉入れがいちばん多くなっている 5 (例) 学年ごとで見ると，つな引きが3学年で最も多くなっている 問5 納税 問6 オ 問7 (例) 国民が国の政治のあり方を最終的に決めること。

解説

1 日本のサッカーの歴史を題材とした問題

問1 東京・大阪間で東海道新幹線が開通したのは，最初の東京オリンピックが開催された1964年である。また，1960年代には高速道路や地下鉄が新たにつくられているので，アが正しい。なお，イの小学校6年間，中学校3年間の9年間が義務教育となったのは，教育基本法と学校教育法が公布された1947年である。ウの女性に選挙権が保障された初めての選挙は，1946年に行われた衆議院議員総選挙である。エの新しい憲法は日本国憲法で，1947年5月3日に施行された。

問2 日本国内で令和3(2021)年にユネスコ(国連教育科学文化機関)の世界自然遺産に登録されたのは，「奄美(あまみ)大島，徳之島，沖縄島北部及(およ)び西表(いりおもて)島」なので，奄美大島を示しているウが正しい。なお，アは2011年に世界文化遺産に登録された「平泉—仏国土(浄土(じょうど))を表す建築・庭園及び考古学的遺跡群—」の位置，イは2014年に世界文化遺産に登録された「富岡製糸場と絹産業遺産群」の位置，エは1996年に世界文化遺産に登録された「原爆ドーム」の位置を示している。

問3 日本は1940年にドイツ，イタリアと日独伊三国同盟を結んでいるので，アが正しい。なお，イはイギリスとの関わりで1886年に起こったノルマントン号事件について，ウはアメリカとの関わりで1853年のペリー来航について，エはロシアとの関わりで日露戦争(1904～05年)について述べている。

問4 オランダはチューリップの生産量が世界第1位の国であり，オランダの国花(国を代表・象徴(しょうちょう)する花)はチューリップとなっている。

問5 ぶどうとももの収穫(しゅうかく)量が全国第1位なのは山梨県である。統計資料は『日本国勢図会』2023／24年版などによる(以下同じ)。

問6 1940年に予定されていた東京でのオリンピックは，1937年に始まった日中戦争が長期化したことから，開催権が返上された。

問7 かつおの水揚(あ)げ量が日本一なのは静岡県である。また，1854年に結ばれた日米和親条約で開港した港は下田(静岡県)と函館(北海道)である。

2 食料自給率を題材とした問題

問1 食料自給率が平成5年だけ大幅(おおはば)に下がり翌年は平成4年の数値に戻っている状況から，食料自給率低下の原因となったできごとは平成5年だけで起こったことだと考えられる。ア・ウ・エのような変化があった場合は，平成6年以降も食料自給率は下がったままだと考えられるので，イの月ごとの降水量と気温の変化が最も適切である。なお，平成5年には記録的な冷夏によって米が不作となり，米の食料自給率が大幅に下がった。

問2 表Yより，令和元年度の牛肉・豚肉・鶏肉の消費量の合計は，6.5kg(牛肉)＋12.8kg(豚肉)＋13.9kg(鶏肉)＝33.2kgで，米の消費量である53.0kgよりも少ないので，ウが誤っている。なお，アについて，米の消費量は昭和40年度が111.7kgなのに対して，令和元年度は53.0kgとなっており，半分以下であるとわかる。イについて，昭和40年度に比べて令和元年度は米の消費量が減っているのに対して，肉類の消費量は増えていることから，食生活が変化してきているといえる。エについて，肉類の自給率は，いずれも飼料自給率を考慮すると下がるとわかる。

問3　フードマイレージとは，食料の輸送量(重さ)に輸送距離(キロメートル)をかけあわせた数値である。フードマイレージが高くなることと，食品の加工時間は直接は関係しないことから，エはフードマイレージが高くなることによって起こりうることとしてふさわしくない。

問4　地元でつくられた農作物を地元で消費しようという運動を地産地消という。消費者にとっては新鮮さと安心，値段の安さが期待され，生産者にとっては安定的な供給が可能となり，それまでの流通経路を通さないため，利益も大きい。

問5　ピーナッツはらっかせいのことであり，らっかせいは千葉県が生産量全国第1位となっている。また，千葉県の北東部に位置する銚子港は全国でも有数のイワシの漁獲高をほこることなどから，ウの千葉県で出された給食の献立と判断できる。なお，アは秋田県，イは富山県，エは岡山県を示している。

問6　人手が足りず漁業が衰退してしまうのではないかという問題に対処するためには，たとえば養殖場でドローンを使って魚のえさをまくことで，これまでよりも少人数で運営できるようにすることや，ICT(情報通信技術)を活用してベテラン漁師の経験を若手漁師へ伝えたり，人工知能(AI)を活用して養殖漁業におけるエサの量や種類を最適化したりするなどの対応が考えられる。

3　民主主義を題材とした問題

問1　ひな祭りは3月3日，端午の節句は5月5日である。また，七五三は一般的に11月に行われている。

問2　外国と条約を結ぶのは内閣の仕事であり，国会は内閣が結んだ条約の承認を事前または事後に行うので，アが誤っている。

問3　これまでの日本の裁判において，罪のない者にまちがった判決が出され，あとになって誤りが明らかとなるえん罪事件があったので，ウが誤っている。

問4　**4**　資料2から，全校児童で見ると玉入れが85人，つな引きが84人，ぼう倒しが41人となっており，玉入れが最も多いことが読み取れる。よって，アンケート結果から玉入れを選ぶ理由としては，全校児童で見ると玉入れが最も多いことが考えられる。　**5**　資料2から，学年ごとに最も希望が多い種目を見てみると，1・2年生は玉入れ，3～5年生はつな引き，6年生はぼう倒しとなっており，つな引きが3学年，玉入れが2学年，ぼう倒しが1学年となる。よって，アンケート結果からつな引きを選ぶ理由としては，学年ごとで見てみるとつな引きが3学年で最も多いことが考えられる。

問5　日本国憲法が定める国民の三大義務には，子どもに普通教育を受けさせる義務(第26条)，納税の義務(第30条)，勤労の義務(第27条)がある。

問6　7　「病気の予防」,「働きやすい環境づくり」,「お年寄りや身体が不自由な人のための仕事をする」などから公衆衛生や社会福祉，労働などに関わる仕事を行う厚生労働省と考えられる。
8　「選挙の管理」,「情報通信」,「消防」などから選挙，情報通信などに関わる仕事を行う総務省と考えられる。総務省は他に地方自治に関わる仕事なども行う。　9　「学校」や「科学技術」などから教育や科学技術に関わる仕事を行う文部科学省と考えられる。　なお，経済産業省は経済政策，産業政策，貿易管理，産業技術政策，流通政策，エネルギー政策などに関わる仕事を行う。
問7　国民主権(主権在民)の主権とは，国の政治のあり方を最終的に決める権限のことであり，国民主権とは国の政治のあり方を最終的に決めるのは国民であるという原則である。

理 科　<アドバンストチャレンジ試験>（30分）<満点：50点>

解 答

1 **問1**　B，D　**問2**　二酸化炭素　**問3**　ア，イ，ウ，オ　**問4**　B，E　2 **問1**　d　**問2**　(例)　くっつけてしまった金属ゴミを，取りはずすことができない　**問3**　d　**問4**　(例)　(ゴミAはゴミBよりも)風にとばされやすい。　3 **問1**　サ　**問2**　ウ　**問3**　ア　**問4**　ウ　4 **問1**　(例)　開花してから2日目にもっとも多くのハチが訪れる。／午後にはほとんど集まらない。　**問2**　b，e　**問3**　d　**問4**　(例)　ハスは昼間にだけ花びらを開く特ちょうがあるから。

解 説

1 水よう液の性質についての問題

問1　水，砂糖水，食塩水は中性，うすい塩酸，炭酸水は酸性，石灰水，アンモニア水，水酸化ナトリウム水よう液はアルカリ性の液体である。青色リトマス紙が赤色に変化するのは，酸性の液体をつけたときなので，ア，ウはうすい塩酸か炭酸水のどちらかになる。

問2　ストローで息をふきこんだときに白くにごったことから，エは石灰水で，息にふくまれる二酸化炭素と反応したと考えられる。

問3　熱風をあてて水分を蒸発させたとき，固体が残るのは固体をとかした水よう液，何も残らないのは液体か気体をとかした水よう液である。このとき，8つの液体のうち何も残らないのは，水，うすい塩酸，炭酸水，アンモニア水だから，赤色リトマス紙を青色に変えるアルカリ性のカはアンモニア水，どちらのリトマス紙も変化させない中性のクは水とわかる。また，固体がとけているアルカリ性の水よう液は石灰水と水酸化ナトリウム水よう液なので，キが水酸化ナトリウム水よう液となる。以上より，正体のわからない液体は，ア，イ，ウ，オの4つといえる。

問4　アとウはうすい塩酸か炭酸水のいずれかで，このうち石灰水を入れて白くにごる方が炭酸水とわかる。イとオは中性で固体がとけている砂糖水か食塩水のいずれかで，砂糖を強く熱すると黒くこげることから区別ができる。

2 金属ゴミの分別についての問題

問1　鉄は磁石につくが，アルミニウム，プラスチック，ガラスは磁石につかない。Aの回収箱には磁石につかない物が回収され，Bの回収箱には磁石につく物が回収されると述べられているから，dが選べる。

問2　大きな永久磁石だと，一度ついた物をかんたんには取りはずせないが，電磁石は電気を流すのをやめれば磁力がなくなり磁石についた物をかんたんに取りはずすことができる。

問3　電磁石が引きつける力を強くするには，流れる電流の大きさを大きくする，巻き数を多くするなどの方法がある。そのため，図2の電磁石に流れる電流の大きさを大きくしたり，コイルの巻き数が多い別の電磁石を使うなどの方法が考えられる。

問4　落ちていくゴミに風をあてたとき，風にとばされやすいゴミは遠くに，風にとばされにくいゴミは真下近くに落ちる。

3 天体の観測についての問題

問1　北半球で太陽は東→南→西の順に移動して見える。かげは太陽と反対の方向へのびるから，1日の中でかげがのびる方位は西→北→東と変化する。また，かげの長さが短くなるのは太陽が高くなっているときなので，一番短いのは太陽が真南へくる正午ごろである。

問2　春分の日の太陽の光は，地球が自転する回転軸(じく)に対して直角に当たるので，かげの先の位置は東西方向にのびる直線に平行な直線になる。

問3　地球は西から東へ自転をしていて，太陽は東から西へ動いて見える。よって，太陽が真南へくる時刻は東の地点ほどはやい。地点Aは兵庫県明石市よりも東の地点なので，太陽が真南にくる時刻は正午よりはやい時刻となる。

問4　春分の日に太陽が真南にきたときの太陽光と地面のなす角度は，90度－(その土地の緯(い)度)で求められる。よって，その土地の緯度が大きいほど，太陽が真南にきたときの太陽光と地面のなす角度は小さくなる。北海道札幌(さっぽろ)市の緯度は，本州の地点Bより大きいので，ウがあてはまる。

4 ハスの花とハスの花にやってくる虫の関係についての問題

問1　図1を見ると，多くのハチが朝4時から8時ごろの間にハスの花に訪れ，午後にはほとんど集まらないことがわかる。また，開花1日目～3日目をくらべると，ハチを写真にとれた回数は2日目がもっとも多い。

問2　図2から，結実率が高いとき，ハチを写真にとれた回数が多い傾向(けいこう)があるので，bがあてはまる。また，結実率が0.0のケースには，ハチを写真にとれた回数が100回以上のときもふくまれているので，eも選べる。

問3　クモは小型のハチをつかまえて食べるので，多くの小型のハチにとってクモは天敵といえる。そのため，クモが多く観察された花には小型のハチがほとんど訪れず，種子もできなかったと予想できる。

問4　文章で述べられているとおり，ハスの花は夜間に花びらを閉じ，昼間にだけ花びらを開く特ちょうがある。そのため，照明などを使わなくても，自然に近い状態でハスの花が開いている間にやってくる虫をほぼ全て写真にとることができると考えられる。

英語 ＜アドバンストチャレンジ試験＞（50分）＜満点：100点＞

※　編集上の都合により，英語の解説は省略させていただきました。

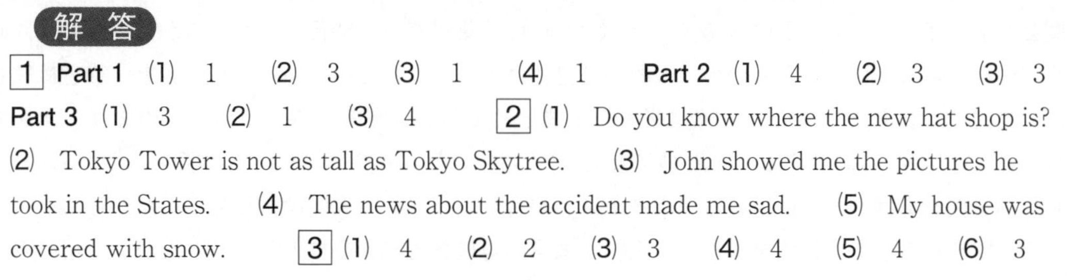

解答

1 **Part 1** (1) 1　(2) 3　(3) 1　(4) 1　**Part 2** (1) 4　(2) 3　(3) 3　**Part 3** (1) 3　(2) 1　(3) 4　**2** (1) Do you know where the new hat shop is?　(2) Tokyo Tower is not as tall as Tokyo Skytree.　(3) John showed me the pictures he took in the States.　(4) The news about the accident made me sad.　(5) My house was covered with snow.　**3** (1) 4　(2) 2　(3) 3　(4) 4　(5) 4　(6) 3

(7) 3　(8) 4　(9) 3　(10) 1　**4** (1)（例） I don't think so because many people watch YouTube online.　(2)（例） I have nothing to drink.　(3)（例） The boy is drinking juice.　The girl is going into the store.　The boy is cleaning the floor.　The girl is pushing her bicycle.　The boy is waving his hand.　The boy is walking his dog.　**5** (1) ① 2　② 4　③ 3　④ 3　⑤ 4　(2) ① ○　② ○　③ ×　④ ×　⑤ ○

国語 <アドバンストチャレンジ試験>（50分）<満点：100点>

解答

一 **問1** 大きな文明の転換点　**問2** 4　**問3**（例） 人間は安定的に信頼が保てる仲間の数に限りがあるが，インターネットで多くの人とつながっていると誤解をして意識のギャップに悩まされるから。　**問4** 身体を同調させる仕掛け　**問5** 1，3　**問6**（例） 挨拶を欠かさないこと。／親しい者同士，グルーミングをすること。　**問7**（例） 人間はインターネットを使い自分だけの時間を過ごすことにより，家族や地域などのつながりが少なくなりバラバラになったから。　**問8** 3，5　**二** **問1**（例） オーディションなのに自分も誰も傷つかないように，全員に手を挙げようとすること。　**問2** 2　**問3**（例） 自分の演奏が理想としている演奏に追いついていないような気がしている基は，瑛太郎も納得していないと感じているということ。　**問4** 手を挙げなかった　**問5** 4　**問6** 不愉快なも～うという圧　**問7** 1　**問8** 2　**三**（誤，正の順で） **1** 生，星　**2** 捕，補　**3** 映，影　**4** 真，深　**四** **1** びんじょう　**2** はせい　**3～6** 下記を参照のこと。

●漢字の書き取り

四 3 敬遠　4 首脳　5 仏閣　6 背ける

解説

一 **出典は山極寿一（やまぎわじゅいち）の『スマホを捨てたい子どもたち　野生に学ぶ「未知の時代」の生き方』による。** 情報通信技術が急速に発展している現代においてこそ，サルやゴリラの群れに見られる「身体がつながりあっている」感覚が重要だと述べられている。

問1 「その」とあるので，前の部分に注目する。人類はこれまで，農業革命，産業革命，情報革命という大きな変化を経験してきたが，このような「大きな文明の転換点（てんかんてん）」を経験する間隔（かんかく）がどんどん短くなっているのである。

問2 ア　インターネットの普及（ふきゅう）によって，狩猟（しゅりょう）採集民だった時代と比べはるかに多くの人間同士がつながるようになったものの，人間の脳自体は大きくなっていないという事実を，筆者は続く部分で説明し直しているので，“要するに”とまとめて言いかえるときに用いる「つまり」があてはまる。　イ 「同調する」ことの例としてダンスや歌，スポーツや掃除（そうじ）の話をしているので，具体的な例をあげるときに用いる「たとえば」が合う。　ウ　人間は言葉を持ったからこそ，多くの集団を統合して大集団をつくり，王朝や国家の規模まで集団を拡大させてきたが，言葉で表現できるのはごく一部で，「言葉だけで信頼関係をつくることはでき」ず，「身体がつながっている感覚が得られない」という文脈である。よって，前のことがらを受けて，それに反する内容を述べるときに用いる「しかし」が選べる。

問３　ぼう線部Bをふくむ一文で，「子どもたちの漠とした不安」は，「このギャップからきている」と述べられているので，前の部分に注目する。ここでいう「ギャップ」とは，人間が安定的な信頼関係を保てる集団は150人規模のままだというのに，インターネットを通じてつながれる人数が増えたことで，どんどん集団の規模を拡大できると誤解していることである。これをもとにまとめる。

問４　ぼう線部Cにあるとおり，人間は「同調する」ことによって信頼関係をつくり，社会を機能させてきた。後の部分に注目すると，「同調する」ことで信頼関係を結び続けているのが「家族や仲間などの共同体」であり，彼らの文化の底流には「身体を同調させる仕掛けが埋め込まれてい」るのだとわかるので，この部分がぬき出せる。

問５　前の部分にあるとおり，「同調する」とは，一緒にいる仲間同士が，ダンスを踊ったり歌を歌ったり，身体を動かして調子を合わせたりして，共同作業を行うことである。1や3は，同じ場所で同時に行われる共同作業ではないので，「同調」とはいえない。

問６　直後の段落に，「継続的な同調作用」の具体例として，サルやゴリラが「挨拶を欠かさない」ことや，「親しい者同士，グルーミング(毛づくろい)をする」ことを紹介している。

問７　同じ段落と，続く部分に注目する。インターネットで情報を交換し合い，「時間や空間を軽々と超えて」つながることで，「自分だけの時間」を過ごせるようになった一方，継続的な身体のつながりで社会をつくる方法が崩壊し，一人ひとりの人間が，コミュニティから引きはがされてバラバラになってしまったのである。よって，これらをまとめる。

問８　3は，後ろから二つ目の段落にあるとおり，スマホなどの情報通信技術を使用しても「同調すること」はできないとあるので，正しい。5は，最後の部分にあるとおり，「時間を共有している」という感覚は，自分だけの都合で続けることはできないと述べられているので正しい。

二 **出典は額賀澪の『風に恋う』による。**地区大会のコンクールのメンバーを決めるオーディションで，メンバーに選ばれた一年生で部長でもある茶園基が，自分の演奏に納得がいかなかったと言ってほかの部員たちの反感を買う。

問１　直前に注目する。「優しさの皮を被った」とは，八人全員に手を挙げることで，誰も傷つけないようにすることを指す。「卑劣さ」とは，その行動が，自分も傷つかずにすむためのものであることを表しているので，これらをまとめる。

問２　「心臓はうるさくない」とは，演奏を前にして平静を保っているということである。一方，「唇がかさかさに乾いている」とは，緊張しているということである。

問３　直後にあるとおり，「違う」という声は「瑛太郎」のものである。基は瑛太郎の演奏を理想としたものの，追いつくことができず，自分の演奏に納得がいかなかった。そして，自分の演奏について評価するときに，手を挙げようとした基のことを制する瑛太郎の「声」が頭の中で聞こえてきたのだから，瑛太郎も基の演奏に納得していないように思えたのである。

問４　前の部分に注目する。基が「つむじに感じる鋭い視線」とは，「冷ややかで，憤りや苛立ちに満ち」た顔をしている部員たちのものである。彼らが基にそのような視線を向けているのは，基が「自分に手を挙げなかった」からなので，この部分がぬき出せる。

問5　池辺先輩が怒鳴っても誰も止めてくれなかったので，“周りに味方がいない”という意味の「四面楚歌」がふさわしい。

問6　前の部分に注目する。「不愉快なものをみんなで排除しようという圧が，どんどん大きくなる」ようすを「入道雲のように膨れあがる」とたとえているのである。

問7　直後で，堂林が「あんまり気にすんなよ」と基の肩を叩いていることから，基は一連のできごとを気にしていたために，「動くことができなかった」のだとわかる。基は，オーディションでの自分の演奏に納得がいかなかったために手を挙げなかったのだが，そのことによって部員たちに責められることになり，しずんだ気持ちになっているのである。

問8　本文の最後のほうに注目する。瑛太郎は，「勘違いするなよ」という一言で「険悪な空気」を破り，その後の発言で，部員たちの怒りをおさえ，しぶしぶではあるが納得させているので，影響力のある人物だとわかる。よって，2が選べる。

三　誤字の訂正

1　「人工衛星」とするのが正しい。なお，「衛星」は惑星のまわりを公転している天体のこと。「衛生」は健康の維持につとめること。　**2**　「補修」とするのが正しい。「補修」は，建物などのこわれた部分を直すこと。　**3**　「撮影」とするのが正しい。「撮影」は，映像などを記録すること。　**4**　「深刻」とするのが正しい。「深刻」は，問題などが重大な状況であること。

四　漢字の書き取りと読み

1　何かにかこつけて，利益を得ようとすること。　**2**　あるものから，さまざまに分かれること。　**3**　敬う態度を見せながら，めんどうな相手を遠ざけること。　**4**　国の政治の中心をになう人物。　**5**　寺院のこと。　**6**　音読みは「ハイ」で，「背後」などの熟語がある。

2022年度　昭和学院中学校

〔電　話〕　(047)323－4171
〔所在地〕　〒272－0823　千葉県市川市東菅野２－17－１
〔交　通〕　「本八幡」、「京成八幡」、「市川大野」、「東松戸」の各駅からバス

【算　数】〈算数１科試験〉（50分）〈満点：100点〉

※ **1**～**3**, **5**, **6**は解答用紙に答えのみを記入しなさい。
4は解答用紙に式や考え方と答えを記入しなさい。

1　次の計算をしなさい。

（１）　$2022.4 \div 64 - 2.3$

（２）　$18 \times \left(\frac{1}{3} + \frac{1}{4} - \frac{1}{5}\right) \times 5 \div 0.5$

（３）　$\frac{21}{32} \div 2\frac{1}{16} \times 1\frac{4}{7}$

（４）　$33 \times 0.25 + 9 \times \frac{1}{4} - 5 \times 0.25$

（５）　$135 + 246 + 357 + 468 + 531 + 642 + 753 + 864$

2 次の問いに答えなさい。

（１）　$\square \div \{221 \div 13 + (71 - 53) \div 3\} = 29$　の□にあてはまる数を求めなさい。

（２）　食塩水Ａは濃度（のうど）が４％，食塩水Ｂは濃度が１０％です。食塩水Ａを１００ｇと食塩水Ｂを１００ｇ混ぜて食塩水Ｃを作ります。このとき，食塩水Ｃの濃度を求めなさい。

（３）　Ａ社のスマートフォンの使用料金は以下のようになっています。

(使用料金)＝(基本使用料)＋(通信料)＋(通話料)
基本使用料：２５００円
通信料：０～１０ＧＢまで９００円
　　　　１０ＧＢ～２０ＧＢまで１５００円
通話料：１分３円

先月の昭さんの通信量は１３ＧＢ，使用料金は４０５４円でした。昭さんの先月の通話時間は何分間であったか求めなさい。

（４）　ある中学校の１年生１００人に通学方法についての調査を行いました。電車を使って通学をしている生徒が８０人，バスを使って通学をしている生徒が７０人いました。どちらも使って通学をしている生徒は，もっとも少なくて何人か求めなさい。

（５）　長さの異なる３つのリボンＡ，Ｂ，Ｃがあります。ＡとＢの長さの比が ４：９，ＢとＣの長さの比が ５：９ のとき，ＡとＣの長さの比は １：□ になります。□ にあてはまる分数を求めなさい。

3 次の問いに答えなさい。

（１） 下の図の面積を求めなさい。

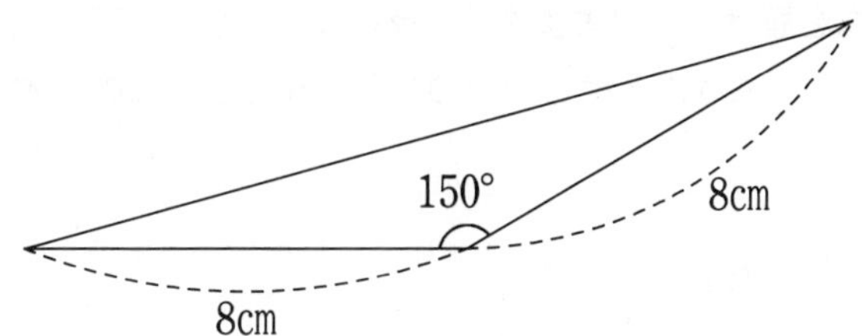

（２） 円柱の形をした二つのコップＡとＢがあります。コップＡは底面の半径が３ cm，高さが６ cm です。コップＢは底面の半径が５ cm，高さが５ cm です。コップＡには，水面の高さが５ cm のところまで水が入っています。コップＡの水をすべてコップＢに移すと，コップＢの水面の高さは何 cmになるか求めなさい。ただし，円周率は３．１４とします。

4 昭子さんの通っている学校の文化祭では，クラスごとに出し物を行います。今年は劇を行うクラスが２クラス，ダンスを行うクラスが４クラスです。そこで実行委員が，下のルールに合わせてタイムテーブルを作ることにしました。

ルール

その１：午前１０時から最初のクラスが発表を始めて，午前１１時３０分に最後のクラスが発表を終わらせる。

その２：劇の発表時間は，ダンスの発表時間の１．５倍とする。

その３：出し物と出し物の間の休み時間は，すべて４分間とする。

その４：クラスの発表は１回とする。

このとき，劇とダンスの発表時間をぞれぞれ何分間にすれば良いか求めなさい。また，答えを求めるまでの考え方も書きなさい。

5 Aさんのお母さんは家から１２００mはなれた郵便局に向かって，１０ 時に家を出発しました。１０ 分後，A さんはお母さんが財布を忘れたことに気付いたので，自転車で同じ道を追いかけました。途中(とちゅう)で，A さんの家の方向に向かって歩いているB さんとすれちがいました。その後，Aさんはお母さんに財布を届け，そのまますぐに家に戻りました。下のグラフは Aさんが家を出発してからの時間を x 分，Aさんと家との道のりを y mとしたものです。このとき，次の問いに答えなさい。

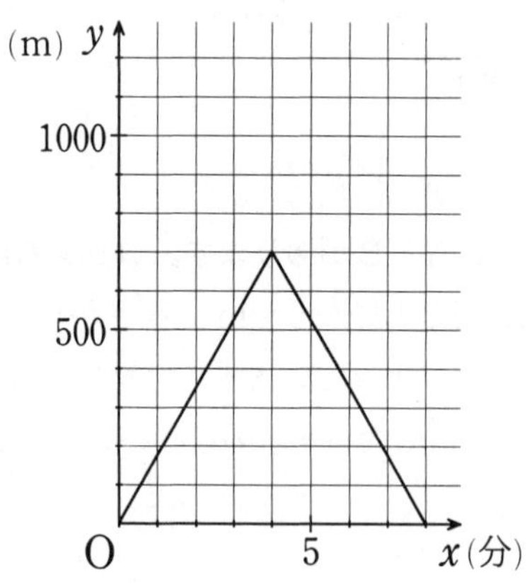

（1） Aさんが自転車で走る速さは分速何 m か求めなさい。

（2） Aさんのお母さんが一定の速さで歩くとき郵便局に到着(とうちゃく)した時刻を求めなさい。

（3） Aさんが家に向かって歩いているBさんとすれちがった時間は１０時１３分でした。その後，家へ向かっているAさんはBさんを１０時１７分に追いぬきました。Bさんが一定の速さで歩くとき，Bさんの歩く速さは分速何 m か求めなさい。

6　色玉は箱に入る前と後で組の作り方が変わります。次の説明を読み，あとの問いに答えなさい。

図１のように赤玉と黄玉は箱に入る前は［赤玉２つの組］，［黄玉２つの組］を作っています。

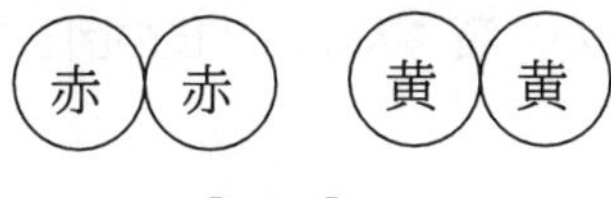

【図１】

これらを箱Aに入れると，図２のように［赤玉１つと黄玉１つの組］が２組でてきます。

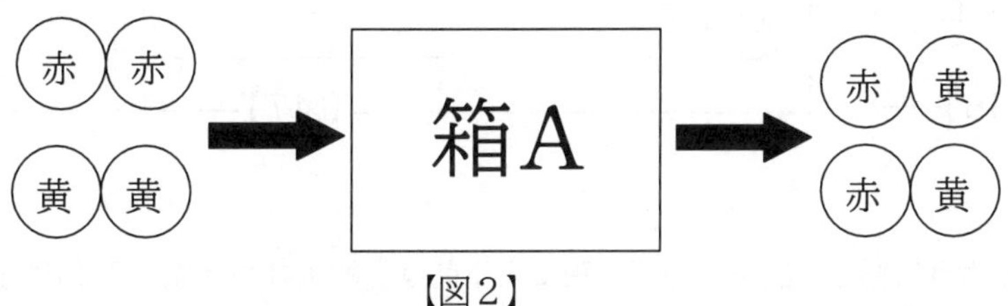

【図２】

図３のように青玉と緑玉は箱に入る前は青玉は１つのみで，緑玉は２つで組を作っています。

【図３】

これらを箱Bに入れると，図４のように［青玉１つと緑玉１つの組］がでてきます。

【図４】

しかし，箱の中に入る前と後で玉の数が違(ちが)ってしまいます。そこで，図５のように組数を工夫すると箱の中に入る前と後の玉の数を同じにすることができます。

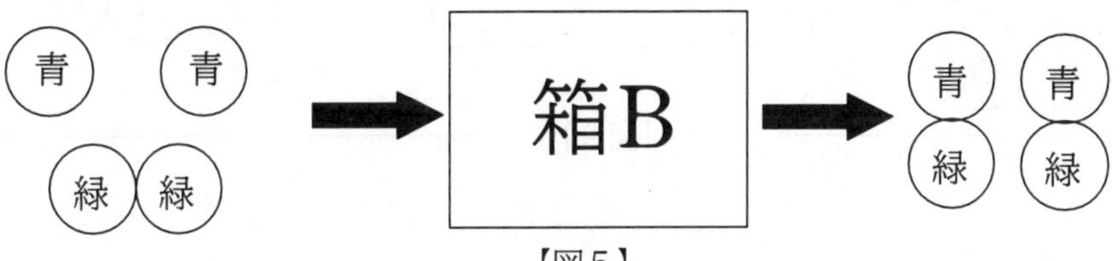

【図５】

（１）　図６のように赤玉と白玉は箱に入る前は［赤玉２つの組］，［白玉２つの組］を作っています。これらを箱Cに入れると，図７のように赤玉２つと白玉１つの組ができます。しかし，箱の中に入る前と後で玉の数が違ってしまいます。箱に入る前と後の玉の数を同じにするにはどうすればいいでしょうか。箱に入る前と後の図を使用する色玉がもっとも少なくなるようにかきなさい。

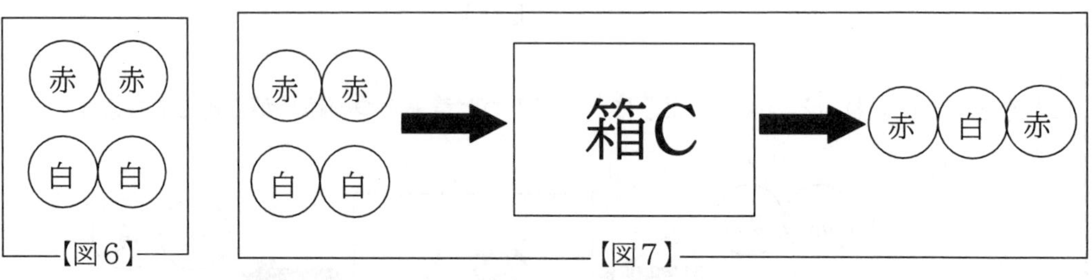

【図６】　【図７】

（２）　図８のように銀玉，黒玉，白玉は箱に入る前は［銀玉３つと黒玉１つの組］，［白玉２つの組］を作っています。

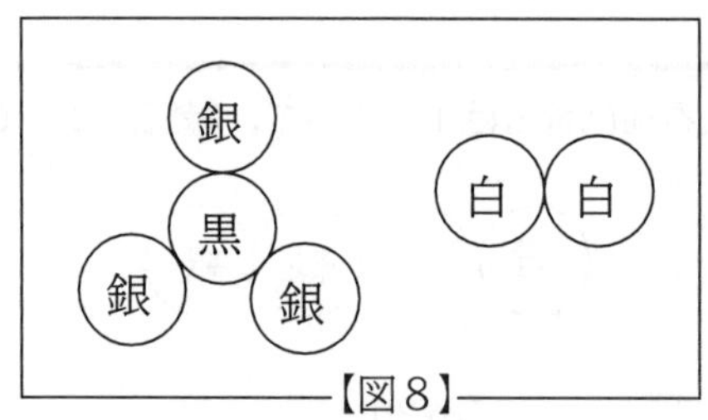

【図８】

これらを箱Dに入れると，図９のように［白玉１つと黒玉１つの組］，［銀玉２つと白玉１つの組］がでてきます。しかし，箱の中に入る前と後で玉の数が違ってしまいます。箱に入る前と後の玉の数を同じにするには，箱に入る前の［銀玉３つと黒玉１つの組］と［白玉２つの組］はそれぞれ何組にすれば良いですか。もっとも少ない組数を求めなさい。

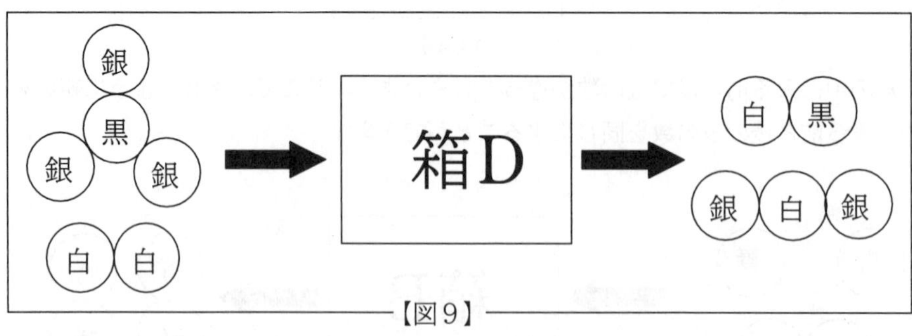

【図９】

ア　本土に存在しない鳥だったから。
イ　いつも餌を与えて慣れさせたから。
ウ　人を敵とみなしていないから。
エ　猟の仕方が実に巧妙だったから。
オ　土人に猟の仕方を習ったから。

問五　――線部④「過去の生活」とありますが、過去の生活に**あてはまらないもの**を次からすべて選び、記号で答えなさい。

ア　和歌を詠み、風流風雅を楽しむ生活。
イ　花を楽しみ、琴や笛の音楽を楽しむ生活。
ウ　自然の中で作物を収穫する喜びのある生活。
エ　仏道修行に励み、極楽浄土を願う生活。
オ　体を鍛え、引き締まった肉体を作る生活。

問六　本文の内容に関する説明として適切なものを次の中から一つ選び、記号で答えなさい。

ア　俊寛は、成経や康頼と喧嘩（けんか）別れした結果、一人だけ島に残されることになってしまった。
イ　俊寛が、新しい小屋を建てることを決意したのは、成経や康頼のことを忘れたいと思ったからである。
ウ　俊寛は、春が来れば自然と麦が生えてくることはわかっていたので、それまでは漁りと猟をするしかないと考えた。
エ　俊寛は、生きていくために、妻の形見の小袖を、土人と交換することを何の未練もなく決めた。
オ　俊寛は、毎日、肉体を鍛え続けた結果、自らが目指していた逞（たくま）しい身体を手に入れることができた。

三

次の――線部のカタカナを漢字に直し、送りがなが必要ならばひらがなで書きなさい。

①　ウラニワで犬が鳴いている。
②　できるだけカンケツにまとめる。
③　歴史をセンモンに研究する。
④　オサナイ頃の思い出。
⑤　空モヨウがあやしくなってきた。

四

次の言葉の対義語を語群から選び、漢字で答えなさい。

①　複雑　②　義務　③　延長　④　整理　⑤　保守

【語群】さんらん・かくしん・たんじゅん・けんり・たんしゅく

思いきって、皮※10かつらを身に纏(まと)った。生年三十四歳。その壮年の肉体には、原始人らしい凡(すべ)ての活力が現れ出した。彼は、生え伸びた髪を無造作に蔓で束ねた。六※11尺豊かの身体(からだ)は、鬼のような土人と比べてさえ、一際(ひときわ)立ち勝(まさ)って見えた。

（菊池寛『俊寛』より）

（注）本文中の漢字については、学習指導要領における小学校の配当以外の難しい漢字にはふりがなをふっています。

（注）本文中に現代では不適切と思われる表現がありますが、原作のまま掲載しています。

（注）※１狩衣や刺貫…狩衣は貴族が常用した略服(りゃくふく)・刺貫は袴(はかま)の一種。
２肥前の国加瀬の荘…現在の佐賀県佐賀市。
３四半刻…約三〇分。
４里鳩、唐鳩、赤髭、青鷺…それぞれ鳥の名称。
５永良部鰻…コブラ科のウミヘビ。
６灌木…人間の背丈(せたけ)以下の低木。
７一町…約一万平方メートル。
８鳥羽…京都市南区と伏見区とにまたがる地域名。
９素絹の小袖…素絹は染めていない絹地(きぬじ)。小袖は貴族の肌着(はだぎ)。
１０皮かつら…未詳(みしょう)。木の皮や蔓草(つるくさ)を身にまとったの意か。
１１六尺豊か…約一・八メートルに余りある。

問一　――線部Ａ・Ｂ・Ｃの本文中における意味として最も適当なものを、ア～オの中から、それぞれ一つずつ選び、記号で答えなさい。

Ａ　名状しがたい
ア　素直になれない　イ　誇り高い　ウ　すがすがしい
エ　うっとうしい　オ　説明できない

Ｂ　魯鈍
ア　貧しい　イ　素早い　ウ　亀のような
エ　愚かでにぶい　オ　痩せている

Ｃ　欠くべからざる
ア　あってはいけない　イ　必要ではない　ウ　もういらない
エ　思い出したくない　オ　なくてはならない

問二　――線部①「破損することを恐れねばならなかった」とありますが、それはなぜですか。本文中の言葉を使って説明しなさい。

問三　――線部②「彼は常よりも、二倍も三倍も烈しく働く」とありますが、それはなぜですか。本文中の言葉を使って説明しなさい。

問四　――線部③「俊寛の近づくのを少しも恐れなかった」とありますが、それはなぜですか。その理由として適切なものを次の中から一つ選び、記号で答えなさい。

云う気は起らなかった。が、現在の彼は、土人に習って漁りをしてみようと考えた。その頃の島は、鰻を取る季節であった。※5永良部鰻は、秋から冬にかけて島の海岸の暖い海水を慕って来て、其処へ卵を産むのであった。土人は、海水の中に、身を浸してそれを手捕りにした。俊寛も、それに習った。最初は、幾度摑んでも摑み損ねた。土人は、あやしい言葉で、何か云いながら、俊寛を嗤った。が、俊寛は屈しなかった。三日ばかりも、根よく続けて試みている中に、B魯鈍で、一番不幸な鰻が、俊寛の手にかかる。五日と経ち、七日と経つ裡にどんな敏捷な鰻でも、俊寛の手から、逃れることが出来なくなって来る。彼は、何十匹と獲た鰻のアゴに、蔓を通し、それを肩に担ぐ。蔓が、肩に喰い入るように重い。が、自分が獲ったのであると思うと、一匹だって、捨てる気はしない。小屋へ帰ってから、彼は小太刀で、腹を割き、腸を去ってから、それを日向へ乾す。半月ばかり、鰻を取っている裡に、小屋の周辺は乾した鰻で一杯になる。その裡に、鰻の取れる季節は、過ぎ去ってしまう。そして、冬が来た。冬の間、俊寛は畑を作ることに、一生懸命になった。彼は、先ず畑の為に選定した彼の広闊な土地へ、火を放った。そして雑草や※6灌木を焼き払った。それから、焼き残った木の根を掘返し、岩や小石を取去った。彼の鉞は、今度は鍬の用をした。道具がないために、彼の仕事は捗らなかった。土人の所へ行けば、鍬に似たものがあるのを知っていた。が、報酬なしに土人が、何物をも貸さないことを知っていた。が、彼の精根は、そうしたものに、凡て打ち克った。冬の終る頃には、※7一町近い畑が、彼の力に依って、拓かれた。彼に、今最も必要なことは、其処に蒔かねばならない麦の種であった。彼は、麦の種を土人が容易に手放さないのを知っていた。彼は、それと交易するために、自分の持物の中で、土人の欲しがりそうなものを、いろいろ考えてみた。土人の欲しそうなものは自分の生活にも、C欠くべからざるものだった。俊寛は、ふと※8鳥羽で別れるとき、妻の松の前から、形見に贈られた※9素絹の小袖を、今も尚そのままに、持っているのに気が付いた。それは現在の彼に取って、④過去の生活に対する唯一の記念物だった。彼は、一晩考えた末、この過去の生活に対する記念物を、現在の生活の必須品に換えることを決心した。彼は、いとしい妻の形見を、一袋の麦に換えた。そして、それを彼が自分で拓いた土地に、蒔いた。

自分で拓いた土地に、自分の手で蒔いた種の生えるのを見ることは、人間の喜びの中では、一番素晴らしいものであることを、俊寛は悟った。ほのかな、麦の芽が磽确な地殻から、オズオズと頭を擡げるのを見たとき、俊寛は嬉し涙に咽んだ。彼は跪いて、目に見えぬ何物かに、心からの感謝を捧げたかった。

喜界ヶ島にも春は廻って来る。島の周囲の海が、薄紫に輝き始める。そして、全島には、椿の花が一面に咲く。信天翁が、一日一日多くなって、硫黄ヶ岳の中腹などには、雪が降ったように、集っている。

生れて初めての自然生活は、俊寛を見違えるような立派な体格にした。生白かった頬は、褐色に焼けて輝いた。去年、着続けていた僧侶の服は、いろいろのことをするのに、不便なので、思いきって、それを脱ぎ捨て、狩りし、自分で耕すことを考えた。

彼は、そう云う生活に入る第一歩として、成経や康頼の記憶が、付き纏っている今までの小屋を焼き捨て、自分で発見したあの泉の畔に、新しい家を自分で建てることを考えた。

彼は、その日から、泉に近い山林に入って、樹を伐った。彼が、持っている道具は、一挺の小さい鉞と二本の小太刀であった。周囲が一尺もある樹は、伐り倒すのに、※3四半刻近くかかった。が、彼が額に汗を流しながら、その幹に鉞を打込むとき、彼はA名状しがたい壮快な気持がする。清盛に対する怨などは、そうした瞬間、泡のように彼の頭から消え去っている。そして、その樹が鉞の幾落下に依って、力尽き、地を揺るがせて倒れるとき、俊寛の焼けた顔には、会心の微笑が浮ぶ。彼はそうして伐り倒した樹の枝を払い、一本ずつやっとの思いで、泉の畔に引いて来る。彼は、その粗な丸太を地面に立て、柱とした。小太刀や、鉞で、穴を掘ることは可なり骨が折れた。殊に、そう云う仕事に用いることで、これから先の生活に、どんなに必要であるかも知れない道具の、①破損することを恐れねばならなかった。屋根は、唐竹で葺いた。この島の大部分を掩うている唐竹は、屋根を葺くのには、藁よりも、遥に秀れていた。樹の枝を、横に幾つも並べて壁にした。そして、近所から粘い土を見出して、その上から塗抹した。彼は、この新しい家を建てるために、二十日ばかりも懸った。が、彼は自分の住む家を、自分で建てることが、どんなに楽しみの仕事であるかが分った。その間、清盛に対する怨や、妻子に対する恋しさが、焼くように胸に迫ることがある。そんなとき、②彼は常よりも、二倍も三倍も烈しく働く。無論、島に夕暮が来て、日が荒寥たる硫黄ヶ岳の彼方に落ち、唐竹の林に風が騒ぎ、名も知れない海鳥が鳴くときなど、灯もない小屋の中に蹲まっている俊寛に、身を裂くような寂しさが、襲って来る。が、昼間の烈しい労働が産む疲労は、直ぐ彼を、そうした寂しさから救ってくれ、そして彼に安らかな眠りを与えてくれる。

新しい小屋が出来たとき、彼はその次ぎには、食物のことを考えた。三人で、食い残した乾飯は、まだ二月三月は、俊寛一人を支えることが出来た。が、成経が居なくなった今は、成経の舅から、仕送りがある筈はなかった。今は、自分で食物を耕し作るより外はなかった。俊寛は、新しい小屋から、二町ばかり隔った処に、やや闢けた土地があり、硫黄ヶ岳に遠いために硫黄の気が少しもないことを知った。

彼は、其処を冬の間に開墾し、春が来れば麦を植えようと思った。が、差し当っては漁りと猟をする外に、食料を得る道はなかった。

彼は、堅牢な唐竹を伐って、それに蔓を張って弓にした。矢は、細身の唐竹を用い、矢尻は鋭い魚骨を用いた。本土ならばこうした矢先にかかる鳥は、一羽も居なかっただろうが、この島に住んでいる里鳩※4、唐鳩、赤髭、青鷺などは、③俊寛の近づくのを少しも恐れなかった。半日山や海岸を馳け廻ると、運びきれないほどの獲物があった。

今までの彼は、狩はともかく、漁りはむげに卑しいことだと思っていた。ひたすらに、都会生活に憧れていた彼は、そうしたことを真似てみようと

問八　五人の生徒がＡＩについての会話をしています。**間違った発言**を二つ選び、記号で答えなさい。

ア　生徒Ａ「ＡＩはヒトの能力をはるかに超えるので、もう人は何も考える必要はないよ。」

イ　生徒Ｂ「ＡＩは死なないと言われているけれど、コンピュータウィルスで一時的に使えなくなることはあるよね。」

ウ　生徒Ｃ「ＡＩによって十年〜二十年後に消えてしまう職業には、工場の組み立て業務があると思うよ。」

エ　生徒Ｄ「ヒトに作り出されたネット人格っていうＡＩアバターは仕事のアドバイスをくれることもあるね。」

オ　生徒Ｅ「ヒトよりＡＩの方が賢明な判断をしてくれるから、いつも正しい答えが得られて安心だね。」

二　次の文章を読んで、後の問いに答えなさい。（字数はすべて句読点を含む）

平安時代末期、平清盛への反逆を企てた「鹿ケ谷の陰謀」が発覚し、俊寛僧都・藤原成経・平康頼は、喜界ケ島（現在の鹿児島県硫黄島）へ追放された。成経と康頼は罪を許され都へ帰るが、俊寛は一人、島に残された。島には俊寛の他には土人（原住民）しかいない。

島に来て以来一年の間、俊寛の生活は、成経や康頼との昔物語から、謀反の話をして、おしまいには、お互の境遇を嘆き合うか、でなければ、砂丘の上などに昇りながら、浪路遥かな都を偲んで溜息を吐きながら、一日を茫然と過してしまうのであったが、俊寛はそうした生活を根本から改めようと決心した。

彼は、努めて都のことを考えまいとした。従って、成経や康頼のことを、考えまいとした。彼は、成経や康頼が、深切に残して置いてくれた※1狩衣や刺貫を、海中へ取り捨てた。長い生活の間には、衣類に困るのは、解りきっていた。が、困ったら、土人のように木の皮を身に纏うても差支ないと考えた。

その上、三人で居た間は、※2肥前の国加瀬の荘にある成経の舅から平家の眼を忍んでの仕送りで、ほそぼそながら、朝夕の食に事を欠かなかった。その為めでもあるが、三人は大宮人の習慣を持ち続けて、為すこともなく、毎日暮らしていた。俊寛は、そうした生活を改め、自分で漁りし、自分でらＡＩは自分で自分を殺す（破壊する）かもしれませんね、人の存在を守るために。

（小林武彦『生物はなぜ死ぬのか』より）

（注）本文中の漢字については、学習指導要領における小学校の配当以外の難しい漢字にはふりがなをふっています。

問一　――線部①「デジタル信号情報を介したコミュニケーション」とありますが、デジタルコミュニケーションの長所について筆者はどのように述べていますか。本文中の言葉を使って三十文字以内で説明しなさい。

問二　――線部②「そのギャップ」とありますが、どういうことですか。本文中の言葉を使って説明しなさい。

問三　――線部③「人格を変えて書き込んでいる」とありますが、どういうことですか。本文中の言葉を使って具体的に四十文字以内で説明しなさい。

問四　空らん【Ａ】～【Ｄ】に入る言葉を次の中からそれぞれ選び、記号で答えなさい。

ア　絶対的　　イ　合理的　　ウ　主体的　　エ　従属的

問五　――線部④「価値観も人生の悲哀も共有できない」とありますがそれはなぜですか。その理由を説明したものを次の中から一つ選び、記号で答えなさい。

ア　永遠の命のすばらしさを誰も手に入れたことがないから。
イ　非常に進歩したＡＩは人格のない「エイリアン」だから。
ウ　ヒトに創造された人格という意味でＡＩはアバターだから。
エ　限られた人生だからこそ共感できるものがあるはずだから。
オ　不死のＡＩが偉大だという感情を持ってしまいがちだから。

問六　空らん［Ｘ］に入る四字熟語を次の中から一つ選び、記号で答えなさい。

ア　臥薪嘗胆　　イ　獅子奮迅　　ウ　付和雷同　　エ　試行錯誤

問七　――線部⑤「もしかしたらＡＩは自分で自分を殺す（破壊する）かもしれませんね、人の存在を守るために」とありますが、なぜ「ＡＩは」「人の存在を守るために」「自分で自分を殺す（破壊する）」のでしょうか。あなたの考えを書いてください。

イリアン」のようなものです。しかも死にません。どんどん私たちが理解できない存在になっていく可能性があります。

死なない人格と共存することは難しいです。例えば、身近に死なないヒトがいたら、と想像してみてください。その人とは、④価値観も人生の悲哀も共有できないと思います。非常に進歩したＡＩとはそのような存在になるのかもしれません。

多くの知識を溜め込み、いつも【　Ａ　】な答えを出してくれるＡＩに対して、人間が【　Ｂ　】な関係になってしまう可能性があります。私たちがちょうど自分たちより寿命の短い昆虫などの生き物に抱くような、ある種の「優越感」と逆の感情を持つのかもしれません。「ＡＩは偉大だな」というような。

ヒトには寿命があり、いずれ死にます。そして、世代を経てゆっくりと変化していく――それをいつも【　Ｃ　】に繰り返してきましたし、これからもそうあることで、存在し続けていけるのです。ＡＩが、逆に人という存在を見つめ直すいい機会を与えてくれるかもしれません。生き物は全て有限な命を持っているからこそ、「生きる価値」を共有することができるのです。

同様にヒトに影響力があり、且つ存在し続けるものに、宗教があります。もともとその宗教を始めた開祖は死んでしまっていても、その教えは生き続ける場合があります。そういう意味では死にません。

ヒトは病気もしますし、歳を重ねると老化もします。ときには気弱になることもあります。そのようなときに死なない、しかも多くの人が信じている【　Ｄ　】なものに頼ろうとするのは、ある意味理解できることです。ＡＩも将来、宗教と同じようにヒトに大きな影響を与える存在になるのかもしれません。

宗教は、付き合い方を間違うと、戦争やテロにつながるのは歴史からご存じの通りです。ただ、宗教のいいところは、個人が自らの価値観で評価できることです。それを信じるかどうかの判断は、自分で決められます。それに対してＡＩは、ある意味ヒトよりも【　Ａ　】な答えを出すようにプログラムされています。ただ、その結論に至った過程を理解することができないので、人がＡＩの答えを評価することが難しいのです。「ＡＩが言っているのでそうしましょう」となってしまいかねません。何も考えずに、ただ服従してしまうかもしれないのです。

それではヒトがＡＩに頼りすぎずに、人らしく［　Ｘ　］を繰り返して楽しく生きていくにはどうすればいいのでしょうか？

その答えは、私たち自身にあると思います。つまり私たち「人」とはどういう存在なのか、ヒトが人である理由をしっかりと理解することが、その解決策になるでしょう。

人を本当の意味で理解したヒトが作ったＡＩは、人のためになる、共存可能なＡＩになるのかもしれません。そして本当に優れたＡＩは、私たちよりもヒトを理解できるかもしれません。さて、そのときに、その本当に優れたＡＩは一体どのような答えを出すのでしょうか？――⑤もしかした

二〇二二年度　昭和学院中学校

【国　語】〈国語一科試験〉（五〇分）〈満点：一〇〇点〉

一　次の≪Ⅰ≫≪Ⅱ≫の文章を読んで、後の問いに答えなさい。

（字数はすべて句読点を含む）

≪Ⅰ≫

従来のコミュニケーションは、人と直接会って話をするというアナログ的なもので、そこでは、見た目や声の調子、雰囲気(ふんいき)が重要な情報源でした。しかしご存じのように、現在のコミュニケーションツールのメインは、スマホやパソコンといった電子媒体(ばいたい)です。この①デジタル信号情報を介(かい)したコミュニケーションでは、単なる情報のやり取りが多く、「心」のコミュニケーションは、たとえ絵文字や画像を駆使(くし)しても、どうしても今までとは違ってくる部分が出るでしょう。

私の知り合いで、実際にお会いすると温厚(おんこう)で優しい方なのですが、メールでは結構過激(けっこう)なことをズバッと言う人がいます。別の人がメールを書いているのではと思うくらいです。②そのギャップについてご本人に聞いてみると、キーボードを叩(たた)き始めると別人格が降りてくるそうです。もちろん逆のパターンもあります。人によっては、キーボードに限らず車のハンドルを握ると急に激しい性格になったり、外国で英語を使って話し始めると急に性格が明るくなったりする人もいます。楽器の演奏やダンスもそうです。私たちはもともと色々な面を持っていて、それがメールや楽器といった「表現するツール」によって、違って表に現れてくるのです。

ある種のアバター（分身）と言ってもいいかもしれません。いろんなアバターがいるのです。デジタルコミュニケーションでは、アバターの出現は日常化してきます。実際に、ネット上で別の名前、性別、年齢で、人とコミュニケーションをとり続けることも可能です。どうせ実物とは会わないのであれば、どうでもいいのです。実際に、ＳＮＳでは4割の人が③人格を変えて書き込んでいるという調査結果もあります。

アバターによるネットを介したコミュニケーションのいい面としては、入力さえ可能であれば、バリアフリーに誰(だれ)とでもコミュニケーションをとれることです。極端(きょくたん)な話、アバターが人ではなく、ＡＩ（人工知能）でも同じことです。ＡＩも人が情報を入れ込むことで、ヒトっぽい存在にすることができます。ヒトに創造された人格という意味では、ＡＩもアバターです。また、コミュニケーションのみならず情報源、仕事のツールとしてもネットを介して行うことが中心となっています。極端に言ってしまえば、あまりヒトと会わずに生きられるのです。現に多くの人は、かなりの時間、コンピュータに向かって仕事をしています。

≪Ⅱ≫

進歩したＡＩは、もはや機械ではありません。ヒトが人格を与えた「エ

2022年度

昭和学院中学校

※　編集上の都合により，算数１科試験の解説は省略させていただきました。

算　数　＜算数１科試験＞（50分）＜満点：100点＞

解　答

[1] (1) 29.3　(2) 69　(3) $\frac{1}{2}$　(4) 9.25　(5) 3996　[2] (1) 667　(2) 7％　(3) 18分　(4) 50人　(5) $4\frac{1}{20}$　[3] (1) 16cm^2　(2) 1.8cm　[4] **劇の時間**…15分，**ダンスの時間**…10分　[5] (1) 分速175m　(2) 10時24分　(3) 分速87.5m　[6] (1) 右の図　(2) **銀玉３つと黒玉１つの組**…４組，**白玉２つの組**…５組

赤赤／赤赤／白白 ⇨ C ⇨ 赤白赤／赤白赤

2022年度

昭和学院中学校

※　編集上の都合により，国語１科試験の解説は省略させていただきました。

国　語　＜国語１科試験＞（50分）＜満点：100点＞

解　答

一　**問１**　（例）　バリアフリーに誰とでもコミュニケーションをとれること。　**問２**　（例）　実際に会うと温厚で優しい方なのに，メールでは過激なことを言うという違い。　**問３**　（例）　ネット上で別の人格，名前，性別，年齢で，コミュニケーションをとるということ。　**問４**　A　イ　B　エ　C　ウ　D　ア　**問５**　エ　**問６**　エ　**問７**　（例）　本当に優れたAIは，人間の価値を守るためには，AIが死なないこと，いつも正しい答えを出してしまうことがよくないことを理解するから。　**問８**　ア，オ　二　**問１**　A　オ　B　エ　C　オ　**問２**　（例）　俊寛の道具は，一挺の鉞と二本の小太刀だけであり，これから先の生活に必要だったから。　**問３**　（例）　はげしい労働は，怨や恋しさや寂しさを頭から消し去り安らかな眠りを与えてくれるから。　**問４**　ウ　**問５**　ウ，オ　**問６**　イ　三　下記を参照のこと。　四　①　単純　②　権利　③　短縮　④　散乱　⑤　革新

●漢字の書き取り

三　①　裏庭　②　簡潔　③　専門　④　幼い　⑤　模様

2022年度　昭和学院中学校

〔電　話〕　(047)323－4171
〔所在地〕　〒272－0823　千葉県市川市東菅野２－17－１
〔交　通〕　「本八幡」、「京成八幡」、「市川大野」、「東松戸」の各駅からバス

※ この試験は，算数・英語・国語から２科または算数・英語・国語から２科選択＋社会・理科を選択して受験します。

【算　数】〈アドバンストチャレンジ試験〉（50分）〈満点：100点〉

※ **1**，**2**，**3**の(1)，**4**は解答用紙に答えのみを記入しなさい。
3の(2)，**5**，**6**は解答用紙に式や考え方と答えを記入しなさい。

1 次の計算をしなさい。

（1）　$\{(3-4\div16)\times12-6\}\div3-3$

（2）　$8\times(2.25-1.75)\times\frac{3}{4}$

（3）　$1\times7+1\times14+3\times7+2\times14+5\times7+2\times21+49+2\times28+3\times21$

（4）　$\frac{1}{156}+\frac{12-7}{7\times12}+(7-5)\div35+\frac{3}{10}$

2 次の□にあてはまる数を求めなさい。

（1）　$\frac{23}{111}$を小数で表したとき，小数第１位から小数第５０位までの各位の数の和を計算すると□になります。

（2）　３つの続いた整数があります。真ん中の数を４倍して４を加えた数は，３つの数のうち最大の数と最小の数をかけた数と同じになります。このとき，真ん中の数は□です。

（3）　ある商品を９０個仕入れて，利益が仕入れ値の３０％となるように定価をつけました。しかし，１個も売れなかったために定価の２０％引きで売ることにしました。９０個すべて売ったとき，売上が１４０４０円になりました。この商品１個あたりの仕入れ値は□円です。

(4)　約数の個数がちょうど3個で，それらがすべて奇数である2けたの整数のうち，最も大きい整数は□です。

(5)　周の長さが6cmの輪ゴムが2本あり，等間かくに5つの印がついています。この輪ゴムを長方形の板に縦と横に1本ずつまっすぐかけたところ，縦の輪ゴムの印の間かくが2cm，横の輪ゴムの印の間かくが3．2cmになりました。この長方形の板の面積は□ cm^2 です。ただし，板の厚さは考えないものとします。

3 次の問に答えなさい。

(1)　下の図は，方眼紙に4本のまっすぐな線を引いたものです。アの角の大きさとイの角の大きさの差を求めなさい。

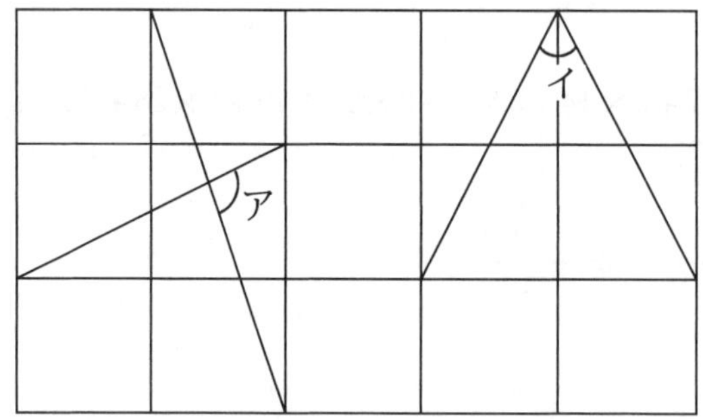

(2)　下の図は，半径 3cmの3つの円をひもでたるまないように結んだものです。次の問いに答えなさい。ただし，円周率は 3．14とします。

①　ひもの長さを求めなさい。

②　かげをつけた部分の面積を求めなさい。

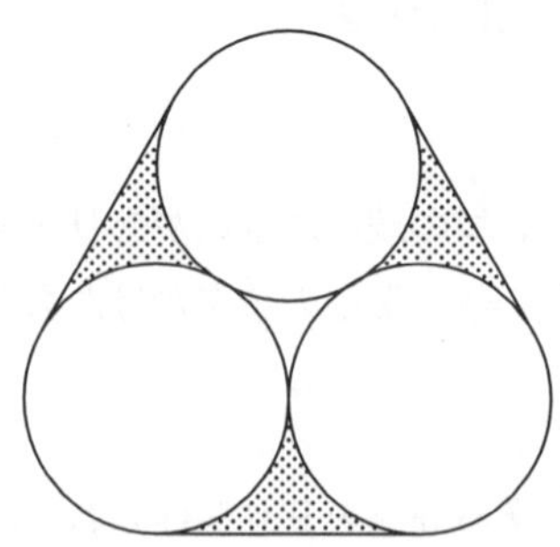

4 □と○ は１より大きい整数，△は０より大きい整数とします。この３つの間に「□ を △ 回かけると ○ になる。」という関係があるとき，これを (○｜□)＝△ と表します。例えば，４を２回かけると１６になるので，(16｜4)＝2 と表すことができます。このとき，次の問いに答えなさい。

（１） (81｜3)＝▲ が成り立つとき，▲に当てはまる整数を求めなさい。

（２） (8｜2)＝(64｜●) が成り立つとき，●に当てはまる整数を求めなさい。

（３） ◇と◆は１より大きい整数とします。(◇｜2)＋(◆｜2)＝(◇×◆｜■) が成り立つとき，■に当てはまる整数を求めなさい。

5 最初に３点A，B，Cがこの順番で直線上に並んでいます。この３点は直線上を同時に出発して，それぞれどちらかの向きに一定の速さで動きます。図１は３点が出発してからのＡＣの長さを表したもので，図２はＢＣの長さを表したものです。次の問いに答えなさい。

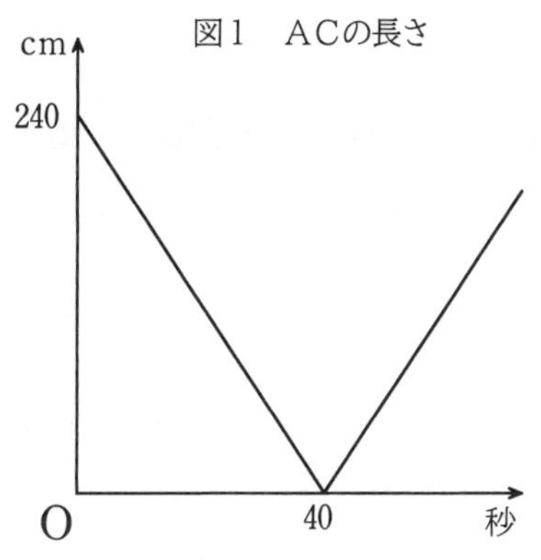

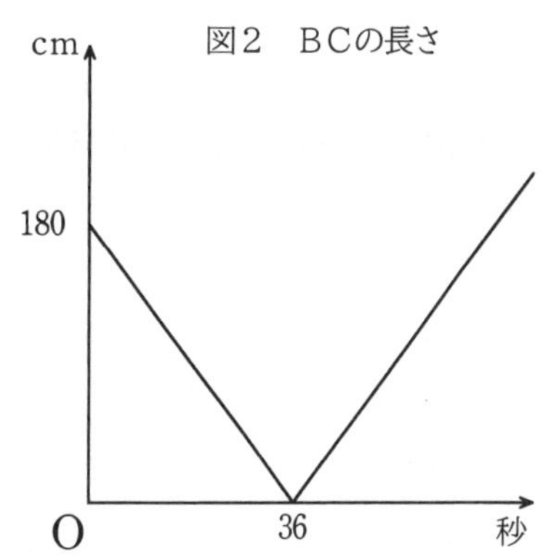

（１） ２点A，Bが重なるのは，３点が出発してから何秒後か求めなさい。

（２） ３点が出発してから１００秒後のＡＢの長さとＢＣの長さの比を求めなさい。

6 あるお店において，３人の店員の働く日を決めました。下の表は，この３人がある月の１週目の月曜日から働き始めたときの表です。○ は働く日で，× は休みの日を表しています。Aさんは，１日働いて１日休み，Bさんは４日働いて１日休み，Cさんは５日働いて１日休みます。次の問いに答えなさい。

		月	火	水	木	金	土	日
1週目	A	○	×	○	×	○	×	○
	B	○	○	○	○	×	○	○
	C	○	○	○	○	○	×	○
2週目	A	×	○	×	○	×	○	×
	B	○	○	×	○	○	○	○
	C	○	○	○	○	×	○	○

（1） A，B，C の３人が同時に休みになる日は，１週目の月曜日から数えて何日目か求めなさい。

（2） A，B，C の３人が１週目の月曜日から数えて３回目に同時に休みになる日は何曜日か求めなさい。

（3） １週目の月曜日から数えて１５０日目までに，A，B，C の３人が同じ日に働く日は何日あるか求めなさい。

【社　会】〈アドバンストチャレンジ試験〉(30分)〈満点：50点〉

〈編集部注：実物の試験問題では，写真・グラフ・電子地形図はカラー印刷です。〉

1 千葉県市川市に住む小学5年生の和美(かずみ)さんは、夏休みに家族と静岡県に出かけ、そのことをレポートにまとめた。レポートに関する次の各問いに答えなさい。

日にち：2021年8月21日

場所：韮山反射炉（にらやまはんしゃろ）

住所：静岡県伊豆(いず)の国市中(くにしなか)268

行き方：JR市川駅からJR総武本線で東京駅へ行き、東京駅からJR ①東海道新幹線(とうかいどうしんかんせん)で三島(みしま)駅へ行き、三島駅から伊豆箱根(はこね)駿豆(すんず)線で伊豆長岡駅へ。②下車してタクシーで5分。

家族で世界遺産(いさん)の韮山反射炉に行きました。なぜここに行ったのかというと、お父さんが世界遺産を好きで、これまでにも栃木(とちぎ)県の日光や広島県の原爆(げんばく)ドームに家族で行ったことがあり、今回は日帰りで行ける静岡県に行ってみようということになったからです。

静岡県で登録されている世界遺産は2つあり、1つは「富士山-信仰(しんこう)の対象と芸術の源泉(げんせん)」で、もう1つは③「明治日本の産業革命遺産(さんぎょうかくめい) 製鉄(せいてつ)・製鋼(せいこう)・造船(ぞうせん)・石炭産業」です。この産業革命遺産に韮山反射炉が含まれています。

反射炉とは鉄を溶(と)かして大砲(たいほう)を鋳造(ちゅうぞう)する炉(ろ)のことで、17世紀から18世紀にかけてヨーロッパで発達しました。なぜ反射炉という名前なのかというと、そのしくみに秘密(ひみつ)があります。内部の天井(てんじょう)がドーム状になった炉体部(ろたいぶ)と、レンガ積みの高いえんとつからなっていて、石炭などを燃料(ねんりょう)として発生させた熱や炎(ほのお)を天井で反射し、一点に集中させることにより、鋳物(いもの)鉄を溶かすことが可能な千数百度の高温を実現します。このように熱や炎を反射するしくみから、反射炉と呼ばれます。当時実際に大砲を製造した反射炉は、現在この韮山反射炉しか残っていないそうです。

造(つく)られた時代は江戸時代の終わりごろで、④江川太郎左衛門英龍(えがわたろうざえもんひでたつ)という人が、外国から日本を守るために幕府の命令を受けて造りました。大砲の造り方は、原料の鉄を石炭や木炭の熱で溶かし、鋳型(いがた)に流し込んで固めた後、川の流水を動力とする水車で大砲を回転させて中をくりぬき、仕上げをします。当時は周りに大砲工場があったようですが、⑤今はお茶畑と製茶工場がありました。

行ってみて、造られた当時の形で残っていることがすごいなと感じました。修理などにはふるさと納税のお金が使われているそうです。造り方を知り、実物大の大砲も見ることができて、江戸時代の人は大変な作業をして大砲を造り、日本を守ってくれたのだなと感じました。当時の歴史についても詳しく調べたいと思いました。近くには温泉もあったので、今度来るときは宿泊(しゅくはく)したいです。

※鋳造(ちゅうぞう)：金属を溶かし、型に流し込んで物をつくること。

問1　下線部①に関し、東海道新幹線が通っている都道府県の数を、下の地図を参考にし、次のア～エから1つ選び、記号で答えなさい。

ア　4　　イ　6　　ウ　8　　エ　10

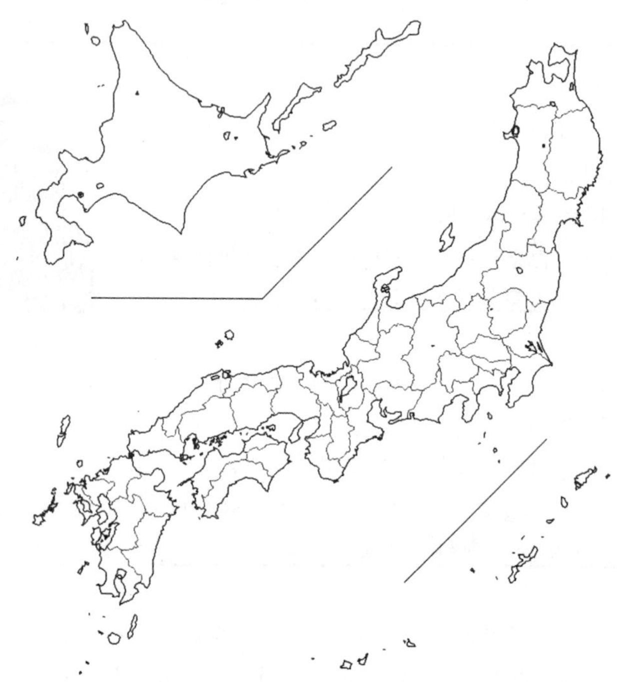

問2　下線部②に関し、次の電子地形図は伊豆長岡駅から韮山反射炉までの範囲を表したものである。この電子地形図にある情報から読み取れる内容として正しいものを、次のア～エから1つ選び、記号で答えなさい。

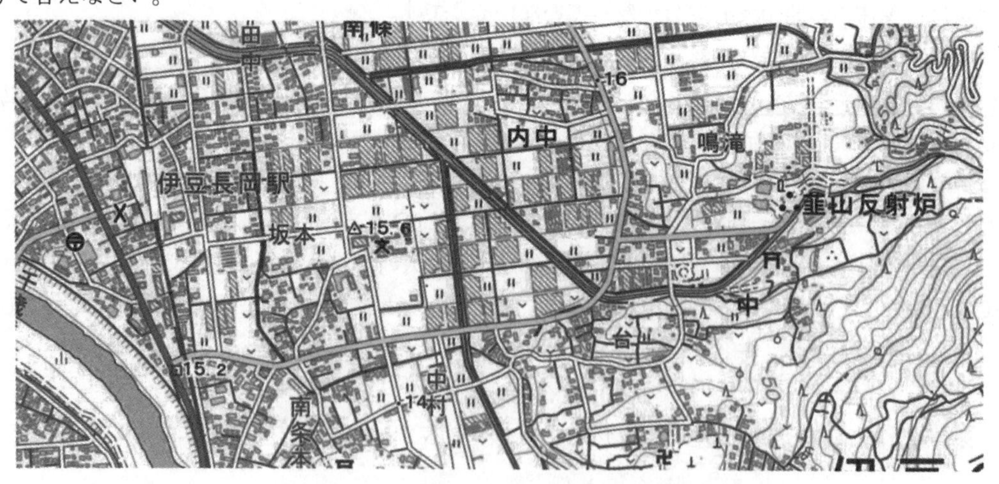

(地理院地図より)

ア　韮山反射炉の北西には水田があり、明治時代から米作りがさかんであったことがわかる。

イ　伊豆長岡駅の西側には、警察署と郵便局があることがわかる。

ウ　この地形図の範囲内で最も標高の高い地点は、1500m以上であることがわかる。

エ　韮山反射炉の南側を流れる河川は、東から西に流れていることがわかる。

問3　下線部③に関し、世界遺産「明治日本の産業革命遺産　製鉄・製鋼・造船・石炭産業」に含まれるものとして誤っているものを、次のア～エから1つ選び、記号で答えなさい。

ア　松下村塾(しょうかそんじゅく)　　イ　官営八幡製鉄所(かんえいやはたせいてつじょ)　　ウ　富岡製糸場(とみおかせいしじょう)　　エ　旧グラバー住宅

問4　下線部④に関し、ペリーが浦賀へ来航したのと同年につくりはじめた台場は、現在「お台場」と呼ばれる観光地となっている。この場所の写真として正しいものを、次のア～エから1つ選び、記号で答えなさい。(写真は地理院地図空中写真)

ア

イ

ウ

エ

問5　下線部⑤に関し、次の表の空欄【　X　】・【　Y　】にあてはまる産業分野とその特徴(とくちょう)を述べた文を、それぞれア～クから1つずつ選び、記号で答えなさい。

産業分野	特徴
農業	暖流がもたらす温暖な気候により、数多くの農産物が生産されている。 中でもみかんと茶は県を代表する農産物である。
【　X　】	【　　　　　Y　　　　　】

【 X 】

ア 水産業　　イ 工業　　ウ 林業

【 Y 】

エ 林の面積では全国３位だが、林業産出額が北海道を上回り１位である。天然の三大美林のひとつ「木曽のヒノキ」があることでも有名である。

オ 明治時代にピアノの国産化に成功し、楽器産業の基礎が築かれた。現在はピアノの生産台数が全国１位で、ピアノの出荷台数、出荷額の全国に占める割合は100％である。

カ 沖合には対馬海流が流れ、その恵みを豊かに受ける魚の宝庫であり、多くの魚が集まる。特にまぐろ類やかつお類の漁獲量は全国１位である。

キ 漁港数が１位の長崎県に次いで多く、人工的な環境で魚を育てる養殖漁業でうなぎの獲れ高が全国１位である。

ク 明治時代から冬場の安定収入のために眼鏡フレームの生産が始まり、現在は国内の約９割の眼鏡フレームが生産されている。

問６ 和美さんは、レポートを読んだ先生からアドバイスをもらった。アドバイスの内容と和美さんがレポートに付け足した内容の正しい組み合わせを、ア〜クから２つ選び、記号で答えなさい。

〈先生からのアドバイス〉

A：韮山反射炉を造った江川太郎左衛門英龍の内政面での活躍について調べると、当時の人々がどのような状況で暮らしていたのかが見えてきますよ。

B：なぜこの時期に大砲を造る必要があったのか調べてみると、外国と日本の関係が見えてきますよ。

〈和美さんが付け足した内容〉

Ⅰ．江川太郎左衛門英龍は、韮山代官として伊豆・駿河・相模・甲斐・武蔵にある幕府直轄地の支配を担当した。当時の日本は天保のききんに見舞われて各地で一揆や打ちこわしがおこっていた。英龍は自らも質素倹約に努め、ききんで疲弊した村々を立ち直らせようとした。

Ⅱ．江川太郎左衛門英龍は、韮山代官として伊豆・駿河・相模・甲斐・武蔵にある幕府直轄地の支配を担当した。大砲を造るための材料である鉄が不足していたため、刀狩令を出して農民から武器を回収し鉄を集めた。

Ⅲ．1840年のアヘン戦争をきっかけに、日本ではヨーロッパやアメリカの列強諸国に対抗するため、軍事力の強化を進めていた。1853年のペリーの来航を受けて幕府は本格的な防衛体制の強化に乗り出すようになった。

Ⅳ．1862年に大名行列を横切ったイギリス人を殺傷する生麦事件が起こり、その報復として翌年にアメリカが軍艦をひきいて鹿児島に上陸し薩英戦争が起こった。薩摩藩は敗北した。

ア A－Ⅰ　　イ A－Ⅱ　　ウ A－Ⅲ　　エ A－Ⅳ
オ B－Ⅰ　　カ B－Ⅱ　　キ B－Ⅲ　　ク B－Ⅳ

問７　現在では新型コロナウイルス感染症拡大の影響により、自由に旅行をすることが難しくなった。あなたが伊豆の国市の市長だったら、旅行に来たくても来られない人に対して、どのような企画を考えますか。50字以内であなたの考えを述べなさい。

2　**次の文章に関する問いに答えなさい。**

1999年、奈良県の飛鳥池遺跡から、33枚の富本銭が687年をしめす木簡とともに発見された。これは『日本書紀』の内容にある683年の①「以後、必ず銅銭を用いよ」に一致する。富本銭は、その規格などから唐の貨幣をモデルにしてつくられたと考えられるが、通貨として流通させることを目的としてつくられたのか、他の目的でつくられたのかは意見が分かれるところである。

富本銭に続いて発行された貨幣は、708年につくられた［　1　］である。朝廷は、［　1　］の使用をうながすために様々な政策を行った。また、［　1　］が発行されて以後、朝廷は12種類の貨幣を発行したが、10世紀には貨幣は発行されなくなった。

この間、人びとのあいだでは米や布なども貨幣として使われ続けており、朝廷から貨幣が発行されなくなると米や布などが主に貨幣として使われるようになった。

12 世紀になると輸入した貨幣が主に使われた。②平清盛は日宋貿易に力を入れ、多くの貨幣を日本に輸入し、13世紀には、輸入した貨幣の使用が人々の間でひろがっていった。はじめ貨幣としての使用を認めていなかった鎌倉幕府や朝廷もその使用を認め、貨幣としての役割は、それまでの米や布から輸入貨幣に変わっていった。

しかしながら、貨幣の輸入量は日本国内の活発化した商品の取引量に十分ではなく、貨幣不足が生じた。建武の新政において［　2　］天皇が貨幣と紙幣の発行を行おうとしたが実現しなかった。14世紀になっても貨幣の輸入は続けられたが、③1368 年に成立した明は海外貿易を朝貢貿易に限っていたため貨幣の輸入が減少する傾向は続いた。

その後、輸入した貨幣をまねた質の悪い貨幣が流通するなど混乱が生じたが、17 世紀になると④江戸幕府によって貨幣制度の整備が進められていった。

問１　下線部①に関し、この命令を出した人物を次のア〜エから１人選び、記号で答えなさい。

ア　推古天皇　　　イ　天智天皇
ウ　天武天皇　　　エ　持統天皇

問２　［　1　］にあてはまる語句を答えなさい。

問３　［　1　］の発行には、平城京の建設が大きく影響しているという考えが存在している。［　1　］の発行の目的を、平城京の建設という点から次の文を完成しなさい。その際、解答らんの書き出しに続けて次の２つの語句を必ず使用すること。

語句［　物資　　労働者　］

「平城京の建設に必要な　【　　　　　　　　　　】」

問４　下線部②に関し、平清盛が日宋貿易の拠点とするために修理を行った大輪田泊が所在した県を、次のア～エから１つ選び、記号で答えなさい。

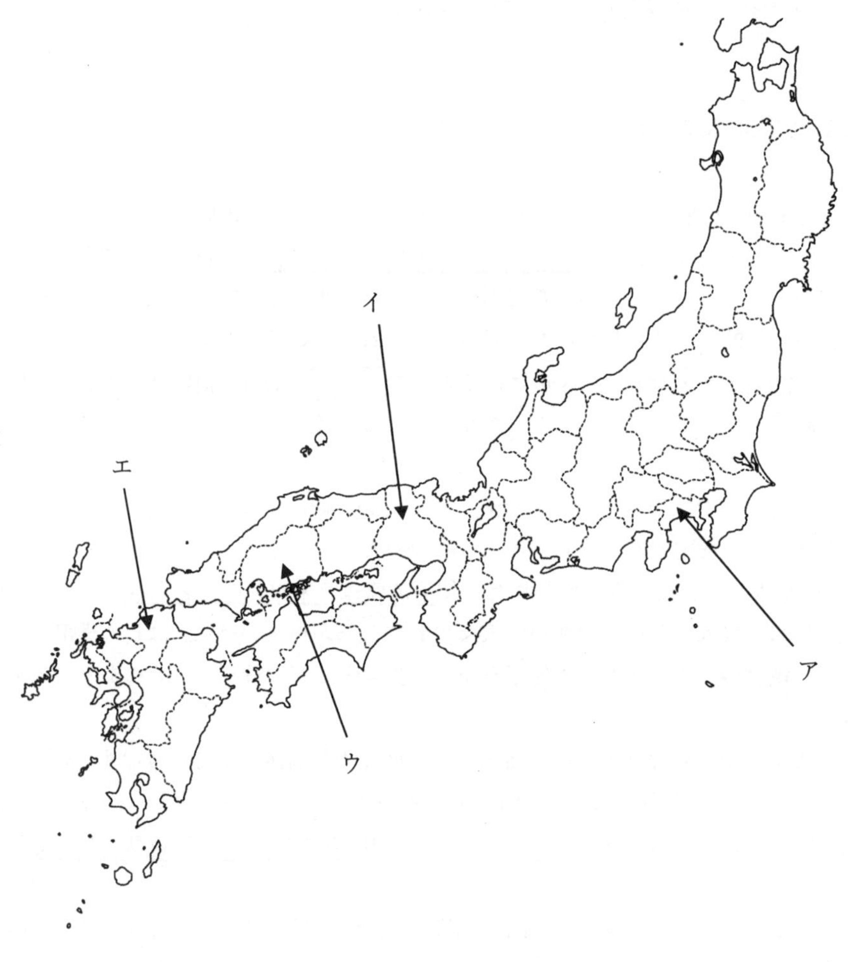

問５　[　2　]に適する語句を答えなさい。

問６　下線部③に関し、正式な貿易船と倭寇の船を区別するために用いた合札の名称を答えなさい。

問７　下線部④に関し、江戸時代は主に金貨と銀貨が貨幣として使用された。次の【会話】を参考に問に答えなさい。

【会話】

先生　　この前の授業で出した宿題はやってきたかな。

生徒Ａ　江戸時代のお金の制度についての調べ学習ですよね。

先生　　そうだよ。では、さっそく調べてきた内容を発表してもらおうかな。
　　　　ではＢさん、どうだった。

生徒Ｂ　江戸時代には金貨と銀貨と銭貨が使われていたことがわかりました。

先生　　なるほど。江戸時代の金貨や銀貨や銭貨には、色々な種類があったんだが、どんな種類があったのかを調べた人はいるかな。

生徒C　はい、調べました。金貨には一両小判(こばん)と一分金(いちぶきん)が、銀貨には丁銀と豆板銀があったことがわかりました。また、銭貨ですが、はじめのうちは江戸時代以前に人びとの間で使われていたお金も使用されていたみたいですが、寛永通宝(かんえいつうほう)がつくられるとそちらが使われるようになったそうです。

生徒A　あと、難しくてよく分からないところもあったけど、金貨や銀貨は江戸時代を通して、大きさや重さの違う色々な種類のお金が発行されていたことも分かりました。

先生　金貨と銀貨の使い方には違いがあったんだけど、誰か調べた人はいるかな。

生徒B　はい。金貨は今のお金のように枚数を数えて使用するもので、一分金４枚で一両小判と交換(こうかん)ができたそうです。また、銀貨は金貨と違い重さを量って使用しました。

先生　よく調べたね。でも、使われたお金の種類には地域差があったことは知っていたかな。

生徒B　ちゃんと調べてあります。江戸などの東日本では金貨が、大坂や京都などの西日本では銀貨が使われていたそうです。

生徒A　そうそう。だから、江戸の商人が大坂の商人と取引をするときは、金貨を銀貨に交換する必要があったんだよね。

先生　金貨と銀貨の交換はどのように行われたのかな。

生徒C　はい！幕府は一両小判一枚と銀貨 50 匁(もんめ)と交換できると定めていました。

生徒D　50 匁？

生徒C　１匁は銀貨で約 3.75 グラムだったそうです。

先生　なるほど、よく調べたね。でも一つ注意が必要だよ。その交換比率(ひりつ)はあくまでも幕府が定めたもので、実際の取引では、交換の割合は日々変化していたんだ。また、幕府が定めた交換の割合(わりあい)ものちに変更されているんだよ。

生徒D　そうだったのですね。江戸時代のお金の制度は複雑(ふくざつ)ですね。江戸時代に生まれなくて良かった。

先生　江戸時代のお金の制度は確かに複雑だけど、現在の制度にも似たようなものもあるんだぞ。例えばアメリカに旅行するときのことを考えてごらん。アメリカでは日本のお金は使えないからどうしてるかな。

問　小判２枚と一分金２枚は、合計で銀貨何グラムと交換ができるか、答えなさい。

問８　2024 年に、現在使われている紙幣は一新される予定となっている。新一万円札に描かれることになった人物名を漢字４字で答えなさい。

3 **現在、小学校６年生である太郎さんと花子さんは、2022年４月１日から成年年齢(せいねんねんれい)が18歳に引き下げられることを知り、社会科の時間にそのことについて調べることにした。次の会話のやり取りを読んで各問いに答えなさい。**

【会話】

太郎　ぼくの高校２年生の兄が、来年①18歳になると成人としてあつかわれることになるそうです。どうして、成年年齢が18歳に引き下げられることになったのですか。

先生　近年、日本国憲法の改正手続きにおける国民投票の投票権年齢や公職選挙法の②選挙権年齢が満18歳以上と定められ、国の政治に関わる重要な判断について、成人と同じように、18歳、19歳の若者たちに意見を聞くことになりました。そこで、社会生活の上でも同様に18歳以上の人を成人としてあつかった方が良いという議論が起こりました。

花子　私は③外国のことを調べ、資料２としてまとめましたが、世界的にも成年年齢を18歳にするのが主流のようです。

先生　花子さんが調べてくれたように、そのようなことから、「民法の一部を改正する法律」が国会で制定され、成年年齢が18歳に引き下げられることになりました。

太郎　成年年齢に達すると、社会生活のうえでは何か変化はあるのですか。未成年のときと変わることが何かあるのですか？

先生　飲酒や禁煙(きんえん)などは民法の成年年齢の引き下げと直接関係はありませんが、保護者の同意がなくてもクレジットカード、ローンやスマートフォンの契約を結ぶことなどができるようになります。とはいえ、判断力や知識、経験などの不足につけ込んで不当な契約を結ばされる危険があるという課題もあります。そのため、消費者教育の一層(いっそう)の充実が欠かせないと考えられます。

太郎　ぼくや花子さんが、これから18歳になるまでの心構えや何か準備しておくことはありますか。

先生　例えば、中学校では日本国憲法をはじめ、④司法制度、⑤安全保障などについて今よりも深く学び、自分の考えを持てるようになることが大切です。また、⑥「この国の将来を決めるのは私たちだ」という意識を持って、政治に主体的に参加する準備をしておきましょう。

※民法の一部を改正する法律…2017年に改正され、2020年から施行。
　ローン…資金の貸付け、貸付金(かしつけきん)。

問１　下線部①に関し、1989年に採択された「[1]の権利条約」は、４つに分類して、「守られる、参加する、生きる、育つ権利」として保障している。この[1]にあてはまる語句を答えなさい。

問２　下線部②に関し、太郎くんは資料１を作成し、有権者の割合が特に増加した年に着目して、次のようにまとめた。[2]・[3]にあてはまる語句の組み合わせとして正しいものを次のア～エの中から１つ選び、記号で答えなさい。

資料１

人口に占める有権者の割合の推移

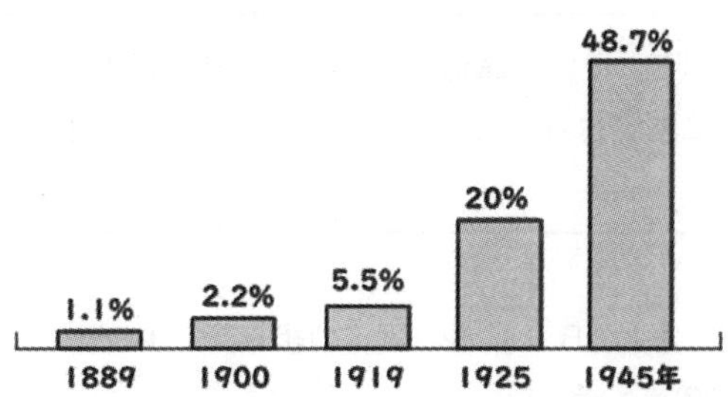

1925 年：大正時代にくり広げられた憲法を守ろうとする運動（護憲運動）を経て、満 25 歳以上の [2]に選挙権が与えられた。

1945 年：第二次世界大戦後、満[3]歳に選挙権が与えられた。

ア　[2] 男子　[3] 20　　イ　[2] 男女　[3] 20

ウ　[2] 男子　[3] 25　　エ　[2] 男女　[3] 25

問３　下線部③に関し、花子さんは法務省のホームページから「諸外国の成年年齢等の調査結果」を見ながら、資料２を作成した。その作成した資料から読み取れることとして誤っているものをア～エの中から１つ選び、記号で答えなさい。

資料２

国名	成年年齢	選挙権
イギリス	18	18
イタリア	18	18
インドネシア	21	17
オーストラリア	18	18
シンガポール	21	21
ドイツ	18	18
マレーシア	18	21

ア　資料２の中にあるヨーロッパ州に位置する国はすべて成年年齢・選挙権ともに 18 歳となっている。

イ　資料２の中にあるアジア州に位置する国の成年年齢はすべて 21 歳となっている。

ウ　オーストラリアの成年年齢・選挙権は資料２の中にあるヨーロッパ州の国と同じ 18 歳である。

エ　資料２の中にあるアジア州の国で成年年齢・選挙権ともに同じ年齢となっているのはシンガポールだけである。

問4　下線部④に関し、司法制度改革(しほうせいどかいかく)のひとつとして導入(どうにゅう)された国民に司法への参加を促(うなが)すための制度で、成年年齢に達した国民の中から抽選(ちゅうせん)で選ばれ、裁判官とともに被告人(ひこくにん)の有罪・無罪や刑罰(けいばつ)の内容を決める制度を何というか答えなさい。

問5　下線部⑤に関し、下の文章を読んで、あとの各問いに答えなさい。

> 自衛隊の主な任務には、国の防衛(ぼうえい)や災害派遣などがあり、その最高指揮権(さいこうしきけん)は【　A　】にある。また、国際貢献(こくさいこうけん)として、1992年に制定された【　B　】法にもとづき、【　C　】の平和維持活動に参加している。

（1）文中それぞれの【　A　】【　B　】内の語句の組み合わせとして正しいものを次のア～エの中から1つ選び、記号で答えなさい。

ア　A　防衛大臣　　B　PKO協力　　　イ　A　防衛大臣　　B　ODA協力
ウ　A　内閣総理大臣　B　PKO協力　　エ　A　内閣総理大臣　B　ODA協力

（2）【　C　】には、世界の安全と平和の維持(いじ)を目的とし、2021年12月現在、世界の193カ国が加盟している。この国際組織を何というか。漢字4字で答えなさい。

問6　下線部⑥に関し、あなたの住むまちや地域はさまざまな課題を現在かかえているが、その解決へ向けて今後どのような活動が求められるか。次の【手順1】～【手順2】にしたがって、あなたの考えを書きなさい。なお、【手順2】で指定された字数をこえて書くことはできない。

【手順1】あなたの目指すまちや地域づくりの方向を、次のア、イから1つ選び、解答らんに、その記号を答えなさい。
ア　安心・安全に暮らせるまちや地域づくり
イ　歴史と伝統、そしてそれらを受け継(つ)いだ魅力(みりょく)あるまちや地域づくり

【手順2】手順1で選んだまちや地域づくりを目指していくうえで、あなたの暮らすまちや地域で課題となると考えられることを40字以内で答えなさい。

【理　科】〈アドバンストチャレンジ試験〉(30分)〈満点：50点〉

1　てこについて，問いに答えなさい。

(1)　おもさが無視(むし)できるぼうを使って，下の図のようなてんびんをつくりました。てんびんがつりあっているとき，左のおもりは何gか求めなさい。

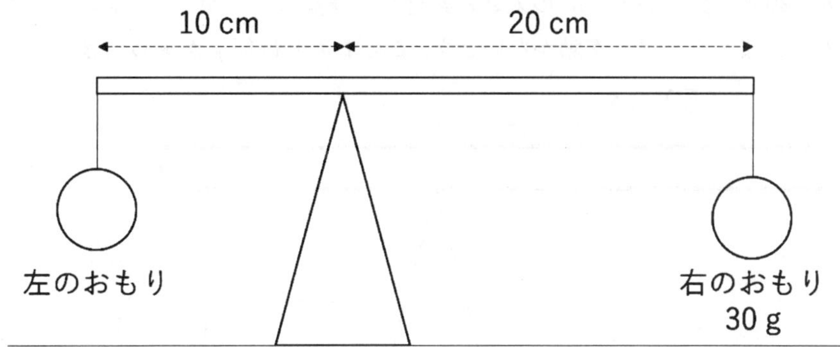

(2)　おもさが無視できる長さ90 cmのぼうを使って，下の図のようにばねばかりを手で支えました。ぼうが動かないとき，ばねばかりがしめす値は何gか求めなさい。

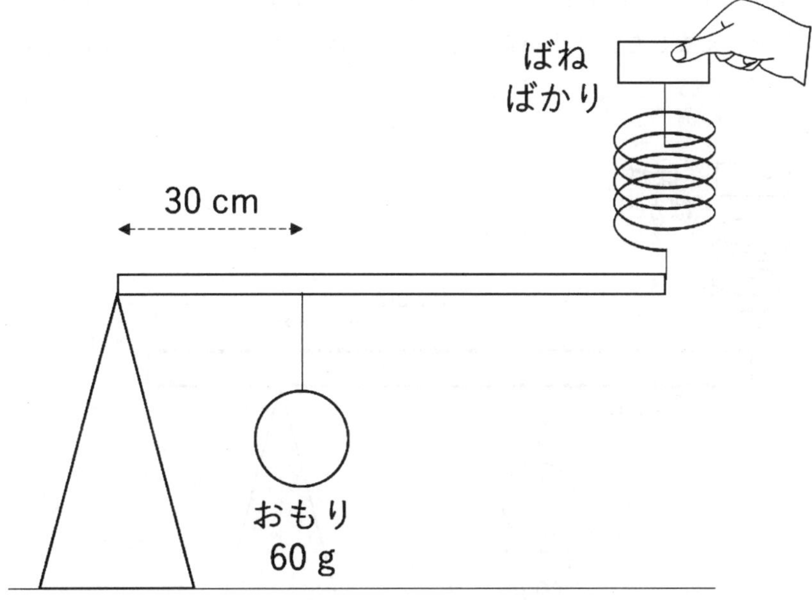

次に，おもさが無視できないぼうを使ったてんびんのつりあいを考えます。

ぼうの太さと素材が一様(いちよう)であれば，おもさの無視できないぼうを使ったてんびんのつりあいは，おもさの無視できるぼうの中心に，ぼうと同じおもさのおもりがつり下げられていることと同じであると考えることができます。このことを用いて，あとの(3), (4)に答えなさい。

(3)　おもさが 120 g で長さが 80 cm の太さと素材が一様なぼうを使って，下の図のようにおもりを支えました。ぼうが動かないとき，このおもりは何 g か求めなさい。

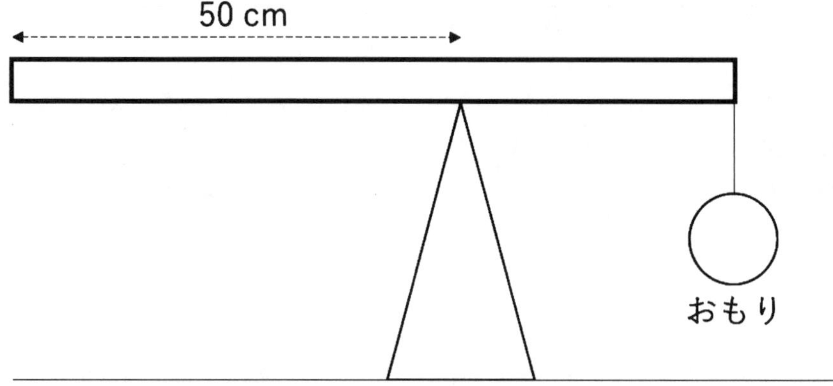

(4)　おもさが 30 g で長さが 100 cm の太さと素材が一様なぼうを使って，下の図のようにばねばかりを支えました。ぼうが動かないとき，ばねばかりがしめす値は何 g か求めなさい。

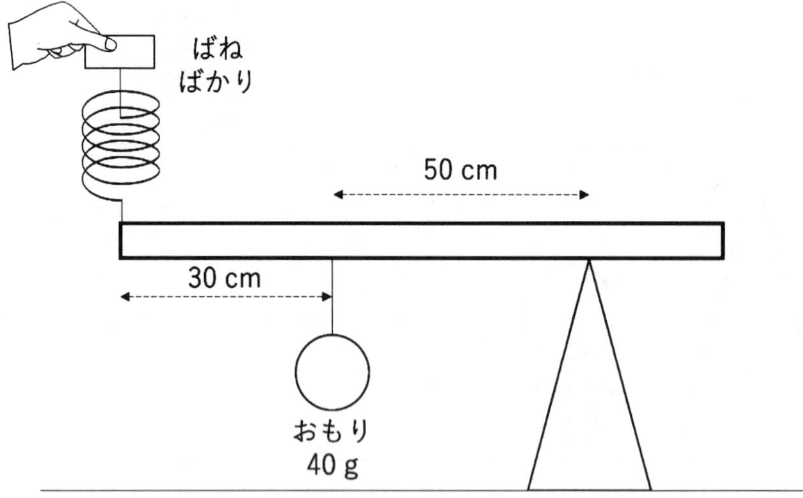

2　次のＡくんと先生の会話文を読み，あとの問いに答えなさい。

Ａくん「最近よく，都会でゲリラ豪雨(ごうう)がおこるので夏休みの自由研究では，雲を見て天気予報をしたいと思います。雲のでき方についてよく分からなかったので，教えてください。」

先生　「わかりました。Ａくんは，地球上で水がじゅんかんしていることが教科書にのっていることは知っていますか？」

Ａくん「はい，教科書には，『地球上の水は蒸発して（ア）になり空気中にふくまれていく。空気中の(ア)は上空に運ばれて雲になり，雨や雪になって地上にもどってくる』と書いてありました。」

先生　「どの部分がわからなかったのかな？」

Ａくん「まず，最初の『水は蒸発して(ア)になり』のところがわかりません。水が蒸発するためには100℃にならなければいけないのに，なんで蒸発するのですか？」

先生　「水の温度が100℃近くになると，水の中からはげしくあわが出てくることを（イ）といいますね。でも，蒸発は100℃にならなくてもおこります。」

Ａくん「そういえば，洗濯物(せんたくもの)がどうして乾(かわ)くのか？で習ったことを思い出しました。水が(ア)になったあとは，温められた空気と一緒に上空へ運ばれていく。でも，どうして，上空に運ばれると雲になるのですか？」

先生　「Ａくんは，山に登ったことはありますか？そのときの山の上の気温はどうでしたか？」

Ａくん「去年，富士山に登りました。とても寒かったことを覚えています。」

先生　「実は，上空に行くほど，だんだん気温が下がっていきます。①100m上がると約 0.6℃下がると覚えておくといいでしょう。その結果，空気にふくまれていた(ア)が上空の気温が下がることで，空気にふくみきれなくなって，水や氷となってあらわれたものが雲というわけです。」

Ａくん「外が寒いとき，窓ガラスの内側がくもっていたことに似ている気がします。あれは空気中の（ア）が冷やされて（ウ）になったんですよね？」

先生　「そうだね。ところで，ゲリラ豪雨のときには，低い空から高い空まで高く広がる雲ができていることが多いって知っていますか？地上の空気が何らかの原因で急激に温められて上昇することで発達します。」

Ａくん「じゃあ，②その雲のできる条件を調べれば，ゲリラ豪雨を予測できますね。」

先生　「そうですね。地球全体の環境問題である（エ）や都市の構造と関係があるヒートアイランド現象なども関係しているらしいですよ。」

Ａくん「自由研究で何を調べればいいのか分かった気がします。ありがとうございました。」

(1) 文中の（ア）～（エ）の中に適することばを答えなさい。

(2) 下線①を参考に，高度と気温の関係を正しくしめしたグラフはどれですか。次のア～エから選び，記号で答えなさい。

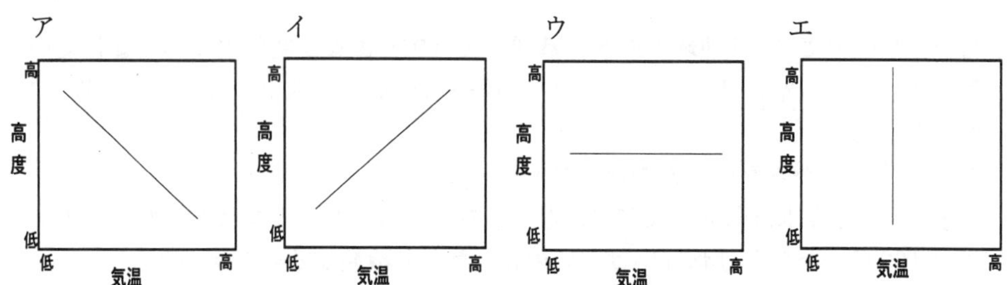

(3) 高度276 mの地点の気温が30 ℃あったとすると，富士山の頂上（約3776 m）の気温は何℃になると考えられますか。下線①を参考に計算しなさい。

(4) 下線②の「その雲」は何と呼ばれていますか。

(5) コンクリートやアスファルトで囲まれた都市がその周辺よりも温度が高くなる現象をヒートアイランド現象といいます。これは，コンクリートやアスファルトでおおわれた地面は１回温まってしまうと冷めにくいという性質や，車やエアコンからの熱などが原因の１つとされています。
コンクリートやアスファルトで囲まれた都市でゲリラ豪雨がおこりやすい理由を答えなさい。

3 次の文は千葉県に住む小学校５年生のリカさんがテントウムシを観察して書いたレポートと，ヘチマを観察して書いたレポートです。リカさんのレポートの中には観察した結果，結果から考えたこと（考察），感想の３種類の文が含まれています。 あとの問いに答えなさい。

＜テントウムシを観察して書いたレポート＞
タンポポの葉っぱの上をあるいていた。アブラムシを探しているのかな，と思った。顔つきがかっこいいと思った。全体は赤色で黒い丸が７つあった。はねはとてもかたくてツルツルしていた。てきから身を守るのに役に立つと思った。

＜ヘチマを観察して書いたレポート＞
たくさんの葉っぱとつるがあった。柱にからみついたつるはバネみたいになっていた。柱にぶつかっていないつるはまっすぐだった。つぼみがたくさんあって，花がひとつだけさいていた。この花は花の下にふくらみがなかったから，おばなだと思った。次はめばながさくと思う。

---

(1) テントウムシを観察して書いたレポートの，観察した結果にあたる文と結果から考えたこと(考察)を，次のア～カからそれぞれすべて選び，記号で答えなさい。

ア　タンポポの葉っぱの上をあるいていた。
イ　アブラムシを探しているのかな，と思った。
ウ　顔つきがかっこいいと思った。
エ　全体は赤色で黒い丸が７つあった。
オ　はねはとてもかたくてツルツルしていた。
カ　てきから身を守るのに役に立つと思った。

(2) ヘチマを観察して書いたレポートの中の，観察した結果にあたる文と結果から考えたこと(考察)を，次のア～カからそれぞれすべて選び，記号で答えなさい。

ア　たくさんの葉っぱとつるがあった。
イ　柱にからみついたつるはバネみたいになっていた。
ウ　柱にぶつかっていないつるはまっすぐだった。
エ　つぼみがたくさんあって，花がひとつだけさいていた。
オ　この花は花の下にふくらみがなかったから，おばなだと思った。
カ　次はめばながさくと思う。

(3) リカさんがヘチマを観察したのは７月の終わりのころでした。例年，千葉県では８月に最高気温を記録することが知られています。また，７月は夏至(げし)を過ぎた時期なので昼間の長さはだんだん短くなっていく時期です。これらのことから考えられるヘチマの花がさく条件についての仮説として考えられるものを次のア～カから２つ選び，記号で答えなさい。

ア　気温が高くなると花がさく
イ　気温が低くなると花がさく
ウ　昼間の長さが長くなると花がさく
エ　昼間の長さが短くなると花がさく
オ　雨が多くなると花がさく
カ　雨が少なくなると花がさく

4　6つのビーカーを用意し，それぞれ「石灰水」「水」「炭酸水」「うすい塩酸」「食塩水」「アンモニア水」を入れました。しかし，ビーカー内の液体はいずれも無色透明(とうめい)であり，見た目では区別がつかないため，どの液体が入っているかはわかりません。これらを 6 人の生徒に一人一つわたし，自分のビーカー内の液体が何であるかを調べる活動を行いました。

下の表は，6人の生徒がそれぞれビーカー内の液体について調べてみてわかったことをまとめたものです。あとの問いに答えなさい。

生徒Ａ	：この液体を青色のリトマス紙につけるとリトマス紙は赤色に変化した。
生徒Ｂ	：この液体は①つんとするにおいがした。
生徒Ｃ	：この液体を青色と赤色のリトマス紙につけたが，いずれも色の変化はしなかった。
生徒Ｄ	：この液体を青色と赤色のリトマス紙につけたが，いずれも色の変化はしなかった。
生徒Ｅ	：アルミニウムを入れたときに，激しく泡が発生した。においも少しした。
生徒Ｆ	：この液体を赤色のリトマス紙につけるとリトマス紙は青色に変化した。 この液体からはにおいはしなかった。

（1）　生徒A, B, E が調べたビーカー内の液体は何ですか。名称を答えなさい。

（2）　生徒C, D の溶液は中性であることがわかり，またその他の性質も非常に似ていることがわかりました。生徒C, D の液体が何であるかを明らかにするには，どのような操作を行うとよいか，説明しなさい。ただし，口に入れるなどの危険な行為は禁止とします。

（3）　下線①について，においをかぐときの正しい操作方法を答えなさい。

（4）　生徒B, F の液体をリトマス紙で調べたところ，同じ結果が出ました。この液体の種類をにおい以外で判断するためには，どのような方法がありますか。

【英　語】〈アドバンストチャレンジ試験〉（50分）〈満点：100点〉

〈編集部注：実物の試験問題では，1の［Part 1］(4)のグラフはカラー印刷です。リスニングの放送原稿は，未公表につき掲載していません。〉

リスニング試験　※試験開始5分後に始まります。

　［Part 1］次の英文の内容と合う絵を1～4の中から一つ選び，番号で答えなさい。
英文は2回読まれます。

(1)

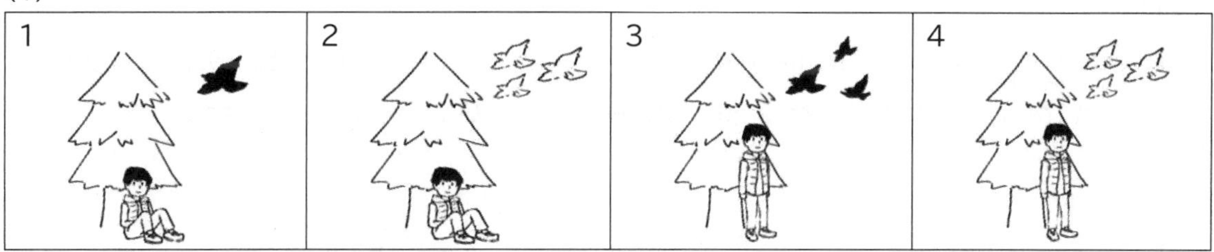

(2)

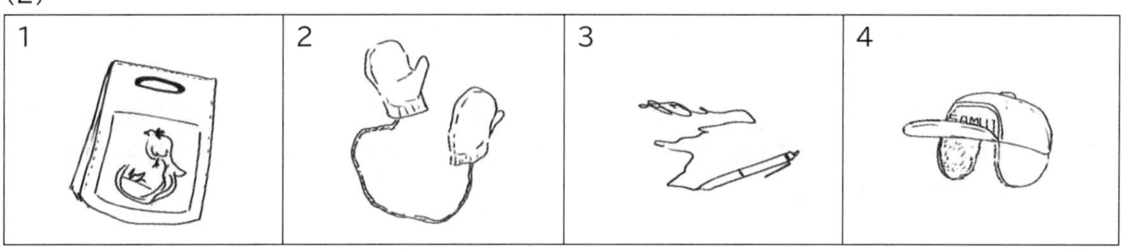

(3)

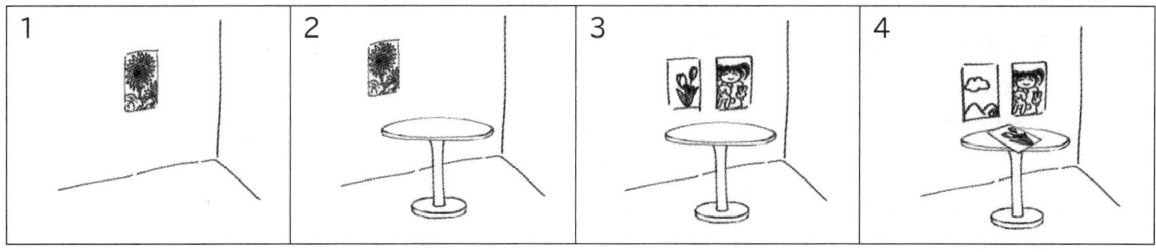

(4)

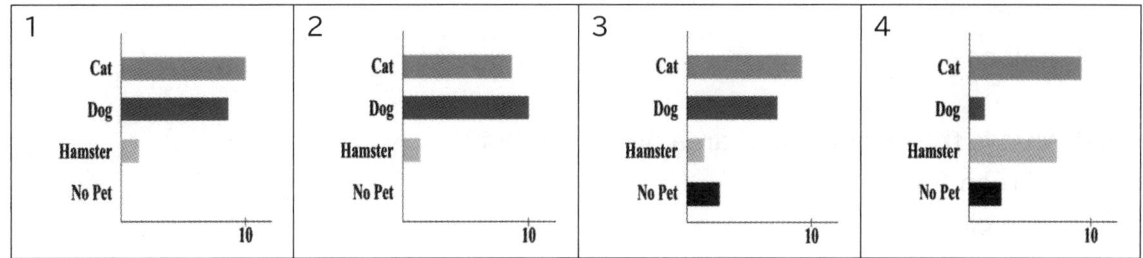

[Part 2]英文を聞いて，その後に読まれる質問に対して最も適切な答えを1～4の中から一つ選び，番号で答えなさい。 英文は2回読まれます。

(1)
1 Science and math
2 History and Science
3 Math
4 Science

(2)
1 On his phone with some water
2 On the computer with some tea
3 On the newspaper with some coffee
4 On TV with some tea

(3)
1 A comic book
2 A new bike
3 A pen
4 A pencil case

[Part 3] オーストラリアのホームステイ中に，遠足に出かけます。ツアーのガイドさんの話を聞いて，それぞれの英語の質問の答えとして最も適切なものを1～4の中から一つ選び，記号で答えなさい。英文は2回読まれます。

(1) Who is Brett?
1 A bus driver
2 A garden guide
3 A teacher
4 A scientist

(2) How long does the garden tour take?
1 One hour
2 Two hours
3 Three hours
4 All day

(3) What is the most popular area of the garden?
1 Green forest
2 Jungle area
3 Rose garden
4 The lake

筆記試験

2 次の日本文にあうように(　　　)内の語(句)を並べかえ，英文を完成させなさい。
(ただし，文の先頭に来る語句の最初の文字も小文字になっています。解答時は大文字にしなさい。)

(1) 私は動物園に行ったことは一度もありません。
(a zoo / been / have / I / never / to).

(2) 母が帰宅した時，私は皿洗いをしていました。
(came / I / my mother / the dishes / was / washing/ when) home.

(3) 体育館であなたと踊っていた男の子はだれですか？
(dancing / in / the boy / was / who / with / you) the gym?

(4) 健康的な食べ物を食べることは大事です。
(eat / food / healthy / important / is / it / to).

(5) 京都には見ておくべきものがたくさんあります。
(a lot of / are / Kyoto / in / see / there / things / to).

3 次の対話が成り立つように(　　　)に入れるのに最も適切な語や文を選び，1～4の番号で答えなさい。

(1) A: Did you (　　) fun in Hokkaido last week?
B: Yes, I went to the zoo twice!
1 enjoy　　2 have　　3 make　　4 show

(2) A: What will you buy tomorrow?
B: I need a new (　　). My money often falls out of this one.
1 bank　　2 smartphone　　3 T-shirt　　4 wallet

(3) A: What are the colors of the Italian (　　)?
B: Green, white and red I think.
1 flag　　2 food　　3 mountain　　4 people

(4) A: When is our teacher's birthday?
B: I don't (　　). Let's ask her.
1 forget　2 remember　3 say　4 think

(5) A: Are you going to stay in Kyoto (　　) a long time?
B: No, just a few days.
1 at　2 for　3 in　4 to

(6) A: What does your sister do?
B: She is a doctor. She works at a big (　　) in London.
1 hospital　2 library　3 school　4 theater

(7) A: I like this sauce. (　　)
B: Tomatoes, garlic and cheese.
1 What did you put in it?　2 What is your favorite food?
3 When did you make it?　4 Where can I buy this?

(8) A: Excuse me. Do you sell stamps?
B: (　　) You should try the post office.
1 I'll get some for you.　2 I'm afraid not.
3 I'm glad to hear that.　4 It's very beautiful.

(9) A: Which suit should I wear to the party?
B: (　　)
1 That's too expensive.　2 The blue one is nice.
3 The party was really good.　4 The suit is mine.

(10) A: Are you ready to take the test?
B: Yes. (　　)
1 Do you like it?　2 I didn't do very well.
3 I studied very hard for it.　4 That is mine.

4 次の指示に従って英文で答えなさい。ただし,文の形で答えなさい。

(1) 次の英文の質問に対して,あなた自身について1～2文で書きなさい。

Which meal do you like better, lunch or dinner? Why?

(2) 次の対話が続くように,下線部に入る英文を1文で書きなさい。

Student: May I come in, Mrs. Baker? I have a question about my science report.
Teacher: ________________________ Have a seat.
Student: Thank you.

(3) a, b の2つの質問のうち一つを選び,それに対しての自分の考えを5文以上で書きなさい。
自分が選んだものについて,解答らんの a, b いずれかに○をつけること。

質問: a. Do you like studying math?

b. What do you like most about your hometown?

5 次の2人の対話文を読んで,以下の質問に答えなさい。

Ami: You have a really cute eco bag. I love the flowers.

Yumi: Thank you so much. I got it this summer. Do you have an eco bag, too?

Ami: Yeah I do. My mom has four but I only have one. It has a black cat on it. My family talks about the earth a lot.

Yumi: Hmm, my mom says eco bags are good for the earth.

Ami: My mom says the same thing! In my class we read a book about plastic. If we use a lot of plastic bags, it hurts the earth.

Yumi: Oh yes, I read about a big plastic problem in the ocean. Most of the plastic from the world goes into the sea. The fish are eating the plastic and they are getting sick.

Ami: Oh no. I didn't know that. I saw a video about a sea turtle. It was so sad. The turtle had a plastic straw in its nose.

Yumi: Oh no, that poor turtle. That is terrible. Can we do anything to help the turtles?

Ami: Yes! We have to use paper straws or not use a straw. For example, if you go to Starbucks, you can use a paper straw.

Yumi: Cool. I' ve never used a paper straw but I want to try it.

Ami: We should make a new club at school. A recycle club.

Yumi: That is a great idea. We can recycle PET bottles and help other students recycle.

Ami: We can be the Green Earth Girls!

Yumi: Maybe we can think of a different name, but let' s make a new club.

(1) 次の質問の答えとして最も適切なものを1～4の中から一つ選び，番号で答えなさい。

① What is drawn on Yumi' s eco bag?

1 A black cat
2 Flowers
3 Summer
4 The earth

② How many eco bags does Ami' s family have?

1 One
2 Two
3 Four
4 Five

③ What is a big problem in the ocean?

1 The fish eat the plastic from the world and get sick.
2 The fish in plastic bags hurt the earth.
3 There are few people who use plastic bags.
4 There are many people who eat the fish.

④ Why do they want to make a new club at school?

1 Because both of their mothers told them to do it.
2 Because their school has a sea turtle.
3 To make paper straws for Starbucks.
4 To recycle PET bottles and help other students recycle.

⑤ What was their first idea for the club name?

1 A black cat and flowers
2 Green Earth Girls
3 Recycle club
4 Sea turtles

（2）次の英文が本文の内容にあっていれば○，間違っていれば×と答えなさい。

① Ami often talks about the earth with her family.

② Ami’s mother read a book about plastic for Ami.

③ Ami knew there was a big problem with the fish.

④ Yumi felt sad to hear that a sea turtle had a plastic straw in its nose.

⑤ Yumi sometimes uses a paper straw at Starbucks.

問九　―線部⑥「しかし気分は悪くなかった」とありますが、咲良がそのような気持ちになったのはなぜですか。「大黒と話しているうちに」に続けて五十文字以内で説明しなさい。ただし、一続きの文にすること。

三　次の文の構造を図に表したものとして最も適切なものを、後からそれぞれ選び、記号で答えなさい。

①　これは　私の　兄が　去年まで　使っていた　ふでばこです。

②　天気予報によると　今日の　天気は　とても　よいらしい。

ア

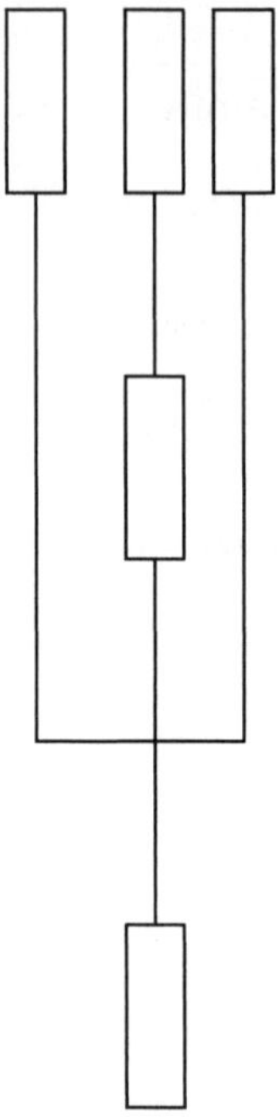

イ

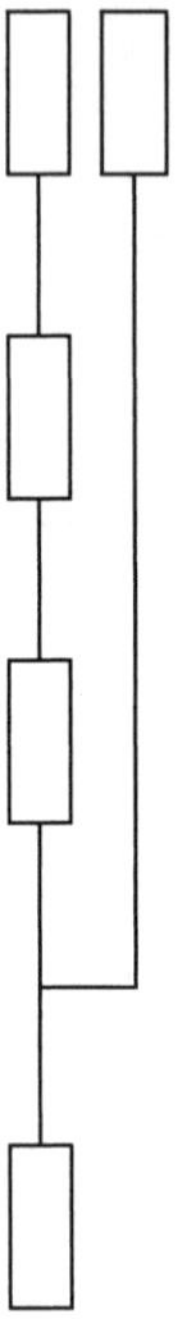

ウ

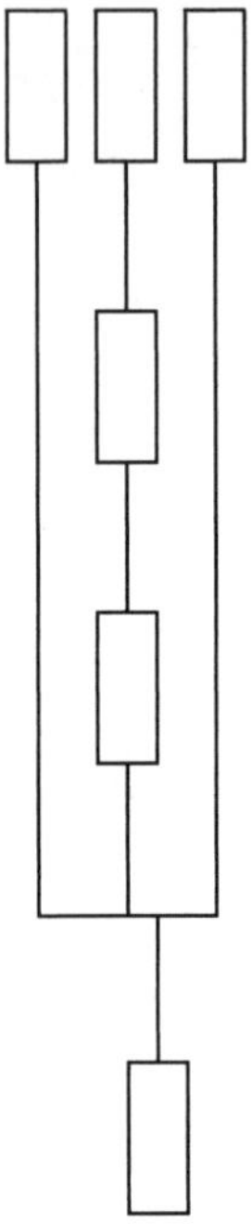

エ

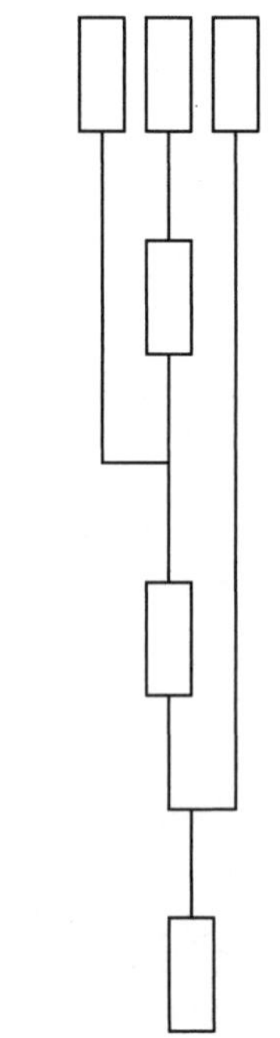

四　次の―線部の漢字をひらがなに直し、カタカナを漢字で書きなさい。送りがながある場合は、送りがなも答えなさい。

①　去就が注目される。

②　学級の新聞を刷る。

③　校外学習で市のチョウシャに行った。

④　大臣をシリゾク。

⑤　山でシンコキュウをする。

⑥　遠足にケイソウで出かける。

問二　空らん（　A　）にあてはまる言葉を次の中から一つ選び、記号で答えなさい。

ア　縦　　イ　横　　ウ　左右　　エ　斜め

問三　―線部②「体育館に向かう咲良の足は重かった」とありますが、その理由を次の中から一つ選び、記号で答えなさい。

ア　行きたくもないのに、無理やり行かされることに腹を立てていたから。

イ　自分の意志で動きたかったのに、人に頼まれたことが面白くなかったから。

ウ　バレーボール部にはうらみがあり、監督とは顔を合わせたくなかったから。

エ　バレーボールには苦い思い出があり、それを思い出したくなかったから。

問四　―線部③「お地蔵か」とありますが、これは誰のどのような様子を表現したものですか。本文中の言葉を使って、二十文字以内で説明しなさい。

問五　空らん（　B　）にあてはまる言葉を次の中から一つ選び、記号で答えなさい。

ア　二の足　　イ　地団駄（じだんだ）　　ウ　虎（とら）の尾　　エ　地面

問六　次の会話文は、本文中の空らん（　C　）～（　F　）のどこにあてはまりますか。次の中からそれぞれ選び、記号で答えなさい。

ア　私、中学までバレー部だったんです

イ　千中、ねえ

ウ　ふうん

エ　結構強かったんです。千里（せんり）中学校では全国大会まで行きました

問七　―線部④「咲良もまた、例外ではなかった」とありますが、咲良が試合中にどのような状態になったということですか。本文中の言葉を使って具体的に六十文字以内で説明しなさい。ただし、一続きの文にすること。

問八　―線部⑤「なにかに気がついた」とありますが、どのようなことに気がついたのですか。その説明として最も適切なものを次の中から一つ選び、記号で答えなさい。

ア　メンタルが強ければ勝てると思っていたが、その思いが強すぎて自分も人も傷つけてしまうということに気がついたということ。

イ　メンタルさえ強ければどんなに苦しい場面でもチャンスに変えて頑張れるので、もっと強くなるべきだと気がついたということ。

ウ　メンタルが強いと思っていた大黒は、咲良と同じで実はメンタルが弱いことに気がついたということ。

エ　試合を制するためには、強さが災いすることがあるので、弱いメンタルでも大丈夫だと気がついたということ。

切った。そして……。

「ファイトッ」

「ファイトッ」

体育館から、ボールが床に叩きつけられる音とともに、かけ声が響いている。後輩たちやマネージャーの声だろう。自然、シューコの顔が思い出された。涙をこらえた勝気そうな目。

「なのに私、チームが負けたことをマネージャーのせいにしました」

絞り出すように言った咲良に、ちらっと大黒は横目を流した。

「いえ、先輩のことを言っているんじゃないです」

嫌味を言ったつもりではなかったので、咲良はすぐさま取りつくろった。そうしながら小刻みに打っていた動悸がおさまっているのに気がつく。さっきまで、耳に激しく響いていた音や匂いが、さほど気にならなくなっている。それどころか、すんなりと体に入ってくるようだ。懐かしさというより、まだしっかりとある記憶と結びついて、心が高鳴ってさえいた。これもまた身に覚えのある感覚だ。練習の心地よいテンション。

咲良は小さく息をついた。と、

「鋼は、自分を切ることがある」

大黒が静かに言った。それは⑤なにかに気がついたような声でもあった。

「なるほど」

かみしめるようにつぶやいて、宙を見つめる。

「俺はもっと強くなるべきだと思っていた。今きみが言ったように強いメンタルこそが、試合を制するのだと思っていた。本番に弱いのは、俺の心が弱いからだとばかり思ってたんだが、強さが災いすることもあるのか」

「ありますよ。あの、両方切れる刃ってやつ」

咲良は大きな刃物を振りかざすしぐさをしてみせた。

「諸刃の剣」

「ああ、それ。相手も切るけど自分も切る。自分だけじゃなくて、チームワークもぶった切るし、人との絆もぶった切る」

反省を込めるには勢いがつきすぎた声で、咲良は言った。⑥しかし気分は悪くなかった。

「えへへ」

急に恥ずかしくなって空笑いをする。心に残るむず痒さをごまかすように。

「ふっ」

その顔がおかしかったのか大黒もやっと笑った。

（まはら三桃『疾風の女子マネ！』より）

（注）※印…本文中の漢字については、学習指導要領における小学生の配当以外の難しい漢字にはふりがなをふっています。

※…設問の都合上、一部表記を変えたところがあります。

問一　――線部①「ね、頼むよ」とありますが、どのようなことを頼まれたのかがわかる一続きの文を本文中から抜き出して、初めの七文字を答えなさい。

より先ほどから匂いが鼻にまとわりついている。

ボールの皮とシューズの裏のゴムがすれる匂い、汗と、シップと、サポーターの内側の匂い。

実際には、匂っていないのかもしれないが、それらが、記憶と一緒にまざまざと迫ってきていた。

「うわーっ、思い出すわ」

咲良は思わず膝に顔をうずめた。体じゅうに力が入る。実際これ以上思い出したくなかった。つらいというより、苦しいに近かった。いや苦しいというより、痛い。でもいちばん強く感じるのは恥ずかしさだった。体の中身がきゅっと縮むくらいの恥ずかしさがこみ上げて、胸の鼓動がスピードを上げた。

「うわーっ」

咲良は両手で腕を抱えて、（　B　）を踏むみたいに足をばたばたさせた。

「どうした?」

ふと大黒の声がきこえた。シンプルに驚いたみたいな声だった。ふいにやってきて隣に座った人間が、いきなりもがき苦しみ出したのだから無理もない。

「（　C　）」

顔を上げないまま、咲良は言った。

「（　D　）」

大黒は鼻先だけで返事をした。

「（　E　）」

「（　F　）」

名前に思い当たったのだろう、大黒の返事には少しだけ感情が乗った。

「アタッカーで、『ハガサク』なんて呼ばれてました。鋼の咲良っていう意味です。アタックも気持ちもめっちゃ強いから」

咲良は気持ちが強い、というところを特に強調した。そうしないと体育館からもれてくる、バレーボールに負けてしまいそうだったのだ。

「私は一年生のときからレギュラーで、スタメンでこそなかったけど、目をかけられた選手でした。私が入ると試合の流れが変わる。なにしろ鋼ですから、みんな引きしまるんです。それでその年は、ベスト8に入りました」

胸にこみ上げてくる苦みを呑み込みながら、咲良は続けた。

「誰もが次は優勝だと思っていました。もちろん、私もです。ベスト8の力はあるのだから、あとは気持ちが強い方が勝つ」

実際、全国大会には特有の雰囲気があった。能力と体格に恵まれ、さらに厳しい練習を重ねた選りすぐりの選手たちが集まる大会だ。空気に呑まれてしまう選手は少なくない。自他ともに認める鋼だったはずの④咲良もまた、例外ではなかった。

「でも、全国大会の準決勝で負けました。私のせいです。やることなすこと裏目に出て、途中で監督の声はきこえなくなった。ミスを重ねて、狙われて、負けました。自分の鋼で自分をぶった切ったんです」

ぶった切ったのは、咲良自身だけではなかった。チームワークもぶった

②体育館に向かう咲良の足は重かった。青嵐学園高校には、体育館が二つある。二つは中庭に少し離れて建っていて、それぞれバスケット部とバレー部が使用している。咲良はこれまで、第一体育館に入ったことがなかった。授業で使うのは第二の方だし、入学してすぐのときに男バスの練習を見に行くつもりの第一から、バレーボールの気配がきこえて以来、近寄らなかったのだ。

「第二裏なら、男バスの練習くらいのぞけたのに」

景気づけにつぶやいてみたが、あまり効き目はなかった。動きが鈍い足を引きずるようにして第一体育館にたどり着いた。心の準備はしていたものの、中からもれてくる声とボールの音が、むやみに大きくきこえてきた。

帰りたい気持ちを抑え、ひょい、と裏をのぞいてみる。

なーんだ。

大黒はすぐに見つかった。天野からは穴にはまっているときいていたので、落とし穴くらいの深さを想像していたのだが、そうではなかった。大黒は体育館とブロック塀の間の通路みたいなところに座っていた。背中を壁に預けてじっと目をつぶっている。

咲良は近づいてみる。が、大黒は微動だにしなかった。眠っているわけではなさそうなので、人の気配には気がついていると思われたが、目も開けない。試しにそのまま前を通り抜けてみたが、反応はなく、振り返って確かめるもまったく同じ姿だった。

③お地蔵か。

仕方なく声をかけてみることにする。

「大黒先輩」

予想はしていたが返事はない。天野からは励ましてこいと言われ、直からもそれを促されたが、咲良はなんの言葉も用意していなかった。それどころか、行き先はバレー部が練習している第一体育館で、まるで気は進まなかった。

唯一、興味をひかれていたのが、大黒スポットだった。どんなものか見てみようと思ったのに、それも期待はずれな代物だ。それでも座っている部分に注目すると、確かに大黒のお尻のひと周り外側からへこんでいるようではある。お尻がすっぽりと入っているのだろう。長い月日の間に、大黒が作り出したプライベートスポットであるらしかった。

「隣いいですか」

返事を期待したわけではなかったので、言いながら座ったが、やはり無言だ。

「ここ、居心地いいですか」

お尻の下は土なので、コンクリートの熱や硬さはない。さらに壁に背中をもたれさせられるのも楽そうだ。直射日光も差さず、風もいい具合に抜けていって、涼やかでもある。けれども、咲良にとっては気になることがあった。

「私にとっては全然よくないんですけど」

目の前は体育館だ。扉は半分くらい開いてはいるが、角度のせいで中は見えない。それでもボールの音やかけ声は、はっきりときこえる。なに

問七　次の会話文は、《文章Ⅰ》を読んだ後の生徒たちの会話です。**間違った発言をしている人**を後から一人選び、記号で答えなさい。

Aさん「私も思い込みから損をしていることがあるかもしれないな。そういえば、昨日も晩ご飯でにんじんを残してしまったよ。食べてみれば意外とおいしく感じるのかもしれないね。今度試してみるよ。」

Bさん「そうだね。ぼくも思い込みでたくさん損をしている気がしてきたよ。だからこれからは可能性があることは何でもすべて自分でやってみることにするよ。」

Cさん「私は、思い込みは別に悪いことではないと思うよ。確かに損をすることはあるけれど、情報の整理などの面から見たらとても合理的なものだと思うな。」

Dさん「その通りだね。でも、思い込みすぎて思考停止しないように、好奇心を大切にしてたまにはネットサーフィンをしてみようかな。」

ア　Aさん　　イ　Bさん　　ウ　Cさん　　エ　Dさん

二　次の文章を読んで、後の問いに答えなさい。

（字数はすべて句読点を含む。）

中学校時代バレーボール部に所属していた咲良は、高校に入り、マネージャーとして陸上部に入部した。インターハイ（全国大会）を目指す中、ブロック大会の選手選考で男子のリレー選手「大黒」がメンバーから外された。

「大丈夫だって、いけるって」

根拠なく断言して、両手を合わす。

「①ね、頼むよ」

「……、どっちの体育館ですか」

嫌な予感がしたが、ちなみにきいてみると、やっぱり的中した。

「第一」

「無理です」

とっさに咲良は首を左右に振ったが、天野は能天気な笑顔のままでストレッチを終え、

「大丈夫、大丈夫。じゃ、頑張ってね～」

と走り去ってしまった。助けを探すために流した視線は、すぐに直とぶつかったが、直はすでに事態を把握しているように、首を（　A　）に振った。さらにもう一度深く（　A　）に振った。まるで、

「行け」

と言っているように。

問二　空らん（　A　）～（　C　）にあてはまる語句の組み合わせとして最も適切なものを次の中から一つ選び、記号で答えなさい。

ア　A　だから　　B　あるいは　　C　だが
イ　A　あるいは　B　だが　　　　C　だから
ウ　A　だが　　　B　だから　　　C　あるいは
エ　A　だが　　　B　あるいは　　C　だから

問三　―線部②「柔軟に対応する方が明らかに得なのだ」とありますが、筆者がこのように考える理由を「～から。」に続くように、―線部②よりも前から二十文字以上、二十五文字以内で抜き出し、初めと終わりの五文字を書きなさい。

問四　―線部③「そういうケース」とありますが、その内容に最も近いものを次の中から一つ選び、記号で答えなさい。

ア　好きでも嫌いでもなかったアスパラガスに、マヨネーズをつけてみるとよりおいしくなったことから大好きになった。
イ　今まで何度挑戦してみても解けなくて嫌になっていた算数の問題が、先生に教えてもらって解けるようになった。
ウ　今までルールも全く知らなかったスポーツでも、友人に誘われて挑戦してみると意外に上手くできた。
エ　自分には難しすぎると思っていた本でも、読んでみると意外に面白く、様々な本をもっと読んでみたくなった。

問五　―線部④「好奇心は、『自由』の非常に大きな効用の一つだろう」とありますが、筆者がこのように述べる理由として最も適切なものを次の中から一つ選び、記号で答えなさい。

ア　自分が熱中していることをもっと知りたいと思い、自分が知っている世界へ深く入りこむことで、より理解を深められるから。
イ　自分が熱中していることに関連することが、自分がまだ知らない世界へ足を踏み入れてみたら発見できるかもしれないから。
ウ　インターネットでリンクを辿っていき、まったく違ったジャンルの情報に触れるアドベンチャは、時間を消費する価値はあるから。
エ　自分の思うままにさまざまな本やインターネットのサイトを見たり読んだりすることによって自由を感じることができるから。

問六　《文章Ⅱ》に＝線部「抵抗する価値はある」とありますが、どのように「生きる」ことが「抵抗」することになりますか。《文章Ⅰ》の内容を踏まえて五十文字以内で説明しなさい。ただし、一続きの文にすること。

用の一つだろう。

《文章Ⅱ》

もちろん、完全な無心になどなれない。人間の記憶は消せないからだ。自分が既に知ってしまったものを忘れて、今取り入れた新しいものだけを感じることは不可能である。けれども、少なくともそうしようと努力すべきだ、ということ。そうしないと、結局は「年寄り」になる。否、みんな、どう足掻いても年寄りにはなる。不可避なものだ。それでも、抵抗する価値はある。

「生きる」とは、結局は「死」への抵抗である。自然に流されるままであるなら、それは「生きている」とはいえないのではないか。

もう面白いものなどこの世にはない、という頭の固い人間になってしまったら、それは死んでいる感性だ。自由を放棄したら、自然は生きものを単なる物体に戻す。それが死である。

そんな努力は無理だと思われるかもしれないが、子供の心、若い頃の自分を思い出してみよう。生きていく活力があった。感じるだけで何故か嬉しかった。死など無縁だと信じていた。そんな気持ちを誰もが持っていたのである。戻れないけれど、思い出すことはできる。その若い気持ちになって、何事にも接してみよう。慣れればどうということはない。

人間は少なくとも自分の感情くらいはコントロールできるものである。わかりやすい言葉でいうと、「〜のつもりになって考える」「〜のつもりになって感じる」という具合だ。このような習慣を身につけると、自然に今の自分に囚われない客観的な視点を持つようになる。これこそが、創作的な仕事には最も強力な武器となる。「研ぎ澄まされた刃」の意味である。

また、普段の生活においても、相手の気持ちを察することが無意識のうちにできるようになる。自分が話しているときでさえ、相手はどう聞いているかを自然に思い描いている。人の心理が見えるようになるのだ。「そんなのは単なる想像ではないか」と思う人もいるだろう。そう、そのとおり、すべては想像である。そして、この想像こそが人間の能力の基本であり、あらゆる活動の基礎になるものだ。想像ができなくなったら、もう人間ではないといっても良い。

生きていることも、そして自由も、すべて想像の産物である。

(注) ※印…本文中の漢字については、学習指導要領における小学生の配当以外の難しい漢字にはふりがなをふっています。
※…設問の都合上、一部表記を変えたところがあります。

問一　――線部①「不合理な(あるいは妄信的な)拒否反応」とありますが、同じ意味で使われている部分を本文中から十文字以上、十五文字以内で二つ抜き出して答えなさい。

ていこうとする。情報が多すぎるから、とりあえず「嫌いそうなもの」には無関心になるしかないのである。

　このように、「決めつける」「思い込む」というのは、情報の整理であり、思考や記憶の容量を節約する意味からいえば合理的な手段かもしれない。

　しかし逆にいえば、頭脳の処理能力が低いから、そういった単純化が必要となるのである。動物がこの傾向を示す理由は、人間よりも脳の処理能力が低いためで、これはしかたがない。でも、人間だったら、もう少し柔軟（※じゅうなん）になれるはずだと思う。決めつけず、②柔軟に対応する方が明らかに得なのだ。

　歳（※とし）をとるほど思い込みが激しくなるのは、間違いなく頭脳の劣化（※れっか）によるものだろう。一度決めたことを蒸し返して再考したくない。ようするに、「もう考えるのが面倒（※めんどう）だ」と感じるようにだんだんなる。

　しかし、考えること、行動することは、すなわち生きていることにほかならないわけで、考えることが面倒だ、行動することが面倒だ、などといっていたら、生きていくことが面倒だ、というところへ行き着いてしまう。現にそのとおり、そういう人はどんどん老け込んでいくだろう。死んでいる状態に早く近づこうとしているのだから。

　それが悪いといっているのではない。世の中には、早く死にたいと願っている人だっている。本人が強く望んでいるのならば、基本的にすべては自由だ。でも、無意識のことだったら、もったいない話である。気がついた方が良い。

　自分はそれには向かない、それは苦手だ、と思っている対象を完全に排除（※はいじょ）するのは、自分の可能性をそれだけ制限していることになる。それは、いかにも不自由ではないだろうか。

　無理に確かめろとはいわない。常に、視野を広くするため、自分の視点から離（※はな）れ、もっと高い位置から眺（※なが）め、すべての可能性を自分の将来の選択肢（※せんたくし）として持っている方が良いのではないか、ということである。

　駄目だと思っていたジャンルの中に、実は面白いものが生まれているかもしれない。③そういうケースはよくある。「そちらは見ない」と決めず、たまに見回してみることは無駄ではない。

　僕（※ぼく）は書店で雑誌を沢山（※たくさん）購入（※こうにゅう）する。さまざまなジャンルの雑誌を買うことにしている。普段（※ふだん）まったく関心のない棚（※たな）へも見にいって、表紙に書いてあるコピイを読んだりする。

　インターネットでも、ネットサーフィンという言葉がかつては流行（※はや）った。リンクを辿（※たど）っていき、まったく違（※ちが）ったジャンルの情報に触（※ふ）れるアドベンチャは、少々の時間を消費する価値はあると思う。アンテナを張って、面白そうなものをいつも探す姿勢である。

　これをさせるのは、「好奇心（※こうきしん）」だと思う。まだまだ知らない世界がある。そこへ足を踏み入れてみたい。ひょっとしたら、自分が今熱中していることに関連するようなヒントが、まったく別のところで発見できるかもしれない、という予感に誘（さそ）われる。インスピレーションを拾うための旅と呼んでも良いだろう。

　まるで、流れ着いたものを眺めながら海岸を歩くような行為（※こうい）である。まさに、自由がなせる技といえる。④好奇心は、「自由」の非常に大きな効

二〇二二年度 昭和学院中学校

【国　語】〈アドバンストチャレンジ試験〉（五〇分）〈満点：一〇〇点〉

一　次の《文章Ⅰ》《文章Ⅱ》は森博嗣『自由をつくる　自在に生きる』によるものである。二つの文章を読んで、後の問いに答えなさい。

（字数はすべて句読点を含む。）

《文章Ⅰ》

　思い込みには、大別すると二種類あるようだ。一つは、一般にもよく指摘されるものといえる。それは、自分で嫌いだと思い込んでいるものに対する①不合理な（あるいは妄信的な）拒否反応だ。子供が嫌いなものを絶対に口にしない、よく観察されるシーンである。「騙されたと思って食べてみなさい」というような説得をした経験がないだろうか。しかし、大失敗に懲りているのか、絶対にそれに近づきたくない、という固い決意が過去に生まれたのである。人間関係でいえば、「絶交」などもこれである。

　こういったことは、人間だけでなく、動物にも広く観察される傾向で、本能的な自己防衛の手段なのだろう。一度危険だと認識したものに対しては、二度と近づかないように注意をする。慎重というか用心深いというのか、とにかく馬鹿にできることではない。（　A　）、人間は少なくとも動物よりも賢い。思考力も分析力もはるかに高いレベルのはずである。慎重なのにこしたことはないが、度を超した頑なな拒否反応は、必ずしも賢明とはいえないだろう。

　どんなものでも変化をする。環境が変わり、自分を取り巻く状況が変わり、そして自分自身も成長して常に変化している。嫌いだと決めつけた対象と自分との関係だって、ずっと変化しないはずはない。（　B　）、あるとき「もう一度試してみようか」という気分になって、実際にやってみたら、「なんだ、べつに悪くないじゃないか」なんてことが少なくない。

　嫌いだったものが一転して好きになる場合も多い。この経験は誰にでも必ずあるはずだ。そういうときに、「思い込みで敬遠していて損をしたな」と感じることも多いだろう。

　一度試して駄目だったものなら、まだ一応の根拠があるわけで、しかたがないかもしれない。実は、思い込みの多くは、一度も試されていないものなのである。経験していないのに、レッテルを貼ってしまうのだ。そのときに作用したものとは、単なる誤認だったり、遠目に見た僅かな観察に基づく勝手な印象だったり、それとも他人からの伝聞や噂の類だったり、（　C　）、誰かから指摘されたことだったり、いろいろなケースがある。

　世の中には無数の可能性があるわけだから、全部を自分で試すことはできない。だから、自分に入ってくる情報によってさっさとレッテルを貼って整理しないと落ち着かない。そうやって仕分けをして、安全な環境を構築するわけである。鳥が樹の上に作る巣みたいに、これはOKだろうというものを集めてきて、それらで周りを囲い、人はその中で生き

2022年度 昭和学院中学校 ▶解説と解答

算　数　＜アドバンストチャレンジ試験＞（50分）＜満点：100点＞

解　答

1 (1) 6　(2) 3　(3) 315　(4) $\frac{11}{26}$　2 (1) 146　(2) 5　(3) 150　(4) 49　(5) 40　3 (1) 45度　(2) ① 36.84cm　② 11.61cm^2　4 (1) 4　(2) 4　(3) 2　5 (1) 60秒後　(2) 1：8　6 (1) 30日目　(2) 土曜日　(3) 60日

解　説

1 四則計算，計算のくふう

(1) $\{(3-4\div16)\times12-6\}\div3-3=\left\{\left(3-\frac{4}{16}\right)\times12-6\right\}\div3-3=\left\{\left(\frac{12}{4}-\frac{1}{4}\right)\times12-6\right\}\div3-3=\left(\frac{11}{4}\times12-6\right)\div3-3=(33-6)\div3-3=27\div3-3=9-3=6$

(2) $8\times(2.25-1.75)\times\frac{3}{4}=8\times0.5\times\frac{3}{4}=4\times\frac{3}{4}=3$

(3) $A\times C+B\times C=(A+B)\times C$となることを利用する。それぞれのかけ算を「○×７」の形に変形すると右の図１のようになるから，与えられた式は，1×7，2×7，…，9×7の和になる。また，$1+2+\cdots+9=(1+9)\times9\div2=45$だから，$45\times7=315$と求められる。

図１

$1\times14=1\times2\times7=2\times7$
$2\times14=2\times2\times7=4\times7$
$2\times21=2\times3\times7=6\times7$
$49=7\times7$
$2\times28=2\times4\times7=8\times7$
$3\times21=3\times3\times7=9\times7$

図２

$\frac{1}{156}=\frac{1}{12\times13}=\frac{1}{12}-\frac{1}{13}$
$\frac{12-7}{7\times12}=\frac{12}{7\times12}-\frac{7}{7\times12}=\frac{1}{7}-\frac{1}{12}$
$(7-5)\div35=\frac{2}{35}=\frac{2}{5\times7}=\frac{1}{5}-\frac{1}{7}$
$\frac{3}{10}=\frac{3}{2\times5}=\frac{1}{2}-\frac{1}{5}$

(4) $\frac{1}{N\times(N+1)}=\frac{1}{N}-\frac{1}{N+1}$，$\frac{2}{N\times(N+2)}=\frac{1}{N}-\frac{1}{N+2}$，$\frac{3}{N\times(N+3)}=\frac{1}{N}-\frac{1}{N+3}$となることを利用すると，右上の図２のようになる。よって，$\frac{1}{12}-\frac{1}{13}+\frac{1}{7}-\frac{1}{12}+\frac{1}{5}-\frac{1}{7}+\frac{1}{2}-\frac{1}{5}=\frac{1}{2}-\frac{1}{13}=\frac{13}{26}-\frac{2}{26}=\frac{11}{26}$と求められる。

2 周期算，調べ，売買損益，整数の性質，面積

(1) $\frac{23}{111}=23\div111=0.207207\cdots$だから，小数点以下には｛2，0，7｝の３個の数字がくり返される。よって，小数第１位から小数第50位までには，$50\div3=16$余り２より，｛2，0，7｝が16回くり返され，さらに２個の数字が並ぶことがわかる。また，１つのくり返しの和は，$2+0+7=9$であり，最後の２個の和は，$2+0=2$だから，小数第１位から小数第50位までの和は，$9\times16+2=146$と求められる。

(2) ３つの数が｛1，2，3｝の場合，真ん中の数を４倍して４を加えた数は，$2\times4+4=12$となる。一方，最大の数と最小の数をかけた数は，$3\times1=3$となるので，条件に合

図１

真ん中の数	2	3	4	5
(真ん中の数)×４＋４	12	16	20	24
(最大)×(最小)	3	8	15	24

わない。同様にして調べると上の図1のようになるから，条件に合う真ん中の数は5とわかる。

(3) 1個の仕入れ値を1とすると，1個の定価は，1×(1+0.3)=1.3，1個の売り値は，1.3×(1−0.2)=1.04となる。また，90個売ったときの売上が14040円なので，1個の売り値は，14040÷90=156(円)とわかる。よって，(1個の仕入れ値)×1.04=156(円)と表すことができるから，1個の仕入れ値は，156÷1.04=150(円)と求められる。

(4) 約数の個数が3個である整数は，□×□と表すことができる。このとき，□は同じ素数であり，3個の約数は{1，□，□×□}である。よって，□に素数を小さい順にあてはめると，2×2=4，3×3=9，5×5=25，7×7=49，11×11=121，…となるので，条件に合う最も大きい整数は49とわかる。

(5) 輪ゴムが伸(の)びていない状態のとき，印と印の間かくは，6÷5=1.2(cm)である。これを長方形の板にかけると，輪ゴムが伸びて右の図2のようになる。よって，縦方向にかける場合は，2÷1.2=$\frac{5}{3}$(倍)に伸び，横方向にかける場合は，3.2÷1.2=$\frac{8}{3}$(倍)に伸びることになる。また，板の表面に見えているのはゴムの半分だけだから，伸びていないときの長さは，6÷2=3(cm)である。したがって，板の縦の長さは，3×$\frac{5}{3}$=5(cm)，横の長さは，3×$\frac{8}{3}$=8(cm)なので，板の面積は，5×8=40(cm²)と求められる。

図2

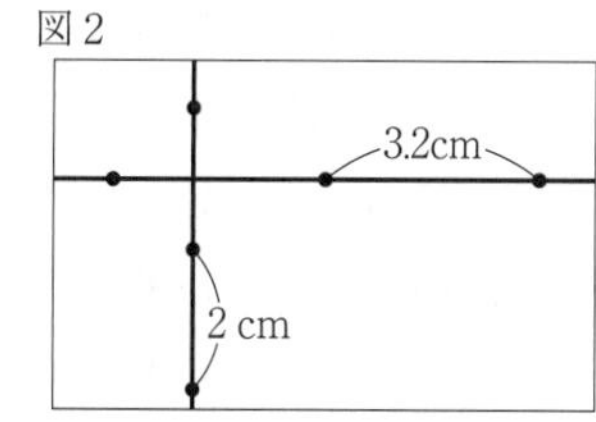

3 角度，長さ，面積

(1) 右の図1のようにBとCを結ぶと，三角形CBDと三角形EFGは合同だから，角イと角イ′の大きさは等しくなる。また，三角形CBHに注目すると，角イ′+角ウ=角アという関係があるので，角アと角イ′の大きさの差は，角ウの大きさと等しくなることがわかる。次に，AとCを結ぶと，かげをつけた2つの三角形は合同な直角三角形になる。よって，ACとCBの長さは等しく，●印と○印をつけた角の大きさの和は90度になるから，角ACBの大きさは，180−90=90(度)とわかる。つまり，三角形CBAは直角二等辺三角形なので，角ウの大きさは45度である。したがって，角アと角イ′の大きさの差は45度だから，角アと角イの大きさの差も45度とわかる。

図1

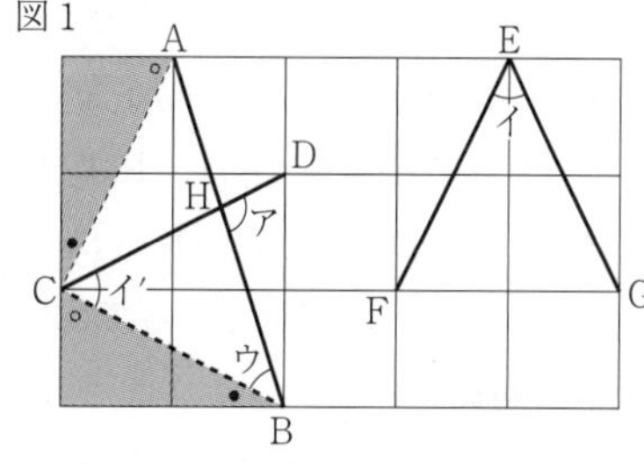

(2) ① 右の図2で，ひもは太線部分である。このうち，曲線部分を集めると半径3cmの円周になるから，曲線部分の長さの合計は，3×2×3.14=18.84(cm)とわかる。また，直線部分1か所の長さは，3×2=6(cm)なので，直線部分の長さの合計は，6×3=18(cm)となる。よって，ひもの長さは，18.84+18=36.84(cm)と求められる。　② 長方形ABCDの面積は，3×6=18(cm²)である。また，★印の部分を集めると半径3cmの半円になるから，その面積は，3×3×3.14÷2=4.5×3.14=14.13(cm²)とわかる。よって，かげをつけた部分1か所の面積は，18−14.13=3.87(cm²)なので，3か所の合計は，3.87×3=11.61(cm²)と求められる。

図2

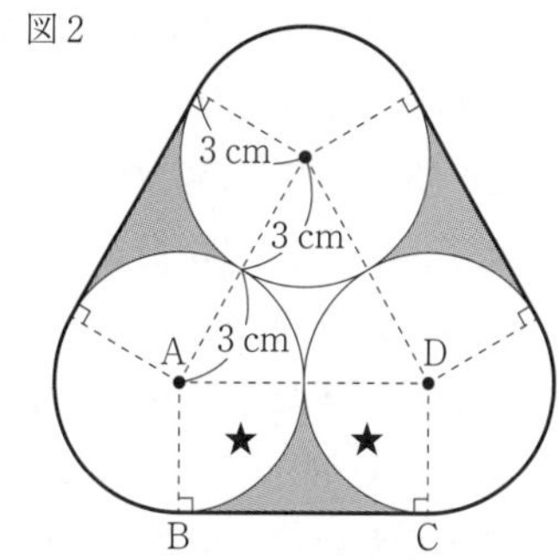

4 約束記号

(1) 3×3×3×3＝81だから，3を4回かけると81になることがわかる。よって，▲に当てはまる整数は4である。

(2) 2×2×2＝8より，(64｜●)＝3となるので，●×●×●＝64と表すことができる。よって，4×4×4＝64より，●に当てはまる整数は4とわかる。

(3) (◇｜2)＝A，(◆｜2)＝Bとすると，右のようになる。よって，2を(A＋B)回かけると(◇×◆)になるので，(◇×◆｜2)＝A＋Bと表すことができる。ここで，A，Bを元にもどすと，(◇×◆｜2)＝(◇｜2)＋(◆｜2)となるから，■に当てはまる整数は2とわかる。

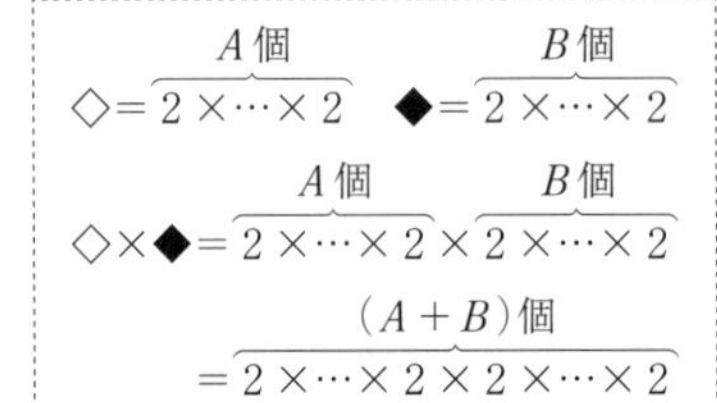

5 グラフ―旅人算

(1) 最初，A，B，Cはこの順番で並んでおり，問題文中の図1，図2から，最初のAとCの間の長さは240cm，最初のBとCの間の長さは180cmなので，最初の状態は右上の図のようになる。A，B，Cが同時に出発した後，AとCは40秒後に重なるから，もし，Cが動かないとすると，Aは図の矢印の方向に毎秒，240÷40＝6(cm)の速さで動くことになる。同様に，BとCは36秒後に重なるので，もしCが動かないとすると，Bは図の矢印の方向に毎秒，180÷36＝5(cm)の速さで動くことになる。よって，AとBの速さの差は毎秒，6－5＝1(cm)とわかる。さらに，最初のAとBの間の長さは，240－180＝60(cm)なので，AとBが重なるのは出発してから，60÷1＝60(秒後)と求められる。

(2) (1)と同様に，Cが動かないと考える。100秒間でAはBより，1×100＝100(cm)多く動くから，100秒後のABの長さは，100－60＝40(cm)になる。また，100秒間でBは，5×100＝500(cm)動くので，100秒後のBCの長さは，500－180＝320(cm)とわかる。よって，100秒後のABとBCの長さの比は，40：320＝1：8である。

6 周期算

(1) Aは，1＋1＝2(日)，Bは，4＋1＝5(日)，Cは，5＋1＝6(日)を周期として働く。ここで，2と5と6の最小公倍数は30だから，3人をまとめて考えると，30日を周期として同じ働き方をくり返すことになる(右の図を参照)。よって，3人が初めて同時に休みになるのは，1周目の月曜日から数えて30日目である。

(2) 3回目に同時に休みになるのは，1周目の月曜日から数えて，30×3＝90(日目)となる。これは，90÷7＝12余り6より，12週間と6日とわかるので，最後の日は1週間の中の6日目にあたる土曜日である。

(3) 150÷30＝5より，150日目までにはちょうど5周期あることがわかる。また，3人が同じ日に働くのは右の図のかげの部分だから，1つの周期の中に12日ある。よって，5周期では，12×5＝60(日)と求められる。

		月	火	水	木	金	土	日
1週目	A	○	×	○	×	○	×	○
	B	○	○	○	○	×	○	○
	C	○	○	○	○	○	×	○
2週目	A	×	○	×	○	×	○	×
	B	○	○	×	○	○	○	○
	C	○	○	○	○	×	○	○
3週目	A	○	×	○	×	○	×	○
	B	×	○	○	○	○	×	○
	C	○	○	○	×	○	○	○
4週目	A	×	○	×	○	×	○	×
	B	○	○	○	×	○	○	○
	C	○	○	×	○	○	○	○
5週目	A	○	×					
	B	○	×					
	C	○	×					

社　会　＜アドバンストチャレンジ試験＞（30分）＜満点：50点＞

解　答

1 **問1**　ウ　**問2**　エ　**問3**　ウ　**問4**　ア　**問5**　**【X】**　イ　**【Y】**　オ　**問6**　ア，キ　**問7**　(例)　地域の自然や風景，人々のようすなどの映像をインターネットで配信し，地域のよさを広く知ってもらう。　**2** **問1**　ウ　**問2**　和同開珎　**問3**　(例)　(平城京の建設に必要な)物資の購入や，労働者の賃金の支払いのため。　**問4**　イ　**問5**　後醍醐　**問6**　勘合　**問7**　468.75グラム　**問8**　渋沢栄一　**3** **問1**　子ども　**問2**　ア　**問3**　イ　**問4**　裁判員制度　**問5**　(1)　ウ　(2)　国際連合　**問6**　(例)　ア／私の住む地域には小学生が多いのに，放課後に安全に過ごすための児童館の数が少ない。(イ／現在，地域には伝統行事が残っているが，その行事を受け継ぐ後継者が不足している。)

解　説

1 **静岡県に関するレポートを題材とした問題**

問1　東京駅と新大阪駅の間を結ぶ東海道新幹線は，東京都，神奈川県，静岡県，愛知県，岐阜県，滋賀県，京都府，大阪府の８都府県を通っている。

問2　ア　地形図には方位記号が示されていないので，地形図の左上が，８方位では北西にあたる。韮山反射炉の北西には水田(||)が見られるが，明治時代から米づくりがさかんであったかどうかは判断できない。　イ　伊豆長岡駅の西(左)側には，郵便局(〶)と交番(X)は見られるが，警察署(⊗)は見られない。　ウ　地形図の右下に標高の高い場所があるが，等高線から，その一番高い所でも標高170mほどであることがわかる。　エ　韮山反射炉の南側は，東(右)のほうが西(左)よりも標高が高くなっているため，ここを流れる河川は東から西に流れていると考えられる。よって，正しい。

問3　富岡製糸場は，2014年に「富岡製糸場と絹産業遺産群」としてユネスコ(国連教育科学文化機関)の世界文化遺産に登録された。2015年に世界文化遺産に登録された「明治日本の産業革命遺産　製鉄・鉄鋼，造船，石炭産業」には，岩手県・静岡県・山口県・福岡県・佐賀県・長崎県・熊本県・鹿児島県の８県に構成資産があるが，群馬県にある富岡製糸場はこれにふくまれない。

問4　現在「お台場」とよばれているのは東京湾の品川沖で，アの中央に見られるように，江戸時代に砲台を置くためにつくられた小さな人工島(台場)がいくつか残されている。現在，近くをレインボーブリッジが通っており，「お台場」周辺は都会的な景観が楽しめる観光地となっている。

問5　静岡県の沿岸地域には東海工業地域が広がっており，県西部の浜松市はその中心都市の１つとなっている。浜松市は，オートバイを中心とする輸送用機械機器のほか，楽器の生産がさかんなことで知られる。なお，エは長野県，キは鹿児島県，クは福井県にあてはまる。カは，「対馬海流」ではなく「日本海流(黒潮)」であれば，静岡県の水産業の説明として正しくなる。

問6　「内政面での活躍」について調べたというＡにあてはまるものとして，ⅠとⅡが考えられるが，刀狩令は1588年に豊臣秀吉が出した法令なので，Ⅱは誤っている。「外国と日本の関係」が見えるというＢには，ⅢとⅣのいずれかがあてはまる。レポートからは，江川太郎左衛門英龍が「幕府の命令を受けて」韮山反射炉をつくったことが読み取れるので，幕府の政策について述べたⅢが選べる。なお，韮山反射炉は1857年に完成した。

問７ 「旅行に来たくても来られない人」のための企画としては，映像配信によって地域の自然や風景を体験してもらう企画，地域の特産品などを購入できる通信販売を行う企画，インターネットを活用して地域の人々との交流ができるようにする企画などが考えられる。

2 **貨幣を題材とした問題**

問１ 『日本書紀』には，天武天皇の時代の683年に銅銭を用いるよう命じる記述があり，富本銭はこのときつくられたものと考えられている。なお，推古天皇は６世紀末～７世紀初めの天皇。天智天皇は天武天皇の前，持統天皇は天武天皇の次の天皇。

問２，問３ 708年，武蔵国秩父(埼玉県)から和銅(自然銅)が採掘され，朝廷に献上された。これをきっかけとして，和同開珎という貨幣がつくられ，当時建設中であった平城京の造営費用にあてられた。和同開珎は，建設のために必要な物資の購入費用や，建設にたずさわる労働者の賃金を支払うために使われたと考えられるが，都やその周辺以外ではあまり流通しなかった。

問４ 平安時代後期，平清盛は日宋貿易の拠点とするため，大輪田泊を修築した。大輪田泊は現在の神戸港の一部にあたり，神戸港のある兵庫県は近畿地方の西に位置している。なお，アは神奈川県，ウは広島県，エは福岡県。

問５ 後醍醐天皇は，各地の武士の協力を得て1333年に鎌倉幕府を滅ぼすと，建武の新政とよばれる天皇中心の政治を復活させた。しかし，公家を重用する政治は武士の不満を招き，足利尊氏にそむかれて２年あまりで失敗に終わった。

問６ 室町幕府の第３代将軍を務めた足利義満は，明(中国)が倭寇(日本の武装商人団・海賊)の取り締まりを求めてくると，これに応じるとともに明との貿易を始めることにした。この日明貿易では，正式な貿易船と倭寇の船を区別するために勘合(勘合符)という合札が用いられたので，日明貿易は勘合貿易ともよばれる。

問７ 「一分金４枚で一両小判と交換ができた」のだから，一分金２枚は小判0.5両ぶんとなる。よって，小判２枚と一分金２枚は，小判2.5両ぶんにあたる。「一両小判一枚」は「銀貨50匁と交換できる」のだから，小判2.5両は，2.5×50＝125より，125匁となる。「１匁は銀貨で約3.75グラムだった」のだから，125匁は，125×3.75＝468.75グラムと求められる。

問８ 渋沢栄一は埼玉県出身の実業家で，1873年に日本初の銀行である第一国立銀行を創設したほか，数多くの企業の設立や運営にたずさわった。この功績から「日本資本主義の父」ともよばれ，2024年発行予定の新一万円札には渋沢栄一の肖像が用いられることになっている。

3 **成年年齢の引き下げを題材とした問題**

問１ 子どもの権利条約は1989年，国際連合の総会において全会一致で採択された条約で，18歳未満の人を「子ども(児童)」と定め，すべての子どもには「守られる，参加する，生きる，育つ権利」があることなどを保障している。

問２ 大正時代末の1925年に普通選挙法が制定され，満25歳以上の男子に選挙権が与えられた。また，第二次世界大戦終結後の1945年12月には衆議院議員選挙法が改正され，満20歳以上の男女に選挙権が与えられた。なお，現在は満18歳以上の男女に選挙権が与えられている。

問３ ア　資料２の中でヨーロッパ州に位置する国は，イギリス，イタリア，ドイツの３つで，成年年齢・選挙権はいずれの国も18歳となっている。　イ　資料２の中でアジア州に位置する国は，インドネシア，シンガポール，マレーシアの３つある。このうち，インドネシアとシンガポールの成年年齢は21歳だが，マレーシアの成年年齢は18歳となっている。　ウ　オーストラリアの成年年齢・選挙権は，アで見たヨーロッパ州の３か国同様，18歳となっている。　エ　アジア州の国で成年年齢・選挙権ともに同じ年齢となっているのは，シンガポールだけである。

問４　裁判員制度は，一般の国民が裁判に参加することで裁判に国民の意思を反映させ，司法に対する国民の理解を深めることを目的として，2009年から実施されている。その対象となるのは重大な刑事事件について地方裁判所で行われる第一審で，有権者の中から抽選で選ばれた裁判員６人が３人の裁判官と合議制で裁判を行う。有罪か無罪かの判断だけでなく，有罪の場合は刑の種類や程度についても判断する。

問５　(1)　自衛隊の指揮は政治的な権限であると解釈されているため，その最高指揮権は行政権をになう内閣の長である内閣総理大臣が持つとされている。また，1991年の湾岸戦争をきっかけとして，日本の国際貢献のありかたが問われたことから，翌92年，PKO 協力法が制定された。PKO は国連平和維持活動の略称で，紛争地域における治安維持や復興支援などを行う。この法律にもとづいて，海外での PKO に自衛隊がたびたび派遣されている。なお，ODA は政府開発援助の略称で，政府が発展途上国に行う資金・技術援助のことである。　(2)　国際連合は，世界の安全と平和の維持を目的として，第二次世界大戦終結後の1945年10月に原加盟国51か国で発足した。2021年12月時点で，世界の193か国が加盟している。

問６　【手順１】においてアの「安心・安全に暮らせるまちや地域づくり」を選んだ場合，【手順２】では安心・安全における課題，つまり安心・安全ではない状況を考えてみるとよい。例としては，交通や治安に関するもの，災害に関するものなどが考えられる。【手順１】においてイの「歴史と伝統，そしてそれらを受け継いだ魅力あるまちや地域づくり」を選んだ場合，【手順２】では，歴史や伝統などを受け継ぐことの課題，つまりそれが難しくなっている状況を考えてみるとよい。たとえば，伝統行事を受け継ぐ後継者の不足や，地域の歴史的景観が開発などで失われてきていることなどがあげられるだろう。

理　科　＜アドバンストチャレンジ試験＞（30分）＜満点：50点＞

解　答

1　(1)　60g　(2)　20g　(3)　40g　(4)　36.25g　**2**　(1)　**ア**　水蒸気　**イ**　ふっとう　**ウ**　水てき　**エ**　地球温暖化　(2)　ア　(3)　9℃　(4)　積乱雲　(5)　(例)　温度が高くなったコンクリートやアスファルトによって急激に温められた空気が，上空へ運ばれて，発達した積乱雲ができるから。　**3**　(1)　**観察した結果**…ア，エ，オ　**結果から考えたこと**…イ，カ　(2)　**観察した結果**…ア，イ，ウ，エ　**結果から考えたこと**…オ（またはオ，カ）　(3)　ア，エ　**4**　(1)　**生徒Ａの液体**…炭酸水　**生徒Ｂの液体**…アンモニア水　**生徒Ｅの液体**…うすい塩酸　(2)　(例)　液体を加熱し，蒸発させる。　(3)　(例)　手であおぐようにしてかぐ。　(4)　(例)　ストローで息をふきこむ。

解　説

1 てこについての問題

(1)　てこのつりあいは，(おもりのおもさ)×(支点からのきょり)で求められるモーメントで考えることができ，左回りのモーメントの合計と右回りのモーメントの合計が等しいときにてこはつりあう。左のおもりのおもさを□gとすると，つりあいの式は，□×10＝30×20となるから，□＝30×20÷10＝60(g)と求められる。

(2)　ばねばかりがしめす値を□gとすると，左回りと右回りのモーメントが等しくなることから，□×90＝60×30より，□＝60×30÷90＝20(g)とわかる。

(3)　ぼうの中心は支点から，50－80÷2＝10(cm)の位置なので，ここにぼうと同じ120gのおもりがつり下げられていると考える。右側のおもりの支点からのきょりは，80－50＝30(cm)であるから，右側のおもりのおもさを□gとすると，120×10＝□×30が成り立ち，□＝120×10÷30＝40(g)となる。

(4)　ぼうの中心は支点から，30＋50－100÷2＝30(cm)の位置なので，左回りのモーメントの合計は，30×30＋40×50＝2900である。ばねばかりがしめす値を□gとすると，2900＝□×(30＋50)より，□＝2900÷80＝36.25(g)とわかる。

2 雲のでき方についての問題

(1)　**ア**　液体(水)が気体(水蒸気)に変化することを蒸発という。　　**イ**　水の温度が100℃近くになったときに，水の中からはげしく出てくるあわは水蒸気である。このように，液体の内部から気体に変化することをふっとうという。　　**ウ**　あたたかい空気が冷たい窓ガラスによって冷やされると，空気中にふくまれていた水蒸気が水てきとなって窓ガラスにつき，窓ガラスがくもる。

エ　ゲリラ豪(ごう)雨をもたらす雲が発生しやすくなることに，地球温暖化やヒートアイランド現象が関係しているのではないかといわれている。地球温暖化は，二酸化炭素などの温室効果ガスの増加が原因とされる地球全体の環境問題である。

(2)　上空に行くほどだんだん気温が下がっていくので，高度が高いほど気温は低く，高度が低いほど気温は高くなる。したがって，アが選べる。

(3)　富士山の頂上は約3776mで，高度276mの地点よりも，3776－276＝3500(m)高い。高度が100m上がると気温は約0.6℃下がるから，$0.6\times\frac{3500}{100}$＝21(℃)より，富士山の頂上の気温は，30－21＝9(℃)になると考えられる。

(4)　強い上昇(しょう)気流により，低い空から高い空までたてに発達する雲を積乱雲という。積乱雲は，ゲリラ豪雨のようなはげしい雨を降らせることが多い。

(5)　ヒートアイランド現象によって地上付近の空気が温められると，強い上昇気流がおきる。この上昇気流により積乱雲が発生し，ゲリラ豪雨がおこりやすくなる。

3 テントウムシやヘチマの観察についての問題

(1)　結果は観察したことがらであるから，ア，エ，オが選べる。考察は観察した結果から考えたことがらがあてはまる。したがって，タンポポの葉っぱの上をあるいていたことから，アブラムシを探している(イ)と考えたこと，はねがとてもかたくてツルツルしていることを見て，てきから身を守るのに役に立つ(カ)と思ったことがあげられる。

(2)　観察した結果としては，ア，イ，ウ，エを選ぶことができる。さらに，花の下にふくらみがないことから，おばなであると考えているので，オは考察である。また，おばながさいたあとにめばながさくと予想した，カも考察と考えることができる。

(3) 例年8月に最高気温を記録することから，ヘチマが開花した7月の終わりころは，気温がだんだん高くなっていると考えられる。また，夏至(げし)を過ぎた時期でもあるので，昼間の長さはだんだん短くなってきている。以上より，アとエが選べる。

4 水溶(よう)液の性質についての問題

(1) アルミニウムを入れたときに激しく泡(あわ)が発生していることから，生徒Eの液体はうすい塩酸と決まる。すると，生徒Aの液体は青色のリトマス紙を赤色に変化させているので，酸性の水溶液(炭酸水とうすい塩酸)のうち炭酸水とわかる。また，つんとするにおいがある液体はうすい塩酸かアンモニア水なので，生徒Bの液体はアンモニア水となる。

(2) 用意した液体のうち，中性なのは水と食塩水である。食塩水は固体の食塩が水に溶(と)けているので，加熱して水を蒸発させると固体の食塩が残る。いっぽうで，水は蒸発させると何も残らない。

(3) においが強すぎることや有害な気体がふくまれていることもあるため，液体のにおいをかぐときには，直接鼻を近づけてかぐようなことはせず，手であおぐようにしてかぐ。

(4) アンモニア水と石灰水はどちらもアルカリ性で，赤色のリトマス紙を青色に変化させる。このうち石灰水には，二酸化炭素を通すと白くにごる性質があるので，ストローなどで息をふきこむことでアンモニア水と区別することができる。

英語 <アドバンストチャレンジ試験>（50分）<満点：100点>

解答

1 Part 1 (1) 4 (2) 2 (3) 3 (4) 1 Part 2 (1) 3 (2) 2 (3) 1 Part 3 (1) 2 (2) 2 (3) 1 **2** (1) I have never been to a zoo. (2) I was washing the dishes when my mother came home. (3) Who was the boy dancing with you in the gym? (4) It is important to eat healthy food. (5) There are a lot of things to see in Kyoto. **3** (1) 2 (2) 4 (3) 1 (4) 2 (5) 2 (6) 1 (7) 1 (8) 2 (9) 2 (10) 3 **4** (1) (例) I like lunch better because I eat it with my friends.(I like dinner better because I eat it with my family.) (2) (例) Sure, come in. (3) (例) b／In my hometown, I like the big park most. I often go there with my family. I like to play soccer with my sister. I also like to look at the flowers in the park. We sometimes bring our lunch and eat there. It is really refreshing. **5** (1) ① 2 ② 4 ③ 1 ④ 4 ⑤ 2 (2) ① ○ ② × ③ × ④ ○ ⑤ ×

国語 <アドバンストチャレンジ試験>（50分）<満点：100点>

解答

一 問1 本能的な自己防衛の手段／度を超した頑なな拒否反応 問2 ウ 問3 嫌いだ

った～場合も多い(から。)　**問4**　エ　**問5**　イ　**問6**　(例)　考えることが面倒だ，行動することが面倒だと言わずに，考えること，行動することをやめずに生きること。　**問7**　イ　二 **問1**　天野からは励ま　**問2**　ア　**問3**　エ　**問4**　(例)　大黒の，目をつぶり微動だにしない様子。　**問5**　イ　**問6**　C　ア　D　ウ　E　エ　F　イ　**問7**　(例)　全国大会特有の空気に呑まれて，やることなすこと裏目に出てミスが重なり，監督の声が聞こえなくなり狙われた状態。　**問8**　ア　**問9**　(例)　(大黒と話しているうちに)咲良が自分自身と向き合い，すっきりとした気持ちになり，大黒にも気持ちが伝わったような気がしたから。　三 ①　エ　②　ア　四 ①　きょしゅう　②　す(る)　③～⑥　下記を参照のこと。

●漢字の書き取り

四 ③　庁舎　④　退く　⑤　深呼吸　⑥　軽装

解　説

一 **出典は森博嗣の『自由をつくる　自在に生きる』による。**「思い込み」は，本能的な防衛手段ではあるが，自分の可能性を制限してしまうので，好奇心をもって柔軟な対応をする方が良いと述べている。

問1　ぼう線部①は，「思い込み」の一つである「自分で嫌いだと思い込んでいるもの」に対する反応である。次の段落にあるように，こうした「思い込み」に対する反応は，動物にも広く見られるもので，「本能的な自己防衛の手段」と考えられる。ただ，人間は動物より賢いので，「度を超した頑なな拒否反応」は，「必ずしも賢明とはいえない」のである。

問2　A　前では「馬鹿にできることではない」と思い込みを肯定している。後では，「人間は少なくとも動物よりも賢い」と前と反対の内容を述べているので，反対の内容を結ぶ「だが」があてはまる。　B　前に書かれている「対象と自分との関係だって，ずっと変化しないはずはない」から，嫌いだと決めつけていたものが，案外悪くないと感じられるようにもなるという文脈である。前の部分が後の部分の理由になっているので，理由をあげるときに用いる「だから」がふさわしい。　C　「伝聞や噂」と「誰かから指摘されたこと」という，二つをならべあげているので，「あるいは」があてはまる。

問3　四つ前の段落に「嫌いだったものが一転して好きになる場合も多い」とある。思い込みで敬遠することが損で，「嫌い」だと決めつけずに，柔軟に対応することが良いのは，嫌いだと思っていたものが，一転して好きになることがあるからである。

問4　「そういうケース」とは，「駄目だと思っていたジャンル」の中に，面白いものがあると気づくことである。「本」というジャンルを難しいと遠ざけていたが，面白さに気づけたという内容のエが，これにあたる。

問5　直前の段落にあるように，「好奇心」は，自分の知らない世界に，足を踏み入れるきっかけを与えてくれるものである。「好奇心」を持てば，まったく別のところから，「自分が今熱中していることに関連するようなヒント」が得られる可能性が生まれるのである。よって，イが選べる。

問6　《文章Ⅰ》には，「歳をとる」と，「もう考えるのが面倒だ」と感じるようになっていくと書かれている。しかし，「生きていくこと」は，「考えること，行動すること」であるから，それらを

「面倒」といったら，「生きていくことが面倒」ということになり，そういう人は「どんどん老け込んで」いき，「死んでいる状態に早く近づこうとしている」ことになるのである。だから，「面倒」と思うのをやめることが，老いることへの抵抗になるのである。

問7　筆者は思い込みを捨てて，選択肢を多く用意すべきだと述べているので，「何でもすべて自分でやってみる」というBさんの発言が誤りである。

二　出典はまはら三桃の『疾風の女子マネ！』による。インターハイを前にしてメンバーから外された大黒先輩を，マネージャーの咲良が，自分の中学時代のバレーボールの体験を話しながら，励ます場面。

問1　咲良は，第一体育館の裏まで，大黒先輩を探しに行っている。咲良は，リレーメンバーから外された大黒先輩を励ますよう，天野から頼まれたと考えられる。

問2　直は「事態を把握して」おり，「行け」と言っているように首を振ったとあるので，首を「縦」に振って，うなずいたと思われる。

問3　「バレーボールの気配がきこえて以来，近寄らなかった」とある。後で大黒に語っているように，咲良には，中学のバレー部でのつらい思い出がある。その出来事を思い出す体育館には，咲良は足を運びたくなかったと推測できる。よって，エが選べる。

問4　大黒先輩は，「体育館とブロック塀の間の通路みたいなところ」に座って，「微動だにしなかった」ので，咲良はその姿をまるで「お地蔵」さんみたいだと言ったのである。

問5　「地団駄を踏む」は，“足を踏み鳴らすほど，腹を立てたりくやしがったりする”という意味。ここでは，咲良が恥ずかしさのあまり，足をばたばたさせている様子が，地団駄を踏むかのようだということを表している。なお，「二の足を踏む」は，“ためらう”という意味。「虎の尾を踏む」は，“非常に危険なことをする”という意味。

問6　**C～F**　まず，咲良が，自分が中学でバレー部だったことを打ち明けたのに対して，大黒は「ふうん」という気のない返事をする。よって，ア→ウの順になる。次に，咲良が，千里中学校で全国大会へ行ったことを伝えると，大黒は「千中，ねえ」と，その名前に思い当たって少し興味を持つ。よって，エ→イの順になる。

問7　「鋼」のメンタルを持っていると思われていた咲良も，全国大会に「特有の雰囲気」に呑まれてしまった。そして，「やることなすこと裏目に出て，途中で監督の声はきこえなく」なって，「ミスを重ねて，狙われて，負けた」のである。

問8　大黒先輩は，「本番に弱いのは，俺の心が弱いからだ」と考え，「もっと強くなるべきだ」とばかり思っていた。しかし，いま咲良の話を聞いて，大黒は「強さが災いすることもある」と気づいたのである。よって，アが合う。

問9　咲良は，中学時代のバレーボールでの苦い思い出から逃げていた。そのことは，体育館にさえ近寄りたくなかったということからも読み取れる。しかし，大黒を励ますために，自分の体験を話したことで，自分自身の過去と向き合うことができ，すっきりしたと考えられる。また，大黒にも自分の気持ちがうまく伝わったので，うれしくなっていると思われる。

三　ことばのかかり受け

①　述語の「ふでばこです」には，「これは」という主語と，「使っていた」という修飾語が直接つながっている。また，「使っていた」を，「去年まで」と「私の兄が」が修飾している。　②

述語の「よいらしい」には，「天気は」という主語と，「とても」という修飾語，「天気予報によると」という節がかかっている。また，「天気は」を「今日の」が修飾している。

四 漢字の書き取りと読み

① 役職などにとどまるか去るかの態度。 ② 印刷すること。 ③ 役所の建物。 ④ 職をやめたり，後ろに下がったりすること。 ⑤ 大きく息を吸うこと。 ⑥ 軽い装備。

Memo

Memo

2021年度　昭和学院中学校

〔電　話〕　(047)323－4171
〔所在地〕　〒272－0823　千葉県市川市東菅野２－17－１
〔交　通〕　「本八幡」、「京成八幡」、「市川大野」、「東松戸」の各駅からバス

＊【適性検査Ⅰ】は国語ですので最後に掲載してあります。

【適性検査Ⅱ】〈適性検査型試験〉（45分）〈満点：100点〉

1　次の文章を読み、以下の問いに答えなさい。

次のルールＡにしたがって、白玉と黒玉を並べていきます。

ルールＡ
①　最初、１段目に白玉を１個置く
②　２段目以降は両端(りょうはし)に白玉をそれぞれ１個置く
③　３段目以降に玉を並べるとき、並べる玉と上の段でふれる２つの玉について
（Ⅰ）２つの玉が同じ色のとき、黒玉を置く
（Ⅱ）２つの玉が異なる色のとき、白玉を置く

このルールＡにしたがって、
１段目から３段目まで並べたものが〈図１〉です。

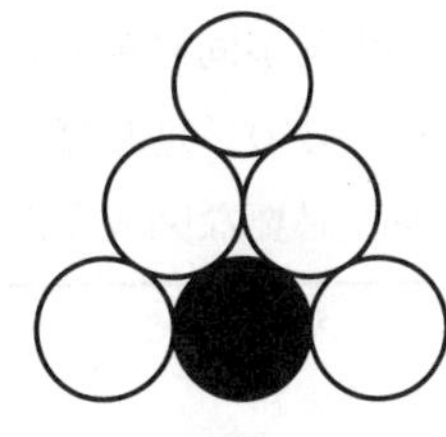

〈図１〉

問１
上のルールＡにしたがって、引き続き白玉、黒玉を並べるとき、１段目から１６段目までにすべて白玉となる段は何段目か、すべて答えなさい。

問2

次のルールBにしたがって数字を並べます。

ルールB
① 最初、1段目には数字の1を1個置く
② 2段目以降は、両端は必ず数字の1を置く
③ 3段目以降について、上の段にある2つの数字を足し算した結果の数字を置く

このルールBにしたがって、
1段目から3段目まで並べたものが〈図2〉です。

1
1 1
1 2 1

〈図2〉

このとき、同じ位置にあるルールAにしたがって並べた玉の色とルールBにしたがって並べた数字との間に成り立つ関係を答えなさい。

また、その関係が成り立つ理由を以下の3つの条件のもと、説明しなさい。

条件1 「2つの玉が同じ色のとき、黒玉を置く」という言葉を使用する
条件2 ルールBの「足し算の関係」とルールAで成り立っている関係との対応を説明する
条件3 説明に必要な図表をかく

問3

〈図3〉のように、白玉と黒玉が置かれています。

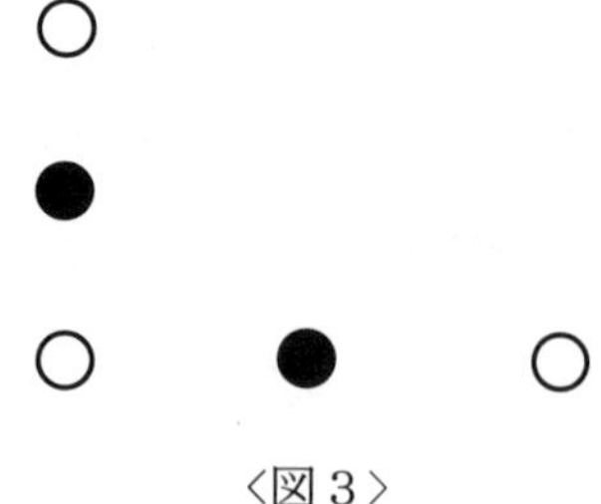

〈図3〉

白玉は動かしませんが、黒玉は自由に動かすことができます。それぞれの玉を直線で結んだ図形の中にある三角形の個数を考えます。また、三角形の個数を数えるときに、他の三角形を含むような三角形は数えないものとします。

例えば〈図4〉のように黒玉を移動した場合を考えると、それぞれの玉を直線で結ぶことによって、5つの三角形ができます。

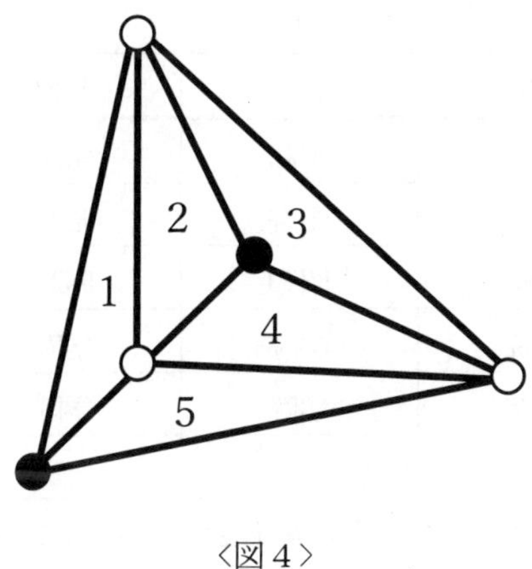

〈図４〉

このとき、それぞれの玉を結んでできる三角形ができるだけ多くなるように、黒玉と直線を解答用紙にかきなさい。

2 次の文章を読み、以下の問いに答えなさい。

昭和学院中学校の生徒会選挙が、二大政党制で行われていると仮定します。

また、昭和学院中学校の生徒会では間接民主制（注１）が採られており、１つの学年から１人の代表を選ぶものとします。

政党は「自由昭和党」と「民主学院党」の２つです。

ある選挙では、「校則を改正すべきかどうか」「エアコンの設定温度のルールを自由にすべきかどうか」「制服のデザインを変えるべきかどうか」の３点が争点となりました。

自由昭和党は、「校則を改正すべき」「エアコンの設定温度のルールを自由にすべき」「制服のデザインを変えるべき」と主張しています。

民主学院党は、「校則を改正すべきではない」「エアコンの設定温度のルールを自由にすべきではない」「制服のデザインを変えるべきではない」と主張しています。

このとき、有権者（つまり昭和学院中学校の生徒）がどのように投票するかを考えるために、以下の〈表〉を用(もち)います。

なお、ここでは簡単にするため、有権者を佐藤さん、鈴木さん、髙橋さん、田中さん、伊藤さんの５名のみと仮定します。

〈表〉の中には、各有権者が争点ごとに、どの政党の主張を支持しているかが書かれています。

佐藤さんは校則については自由昭和党（表中では「昭和」）、エアコンについては自由昭和党、制服については民主学院党（表中では「学院」）の主張を支持していることを意味しています。

ただし、各有権者はすべての争点を同じくらい大切だと考えているものとします。

〈表〉

有権者	校則	エアコン	制服	代表者への投票
佐藤	昭和	昭和	学院	
鈴木	昭和	学院	昭和	
髙橋	学院	昭和	昭和	
田中	学院	学院	学院	
伊藤	学院	学院	学院	
争点への投票				

（注１）間接民主制とは、国民が自ら選んだ代表者（議員）を通じて、議会において間接的に国民の意思を国家意思の決定と執行（しっこう）に反映させる民主制のしくみ。

（『政治・経済用語集』山川出版社、2015 年）

問１

〈表〉から読みとれる内容をふまえ、間接民主制の抱（かか）える問題点は何か、30 字以上 40 字以内で説明しなさい。

問２

日本国憲法では、問１で考察したような間接民主制の問題点を補うために、国政に対して直接民意を反映する仕組み、すなわち直接民主制（注２）のような仕組みを複数規定しています。そのうち１つを挙げて説明しなさい。

その際、憲法の第何条に規定されているかを書く必要はありません。

（注２）直接民主制とは、国民が直接に政治運営に参加するしくみ。

（『政治・経済用語集』山川出版社、2015 年）

問３

間接民主制の欠点を補い、直接民主制のような仕組みを取り入れるために新たに憲法に条文を作るとしたら、どのようなものが良いと思うか、記述しなさい。

また、以下の条件を満たす答案を高く評価します。

・どのような欠点を補うためのものなのかを明確にして書いてあること
・その欠点を補うために効果的な条文となっていること
・その対策が、独創性のある内容となっていること

3 次の文章を読み、以下の問いに答えなさい。

近年、河川のよごれが問題視されています。

毎日使うお風呂や台所などで使われた水は、食べ物の残りカスなどの「有機物」や、洗たくなどで使う洗剤の成分である「無機塩類」が混ざり合い、生活排水として下水道に流されます。そのまま河川に流すと、河川の水がにごることで透明度を失い、光が通らなくなってしまいます。そのために、下水処理場できれいな水にしてから川や海に流されています。

しかし、河川は、少量のよごれ（有機物や無機塩類）であれば生き物のはたらきによって水をきれいにすることができます。それを自然浄化といいます。

下の資料は、河川にいる生き物の特徴を表したものです。この〈資料〉を参考にして、自然浄化がどのように行われているのかを考えます。

〈資料〉

生き物	特徴
細菌	有機物をエサにしている。アンモニウムイオンをつくり出す細菌や、アンモニウムイオンから硝酸イオンをつくり出す細菌などがいる。人間の呼吸と同じように酸素を使って生きている。有機物と酸素が大量にふくまれている水の中では急激に増え、どちらかがないと数を減らす。環境が整っていれば、数は減りにくい。
原生生物	細菌をエサとしている。人間の呼吸と同じように酸素を使って生きている。細菌か酸素のどちらかがない環境では数を減らす。
藻類	硝酸イオンや無機塩類を栄養としながら増えていく。日光が当たる場所で増えやすく、光合成をして酸素をつくり出すことができる。栄養がなくなったり、水がにごって光合成ができなくなったりすると数を減らす。大量に増えると、河川が緑色になり、水の透明度が失われる。
水生動物	原生生物をエサとしている。よごれた水では生息できず、酸素をふくんだきれいな水でしか生息できない。数はゆっくりと増えていく。

問1

下の図は、河川に有機物が流れこんだときの、物質や生き物の数(個体数)を表しています。それぞれの生き物の特徴や関係性を参考にして、図の(A)～(D)を表している生き物と、図の(E)～(G)を表している物質をそれぞれ語群①, ②から選び、記号ア～クで答えなさい。

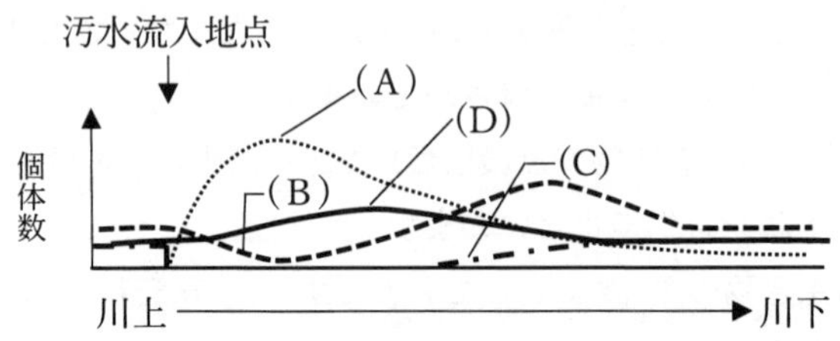

〈図1〉 生き物の個体数の変化

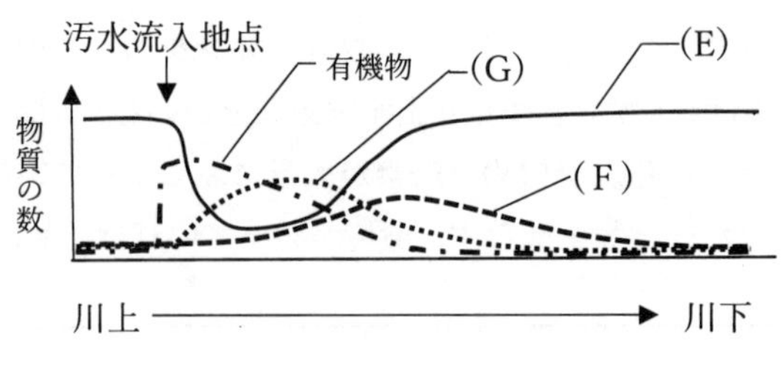

〈図2〉 物質の数の変化

【語群①】

ア：細菌　　イ：原生生物　　ウ：藻類　　エ：水生動物

【語群②】

オ：アンモニウムイオン　　カ：硝酸イオン　　キ：酸素　　ク：無機塩類

問2

河川に有機物を多くふくんだ生活排水が大量に流れこんだ場合、藻類が大量に増加してしまいます。藻類の増加までの間に、「細菌」「原生生物」の個体数がどのように変化したのかを、それぞれ個体数の変化が生じた原因にもふれながら説明しなさい。

問一　文章Aの＝線部「一つかみの砂金」とあるが、あなたにとっての「一つかみの砂金」とはなにか。実体験をふまえて、二文以上で説明しなさい。

問二　文章Aを読んだ昭さんと和さんは、その内容が文章Bとも関連していると感じた。以下は文章の内容について会話をしている場面である。和さんの会話文中の空らん【　X　】に当てはまる発言内容を答えなさい。

昭さん…文章Aでは、黒田先生が「カルチベートされた人間になれ！」と言っていて、この言葉が印象に残ったな。
和さん…そうね。黒田先生が最後に投げかけた言葉だから、一番伝えたかったことなんじゃないかな。
昭さん…文章Bは「科学」に関する話だったけど、文章Aとの共通点もあったと思うよ。
和さん…たしかに、科学者だけでなく、私たちにも文章Bに書かれているような姿勢が求められているのかもしれないね。
昭さん…「カルチベートされた人間」を文章Bの内容にあてはめると、どんな人のことをいうんだろう。
和さん…それは、【　X　】人のことじゃないかな。

問三　あなたにとって「学び」とはどのようなことか。次の条件にしたがって３６０字以上、４００字以内で説明しなさい。

〈条件〉

※　題名は書かず、一行目から書き始めること。
※　原稿用紙の正しい使い方にしたがうこと。
※　段落分けをおこなうこと。

科学という日本語に訳したサイエンスは本来「知」を意味する言葉であり、思想も日常も含むものだったのであり、実は今の動きは基本に戻ることになる。もっともこれまでの科学を支えてきたのは主としてヨーロッパの思想と日常であったが、今求められている新しい科学では、日本の自然・文化が重要になると私は考えている。日本の文化には、一度自然を客体化しながらそれを主体と合一化していく知があるからである。

原発事故の後、科学の限界、透明性の不足、コミュニケーションの必要性などが指摘されているが、そこでは科学技術に取り込まれ、金融経済に振り回される機械論の中での科学を科学としている。研究者にとって大事なのは、今変化しつつある知に向き合い、新しい知を生み出す挑戦であり、今の科学のあり方を変えることではないだろうか。これは非常に難しい作業であり、すぐに答の見えるものではないが、これを乗り越えてこそ、豊かな自然観・生命観・人間観が生まれ、本当に豊かな社会をつくる科学技術を生み出すことができるはずである。想像力を豊かにして新しい文明を創造すること、これまでも考えてきたことだが、二〇一一年三月十一日を境にそれへの挑戦の気持ちを新たにした。より正確に言うなら若い人たちに挑戦してほしいという期待が大きくなった。もちろん、このような科学でも世界を語り尽くすことなどできないだろう。それを限界と呼ぶなら科学に限界があるのはもちろんである。科学にとって重要なのは、語り尽くすことではなく、世界に向き合うことであり、今大切なのは新しい世界観の探索である。

〈文章Ｂ〉

科学は今変わりつつある。二〇一一年三月十一日の後、これを機械論から生命論へと価値観を変える契機にしたいと強く思ったことを思い出す。お金に振り回されずに本当に豊かな知を育て、それが豊かで幸せな社会づくりに活用されるようにすることが、知に携わっている者の復興への寄与だと思ったのである。既存の科学技術文明と経済の中で復興が進んだのでは、自然を生かし、生命を大切にし、人間が人間らしく暮らす社会は生まれない。

生命論的世界観を基盤に置く科学は、自然と正面から向き合う。私が携わる生きものの科学の場合、この流れは十九世紀のダーウィンに始まると言えよう。多様な生きものが共通の根から進化してきたと考えたダーウィンは、その中に人間も入っていることに気づいた。自然は生成するものであり、人間がその中に存在するという視点は、機械論（時間を欠き、人間は自然の外にあって自然を操作する存在となる）を脱している。二十世紀に入り、シュレーディンガー、ボーア、ハイゼンベルクなどの物理学者が生命現象に関心を抱いたところから始まった分子生物学は、初期にはＤＮＡの構造やタンパク質合成のメカニズムの解明など分子機械としての生命体の解析に努めた。それは生命体を知る重要な過程ではあったが、その先には時間を組み込んだ生命理解があるのが当然である。今では、ＤＮＡも遺伝子としてではなくゲノムとして読まれ、発生・進化・生態系など生きものの中にある時間との関係を解き明かす研究が進められている。私は三十年ほど前に、機械論から生命論への移行の一歩として「生命誌（Biohistory）」を始めた。しかし、これではまだ真の生命理解には不充分である。

分子生物学のパイオニアの一人であるＦ・ジャコブは、生物の特徴として「予測不可能性、ブリコラージュ、偶有性」をあげている。実際に生きものに向き合っていると、それに加えて複雑、あいまい、矛盾などの言葉も浮かぶ。これらを解く科学が必要だが、それはどんなものになるか、システムとして考えなければならないという方向は示されているが、これぞという切り口は見えていない。しかし明らかにそれを探し、新しい科学を生み出す試みはなされており、若く新しい才能がその道を探し出してくれることへの期待が膨らむ。

これからの科学は、生きものを丸ごと見ようとしており、その先には人間があり、自然がある。科学は特殊な見方をするものではなく日常とつながっていなければならなくなったのである。そして、生命論的世界観には、科学や哲学の歴史の他、日本の自然の中で生まれた日本文化から学ぶことがたくさんある。つまり、今求められているのは、日常と思想とを含む知なのである。

の名前は一生わすれないで覚えているぞ。君たちも、たまには俺の事を思い出してくれよ。あっけないお別れだけど、男と男だ。あっさり行こう。最後に、君たちの御健康を祈ります。」すこし青い顔をして、ちっとも笑わずに、先生のほうから僕たちにお辞儀をした。

僕は先生に飛びついて泣きたかった。

「礼！」級長の矢村が、半分泣き声で号令をかけた。六十人、静粛に起立して心からの礼をした。

「今度の試験のことは心配しないで。」と言って先生は、はじめてにっこり笑った。

「先生、さよなら！」と(注3)落第生の志田が小さい声で言ったら、それに続いて六十人の生徒が声をそろえて、

「先生、さよなら！」と一斉に叫んだ。

僕は声をあげて泣きたかった。

黒田先生は、いまどうしているだろう。ひょっとしたら(注4)出征したかも知れない。まだ三十歳くらいの筈だから。

(注)

1　代数や幾何…数学の学問分野。

2　カルチュア…カルチャー（culture）。文化、教養のこと。

3　落第生…成績不振などが原因で進級できずに同じ級にとどまる生徒。

4　出征…軍隊の一員として戦地へ行くこと。

二〇二一年度 昭和学院中学校

【適性検査Ⅰ】〈適性検査型試験〉(四五分)〈満点:一〇〇点〉

次の文章Aと文章Bはそれぞれ太宰治「正義と微笑」(『パンドラの匣(はこ)』新潮社、一九七三年)、中村桂子『小さき生きものたちの国で』(青土社、二〇一七年)の一部である。文章Aは、主人公の「僕」が中学生時代にお世話になった黒田先生のことを回想している場面である。文章Aと文章Bを読み、あとの問いに答えなさい。

〈文章A〉

「もう、これでおわかれなんだ。はかないものさ。(中略)きょう、この時間だけで、おしまいなんだ。もう君たちとは逢(あ)えねえかも知れないけど、お互(たが)いに、これから、うんと勉強しよう。勉強というものは、いいものだ。(注1)代数や幾何(きか)の勉強が、学校を卒業してしまえば、もう何の役にも立たないものだと思っている人もあるようだが、大間違(まちが)いだ。植物でも、動物でも、物理でも化学でも、時間のゆるす限り勉強して置かなければならん。日常の生活に直接役に立たないような勉強こそ、将来、君たちの人格を完成させるのだ。何も自分の知識を誇(ほこ)る必要はない。勉強して、それから、けろりと忘れてもいいんだ。覚えるということが大事なのではなくて、大事なのは、カルチベートされるということなんだ。(注2)カルチュアというのは、公式や単語をたくさん諳記(あんき)している事でなくて、心を広く持つという事なんだ。つまり、愛するという事を知る事だ。学生時代に不勉強だった人は、社会に出てからも、かならずむごいエゴイストだ。学問なんて、覚えると同時に忘れてしまってもいいものなんだ。けれども、全部忘れてしまっても、その勉強の訓練の底に一つかみの砂金が残っているものだ。これだ。これが貴(とうと)いのだ。勉強しなければいかん。そうして、その学問を、生活に無理に直接に役立てようとあせってはいかん。ゆったりと、真にカルチベートされた人間になれ! これだけだ、俺(おれ)の言いたいのは。君たちとは、もうこの教室で一緒(いっしょ)に勉強は出来ないね。けれども、君たち

2021年度 昭和学院中学校 ▶解　答

※　編集上の都合により，適性検査型試験の解説は省略させていただきました。

適性検査Ⅰ ＜適性検査型試験＞（45分）＜満点：100点＞

解　答

問１　(例)　私にとっての「一つかみの砂金」は，物事を順序立てて考え，説明する力だ。友達に算数の文章題の解き方を説明する中でその大切さに気づいて以来，相手の理解力に合わせ，すじ道にそったわかりやすい説明を心がけている。　**問２**　(例)　お金や利益に振り回されずに，人間や自然に向き合い，日常と思想とをふくむ新しい知を生み出すことにいどみ，豊かな自然観・生命観・人間観をもとに新しい文明を創造する　**問３**　下記の作文例を参照のこと。

問３　(例)

　私にとって「学び」とは、自分の可能性を広げ、社会や他の人をよりよく理解する手段だと考える。学びによって自分の興味や可能性が広がれば将来の職業の選たくしが増えるのはもちろんだが、さまざまな思想や歴史にふれることで、今自分が暮らす社会や世界についての理解も深まる。将来、大人として社会のあり方に責任を持って考えなければならない時にも、学びを通じて得たベースとなる知識や、思考力・判断力は役立つと思う。

　文章Aで、カルチュアとは「心を広く持つ」、つまり愛することを知ることだと黒田先生は話されている。人間は一人ひとり得意なことも興味の対象もちがうが、学びによって人間のはばを広げておけば、自分と共通点の少ない人を理解する手がかりにもなりうる。それは心を広く持つこと、ひいては愛する対象が広がることにもつながるはずだと、私は黒田先生のこの言葉にたいへん共感した。学びを通じ、広い視野を持つ人に成長したい。

適性検査Ⅱ ＜適性検査型試験＞（45分）＜満点：100点＞

解　答

1　**問１**　1，2，4，8，16段目　**問２**　**成り立つ関係**…(例)　ルールＡで並べた白玉には，ルールＢで並べた奇数が，ルールＡで並べた黒玉には，ルールＢで並べた偶数が対応している。**／成り立つ理由**…(例)　まず，ルールＡでは，１段目に白玉を１個置き，２段目以降は両端に白玉を置く。また，ルールＢでは，１段目に「１」を置き，２段目以降は両端に「１」を置くので，ルールＡの白玉とルールＢの「１」が対応している。次に，ルールＡでは，上の段の２つの玉が同じ色のときに黒玉を置き，異なる色のときに白玉を置く。一方，ルールＢでは，上の段の２つの数字を足し算した結果を置くが，(奇数)＋(奇数)＝(偶数)，(偶数)＋(偶数)＝(偶数)，(奇数)＋(偶数)＝(奇数)より，上の段の２つの数字が同じ奇数どうしや偶数どうしのときに偶数を置き，奇数と偶数で異なるときに奇数を置くことになる。よって，下の図１，図２のように，ルールＡで並べた白玉には，ルールＢで並べた奇数が，ルールＡで並べた黒玉には，ルールＢで並べた偶数が対応している。　**問３**　(例)　下の図３

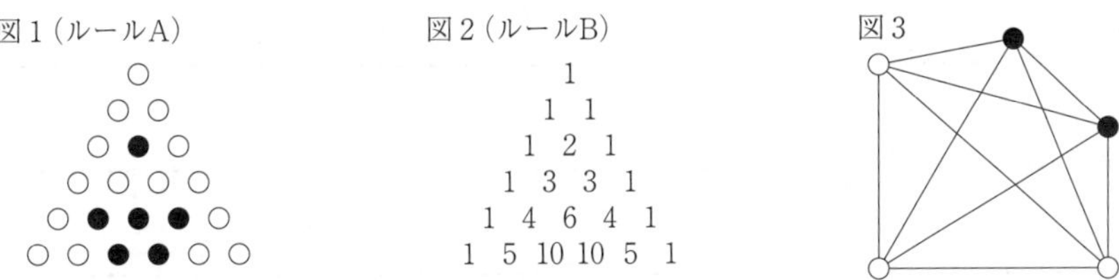

2 **問１**　(例)　間接民主制においては，政策への支持と政党への支持は一致しないことがあるという点。　**問２**　(例)　最高裁判所の裁判官は，任命後に初めて行われる衆議院議員総選挙と，その後10年を経て最初に行われる総選挙のときごとに国民審査を受ける。その結果，投票者の過半数が裁判官としてふさわしくないと判断した場合，その裁判官はやめさせられる。　**問３**　(例)　国民の意見が直接政策に反映されないという欠点を補うため，「重要な政策についてはインターネットを利用した国民投票を必ず実施する」という条文を定める。

3 **問１**　(A)　ア　(B)　ウ　(C)　エ　(D)　イ　(E)　キ　(F)　カ　(G)　オ　**問２**　(例)　有機物や無機塩類が大量に流れこむと河川の水がにごって，水中の藻類が光合成ができないために減少する。一方で，有機物をエサにする細菌が増える。細菌が増えることで，原生生物も増える。そして，増えた細菌によって有機物から硝酸イオンがつくられ，有機物が減るので河川の透明度が少しずつ上がる。川下では，河川の透明度が上がったことで光合成ができるようになり，さらに，細菌がつくった硝酸イオンや，生活排水にふくまれていた無機塩類を栄養にして藻類が増える。

Memo

2021年度　昭和学院中学校

〔電　話〕　(047)323－4171
〔所在地〕　〒272－0823　千葉県市川市東菅野２－17－１
〔交　通〕　「本八幡」、「京成八幡」、「市川大野」、「東松戸」の各駅からバス

※ この試験は，算数・英語・国語から２科または算数・英語・国語から２科選択＋社会・理科を選択して受験します。

【算　数】〈アドバンストチャレンジ試験〉（50分）〈満点：100点〉

※ **1**～**4**，**5**の(1)(2)，**6**の(1)(2)は解答用紙に答えのみを記入しなさい。
5の(3)，**6**の(3)は解答用紙に式や考え方と答えを記入しなさい。

円周率は３．１４として計算しなさい。

1　次の計算をしなさい。

（１）$(2020 \div 4 + 50) \div 37$

（２）$(919 + 828 + 737 + 646 + 555 + 464 + 373 + 282 + 191) \div 5$

（３）$\frac{2}{3} \div \left\{3.2 - \left(3 - \frac{1}{3} \times 1.2\right)\right\} \times 1\frac{4}{5}$

（４）$4.2 \times 1.3 + 0.24 \times 13 - 3$

（５）$\frac{1}{20} + \frac{1}{30} + \frac{1}{42} + \frac{1}{56}$

2　次の問いに答えなさい。

（１）時速□kmで歩く人が２時間で進む距離(きょり)は，分速２００ｍで走る人が６０分で進む距離です。□にあてはまる数を求めなさい。

（２）球の体積は，４×(半径)×(半径)×(半径)×(円周率)÷３ の計算で求めることができます。このとき，半径２cmの球と半径３cmの球の体積の比を求めなさい。

（３）５％の食塩水２００gに，１０％の食塩水３００gを加えます。その後，加熱することで１００gの水分を蒸発させました。できた食塩水の濃度(のうど)を求めなさい。

（4）５で割り切れない整数のうち，１００番目に小さいものを求めなさい。

（5）a，b，c，d を整数とします。
a◎b は，a と b の最小公倍数を表す記号とします。例えば，6◎8＝24 です。また，c☆d は，c と d の最大公約数を表す記号とします。例えば，8☆12＝4 です。このとき，(6◎9)☆12 の値を求めなさい。

3 AさんとBさんはそれぞれ次のようなルールにしたがって，じゃんけんをくり返し行います。

Aさんの手の出し方のルール

- 最初はグーの手を出す。
- 勝ったら，そのとき自分が出した手と同じ手を次の回も出す。
- 負けたら，そのとき自分が出した手に負けるような手を次の回で出す。
- あいこだったら，そのとき自分が出した手に勝てるような手を次の回で出す。

Bさんの手の出し方のルール

- 最初はグーの手を出す。
- 勝ったら，次の回はチョキを出す。
- 負けたら，そのとき自分が出した手に負けるような手を次の回で出す。
- あいこだったら，そのとき自分が出した手と同じ手を次の回も出す。

このルールでじゃんけんをすると

１回目　Aさん「グー」　Bさん「グー」
２回目　Aさん「パー」　Bさん「グー」
３回目　Aさん「パー」　Bさん「チョキ」

となります。

このとき，次の問いに答えなさい。

（1）４回目のAさんとBさんの手の出し方を答えなさい。

（2）５０回目が終わったとき，それまでにAさんがBさんに勝った回数を求めなさい。

4 次の問いに答えなさい。

(1) 下の図は，ある立体の展開図です。もとの立体の体積を求めなさい。

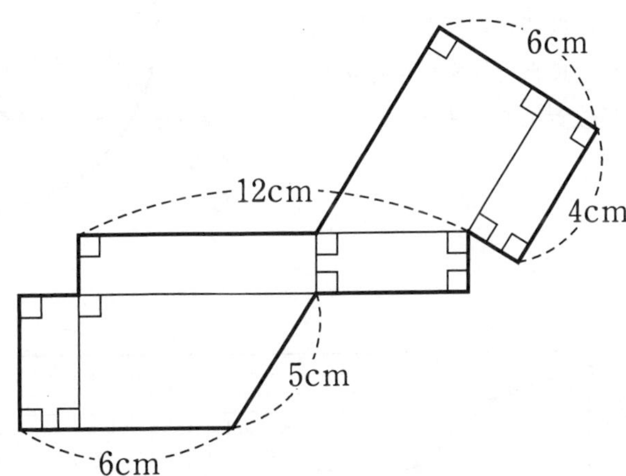

(2) 下の図のように，正方形の中に，正方形の１辺の長さを半径にもつおうぎ形が３つあります。太い線の長さが１．５７cmのとき，かげをつけた図形の周りの長さを求めなさい。

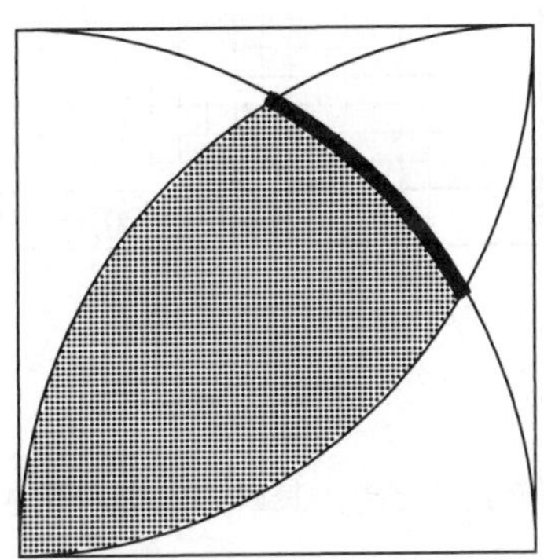

5 右のような円形の時計について，時計の枠(わく)の一番下の部分を基準として，長針の先端(せんたん)の部分の高さを６時から６時１５分の１５分間，１分ごとに調べました。下のグラフはそれをまとめたものです。これについて次の問いに答えなさい。ただし，長針と短針の回転の中心は枠の中心と同じ位置にあります。

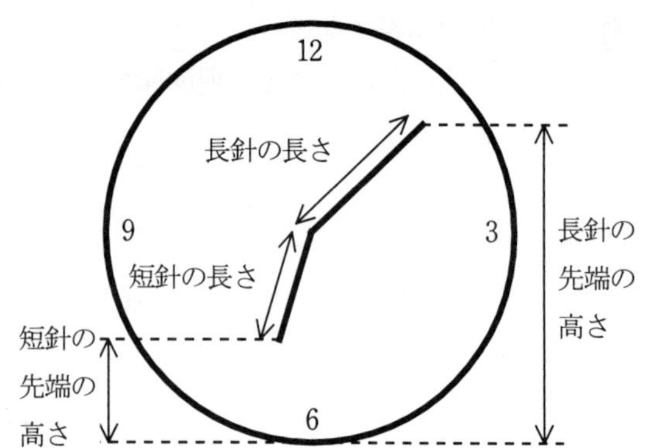

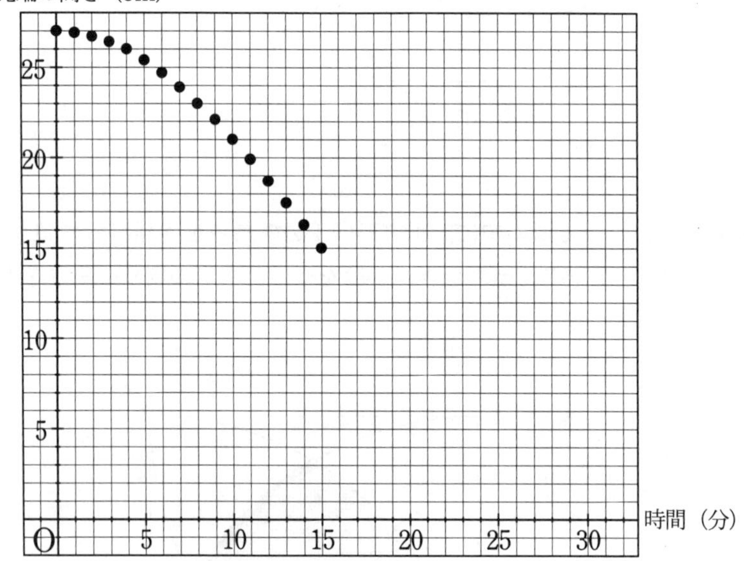

（1）この時計の長針の長さを求めなさい。

（2）この時計の針が６時２２分を表すとき，長針の先端の高さは何cmか，整数で答えなさい。

（3）この時計の短針の長さは７cmです。この時計の針がちょうど１０時を表すとき，短針の先端の高さは何cmになるか求めなさい。

6 右の図のような6段の階段があります。
下の【ルールA】にしたがってゲームを行います。

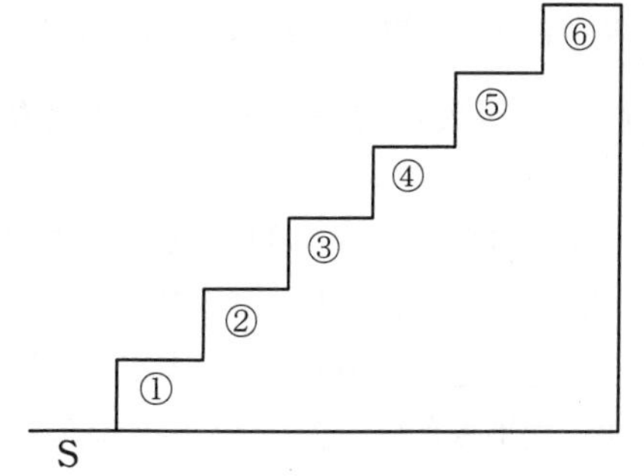

【ルールA】

- Sをスタートとし，⑥段目をゴールとします。
- 1個のさいころを投げて，奇数(きすう)の目が出たときは出た目の数と同じ数だけ階段を上がり，偶数(ぐうすう)の目が出たときは出た目の半分の数だけ階段を上がります。
- ゴールに着くのに必要な段数より上がる数が多いときは，こえた分だけ階段を下りていきます。例えば，⑤段目にいてさいころを投げて3の目が出たとき，⑥段目→⑤段目→④段目と進み，④段目で止まります。再びさいころを投げて上がっていきます。
- ⑥段目のゴールにちょうど止まるまでさいころを投げ続けます。

このとき，次の問いに答えなさい。

(1) さいころを2回投げてゴールをする場合は何通りあるか求めなさい。

次に，【ルールB】を追加します。

【ルールB】

- ③段目に止まった場合，さらに2段上がり⑤段目へ移動します。
- ④段目に止まった場合，Sに戻ります。

このとき，次の問いに答えなさい。

(2) さいころを2回投げてゴールする場合は何通りあるか求めなさい。

(3) さいころを3回投げてゴールする場合は何通りあるか求めなさい。

【社　会】〈アドバンストチャレンジ試験〉(30分)〈満点：50点〉

〈編集部注：実物の試験問題では，**2**の〔地図Ｂ〕はカラー印刷です。〉

1　次の文章を読み、各問いに答えなさい。

文字は今から約 5000 年前の古代文明の時代に発明された。文字記録が残される以前の時代を先史時代といい、文字による記録が残された時代を歴史時代という。ａ）歴史は文献資料にもとづいて語られることが多いが、文字が使用されていない時代や文献資料の少ない時代については、ｂ）発掘調査などによって出土した遺物などの考古資料が、歴史を考察するうえで重要な素材となる。

日本の文字の起源は、古代中国にある。中国では亀の甲羅や動物の骨に文字を刻んで占うことで政治がおこなわれていた。この文字から草書・行書・楷書などの書体が誕生した。日本へ漢字が伝わったのは、４世紀頃といわれている。漢字を基にして日本ではｃ）かな文字が生まれ、漢文や仏教の経典の読み方を記入する必要からカタカナも生まれた。

文字の誕生から現在にいたるまで、文学作品や日記が書かれ、ｄ）戦いや政治、災害、商品の管理や売買など、さまざまなことが記録されてきた。また、文字によって大陸の新しい制度・技術・文化などが伝わり、人々の行き来もさかんになった。

問１　下線部ａについて、日本最古の歴史書で、歴代天皇の歴史や業績が記された書物は何か。漢字で答えなさい。

問２　下線部ｂについて、次の文章は、ある遺跡の特色について説明したものです。この文章に関する次の各問いに答えなさい。

2300 年ほど前から約 600 年間、数百人ほどの人たちが暮らしていたむらが復元されている。1986 年から始まった発掘調査では、二重になった堀や柵、物見やぐらや環濠集落、高床倉庫などの建物の跡が発掘された。また、石の包丁や土器なども出てきた。

（１）文章の内容に当てはまる遺跡の名称と、その遺跡が所在する現在の都道府県名の組み合わせとして、正しいものを次のア～エより１つ選び、記号で答えなさい。

ア　吉野ヶ里遺跡　－　佐賀県　　　イ　吉野ヶ里遺跡　－　青森県

ウ　三内丸山遺跡　－　青森県　　　エ　三内丸山遺跡　－　佐賀県

（２）文章中の波線部で示したものが出土したことから、前の時代と比べてこの時代にはどのような特徴があったと考えられますか。２つ書きなさい。

問３　下線部ｃについて、摂関政治の最盛期を築き、次の和歌をよんだ人物はだれか。漢字で答えなさい。

「この世をば　わが世とぞ思ふ　もち月の　欠けたることもなしと思へば」

問４　下線部ｄに関して、中世の武士が、先祖から受け継いだ領地を命がけで守ったことに由来する四字熟語は何か。次のア～エより１つ選び、記号で答えなさい。

ア　一心不乱　　イ　三日天下　　ウ　一騎当千　　エ　一所懸命

2 次の会話文を読み、各問いに答えなさい。

太郎「おとといしは千葉県での台風の被害が凄(すご)かったよね。」
花子「日本には昔からよく台風が来ていたようだよ。」
太郎「ニュースを見ていると、最近ではその被害が大きくなってきているよね。」
花子「わたしたちの生活が台風の規模に影響を与えているっていう話を聞いたことがあるよ。」
太郎「生活が便利になっていくと、自然に影響を与えてしまうのかな。」
花子「そうだね。生活と自然環境は関係がありそうだね。社会の授業でも、a）人々が開発を進めたことで起きてしまった公害について学習したよね。」
太郎「うん。明治時代の〔　　　　b　　　　〕。」
花子「それは、日本で初めての公害事件だね。今もc）公害病についての裁判が続いているし、自然環境と人間が共生できる社会をつくっていけたらいいね。」

問１　下線部aに関して、次の文章は、近代の工業化の進展を示すものである。文中の空欄に適する語句の組み合わせとして正しいものをア～エより選び、記号で答えなさい。

（　①　）戦争前後から（　②　）工業の発達が目立つようになり、生糸(きいと)や綿糸(めんし)が重要な輸出品になりました。さらに（　①　）戦争の賠償金(ばいしょうきん)の一部を使って北九州に八幡製鉄所(やはたせいてつしょ)が建てられました。

ア　①：日清　②：重　　　イ　①：日清　②：軽
ウ　①：日露　②：重　　　エ　①：日露　②：軽

問２　空らんbに当てはまる文章を、前後の会話を参考にして答えなさい。

問３　下線部cについて、四大公害病の発生した県の場所と公害病の名称の組み合わせとして、正しいものを次のア～エより１つ選び、記号で答えなさい。

	場所	公害病の名称
ア	A	四日市ぜんそく
イ	A	水俣病
ウ	B	四日市ぜんそく
エ	B	水俣病

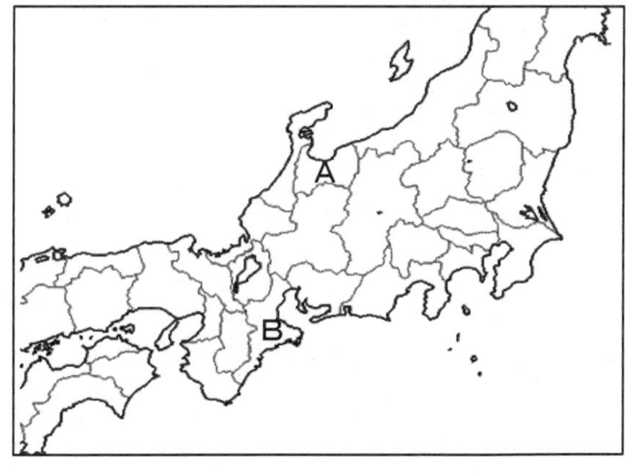

問４　波線部に関して、次の地図Ａは現在の東京都墨田区・江戸川区・葛飾区の一部で、1932 年の様子をあらわしたものである。荒川下流域で政府はどのような河川の改修政策をとったと考えられるか。その目的とあわせて、次のページの地図Ｂ（全体図）を参考にしながら説明しなさい。なお地図Ａ中の文字は、上から下へ、右から左へ読むものとする。

〔地図Ａ〕1932 年当時の荒川下流域図

（陸軍参謀本部「東京東北部」５万分の１、昭和７年測量、昭和７年 12 月 28 日発行より）

〈編集部注：編集上の都合により実際の試験問題の80％に縮小してあります。〉

〔地図Ｂ〕河川改修以前の川の流れに、現在の荒川の流れを重ねたもの

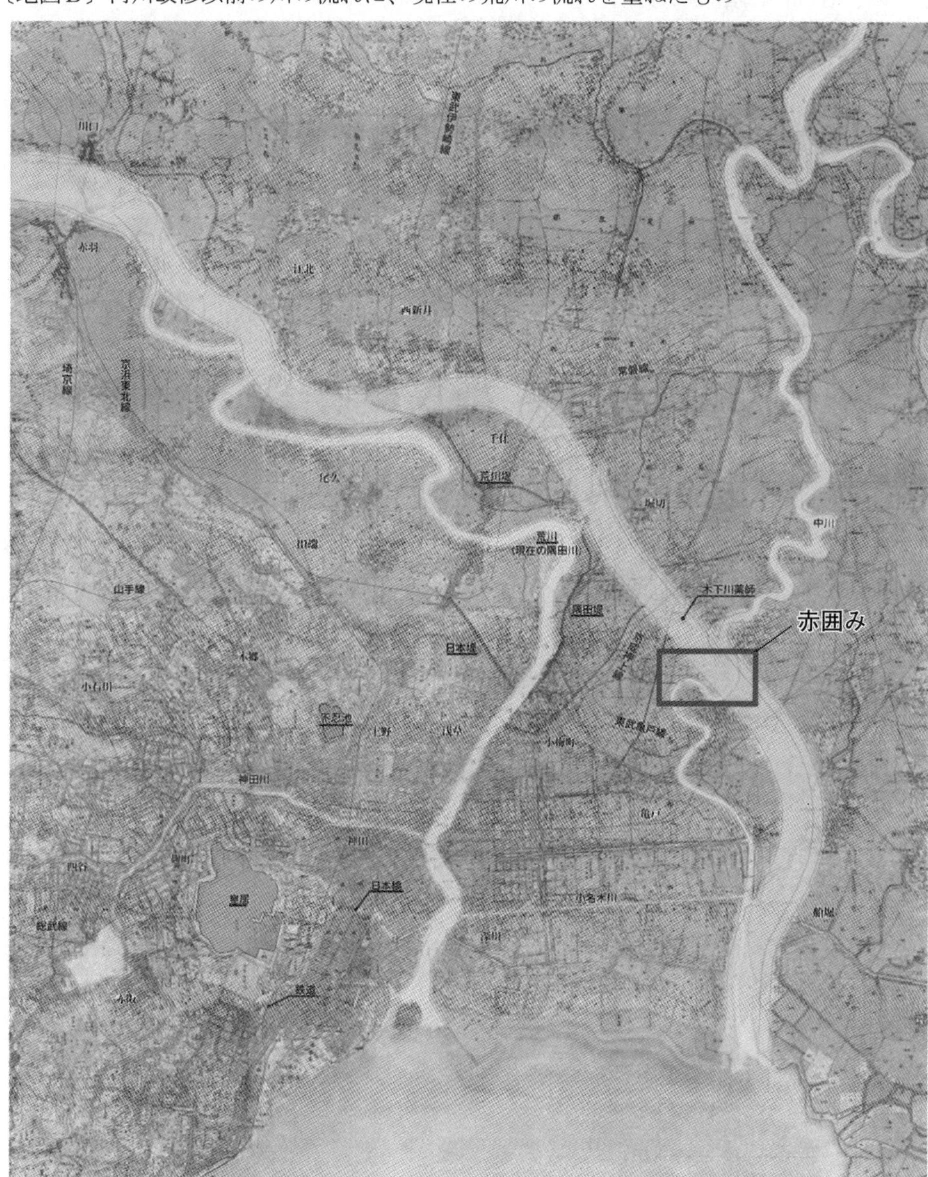

※赤囲みは地図Ａの範囲を示している

（国土交通省関東地方整備局荒川下流河川事務所調査課「荒川放水路変遷史」平成 23 年 10 月発行より）

3 次の地図を読み、各問いに答えなさい。

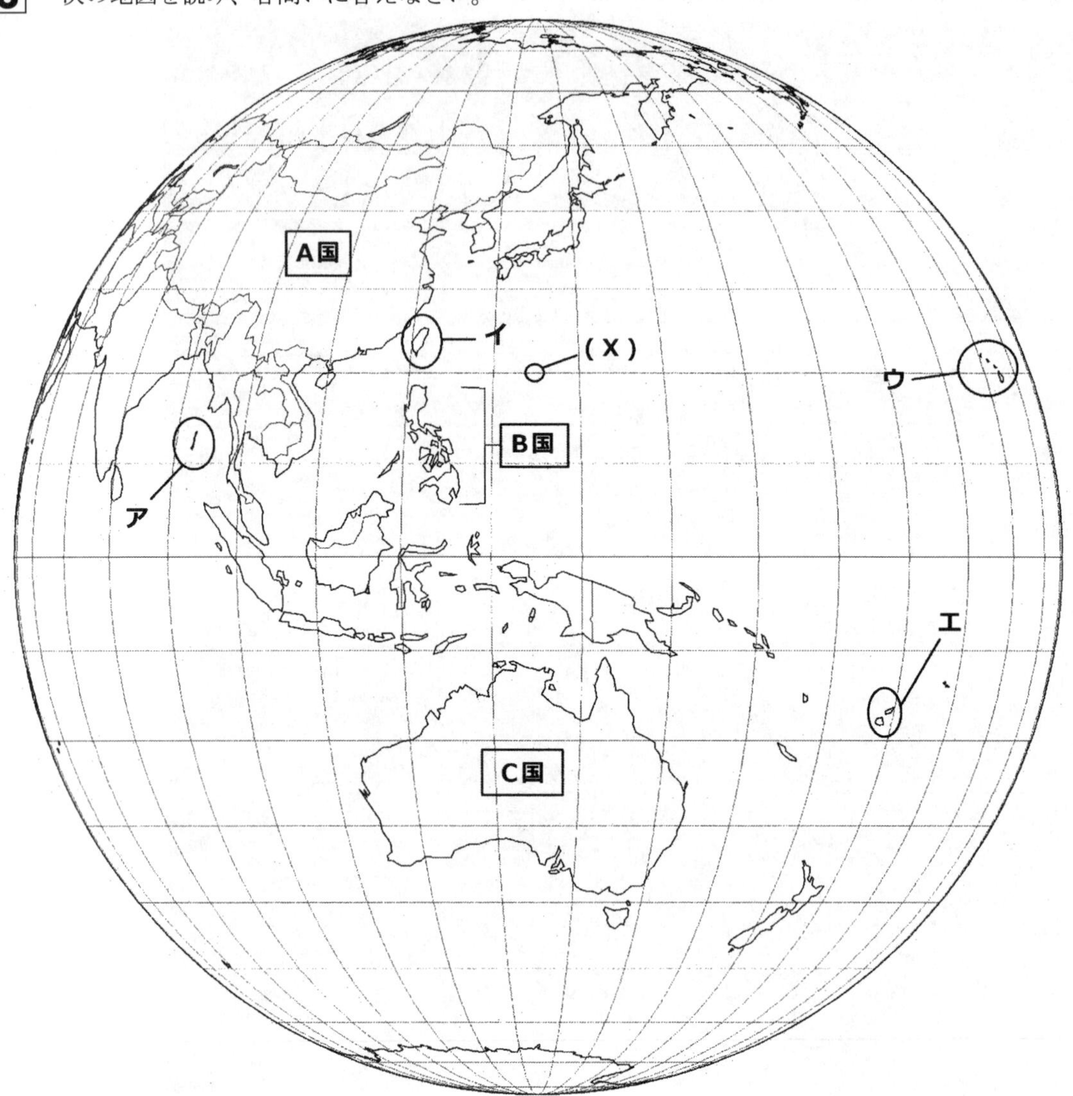

問１　地図中のＡ国について説明した文章として適当なものを、次のア～エから１つ選び、記号で答えなさい。

ア　世界で最も面積が大きい国である。

イ　この国で最も長い河川は長江である。

ウ　国民の多くはハングル文字を使っている。

エ　とうもろこしの生産量（2019 年度）は世界１位である。

問２　地図中のＢ国は、「日本から最も近い熱帯の国」と言われ、日本へバナナを多く輸出している。この国の名称を答えなさい。

問３　地図中のＣ国について説明した文章として適当なものを、次のア～エから１つ選び、記号で答えなさい。

ア　日本との時差はおよそ５時間である。

イ　先住民族のマオリは伝統的にハカを踊る。

ウ　公用語は英語である。

エ　国の中央部には世界遺産のストーンヘンジがある。

問４　ハワイ諸島の位置として適当なものを、地図中のア～エから１つ選び、記号で答えなさい。

問５　地図中のＸは、日本の最南端に位置する島を示している。この島の名前を、次のア～エから１つ選び、記号で答えなさい。

ア　択捉島　　イ　南鳥島　　ウ　与那国島　　エ　沖ノ鳥島

問６　この地球儀について説明した文章中の①と②に適する語句を、それぞれ漢字で答えなさい。

この地球儀は東経 135 度の経線と緯度０度の緯線が交わる地点を中心に描かれた地球儀である。東経 135 度は（　①　）県の明石市を通過し、日本の標準時子午線となっている。また緯度０度の緯線は（　②　）と呼ばれ、最も長い緯線である。

4 次の表は、日本のある都道府県における産業や文化の特色と、その都道府県で生まれた歴史上の人物についてまとめたものである。この表と下の地図を見て、各問いに答えなさい。

都道府県	産業や文化の特色	生まれた歴史上の人物
I	中京工業地帯の中心で、自動車や機械などの工業生産が盛んである。2005年には21世紀最初のa)万国博覧会である「愛・地球博」が開催された。	ア　源頼朝
II	b)冬でもあたたかく、日照時間の長い気候を生かし、なす、ピーマン、きゅうりなどの農作物がビニールハウスを利用して作られている。	イ　坂本龍馬
III	甲府盆地においては、c)扇状地などの水はけのよい土地で、ぶどうや桃の生産が盛んである。	ウ　武田信玄

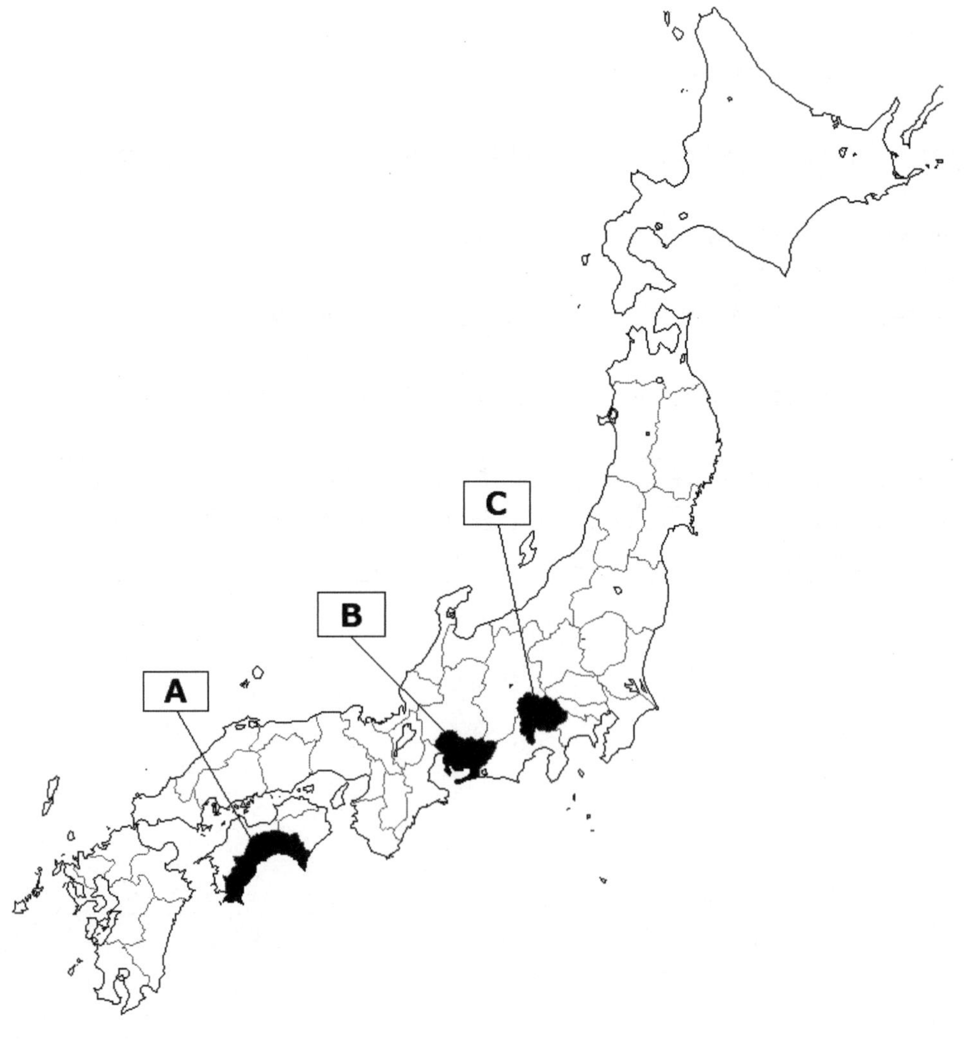

問１　下線部ａに関して、2025年に日本のある都市で万国博覧会が開催されることが決定した。この都市では1970年にも１度開かれており、55年ぶりの開催となる。この都市を次のア～エから１つ選び、記号で答えなさい。

ア　東京　　イ　大阪　　ウ　京都　　エ　福岡

問２　下線部ｂに関して、温暖な気候やビニールハウスなどを利用して、野菜や果物が品薄になる時期に出荷をすることを目的に生育時期を早める栽培方法を何というか、漢字で答えなさい。

問３　下線部ｃの扇状地はどのようにして作られるか。次の語句をすべて用いて説明しなさい。

＜使用する語句＞　山地　土砂

問４　表中のア～ウの人物について、それぞれの人物が生まれた順に記号を並べ替えなさい。

問５　地図中のＡ～Ｃは、表中Ⅰ～Ⅲの都道府県のいずれかの位置を示している。Ⅰ～Ⅲの都道府県は、それぞれ地図中のＡ～Ｃのどの都道府県に該当するか。組み合わせとして適当なものを下の表のア～カから１つ選び、記号で答えなさい。

	ア	イ	ウ	エ	オ	カ
Ⅰ	A	A	B	B	C	C
Ⅱ	B	C	A	C	A	B
Ⅲ	C	B	C	A	B	A

5 次の文を読んで、各問いに答えなさい。

1945年8月6日、(　①　)は一発の原子爆弾により破壊し尽くされ、「75年間は草木も生えぬ」と言われました。しかし(　①　)は今、復興を遂げて、世界中から多くの人々が訪れる平和を象徴(しょうちょう)する都市になっています。

今、私たちは、a)新型コロナウイルスという人類に対する新たな脅威(きょうい)に立ち向かい、もがいていますが、この脅威は、悲惨(ひさん)な過去の経験を反面教師にすることで乗り越えられるのではないでしょうか。(中略)

ところで、b)国連に目を向けてみると、50年前に制定されたＮＰＴ(　②　)条約と、3年前に成立した(　③　)条約は、ともに不可欠な条約であり、次世代に確実に「継続」すべき枠組みであるにもかかわらず、その動向が不透明となっています。世界の指導者は、今こそ、この枠組みを有効に機能させるための決意を固めるべきではないでしょうか。

(令和2年8月7日朝日新聞より引用。ただし出題の関係上一部編集している。)

これは、2020年8月6日、(　①　)県(　①　)市で行われた平和記念式典の(　①　)市長による平和宣言の一部である。戦争を防ぐために、第二次世界大戦後、世界では軍縮が進められてきた。特に、一度に多くの人間の命をうばうなどの大量破壊兵器をなくすことは重要である。それにもかかわらず、その後、(　④　)や北朝鮮のように核開発を進め核兵器を保有している国や、イランのように核開発が疑われている国があることが問題となっている。

問1　文中①～④に適する語句を下のア～クより選び、記号で答えなさい。

ア	部分的核実験停止	イ	長崎	ウ	核兵器禁止	エ	インド
オ	核兵器不拡散	カ	広島	キ	中距離核戦力	ク	オーストラリア

問2　下線部aについて、国際連合の専門機関として感染症予防活動などを行っている世界保健機関の略称をアルファベット3文字で答えなさい。

問3　下線部bについて、国際連合の主要な機関として15カ国からなる安全保障理事会がある。常任理事国5カ国の組み合わせとして正しいものをア～エより選び、記号で答えなさい。

ア　イギリス・中国・アメリカ・ロシア・ドイツ
イ　ロシア・イタリア・イギリス・アメリカ・中国
ウ　アメリカ・イギリス・フランス・中国・ロシア
エ　フランス・ロシア・スペイン・イギリス・アメリカ

問4　2020年8月6日に(　①　)市で行われた平和記念式典で、「我が国は非核三原則を堅持しつつ、立場の異なる国々の橋渡しに努め、各国の対話や行動を粘り強く促すことによって、核兵器のない世界の実現に向けた国際社会の取り組みをリードしてまいります。(令和2年8月7日朝日新聞より引用。ただし出題の関係上一部編集している。)」と安倍首相は述べている。

上の文中の波線部について、「立場の異なる国々の橋渡し」とはどのようなことを言おうとしているのか、「日本の立場として」のあなたの考えを書きなさい。
(字数の制限はなし。ただし、解答欄におさまるように書きなさい。)

【理　科】〈アドバンストチャレンジ試験〉（30分）〈満点：50点〉

〈編集部注：実物の試験問題では，1の図５はカラー印刷です。〉

1　次の実験１，実験２を行いました。次の各問いに答えなさい。なお，実験に使った乾電池，モーター，スイッチは，すべて同じものを使用しています。

[実験 1]　図１，２のように乾電池２つを用意し，直列と並列にそれぞれつないだときのモーターの回り方を調べました。スイッチを入れたところ，それぞれモーターが回りました。

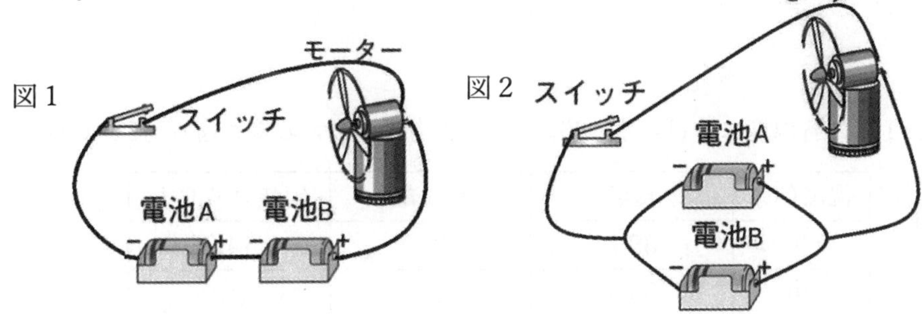

（１）実験１において電池を直列につないだときと並列につないだときでは，モーターの回り方にどのようなちがいがみられますか。

（２）実験１において，図１・図２からそれぞれ電池Ａをはずしたとき，モーターの回り方はどうなりますか。図１・図２についてそれぞれ答えなさい。

（３）実験１の図１の電池Ａと電池Ｂをそれぞれ逆向きに入れかえ，下の図３のようにつなぎました。図１のときと比べて，モーターの回り方はどうなりますか。

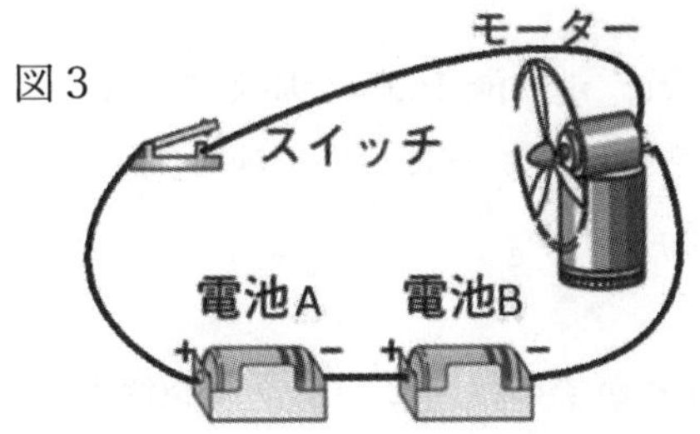

[実験 2]　図４のような回路をつくり，図５のように光電池（こうでんち）に斜めから日光を当てモーターの回り方を調べました。スイッチを入れたところ，モーターが回りました。

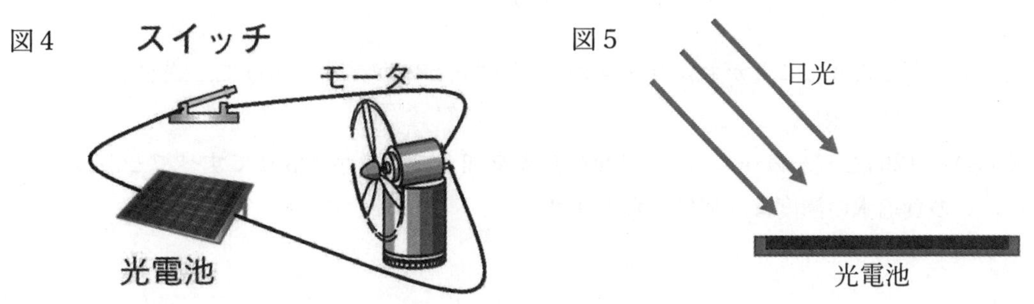

(4) 実験2において，光電池に当たる光を，紙でさえぎったとき，モーターの回り方はどうなりますか。

(5) 実験2において，モーターの回り方をより速くするための方法として光電池に日光を垂直に当てるという方法があります。これ以外に，モーターの回り方をより速くするための方法としてどのようなことが考えられますか。説明しなさい。解答用紙に図を用いて説明してもかまいません。

2 下の表1は，各温度における水100gにとける物質の最大の重さ(g)を表しています。

表1

温度(℃)	食塩	ホウ酸	硝酸カリウム
0	35.7	2.5	14.0
20	35.9	4.7	31.6
40	36.4	8.1	61.3
60	37.0	13.0	106.0
80	37.9	19.1	167.0

(1) 砂糖は，水にとけますが，「砂糖が水にとける」とは，どのようなことをいいますか。説明しなさい。

(2) 20℃の水300gに硝酸カリウムは，何gまでとけますか。

(3) 40℃の水150gをビーカーに入れ，ホウ酸16.0gを加えてよくかき混ぜたところ，すべてとけずにビーカーの底に残りました。これについて次の①～③に答えなさい。

① とけずに残ったホウ酸は，何gですか。

② とけずに残ったホウ酸を全部とかすには，どのような操作を行えばよいですか。

③ とけずに残ったホウ酸を水よう液から取り出すには，どのような操作を行えばよいですか。

(4) 表1からどのようなことがわかりますか。『温度』という言葉を使って，説明しなさい。

(5) 20℃の水120gをビーカーに入れ，30gの食塩を加えてよくかき混ぜてすべてとかしました。この食塩水の濃度は，何%になりますか。

(6) 60℃の水 200gをビーカーに入れ，硝酸カリウム 212gを加えて，よくかき混ぜてとかしました。この水よう液 103gをビーカーに取り出して，20℃までゆっくり冷やしたところ，硝酸カリウムの結晶ができました。これについて次の①②に答えなさい。

① 硝酸カリウムの結晶は，次のア～エのうちどれですか。記号で答えなさい。

ア
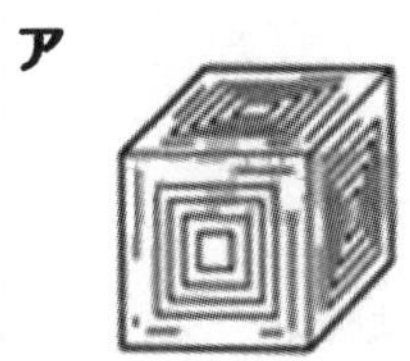
イ
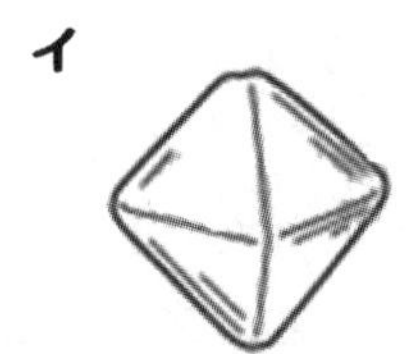
ウ
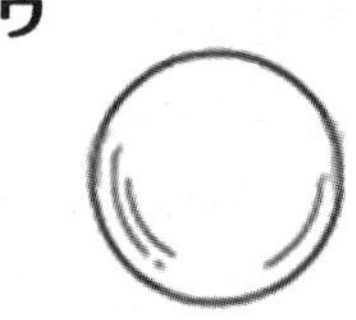
エ

② 硝酸カリウムの結晶は，何gできましたか。

3 ユイとノブオは理科の授業で習ったインゲンマメの発芽のようすについて，話をしました。次の各問いに答えなさい。

ユ　イ：授業で習ったインゲンマメの発芽について実際に実験をしてみない？
ノブオ：うん。いいよ。イネの発芽についてもやってみよう。

この会話の数日後，ユイとノブオは下のア～エの実験を行い，表の結果を得ました。

<実験>

ア
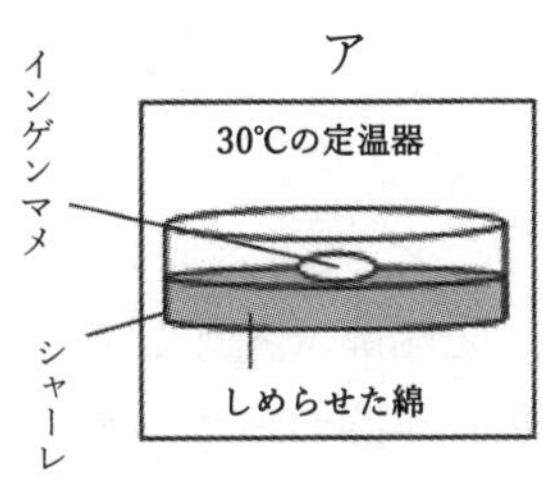

イ
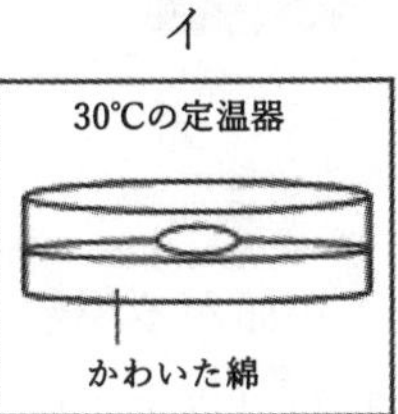

ウ
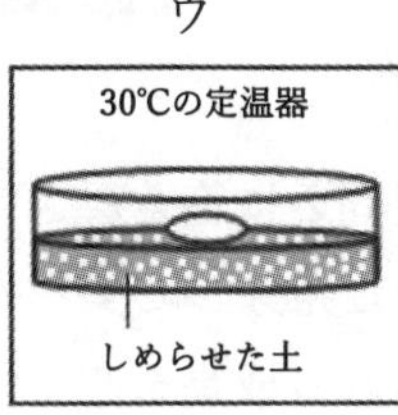

エ
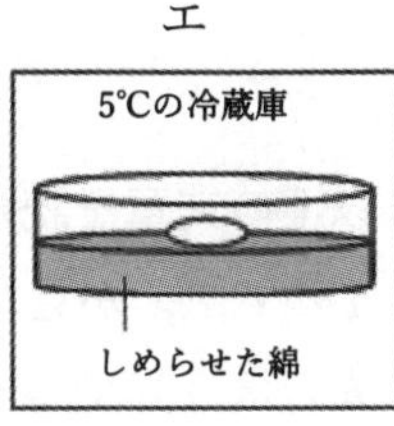

<結果>

ア	発芽した
イ	発芽しなかった
ウ	発芽した
エ	発芽しなかった

(1) この実験でわかる，植物の発芽に必要な条件は何ですか。2つ答えなさい。また，それがわかるのはア～エのどの実験とどの実験を比べたときですか。

ユイとノブオはイネの発芽についても実験を行っていましたが，忘れて確認が遅くなってしまいました。以下はそのときの会話です。

ユ　イ：部屋のすみに置いていたから忘れてしまったわね。
ノブオ：そうだね。でも見ると発芽したのと発芽していないのがあるね。
ユ　イ：発芽したものはすべて同じ方向に曲がっているわね。
ノブオ：本当だ。窓側の明るい方に曲がっているね。
ユ　イ：これについて調べてみましょう。
　　　　もしかしたら光が関係しているのかもしれないわ。
ノブオ：よし，まずは曲がるのに光が関係しているかどうか調べてみよう。

（２）発芽してすぐのイネが，光の方向に曲がるのを確かめるために，下図のような実験をしたところ，光の方向に曲がりました。この曲がった原因が光であることをはっきりさせるために，もう１つ実験を行って確かめるためには，どのような条件で実験を行えばよいですか。なお，解答用紙に図を用いて説明してもかまいません。

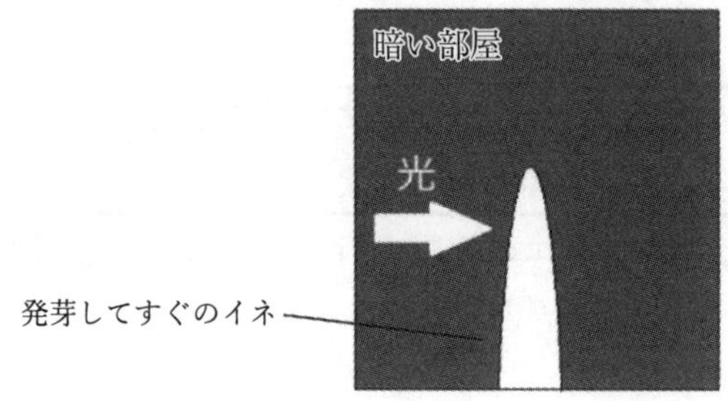

（３）以下の文章を読み，問いに答えなさい。

ユイとノブオが見つけた発芽してすぐのイネが曲がる現象には，先端部（発芽してすぐの芽の先のほう）でつくられる成長を速くする物質（以下，成長物質）が関わっています。発芽してすぐのイネの成長は下の図１のようにしておこっています。

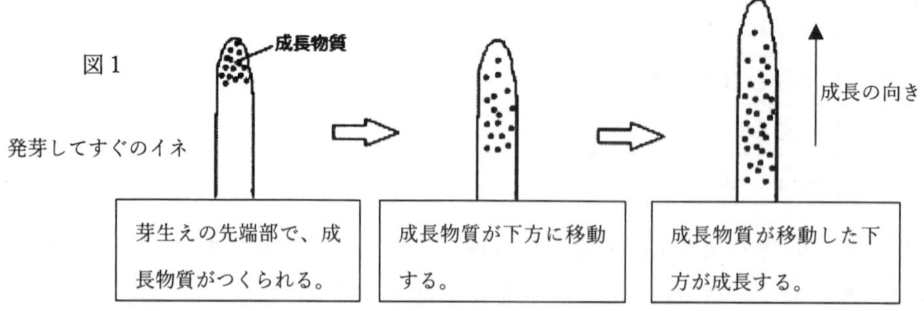

光によって発芽してすぐのイネが曲がる現象は，次の１～４の順で考えられています。図２はそれを表したものです。

１．発芽してすぐのイネの先端部で成長物質がつくられる。

２．成長物質は先端部で光の当たらない側に移動する。

３．先端部で光の当たらない側に移動したあと，下に向かって移動する。

４．下に移動した成長物質のはたらきで，光の当たらない側の下方の成長が速くなり，曲がる。

なお，成長物質の横への移動は先端部でのみおこり，下方に降りた後に横への移動はできません。

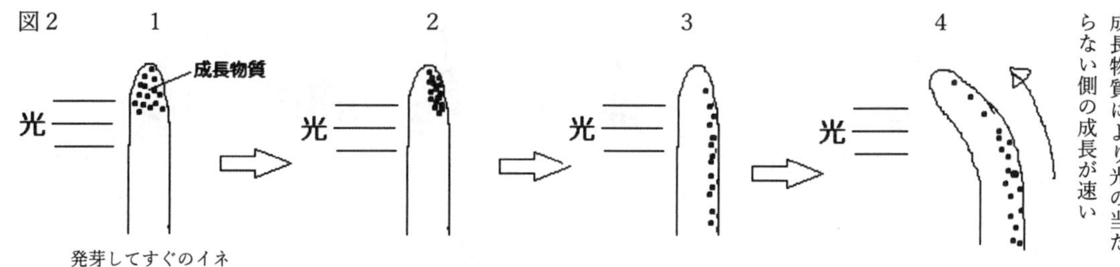

問．次の①～④の場合，発芽してすぐのイネはどうなると考えられますか。「右に曲がる」「左に曲がる」「曲がらない」のいずれかで答えなさい。なお，成長物質は③にあるうすい板状の物質を通過することはできません。

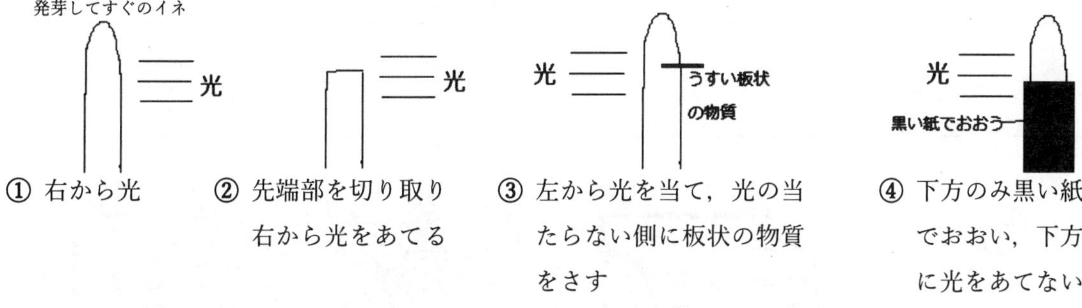

① 右から光

② 先端部を切り取り右から光をあてる

③ 左から光を当て，光の当たらない側に板状の物質をさす

④ 下方のみ黒い紙でおおい，下方に光をあてない

【英　語】〈アドバンストチャレンジ試験〉（50分）〈満点：100点〉

〈編集部注：実物の試験問題では，1の［Part 1］(4)のグラフはカラー印刷です。リスニングの放送原稿は，編集の都合上，掲載していません。〉

リスニング

1 ［Part 1］次の英文の内容と合う絵を，ア～エの中から一つ選び記号で答えなさい。
英文は2回読まれます。

(1)

(2)

(3)

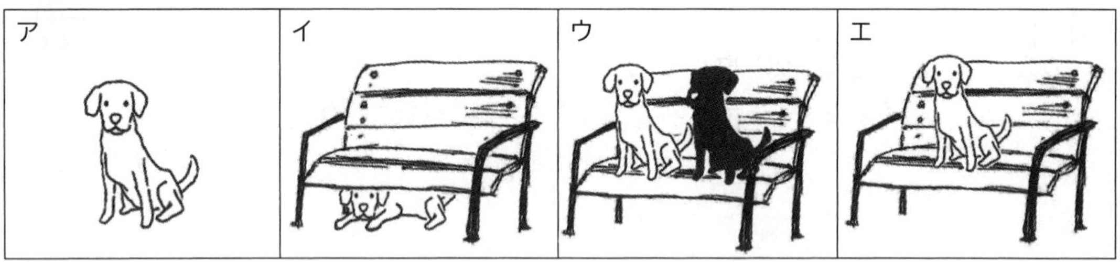

(4)

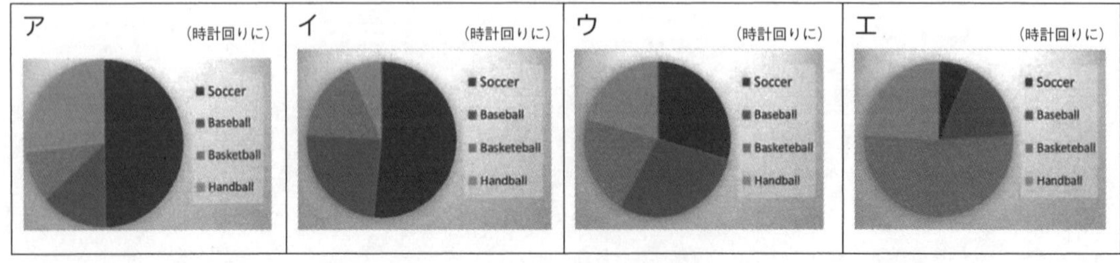

[Part 2] ジュディが話す英文を聞いて，その後に読まれる質問に対して，最も適切な答えを下のア～エの中から選び，記号で答えなさい。 英文は２回読まれます。

(1)

ア Next Sunday
イ Next Thursday
ウ Next Wednesday
エ Next Saturday

(2)

ア Go to the library
イ Read books
ウ Cook sukiyaki
エ Borrow a book about Japanese food

(3)

ア Sleeping on the sofa
イ Playing with a ball
ウ Sleeping in Judy's bed
エ Running in the park

[Part 3] 冬休みのできごとについて，ケイコさんがクラスでスピーチをしています。 スピーチを聞いて，それぞれの英語の質問の答えとして，最も適切なものをア～エから選び，記号で答えなさい。 英文は2回読まれます。

(1) Why did Keiko's sister stay at home?

ア Because of a trip to Kyoto
イ Because of an entrance exam
ウ Because of snow
エ Because of a lot of people

(2) How did they go to Arashiyama?

ア By bus
イ By car
ウ By train
エ By bike

(3) What did Keiko's mother buy in Gion?

ア Lunch
イ Ice cream
ウ Candies
エ Sensu

筆記試験

2 次の日本文に合うように，(　　)内の語(句)を並べかえ英文を完成させなさい。
(ただし，文の先頭に来る語(句)の最初の文字も小文字にしてあります。 解答時は大文字にしなさい。)

(1) 昭和学院で何をしたいですか。
(do / do / to / want / what / you) at Showa Gakuin?

(2) もし雨が降ったら，図書館で勉強をします。
(I / if / in / study / the library / will) it rains.

(3) 私は 7 歳のときから千葉に住んでいます。
(Chiba / in / have / I / lived) since I was seven.

(4) あの木のそばに立っている男の人を知っていますか。
Do you know (by / standing / that tree / the man)?

(5) 私にとって英語を話すことは難しいです。
(difficult / for / is / it / me) to speak English.

3 次の対話が成り立つように，(　　)に入れるのに最も適切な語や文を選び，1～4の番号で答えなさい。

(1) A: What's your favorite (　　　　)?
B: I like blue.
1 weather　　2 color　　3 subject　　4 fruit

(2) A: Is Yuta (　　　　) at singing?
B: Yes.　He is a wonderful singer.
1 easy　　2 favorite　　3 good　　4 nervous

(3) A: Who's that little girl?
B: That's Emily Brown.　She is Mr. Brown's (　　　　).
1 son　　2 brother　　3 daughter　　4 uncle

(4) A: Kate, can we have a meeting next week?
B: I'm not sure. I'll check my (   ).
1 mirror 2 member 3 secret 4 schedule

(5) A: Is that jacket (   ) than this one?
B: No. It's more expensive.
1 cheap 2 cheaper 3 cheapest 4 cheaply

(6) A: What time is the shop (   )?
B: At nine.
1 close 2 closed 3 closing 4 to close

(7) A: Is your sister a musician, Jack?
B: (   ) She plays the guitar very well.
1 I don't know. 2 OK, I will.
3 She'll be back soon. 4 That's right.

(8) A: Excuse me. Where is the post office?
B: (   ) You'll find it on your left.
1 It's not important. 2 That's too bad.
3 Turn left at the corner. 4 You should ask him.

(9) A: Please call Chris and tell him that.
B: (   ) I'll call him this evening.
1 No problem. 2 I have no idea.
3 Thanks a lot. 4 Yes, I did it.

(10) A: What's your dream, Emma?
B: (   ) So I have to study hard.
1 I'll call you later. 2 I'm going to the hospital.
3 I have some questions. 4 I want to be a doctor.

4 次の指示に従って英文で答えなさい。ただし，文の形で答えなさい。

(1) 次の英文の質問に対して，あなた自身について自由に英文で答えなさい。

Which do you like better, studying at home or studying at school?　And why?

(2) 次の対話が続くように，下線部に入る英文を自由に表現しなさい。1文で書きなさい。

A:　Tomorrow is my mother's birthday. ____________________
B:　Well, how about this bag?　Does she like brown?
A:　Yes, she does. That's a good present!　I'll get it.

(3) a, b の2つの質問のうち一つを選び，それに対しての自分の考えを，5文以上の英文で自由に表現しなさい。自分が選んだものについて，解答欄の a, b いずれかに○をつけること。

質問：a.　Who is your favorite person or character?　And why?

b.　What country do you want to live in in the future? And why?

5 次の補助犬(assistance dogs)についてのベスとトオルの対話文を読んで，以下の質問に答えなさい。

Beth:　I saw an "assistance dogs welcome" *sign.　It was on the door of the restaurant near my house.　Assistance dogs are *guide dogs, aren't they?
Toru:　Yes.　But actually there are three types of assistance dogs in Japan.
Beth:　Really?　I didn't know that.　What are they?
Toru:　They are guide dogs, *hearing dogs and *service dogs.
Beth:　Some people can't see.　They use guide dogs, right?
Toru:　Yes!　Guide dogs will help their *owners to travel safely when they leave their homes.　So owners can go to shops and the owner's working places.
Beth:　What about service dogs? What can they do?
Toru:　For example, a service dog helps his owner in a *wheelchair.　The dog can open the refrigerator to get a drink for his owner.　He can pick up a phone, pull the owner's jacket to take it off.　If the owner is in trouble, the dog can call for help.
Beth:　Wow, that's amazing!　Service dogs are so smart and helpful.
Toru:　I think so.　*Additionally they can make the owners happy.　It is so great to see the good *relationship between the owners and the dogs.　But there is still a big problem in Japan.

Beth: What' s that?

Toru: In Japan right now there are about 1000 guide dogs. On the other hand, there are only 62 service dogs.

Beth: Why?

Toru: Japan doesn' t have enough service dog trainers. It costs a lot of money to train dogs. If a lot of people know about service dogs, more people will get interested in training service dogs.

Beth: I see. There are not enough service dogs in Japan. I' m very happy to learn about service dogs today. I want to help them, too!

Toru: I want to be a service dog trainer someday. There is a training center in Nagakute city in Aichi. I' m going to join the online tour next Sunday. Do you want to join too?

Beth: Yes, of course!

注 sign サイン，表示　　guide dogs 盲導犬　　hearing dogs 聴導犬
service dogs 介助犬　　owner 犬のオーナー(持ち主)　　wheelchair 車いす
Additionally 加えて　　relationship 関係

(1) 次の質問の答えとして最も適切なものをア～エの中から1つ選び，記号で答えなさい。

① How many types of assistance dogs are there in Japan?

ア Two　　イ Three
ウ Sixty two　　エ One thousand

② What can the service dogs do for their owners?

ア Move their owner' s wheelchairs　　イ Go to the shops with their owners
ウ Buy drinks for their owners　　エ Pick up their owner' s phones

③ What is the problem about service dogs in Japan?

ア Service dogs don' t like other people.
イ There are not enough service dog trainers.
ウ People can train service dogs easily.
エ People need a lot of money to buy a service dog.

④ What will Beth and Toru do next Sunday?

ア Go to the restaurant　　イ Go to Aichi
ウ Join the online tour　　エ Play with service dogs

⑤ What does Toru want to be in the future?

ア A service dog trainer　　イ A hearing dog trainer
ウ A guide dog trainer　　エ An assistance dog owner

(2) 次の英文が本文の内容に合っていれば○，間違っていれば×と答えなさい。

① Beth didn't see the sign of "assistance dogs welcome."
② Toru knows a lot about service dogs.
③ Japan has a lot of service dogs.
④ We need a lot of money to train dogs in Japan.
⑤ Beth is interested in learning about service dogs.

問五　―線部⑤「子路の目には、妙にそれが痛々しかった」とありますが、この後の子路の心情の変化を正しい順番で並べ替え、記号で答えなさい。

ア　自分の行ないが良くないことであったと思った。
イ　孔子がずっと黙ったままでいることが恐ろしいと思った。
ウ　自分の巧みな言葉に、孔子も言い返すことができないと思った。
エ　孔子といることにたえられず、この場を立ち去りたいと思った。

問六　―線部⑥「中(あた)り」とありますが、「中」を本文中と同じ意味で使っている四字熟語として適切なものを次の中から一つ選び、記号で答えなさい。

ア　四六時中
イ　十中八九
ウ　無我夢中
エ　百発百中

問七　空らん（　X　）内に入る言葉として適切なものを次の中から一つ選び、記号で答えなさい。

ア　遅遅　　イ　石亀　　ウ　電光　　エ　荒波

問八　―線部⑦「心からにくむのじゃ」とありますが、孔子はどのような人物を「にくむの」ですか。本文中の言葉を使って、四十文字以内で書きなさい。

三　次の問いに答えなさい。

問一　次の―線部のカタカナを漢字に直し、送りがなが必要ならばひらがなで書きなさい。漢字は読みをひらがなで書きなさい。

①　試合で実力をハッキする。
②　その地域のカンシュウに従う。
③　電車で観光地をタズネル。
④　綿密な計画を立てる。
⑤　時間切れ寸前で間に合った。

問二　次の文の主語と述語が正しく対応するように、―線部の言葉を書き直しなさい。

①　今年の私の目標は野球チームでレギュラーになりたい。
②　私の考えは皆が思いやりをもつことが大切だと思う。
③　計画が失敗した理由は、準備が足りなかった。

ここで孔子は、一段と声を励(※はげ)ました。

「その道理を巧みに述べたてる舌を持っている人を、⑦心からにくむのじや。」

子路は、喪心(そうしん)したようになって、孔子の門を辞した。彼が、体験に則した学問というもののほんとうの意味を、はっきり理解し得たのは、それ以後の事だと言われている。

(下村湖人『論語物語』より)

(注)※印…本文中の漢字については、学習指導要領における小学校の配当以外の難しい漢字にはふりがなをふっています。

※…設問の都合上、一部表記を変えた部分があります。

※1代官…ここでは、村長のこと。

問一 ―線部①「代官など勤まる柄ではなかった」とありますが、子羔はどのような人物ですか。その説明として適切なものを次の中から一つ選び、記号で答えなさい。

ア まだ若く、学問ができない、のろまな人物

イ まだ若く、学問ができ周囲から信頼されている人物

ウ まだ若く、学問はできないが、子路から信頼されている人物

エ まだ若く、学問はできるが、のんびりとしている人物

問二 ―線部②「子路はめんくらった」とありますが、それはなぜですか。その説明として適切なものを次の中から一つ選び、記号で答えなさい。

ア 子羔の就職を報告してすぐに帰ろうと思っていたが、叱られてしまったから。

イ 今まで叱られることは多かったが、ぶっきらぼうな言葉を言われたことはなかったから。

ウ 本来、孔子が喜ぶことをしたのに、何か思いちがいをしている様子で怒っているから。

エ 今まで叱られることは多かったが、孔子にぶたれたことは一度もなかったから。

問三 ―線部③「孔子のきげんを損じている理由に、やっと気がついた」とあるが、孔子がきげんを損ねた理由をまとめた次の文の空らんに当てはまる言葉を、それぞれ指定された文字数で本文中から抜き出して答えなさい。

子羔のような人物を代官にすることは、(㋐ 五文字)が壊れることであり、本人のためにもならない。つまり、(㋑ 六文字)ことになるから。

問四 ―線部④「孔子の持論」とありますが、それはどのような持論ですか。本文中から二十二文字で抜き出し、最初の五文字を書きなさい。

「実地について？」

「そうです、本を読むばかりが学問ではありません。」

子路は、とっさに、孔子がいつも自分たちにいっていることを、そのまま応用した。

孔子は、それを聞くと、すぐ目をそらして、妙に顔をゆがめた。子路は、しかし、孔子の表情をこまかに観察する余裕を持たなかった。彼はやっと孔子の凝視から逃れることができて、やれやれと思った。とたんに彼の口は非常に滑らかになった。

「費には、治むべき人民がおります。祭るべき神々の社があります。そして、民を治め、神々を祭ることこそ、何よりの生きた学問であります。真の学問は体験に即したものでなければならない、とは常に先生にお聞きしたことではありますが、特に、子羔のように、古書について学問をする力の乏しい者は、一日も早く実務につかせる方がよろしいかと存じます。誰だって、実務を目の前に控えて、ぐずぐずしてはおれませんから。」

子路は、一気にしゃべりつづけた。そして自分ながら、とっさに④孔子の持論を応用して、それを自分の言葉で巧みに表現することのできたのを得意に感じながら、孔子の返事をまった。

孔子は、しかし、そっぽを向いたきり、ものを言わなかった。彼はじっと目を閉じて、何か思案するようなふうであった。

⑤子路の目には、妙にそれが痛々しかった。自分のことばが、図星に⑥中りすぎて、さすがに先生も困っておられるな、と思った。彼は何とかその場を繕わなければならないと思ったが、残念ながら、そんな場合の技巧は、彼の得意とするところではなかった。で、彼も丸太のようにおし黙っていた。

そのうちに、彼は次第に孔子の沈黙が恐ろしくなり出した。孔子の沈黙は、いつもただごとではなかったからである。彼は孔子の横顔をぬすみ見ながら、そろそろ自分を反省しはじめた。

（自分は、今先生にいったとおりのことを、ほんとうに信じているのか。）

いや！と彼は即座に自分に答えざるを得なかった。

（子羔のためにならないのは、先生のことばをまつまでもなく、知れきったことだ。すると、自分は、いったい誰のために彼を採用したのだ？　むろん費の人民のためではない。子羔自身のためでもなく、費のためでもないとすると――）

彼はここまで考えてきて、もう孔子の前にいたたまらなくなった。何とか機会をとらえて逃げ出すくふうはないものか、と考えた。向こう見ずの彼だけに、いったん反省し出すと、矢も楯もたまらないほど恥ずかしくなるのであった。

その時、孔子の顔が動いた。子路にはそれが（　X　）のように感じられた。孔子の声は、しかし、ゆったりと流れた。

「私は、議論がりっぱだというだけで、その人を信ずるわけにはいかない。なぜなら、真に道を行なわんとする人であるか、表面だけを飾っている人であるかは、それだけでは判断がつかないからじゃ。われわれは、正面から反対のできない道理で飾られた悪行、というもののあることを知らなければならない。己の善を行なわんがために、人を賊うのがその一つじゃ。そんな行ないをする人は、いつもりっぱな道理を持ち合わせている。そして私は、――」

人事だけは慎重にやってもらわないと、政治の根本が壊れる。それに、第一本人の子羔がかわいそうだ。自分では出世をしたつもりで、喜んでいるかもしれないが、恐らく彼の前途もこれでだめになるだろう。愚かな者は愚かなりで、ぽつぽつやらせておく方が、かえって本人のためになるのだが。）

子路は、しかし、孔子が自分を批難していようなどとは夢にも思っていなかった。彼は、孔子の門人を一人でも多く世に出してやることに、大きな誇りをさえ感じていた。彼の考えでは、それが孔子の教えを拡めるに最も効果の多い方法であり、そして孔子を喜ばす最善の道だったのである。で、彼はある日、得々として孔子の門をたたき、子羔を採用したことを報告した。

ところが、孔子はただ一語、

「それは人の子を賊うというものじゃ。」

といったきり、じっと子路の顔を見つめた。

②子路はめんくらった。彼はこれまで、門人たちのうちでも、最も多く孔子に叱られてきた一人ではあるが、いまだかつて、こんなにだしぬけに、しかも、こんなにぶっきらぼうなことばをもって、あしらわれた覚えがなかった。彼は、目をぱちくりさせながら、孔子は何か思いちがいをしているのではないか、と考えた。で、もう一度彼は、

「このたび、子羔を費邑の代官に登用することができました。」

と、できるだけゆっくり報告した。

「わかっている。」

孔子は、眉一つ動かさず、子路を見つめたまま答えた。

子路は、これはいけない、先生はきょうはどうかしている、と思った。しかし、子羔を用いたのが悪かったとは、まだ夢にも思っていなかった。で、彼は軽く頭を下げながら、

「また一人、同志を官界に出すことができました。道のために喜ばしく存じます。」

「人の子を賊うのは道ではない。」

孔子の視線は依然として動かなかった。

子路は、この時はじめて、「しまった。」と思った。③孔子のきげんを損じている理由に、やっと気がついたのである。しかし、あっさり自分の過失をあやまることのできないのが、彼の悪い癖だった。それに、第一、彼は、のろまだという定評のある子羔を自分が知らないで用いた、と孔子に思われるのが辛かった。

（自分に人物を見る明がないのではない。子羔の人となりぐらいは、自分にもよくわかっている。わかっていて彼を用いたのには、理由があるのだ。）

そう孔子に思わせたかったのである。

「子羔のためにならないことをした、とおっしゃるのですか。」

彼はつとめて平気を装いながらたずねた。

「君はそうは思わないのか。」

孔子の態度は、あくまでも厳然としている。

「むろん、子羔には少し荷が勝ちすぎるとは思っていますが……」

「少しぐらいではない、彼はまだ無学も同然じゃ。」

「ですから、実地について学問をさせたいと思うのです。」

問七　―線部⑥「道徳性と対立する利己性と道徳性を包み込んだ利己性」について、㋐「道徳性と対立する利己性」と㋑「道徳性を包み込んだ利己性」それぞれの見方で考えると、人間とはどのようなものといえますか。その説明となっている部分をそれぞれ二十文字から二十五文字以内で抜き出し、最初と最後の五文字を書きなさい。

問八　この文章を読んだ四人の生徒が会話をしています。本文の内容と合致しない発言をしている生徒を選び、記号で答えなさい。

ア　生徒Ａ「学校の例と銀行強盗の例から人間は今いる状況の中で、自分にとっていいと思える選択肢を選んで生きているということがわかるね。」

イ　生徒Ｂ「そうだね。道徳的な行動をするときだって、その行動をとったら後々自分にいいことだと思うから行動しているということがわかったよ。」

ウ　生徒Ｃ「でも、直接利益を目指さない方が結果として利益につながることが多いという、もっともな反対意見があることも考えないとね。」

エ　生徒Ｄ「難しい問題だね。でも、結局のところ人間は自分にとっていいことしかしないけれど、何がいいか悪いかはその人の育ち方によって決まるというのが筆者の考えだね。」

二　次の文章を読んで後の問いに答えなさい。なお、初めて出てくる人名には～線を引いてあります。

(字数はすべて句読点を含む)

※はじめの太字の文章は中国の古典『論語』にある孔子(先生)と、その弟子である子路(しろ)とのエピソードをまとめたものである。後にこのエピソードをもとに書かれた『論語物語』の一節が続く。

子路が(季氏(きし)の領地の長であった時)子羔(しこう)を費という村の長とさせた。

先生「あの若者をだめにしてしまうぞ。」

子路「費には治めるべき人民もいるし、祭らなければならない土地の神や五穀の神がいます。どうして本を読まなければ学問したことにならないというのですか。」

先生「これだから私は口先のうまい人間はきらいなのだ。」

子路は、季氏に仕えて、一時はかなり幅(※はば)をきかしていた。彼(※かれ)は人に頼(※たの)まれると、例の親分肌(※おやぶんはだ)を発揮して、よくいろんな人を採用したものだが、子羔を費邑(ひゆう)(※1)の代官に任命したのも、そのころのことである。

費は、季氏の領内でも難治の邑(むら)として知られ、閔子騫(びんしけん)などのような優れた人物でも、完全には治めかねたところである。然るに子羔は、まだ年は若いし、学問は生(なま)だし、人物も、性質も悪くはないが、少しのろまだし、どうみてもそんな難治の地方で①代官など勤まる柄(※がら)ではなかった。

このことを知って、誰よりも心配したのは孔子であった。

(子路にも困ったものだ。向こう見ずにもほどがある。何かとちがって、た教育や人柄(ひとがら)や好みによって決まるだろう。

(永井均『〈子ども〉のための哲学』より)

(注)※印…本文中の漢字については、学習指導要領における小学校の配当以外の難しい漢字にはふりがなをふっています。

※…設問の都合上、一部表記を変えた部分があります。

問一 ―線部①「人間は結局、自分のやりたいことしかやらない」とありますが、筆者がそのように考えているのはなぜですか。その理由を「状況」という言葉を使って四十文字から五十文字以内で書きなさい。ただし、解答は「人間は」に続くように書きなさい。

問二 ―線部②「正常な利己心」とありますが、その説明として適切なものを次の中から一つ選び、記号で答えなさい。

ア 自分にとってよいと思える行動をとろうとすること
イ 自分と仲間にとってよいと思える行動しかとらないこと
ウ 自分にとって都合が悪くなろうと、やりたいことをすること
エ 自分にとっていいか悪いかを考えず、思いつきで行動すること

問三 ―線部③「強者と弱者が逆転する」とありますが、弱者がどのような行動をとった場合に「逆転する」のですか。適切なものを次の中から一つ選び、記号で答えなさい。

ア 強者を妨害する行動　　イ 自己の利益を考えない行動
ウ 強者に協力する行動　　エ 自己の利益だけを考える行動

問四 ―線部④「こういう考え」とありますが、どのような考えですか。本文中の言葉を使って三十文字以内で書きなさい。

問五 （ A ）～（ C ）に入る言葉として、適切な組み合わせになっているものを次の中から一つ選び、記号で答えなさい。

ア A つまり　B だから　C でも
イ A それとも　B でも　C だから
ウ A だから　B でも　C つまり
エ A それとも　B つまり　C でも

問六 ―線部⑤「経験的事実に関する利己説は主張できなくなる」とありますが、その理由として適切なものを次の中から一つ選び、記号で答えなさい。

ア 人間は自分にとっていいことしかしないが、ときどきはそれ以外もするから。
イ 人間は自分にとっていいことしかやらない原理に基づいて行動していても、例外はあるから。
ウ 人間が利己的であると決まっていれば、行動の中に利己性以外のものを見つけやすいから。
エ 人間が利己的であると決まっていれば、全ての行動の原因が利己的であると言い切ることができるから。

問題にあるのではなく、いわばもっと論理的なところにあるようだ。

問題は、人間はみな利己主義者で自分にとって好いことしかやらない、というこの原理が、経験的事実を述べたものなのか、（　A　）経験に先立つ人間理解の枠組（※わく）みを述べたものなのか、という点にある。経験的事実を述べたものだとすれば、それは人間という生き物を調べてみたら（調べたすべてのケースにおいて）人間はこの原理に従って行動していた、ということであって、ひょっとしたらこの原理に従わないケースもあるかもしれない、ということになる。

（　B　）、経験に先立つ枠組みを述べたものなら、この原理には例外はないことになる。どんな精神状態でどんな行動をしようと、まともな人間はつねに必ず自分にとって好いことだけをしようとしている、そうとらえたとき、はじめて人間の行動は理解可能なものになる、というわけだ。ちょうど、自然そのものが因果的に出来ているかどうかはわからないけど、因果的にとらえられたときわれわれに理解可能となる（ゆえにわれわれに理解できる自然はすべて因果的なあり方をしている）という議論と同じだ。人間の行為は利己的な（＝自分にとって好いことを求める）ものとしてとらえられたとき、われわれに理解可能なものとなる（ゆえにわれわれに理解できる人間の行為はすべて利己的なあり方をしている）というわけだ。

経験的事実に関する利己説についていえば、ぼくの実感では、これはかなり正しい。何よりも、このような主張に反感を示す人自身がこのような主張の実例でしかない、というケースを何度も体験したから。でも、そんなことはたいしたことじゃない。重要なことは、人間理解の枠組みに関する利己説をとると、⑤経験的事実に関する利己説は主張できなくなる、ということだ。どんな人間も利己的であることがはじめから決まっているなら、あいつもやっぱり利己的だなんて発見する余地ははじめからなくなってしまう。自然が因果的であるに決まっているなら、この現象にもやっぱり原因があったなんて驚く余地がなくなるのと同じだ。

（　C　）、重要なことは、あいつもやっぱり利己的だった、というような発見ができるような「利己的」の意味と、だれでもどんなときでも利己的である、というときの「利己的」の意味とを、区別することだ。発見ができるということは、もちろん、逆の発見（あいつはぜんぜん利己的でない！）もできるということである。つまり、⑥道徳性と対立する利己性と道徳性を包み込んだ利己性を区別しなくてはならないのだ。

道徳性と対立する利己性の見地からいえば、人は道徳的であったり利己的であったりする。この場合には、「私にとっては好いことなんだけど、悪いことだからやらない」とか「私にとっては嫌なことなんだけど、善いことだからやる」といったことが言える。

道徳性を包み込んだ利己性の見地からいえば、人は道徳的であることにおいてなお利己的である。その場合には、「私にとっては好いことなんだけど、悪いことだからやらない」のは、「悪い」と思うことによって、そのことが私にとって嫌なことになったからである。「私にとっては嫌なことなんだけど、善いことだからやる」のは、「善い」と思うことによって、そのことが私にとって好いことになったからである。そして、そうなるかどうかは時と場合によってちがう。でも、いずれにしても、人間は自分にとって好いことしかやらないし、そもそもやれないのだ。そして、何が自分にとって好いことで何が嫌なことになるかは、たいていの場合、その人の受け

二〇二一年度 昭和学院中学校

【国　語】〈アドバンストチャレンジ試験〉（五〇分）〈満点：一〇〇点〉

一 次の文章を読んで後の問に答えなさい。

（字数はすべて句読点を含む）

①人間は結局、自分のやりたいことしかやらない。いや、自分のやりたいことしかやれない、と言ってもいい。いやいやながらそうする、という場合だって、与えられたその状況で出来ることの中では、一番やりたいことをやっているはずだ。

学校なんか行きたくないと思いながらも毎日学校に通っているなら、サボってどこかで遊んでいたり、登校拒否したりするよりは、結局はその方が自分にとって好い（＝利益になる・得だ）と思ってそうしているはずだ。サボったり登校拒否したりすれば、親や教師がうるさいことを言うに決まっているからね。そのくらいなら、おとなしく学校に通っていた方が好いというわけだ。

強盗に拳銃を突きつけられて金庫を開けるように命令された銀行員だって、同じことだ。与えられたその状況では、金庫を開ける方が自分にとって好い（＝ためになる・得だ）と思うからこそ金庫を開けるのであって、金庫を開けるくらいなら死んだ方がましだと思えば、開けないだろう（ついでにいえば、銀行員がそういう②正常な利己心を持たない人物であった場合には、強盗の方が窮地に立たされることになる。強盗にとって欲しいのは金庫の中の金であって、銀行員の命などは、自分が殺人犯になってしまうだけで、何の価値もないからだ。今度は強盗の方が、正常な利己心に従うかどうかの選択を迫られることになる。つまり、一方が死の恐怖を超えたことで、③強者と弱者が逆転する、というわけである）。

溺れかけている人を助けるときだって同じことだ。助けたいと思うのは、その状況で何もしないでいる自分にたえられないからで、危険を冒しても助ける方が自分にとって好い（＝気持ちがいい・幸福である）と思うからだろう。また、道徳をたたき込まれている人にとっては、悪いことをするのは、自分にとって嫌な（＝損な・不幸な）ことになるだろう。だから、しないのだ。道徳をたたき込まれていなくても、道徳的評価が通用している世界では、少なくとも人に知られるような状況では、たたき込まれている人と同じように振る舞うだろう。その方が好い（＝得になる・利益になる）からだ。

だから結局、人間は徹頭徹尾利己主義者で、自分にとって好いこと（＝自分のためになること・得なこと）しかやらない、ということになる。でも、これはほんとうだろうか。

困ったことに、道徳に関する議論の場合いつもそうなのだが、こういう議論に接するとたんに反感を感じて是が非でも反論したくなってしまう人がいるようだ。そういうわけで、④こういう考えにはすでにいくつもの反論がある。その中には、人は直接自分の幸福なんかを目指さない方が結果としてそれが得られることが多い、なんてまったくまとはずれな議論もある。でも、ぼくが（その後に）考えたところでは、問題はそういう事実

2021年度

昭和学院中学校 ▶解説と解答

算数 <アドバンストチャレンジ試験>（50分）<満点：100点>

解答

1 (1) 15 (2) 999 (3) 2 (4) 5.58 (5) $\frac{1}{8}$ 2 (1) 6 (2) 8：27 (3) 10% (4) 124 (5) 6 3 (1) Aさん…グー，Bさん…チョキ (2) 17回 4 (1) 44cm^3 (2) 7.85cm 5 (1) 12cm (2) 7cm (3) 18.5cm 6 (1) 8通り (2) 8通り (3) 20通り

解説

1 四則計算，計算のくふう

(1) $(2020\div4+50)\div37=(505+50)\div37=555\div37=15$

(2) （　）内の9個の整数を位ごとに見ると，どの位にも1～9が1個ずつあらわれる。よって，（　）内の各位の和は，$1+2+\cdots+9=(1+9)\times9\div2=45$だから，（　）内の和は，$100\times45+10\times45+1\times45=(100+10+1)\times45=111\times45$となる。したがって，$111\times45\div5=111\times9=999$とわかる。

(3) $\frac{2}{3}\div\left\{3.2-\left(3-\frac{1}{3}\times1.2\right)\right\}\times1\frac{4}{5}=\frac{2}{3}\div\{3.2-(3-0.4)\}\times\frac{9}{5}=\frac{2}{3}\div(3.2-2.6)\times\frac{9}{5}=\frac{2}{3}\div0.6\times\frac{9}{5}=\frac{2}{3}\div\frac{3}{5}\times\frac{9}{5}=\frac{2}{3}\times\frac{5}{3}\times\frac{9}{5}=2$

(4) $4.2\times1.3+0.24\times13-3=5.46+3.12-3=8.58-3=5.58$

(5) $\frac{1}{N\times(N+1)}=\frac{1}{N}-\frac{1}{N+1}$となることを利用すると，$\frac{1}{20}+\frac{1}{30}+\frac{1}{42}+\frac{1}{56}=\frac{1}{4\times5}+\frac{1}{5\times6}+\frac{1}{6\times7}+\frac{1}{7\times8}=\frac{1}{4}-\frac{1}{5}+\frac{1}{5}-\frac{1}{6}+\frac{1}{6}-\frac{1}{7}+\frac{1}{7}-\frac{1}{8}=\frac{1}{4}-\frac{1}{8}=\frac{2}{8}-\frac{1}{8}=\frac{1}{8}$

2 速さ，体積，濃度，整数の性質，約束記号

(1) 分速200mで走る人が60分で進む距離は，$200\times60=12000$(m)，$12000\div1000=12$(km)である。よって，この距離を2時間で歩く人の速さは時速，$12\div2=6$(km)となる。

(2) 半径2cmの球の体積は，$4\times2\times2\times2\times3.14\div3=\frac{32}{3}\times3.14$(cm^3)であり，半径3cmの球の体積は，$4\times3\times3\times3\times3.14\div3=36\times3.14$(cm^3)である。よって，半径2cmの球と半径3cmの球の体積の比は，$\left(\frac{32}{3}\times3.14\right):(36\times3.14)=\frac{32}{3}:36=32:108=8:27$とわかる。なお，2つの球は相似であり，相似比が2：3であることから，体積の比は，$(2\times2\times2):(3\times3\times3)=8:27$と求めることもできる。

(3) (食塩の重さ)＝(食塩水の重さ)×(濃度)より，5％の食塩水200gに含まれている食塩の重さは，$200\times0.05=10$(g)，10％の食塩水300gに含まれている食塩の重さは，$300\times0.1=30$(g)とわかる。また，食塩水から水を蒸発させても食塩の重さは変わらないので，最後にできた食塩水に含まれている食塩の重さは，$10+30=40$(g)となる。さらに，最後にできた食塩水の重さは，$200+300-100=400$(g)だから，最後にできた食塩水の濃度は，$40\div400=0.1$，$0.1\times100=10$(%)である。

⑷　5で割り切れない整数を，（1，2，3，4），（6，7，8，9），(11, 12, 13, 14)，…のように，4個ずつ組に分けて考える。すると，100番目に小さい数は，100÷4＝25(番目)の組の最後の数とわかる。また，各組の最後の数は4に次々と5を加えてできる数なので，□番目の組の最後の数は，4＋5×(□－1)と表すことができる。よって，25番目の組の最後の数は，4＋5×(25－1)＝124と求められる。

⑸　6と9の最小公倍数は18だから，（6◎9）☆12＝18☆12となる。さらに，18と12の最大公約数は6なので，18☆12＝6とわかる。

3 条件の整理，周期算

⑴　勝ちを○，負けを×，あいこを△としてまとめると，下の表のようになる。よって，4回目はAさんがグー，Bさんがチョキである。

回	1	2	3	4	5	6	7	8	9
Aさん	△ グー	○ パー	× パー	○ グー	× グー	△ チョキ	○ グー	× グー	△ チョキ
Bさん	△ グー	× グー	○ チョキ	× チョキ	○ パー	△ チョキ	× チョキ	○ パー	△ チョキ

⑵　4回目と7回目はまったく同じ状態になるから，4回目から先は，4～6回目と同じ手の出し方がくり返される。はじめからかぞえて50回目は，4回目からかぞえると，50－3＝47(回目)なので，47÷3＝15余り2より，4～6回目と同じ出し方が全部で15回くり返されて，さらに2回ある。AさんがBさんに勝つのは4～6回目の中に1回あり，余りの2回の中にも1回ある。さらに，最初の3回の中にも1回あるから，全部で，15＋1＋1＝17(回)とわかる。

4 展開図，体積，長さ

⑴　下の図1で，同じ印をつけた部分の長さはそれぞれ等しい。■＝4cmより，直線ABに注目すると，●＝6－4＝2(cm)だから，直線CDに注目すると，○＝6－2＝4(cm)である。また，□＝5cmより，直線EFに注目すると，▲＝12－5＝7(cm)なので，この立体の見取り図は下の図2のようになる。これは，底面積が，(4＋7)×4÷2＝22(cm²)，高さが2cmの四角柱だから，体積は，22×2＝44(cm³)とわかる。

⑵　下の図3で，AB，BF，AF，BC，CE，BEの長さはすべて等しいので，三角形ABFと三角形EBCは正三角形とわかる。よって，角EBFの大きさは，60＋60－90＝30(度)だから，太い線の部分(弧EF)は，正方形の1辺の長さを半径とする中心角が30度のおうぎ形の弧である。また，弧EBと弧FBは，どちらも正方形の1辺の長さを半径とする中心角が60度のおうぎ形の弧なので，それぞれの長さは太い線の長さの，60÷30＝2(倍)となる。よって，かげをつけた図形の周りの長さは太い線の長さの，1＋2＋2＝5(倍)にあたるから，1.57×5＝7.85(cm)と求められる。

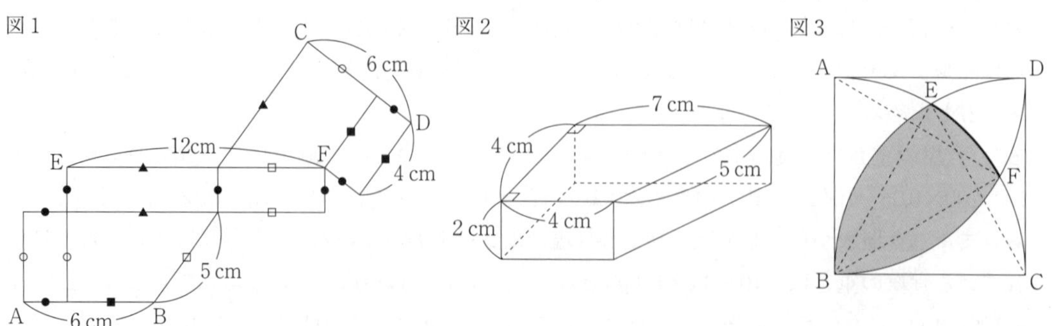

5 グラフ─条件の整理，相似

⑴　下の図１のように，長針が12を指しているとき（６時０分）の長針の先端の高さは27cmであり，長針が３を指しているとき（６時15分）の長針の先端の高さは15cmである。この差が長針の長さにあたるから，長針の長さは，27－15＝12(cm)とわかる。

⑵　６時15分を基準に考える。６時15分から６時22分までの時間は，22－15＝７(分)なので，６時22分の長針の位置と，６時15分－７分＝６時８分の長針の位置は，時計の中心と３の目盛りを結ぶ直線を軸として線対称の位置にある。つまり，下の図２で，アとイの角の大きさは等しくなるから，□にあてはまる長さも等しくなる。また，６時８分のときの長針の先端の高さは23cmなので，□＝23－15＝８(cm)となる。よって，６時22分のときの長針の先端の高さは，15－８＝７(cm)と求められる。

⑶　下の図３で，短針が10を指しているときのウの角の大きさと，長針が２を指しているときのエの角の大きさは等しいから，かげをつけた２つの三角形は相似になる。また，長針が２を指しているとき（６時10分）の長針の先端の高さは21cmなので，オ＝21－15＝６(cm)とわかる。さらに，かげをつけた２つの三角形の相似比は７：12だから，カ＝$6\times\frac{7}{12}$＝3.5(cm)となる。よって，短針が10を指しているときの短針の先端の高さは，15＋3.5＝18.5(cm)と求められる。

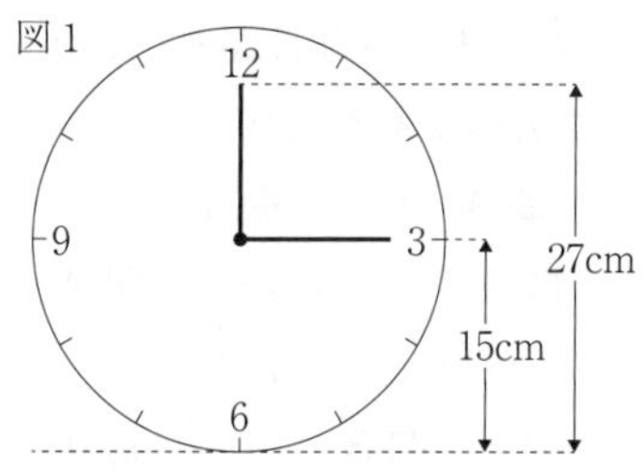

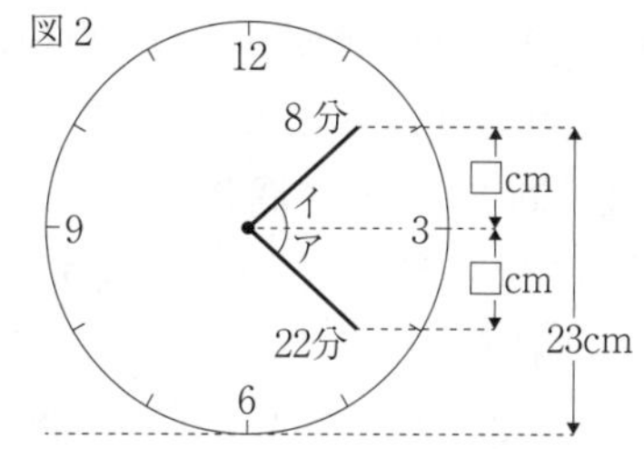

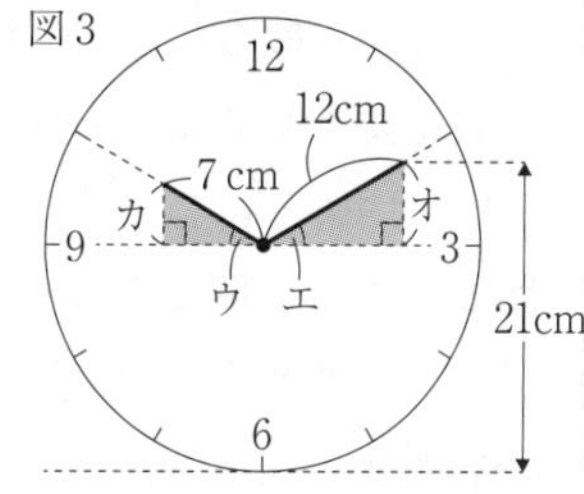

6 場合の数

⑴　さいころの目と上がる段数の関係は，右の図１のようになる。さいころを２回投げてゴールするとき，上がる段数の組み合わせは，㋐（１，５），㋑（３，３）の２つの場合がある。㋐の場合，さいころの目の出方は{１，５}，{２，５}，{５，１}，{５，２}の４通りあり，㋑の場合，さいころの目の出方は{３，３}，{３，６}，{６，３}，{６，６}の４通りある。よって，全部で，４＋４＝８(通り)とわかる。

図１

さいころの目	1	2	3	4	5	6
上がる段数	1	1	3	2	5	3

⑵　右の図２のように，１回目に移動する段ごとに場合分けをして調べる。１回目に①に移動する目の出方は１，２の２通りあり，２回目に①から⑥に移動する目の出方は５の１通りあるので，１回目に①に移動する場合は，２×１＝２(通り)となる。また，１回目に②に移動すると２回目には４段移動する必要があるから，この場合はない。さらに，１回目に③に移動すると自動的に⑤に移動するので，２回目は⑤から⑥に移動すればよい。よって，１回目は３，６の２通り，２回目は１，２の２通りの出方があるから，この場合は，２×２＝４(通り)となる。同様に考えると，１回目に④に移動する場合はなく，１回目に⑤に移動する場合は，１×２＝２(通り)となるので，全部で，２＋４＋２＝８(通り)と求められる。

図２

S→①→⑥　…２×１＝２(通り)
S→②→⑥　…なし
S→③➡⑤→⑥　…２×２＝４(通り)
S→④➡S→⑥　…なし
S→⑤→⑥　…１×２＝２(通り)

(3) 階段を下りない場合と下りる場合に分けて調べる。このとき，④に移動するまで最低２回かかり，④に止まると自動的にＳに戻るので，④に止まる場合を考える必要はない。また，１回に４段移動することはできないことに注意すると，考えられる場合は右の図３のようになる（太字は移動する段数を表す）。よって，全部で，４×４＋２×２＝20（通り）と求められる。

図３

（下りない場合）
S→①→③➡⑤→⑥　…２×１×２＝４（通り）
S→②→③➡⑤→⑥　…１×２×２＝４（通り）
S→②→⑤→⑥　…１×２×２＝４（通り）
（下りる場合）
S→②→⑤→⑥（5）　…１×１×２＝２（通り）
S→③➡⑤→⑤→⑥（2）　…２×１×２＝４（通り）
S→⑤→⑤→⑥（2）　…１×１×２＝２（通り）

社　会　<アドバンストチャレンジ試験>（30分）<満点：50点>

解　答

1 **問１** 古事記　**問２** (1) ア　(2)（例）戦いがあった。／稲作が行われていた。 **問３** 藤原道長　**問４** エ　2 **問１** イ　**問２**（例）足尾銅山鉱毒事件について習ったね　**問３** ウ　**問４**（例）細く曲がりくねった川ははんらんする可能性が高いので，それを防ぐためにまっすぐで幅の広い川をつくった。（まっすぐで幅広の川をつくり，船が往来しやすいようにした。）　3 **問１** イ　**問２** フィリピン　**問３** ウ　**問４** ウ　**問５** エ　**問６** ① 兵庫　② 赤道　4 **問１** イ　**問２** 促成栽培　**問３**（例）山地と平地の境目に土砂が積もってつくられる。　**問４** ア→ウ→イ　**問５** ウ　5 **問１** ① カ　② オ　③ ウ　④ エ　**問２** WHO　**問３** ウ　**問４**（例）唯一の被爆国として，世界各国で核の恐ろしさについて直接訴える機会を多く持ち，世界中の国々が核を持たないようにすることで世界平和を実現できるよう強く訴え続けていく。

解　説

1 文字を題材とした歴史の問題

問１ 『古事記』は712年に完成した現存する日本最古の歴史書で，神話の時代から推古天皇までの歴史や業績が記されている。なお，720年には歴史書として『日本書紀』も完成し，これらは合わせて「記紀」とよばれる。

問２ (1) 弥生時代には，米などの収穫物や土地，水などをめぐる争いが起こるようになったことから，集落のまわりを濠や柵で囲む環濠集落や，米をたくわえる高床倉庫がつくられるようになった。また，三内丸山遺跡は青森県にある縄文時代の遺跡，吉野ケ里遺跡は佐賀県にある弥生時代の遺跡である。　(2) 物見やぐらや環濠集落は，ほかのむらとの戦いに備えてつくられたものと考えられている。また，高床倉庫は米などの貯蔵に，石の包丁（石包丁）は稲の刈り取りに用いられていた。

問３ この和歌は，摂関政治の最盛期を築いた藤原道長が，三女の威子を天皇の后とした祝いの場でよんだものである。藤原道長は娘を天皇の后にし，娘の生んだ子を天皇の位につけて天皇の祖父となり，政治の実権をにぎった。

問４　「一所懸命」は，中世の武士が，先祖から受け継いだ領地(一所)を命がけ(懸命)で守ったことに由来する四字熟語である。

2　自然環境についての会話文を題材とした問題

問１　八幡製鉄所は，日清戦争(1894〜95年)の講和条約である下関条約で，日本が得た賠償金の一部を使って北九州に建設された。また，生糸や綿糸をつくるせんい工業は，軽工業にふくまれる。

問２　明治時代後半，栃木県にある足尾銅山から流出した鉱毒によって，渡良瀬川流域の農民や漁民が大きな被害を受けた。この足尾銅山鉱毒事件は，日本で最初の公害事件といわれる。

問３　四大公害病とは，熊本県で発生した水俣病，新潟県で発生した新潟(第二)水俣病，Ａの富山県で発生したイタイイタイ病，Ｂの三重県で発生した四日市ぜんそくの４つを指す。

問４　地図Ｂから，河川改修以前の荒川は川幅が細く，くねくねと蛇行していたが，河川改修後は川幅が広く，流れがまっすぐになっていることがわかる。細く蛇行した川は，大雨のときにはんらんして洪水を起こす可能性が高いため，これを防ぐ目的で改修工事が行われたのだと考えられる。また，船を通りやすくして，船の往来をよくするという目的も考えられる。

3　世界地図を題材とした地理の問題

問１　Ａ国は中国を示している。中国で最も長い河川は，世界第３位の長流である長江なので，イが正しい。なお，アについて，最も面積が広い国はロシアである。ウについて，ハングル文字は朝鮮半島で使われている。エについて，とうもろこしの生産量は，アメリカ合衆国が世界第１位となっている。統計資料は『日本国勢図会』2020／21年版による(以下同じ)。

問２　南シナ海の東に位置するＢ国は，フィリピンを示している。フィリピンは東南アジアの島国で，日本が輸入しているバナナの約８割がフィリピン産である。

問３　Ｃ国はオーストラリアを示している。オーストラリアはかつてイギリスの植民地だったことから，英語が公用語となっている。なお，アについて，日本の標準時子午線である東経135度の経線はオーストラリア大陸の上も通っており，日本とオーストラリアの間に，５時間も時差が生じるような経度の差(およそ75度)はない。イについて，マオリは，ニュージーランドの先住民族である。エについて，ストーンヘンジはイギリスにある。

問４　ハワイ諸島は太平洋のほぼ中央に位置しているので，ウが正しい。

問５　日本の端は，最北端がアの択捉島(北海道)，最東端がイの南鳥島(東京都)，最西端がウの与那国島(沖縄県)，最南端がエの沖ノ鳥島(東京都)となっている。

問６　①　日本の標準時子午線である東経135度の経線は，兵庫県明石市などを通っている。

②　緯度０度の緯線は，赤道とよばれる。最も長い緯線で，１周約４万kmある。

4　都道府県の特色を題材とした問題

問１　1970年，アジアで最初の万国博覧会が大阪で開催された(大阪万博)。大阪では，2025年に再び万国博覧会が開催されることが決定している。

問２　温暖な気候やビニールハウスなどを利用し，生育時期を早めて収穫する栽培方法を促成栽培という。ほかの産地のものが出回らない時期に出荷できるので，高い値段で出荷することができる。

問３　扇状地は，河川が山地から平地に流れ出る場所にできる地形で，河川によって山地から運ばれてきた土砂が扇形に堆積することで形成される。

問4　アの源頼朝は鎌倉時代の人物で，1192年に征夷大将軍に任じられた。イの坂本龍馬は江戸時代の人物で，1866年に成立した薩長同盟の仲立ちをした。ウの武田信玄は，戦国時代に活躍した甲斐(山梨県)の戦国大名である。よって，生まれた順にア→ウ→イとなる。

問5　ⅠはBの愛知県で，自動車工業がさかんに行われ，中京工業地帯の中心となっている。ⅡはAの高知県で，坂本龍馬は土佐藩(高知県)出身である。また，高知県南部の高知平野では，野菜の促成栽培がさかんである。ⅢはCの山梨県で，甲府盆地は山梨県の中央に位置している。

5　原子爆弾を題材とした問題

問1　①　太平洋戦争末期の1945年８月６日，人類史上初めて，アメリカ軍によって広島に原子爆弾が投下された。　②　NPTは核兵器不拡散条約の略称で，アメリカ，イギリス，ロシア，フランス，中国の５か国以外の核保有を禁止することが定められている。　③　2020年の３年前にあたる2017年，国際連合で核兵器禁止条約が成立した。なお，唯一の被爆国である日本は，この条約に参加していない。　④　インドやパキスタン，北朝鮮など，NPTに定められた以外でも核兵器を保有している国がある。

問2　世界保健機関はWHOと略され，世界のすべての人の健康を増進し，保護することを任務としている。

問3　国際連合安全保障理事会の常任理事国は，アメリカ，イギリス，フランス，中国，ロシアの５か国である。

問4　「非核三原則を堅持」するという日本の立場で行えることとしては，核兵器を世界からなくし，世界平和の実現に貢献することが考えられる。そのさい，日本は「立場の異なる国々の橋渡し」の役目をはたし，核兵器の恐ろしさを多くの国々に伝えたり，核兵器に反対する国を増やしたりすることに努めなければならないだろう。

理　科　＜アドバンストチャレンジ試験＞（30分）＜満点：50点＞

解　答

1　(1)　(例)　直列につないだときのほうが，並列につないだときよりもモーターが速く回る。　(2)　**図１**　(例)　止まる。　**図２**　(例)　回り続ける。　(3)　(例)　回る向きが逆になる。　(4)　(例)　止まる。　(5)　(例)　鏡を使って，より多くの日光を光電池に当てる。　2　(1)　(例)　全体に広がっていき，つぶが見えなくなる。　(2)　94.8g　(3)　①　3.85g　②　(例)　温度を高くする。　③　(例)　ろ過する。　(4)　(例)　温度によって水にとける量は変化する。　(5)　20％　(6)　①　エ　②　37.2g　3　(1)　(例)　**必要な条件１**…水　**比べる実験**…アとイ　**必要な条件２**…適当な温度　**比べる実験**…アとエ　(2)　(例)　光を別の方向から当て，それ以外の条件を同じにして行う。　(3)　①　右に曲がる　②　曲がらない　③　曲がらない　④　左に曲がる

解　説

1　乾電池や光電池のつなぎかたについての問題

(1)　電池を直列に２個，３個…とつなぐと，モーターに流れる電流の大きさも２倍，３倍…になる。

しかし，電池を並列につないだときは，モーターに流れる電流の大きさは電池１個のときと変わらない。よって，電池を直列につないだときのほうが，並列につないだときよりもモーターが速く回る。

(2) 図１では，電池Ａをはずしたところを電流が流れなくなるので，モーターにも電流が流れないため，モーターは止まる。図２では，電池Ａをはずしても電池Ｂによって回路に電流が流れるので，モーターは回り続ける。

(3) モーターが回転する方向は，電流が流れる向きによって変化するから，電池を逆向きに入れかえると，モーターの回転する方向も逆になる。

(4) 光電池は，光エネルギーを電気エネルギーに変化させることで，電流を発生させている。そのため，光が光電池に当たらなくなると，電流が発生しなくなり，モーターは止まる。

(5) 当たる光の量が多くなるほど，光電池から流れる電流も大きくなり，モーターが速く回る。したがって，虫眼鏡や鏡などを使って光を集め，光電池に当てる光の量を増やせばよい。

2 もののとけかたについての問題

(1) 物質が水にとけると，小さなつぶになって全体に均一に広がり見えなくなる。このように，物質が水にとけている液体を水よう液という。

(2) 表１を見ると，硝酸（しょうさん）カリウムは20℃の水100ｇに31.6ｇとけるので，20℃の水300ｇには，$31.6\times\frac{300}{100}=94.8$(ｇ)とける。

(3) ① 表１から，ホウ酸は40℃の水100ｇに8.1ｇとけるので，40℃の水150ｇには$8.1\times\frac{150}{100}=12.15$(ｇ)とける。よって，とけずに残ったホウ酸は，$16-12.15=3.85$(ｇ)とわかる。　② 表１を見ると，ホウ酸が水100ｇにとける最大の重さは，温度が上がるほど多くなる。また，物質が水にとける最大の重さは，水の重さに比例するため，水の重さを増やしてもよい。　③ ろ過をすると，とけずに残った物質を水よう液から取り出すことができる。

(4) 表１から，物質が水100ｇにとける最大の重さは，温度が下がると少なくなり，温度が上がると多くなることがわかる。

(5) 表１より，20℃の水100ｇに食塩は35.9ｇとける。したがって，加えた食塩30ｇは20℃の水120ｇにすべてとける。よって，$\frac{30}{30+120}\times100=20$より，食塩水の濃度（のうど）は20％とわかる。

(6) ① 硝酸カリウムの結晶（けっしょう）は，無色でぼうのように細長い形である。　② 表１から，硝酸カリウムは60℃の水100ｇに106ｇまでとけるので，60℃の水200ｇには，$106\times\frac{200}{100}=212$(ｇ)までとける。よって，加えた硝酸カリウム212ｇはすべてとけ，水よう液の重さは，$200+212=412$(ｇ)になる。したがって，ここから取り出した水よう液103ｇのうち，硝酸カリウムの重さは，$212\times\frac{103}{412}=53$(ｇ)，水の重さは，$103-53=50$(ｇ)である。一方，硝酸カリウムは20℃の水100ｇに31.6ｇまでとけるので，20℃の水50ｇには，$31.6\times\frac{50}{100}=15.8$(ｇ)までとける。以上より，できた硝酸カリウムの結晶は，$53-15.8=37.2$(ｇ)と求められる。

3 種子の発芽と成長についての問題

(1) 発芽したアの実験と，発芽しなかったイの実験をくらべると，アの実験では綿をしめらせているが，イの実験では綿がかわいており，それ以外の条件は同じである。よって，発芽には水分が必要であるとわかる。同様にして，発芽したアの実験と，発芽しなかったエの実験をくらべると，アの実験では温度が30℃で，エの実験では温度が５℃である。この場合も，温度以外の条件は同じだから，適当な温度でないと発芽しないといえる。

⑵　図の実験とは別の方向から光を当て，結果を比べるとよい。ただし，曲がった原因が光であることをはっきりさせるために，当てる光の方向以外の条件を同じにする必要がある。なお，⑴や⑵の実験のように，原因となる条件について調べるために，他の条件を同じにしてくらべる実験を，対照実験という。

⑶　①　図２より，発芽してすぐのイネは，光が当たる方向に曲がる。①では，右から光を当てているから，イネは右へ曲がる。　②　図２より，イネが光の当たる方向に曲がるために必要な成長物質は，イネの先端(せんたん)部でつくられることがわかる。②では，イネの先端部を切り取ってしまっているため，成長物質がつくられずイネは曲がらない。　③　図２では，成長物質がイネの先端部から下方に移動することで，光の当たる方向に曲がっている。③では，光の当たらない右側に移動した成長物質が，うすい板状の物質によって下へ移動することができないため，イネは曲がらない。　④　成長物質の横への移動は先端部でのみおこると述べられている。下方に光が当たらないようにしても，成長物質は先端でつくられ，光の当たらない側に移動し下に向かって移動するため，イネは光をあてた左の方向に曲がる。

英　語　<アドバンストチャレンジ試験>（50分）<満点：100点>

解　答

1 **Part 1**　⑴　イ　⑵　ア　⑶　イ　⑷　ア　**Part 2**　⑴　エ　⑵　ウ　⑶　ア　**Part 3**　⑴　イ　⑵　ウ　⑶　エ　2 ⑴　What do you want to do (at Showa Gakuin?)　⑵　I will study in the library if (it rains.)　⑶　I have lived in Chiba (since I was seven.)　⑷　(Do you know) the man standing by that tree(?)　⑸　It is difficult for me (to speak English.)　3 ⑴　2　⑵　3　⑶　3　⑷　4　⑸　2　⑹　2　⑺　4　⑻　3　⑼　1　⑽　4　4 ⑴　(例)　I like studying at school better because we can study with friends there.　⑵　(例)　Do you have anything good for a present?　⑶　(例)　a／My favorite character is Doraemon. He is a famous character in Japan. He is a robot cat from the future. He always helps his friend Nobita. I like him because he is very kind.　5 ⑴　①　イ　②　エ　③　イ　④　ウ　⑤　ア　⑵　①　×　②　○　③　×　④　○　⑤　○

国　語　<アドバンストチャレンジ試験>（50分）<満点：100点>

解　答

一 **問１**　(例)　(人間は)与えられた状況の中では，自分ができることのうちで一番やりたいことをやっているはずだから。　**問２**　ア　**問３**　イ　**問４**　(例)　結局，人間は自分にとって好いことしかやらない，という考え。　**問５**　イ　**問６**　エ　**問７**　㋐　人は道徳的～たりする。　㋑　人は道徳的～的である。　**問８**　ウ　二 **問１**　ア　**問２**　イ

問３　㋐　政治の根本　㋑　人の子を賊う　**問４**　真の学問は　**問５**　ウ→イ→ア→エ
問６　エ　**問７**　ウ　**問８**　（例）　自分にとっての善を行うために，りっぱな道理を述べたてて人を賊うような人物。　三　**問１**　①〜③　下記を参照のこと。　④　めんみつ
⑤　すんぜん　**問２**　①　なることだ　②　私は　③　足りなかったからだ

●漢字の書き取り

三　**問１**　①　発揮　②　慣習　③　訪ねる

解説

一　**出典は永井均の『〈子ども〉のための哲学』による。**人間は自分にとって好いことしかやらないし，そもそもやれないとして，何が自分にとって好いことで何が嫌なことになるかは，その人の受けた教育や人柄や好みによって決まると述べている。

問１　続く部分で，与えられた状況で出来ることの中では，人間は一番やりたいことをやっているはずだと述べられているので，この部分をまとめる。

問２　強盗に拳銃を突きつけられた銀行員は「与えられたその状況では，金庫を開ける方が自分にとって好い」と思うから開ける。これが「正常な利己心」にあたるので，アが選べる。

問３　「一方が死の恐怖を超えたこと」によって，「強者と弱者が逆転する」と述べられていることをおさえる。ここでは，銀行員が「金庫を開けるくらいなら死んだ方がましだ」と考え，金庫を開けないということにあたる。そうなると今度は強盗の方が「正常な利己心に従うかどうかの選択を迫られることに」なるのだから，銀行員が「自分の利益を考えない行動」をとったために，強盗との「強者と弱者」の立場が「逆転」したといえる。

問４　「こういう」とあるので，前の部分に注目する。「結局，人間は徹頭徹尾利己主義者で，自分にとって好いこと（＝自分のためになること・得なこと）しかやらない，という」考えには「いくつもの反論」が起きるというのである。

問５　A　人間はみな利己主義者で自分にとって好いことしかやらない，という原理が「経験的事実を述べたものなのか」，それとも「経験に先立つ人間理解の枠組みを述べたものなのか」，それが問題だというつながりなので，どちらか一方を選ぶときに用いる「それとも」があてはまる。
B　「人間はみな利己主義者で自分にとって好いことしかやらない，という」原理が，「経験的事実を述べたものだとすれば〜ひょっとしたらこの原理に従わないケースもあるかもしれない」が，「経験に先立つ枠組みを述べたものなら，この原理には例外はない」と述べられている。前で述べられたことと後で述べられたことが対立する関係にあるので，「でも」があてはまる。　C　「人間理解の枠組みに関する利己説をとると，経験的事実に関する利己説は主張できなく」なってしまうので，「あいつもやっぱり利己的だった，という」発見ができるような「利己的」の意味と，「だれでもどんなときでも利己的である，という」ときの「利己的」の意味を区別するべきだと述べられているので，前のことがらを原因・理由として，後にその結果をつなげるときに用いる「だから」が合う。

問６　直後に「どんな人間も利己的であることがはじめから決まっているなら，あいつもやっぱり利己的だなんて発見する余地ははじめからなくなってしまう」と述べられているので，エが合う。

問７　㋐　次の段落で，「道徳性と対立する利己性の見地からいえば，人は道徳的であったり利己

的であったりする」と述べられている。　㋑　二つ後の段落で，「道徳性を包み込んだ利己性の見地からいえば，人は道徳的であることにおいてなお利己的である」と説明されている。

問８　筆者は「人間は徹頭徹尾利己主義者で，自分にとって好いこと(＝自分のためになること・得なこと)しかやらない」と述べている。そういった考えに対して，「人は直接自分の幸福なんかを目指さない方が結果としてそれが得られることが多い」とする反論もあるが，それは「まったくまとはずれな議論」だと指摘している。よって，ウが選べる。

二　出典は下村湖人の『論語物語』による。孔子は，子羔が費邑の代官に登用されたことについて心配するとともに，弟子の子路に対し，「人の子を賊うのは道ではない」として，自分にとっての善を行うために，りっぱな道理を述べたてて人を賊う人物を心からにくむのだと話す。

問１　子羔については，同じ段落で「まだ年は若いし，学問は生だし，人物も，性質も悪くはないが，少しのろまだ」と書かれている。よって，アがふさわしい。

問２　直後に，「彼はこれまで，門人たちのうちでも，最も多く孔子に叱られてきた一人ではあるが，いまだかつて，こんなにだしぬけに，しかも，こんなにぶっきらぼうなことばをもって，あしらわれた覚えがなかった」とあるので，イが選べる。

問３　㋐，㋑　子羔が費邑の代官に登用されたと知って誰よりも心配した孔子は，「人事だけは慎重にやってもらわないと，政治の根本が壊れる」と考えている。また，そのことを報告してきた子路に対して，「人の子を賊うのは道ではない」と話している。

問４　子路は「本を読むばかりが学問では」ないと，とっさに孔子がいつも自分たちに言っていることをあげ，「真の学問は体験に即したものでなければならない，とは常に先生にお聞きしたことではあります」と話している。

問５　はじめ，子路は「自分のことばが，図星に中りすぎて，さすがに先生も困っておられるな」と思っていた。しかし，「次第に孔子の沈黙が恐ろしくなり出し」，やがて「子羔のためにならないのは，先生のことばをまつまでもなく，知れきったことだ」と反省している。そして，「もう孔子の前にいたたまらなくなった」のだから，ウ→イ→ア→エの順になる。

問６　「中る」とは，“狙ったものや，予想が的中する”という意味。よって，エが同じ。

問７　直後に「孔子の声は，しかし，ゆったりと流れた」とあるので，それとは対照的な内容が空らんXに入ると推測できる。よって，稲光のように，とても短い時間をたとえたことばである「電光」があてはまる。

問８　孔子は子路に「己の善を行なわんがために，人を賊う」ような人は「いつもりっぱな道理を持ち合わせている」と前置きしたうえで，「その道理を巧みに述べたてる舌を持っている人」のことを心からにくむと，痛烈に批判している。

三　漢字の書き取りと読み，ことばの係り受け

問１　①　持っている特性や能力などを，十分に働かせること。　②　ある社会において，古くから受け継がれてきた，生活上のならわし。　③　音読みは「ホウ」で，「訪問」などの熟語がある。　④　詳しくて細かく，すみずみまで注意が行き届いていること。　⑤　あることが起こる，ほんの少し前。

問２　①「目標は」が主語になるので，述語は「なることだ」とするのがよい。　②「思う」が述語になるので，主語は「私は」にするのが正しい。　③「理由は」が主語にあたるので，述語は「足りなかったからだ」とすべきである。

Memo

2020年度　昭和学院中学校

〔電　話〕　(047)323－4171
〔所在地〕　〒272－0823　千葉県市川市東菅野２－17－１
〔交　通〕　「本八幡」、「京成八幡」、「市川大野」、「東松戸」の各駅からバス

【算　数】 〈一般ジェネラルアカデミー試験〉（50分）〈満点：100点〉

1 次の計算をしなさい。

（１）$40-18\div30\times15-7$

（２）$1\frac{3}{4}\div\left(1\frac{2}{9}-0.6\right)-0.75$

（３）$\{9-(17-9)\div4\}-5$

（４）$\left(\frac{5}{6}+2.4\right)\times30$

（５）$0.3\times2020+2\frac{2}{5}\times2020-2020\times0.7$

2 次の□にあてはまる数を求めなさい。

（１）$(\square-7)\times3-11=13$

（２）小さい方から数えて１０番目の素数は□です。

（３）縦と横の長さの比が５：３で，周りの長さが１１２ cm の長方形の面積は□ cm^2 です。

（４）原価２０００円の品物に２割の利益を見込んで定価をつけましたが，売れないので１割引きにしたところ，売値は □ 円になりました。

（５）ある仕事を同じ機械８台で１０時間かかって終わる作業があります。同じ機械５台でこの仕事をすると□時間かかります。

（6）２けたの整数のなかで，２でも３でも割り切れないものは□個あります。

（7）濃度（のうど）４％の食塩水３００ｇに□ｇの水を加えて濃度３％の食塩水を作りました。

3 下の図は，５つの長方形の周りの長さがそれぞれ１６ cm，２０ cm，２８ cm，３２ cm，３６ cm の小さな長方形を組み合わせて大きな長方形をつくったものです。このとき，大きな長方形の周りの長さを求めなさい。

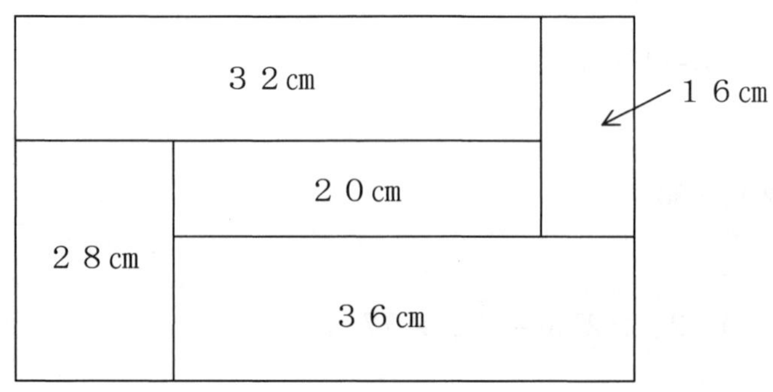

4 ご石と棒を使って下の図のように三角形をつくります。次の問いに答えなさい。

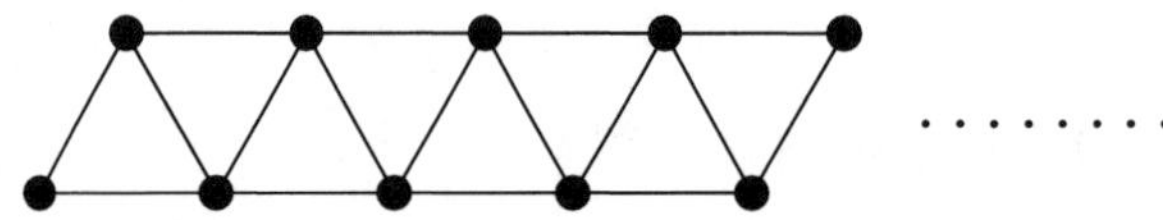

（1）三角形を２０個つくるとき，棒の数は何本使うか求めなさい。

（2）三角形をいくつかつくったとき，使ったご石と棒の数の差が１０でした。
このとき，三角形が何個できたか求めなさい。

5 下の図は，４点A，B，C，Dを通る半径３cm の円と２つの直角三角形を組み合わせた図形です。ABとADの長さが等しいとき，次の問いに答えなさい。
ただし，円周率は３．１４とします。また，点Oは円の中心とします。

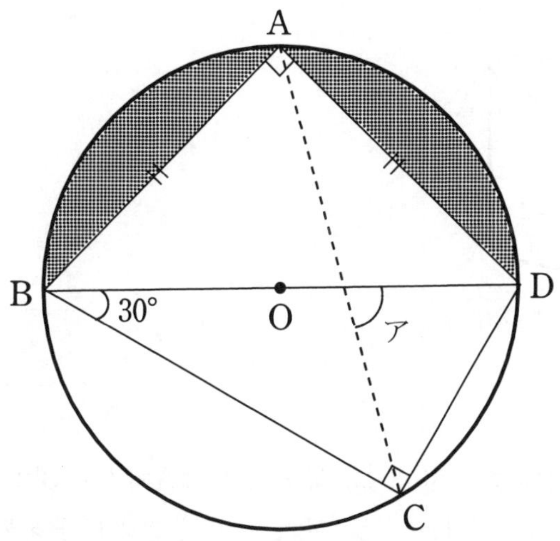

（1）かげを付けた部分の面積を求めなさい。

（2）角 ア の大きさを求めなさい。

6 次の問いに答えなさい。

（1）下の図のように長方形と三角形でできた立体の体積を求めなさい。

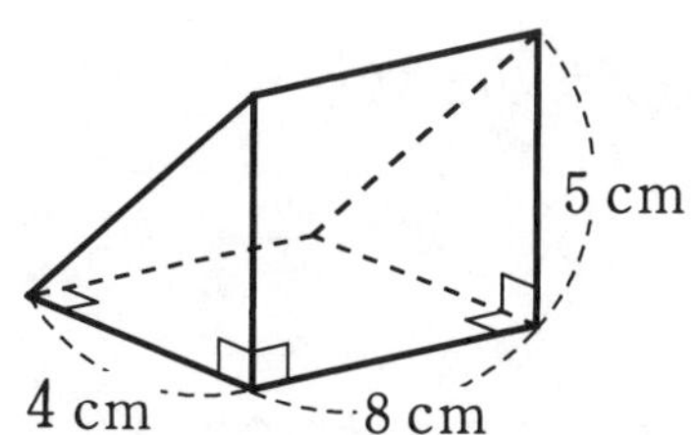

（2）底面の半径が 4 cm，高さが 6 cm の円柱を，下の図のように片側が 4 cm になるところで切ったとき，この立体の体積を求めなさい。
ただし，円周率は３．１４とします。

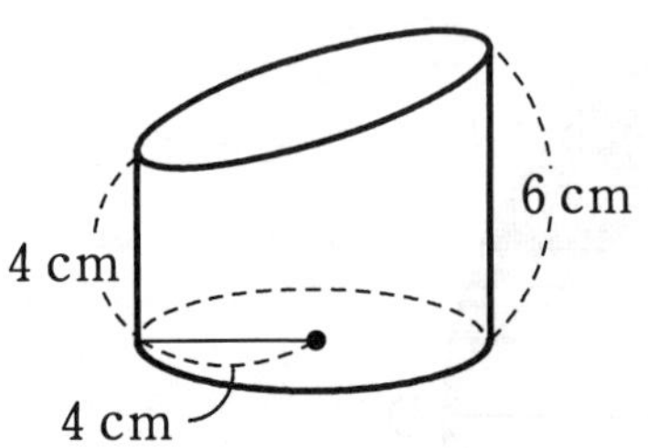

7 5 km はなれたA町とB町があります。昭子さんはA町からB町へ，学くんはB町からA町へ自転車で行きました。下のグラフは，そのときの様子を表しています。
次の問いに答えなさい。

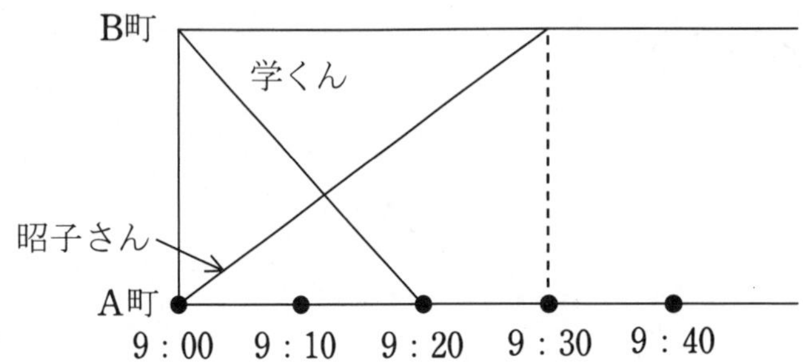

（1） 学くんの自転車の速さは分速何 m か求めなさい。

（2） 昭子さんと学くんがすれちがったのは何時何分か求めなさい。

8 ９人でじゃんけんを１回しました。全員の伸ばしている指の本数の合計は２３本でした。グーを出した人は何人いたか求めなさい。また，求め方も書きなさい。

問六　―線部④「先の先を読んでいた」とは、千代子がどのような思いからどう行動していたことですか。四十文字以内で答えなさい。

問七　―線部⑤「妻にではなく、所長が観測所員に説明するような言葉づかい」で説明したのはなぜですか。その理由として適切なものを次の中から一つ選び、記号で答えなさい。

ア　千代子には気象観測は到底できないものだと思ったから。
イ　気象観測員として千代子に気象観測をまかせようと思ったから。
ウ　千代子に気象観測の厳しさを思い知らせようと思ったから。
エ　まったくの素人である千代子に事務的に教えようと思ったから。

問八　本文の内容と一致するものを次の中から一つ選び、記号で答えなさい。

ア　千代子は、到が体調を崩したため収入源がなくなることを恐れて、自分から観測の手伝いをすることを申し出た。
イ　千代子は、東京や御殿場にいるときに、到の本を勝手に読んでいたことを叱られるのではないかと恐れていた。
ウ　到は、千代子の観測結果が自分の数値とおおよそ一致しているのを確認して、手伝いをすることを許可した。
エ　到は、千代子が気象観測の手伝いをしたいという申し出を喜び、翌日からすぐに観測をまかせてぐっすり眠った。

三　次の①～⑤の故事成語の意味として適切なものを後のア～カの中から一つ選び、記号で答えなさい。

①矛盾　②漁夫の利　③塞翁が馬　④水魚の交わり　⑤玉石混交

ア　よいものとつまらないものとが入り混じっていること。
イ　物事の筋道や道理があわないこと。
ウ　離れることができないような親密な関係のこと。
エ　二者がお互いに争っているすきに、第三者が利益を横取りすること。
オ　人生の運・不運や幸・不幸は予測できないものだということ。
カ　人の一生ははかないものであるということ。

四　次の―線部のカタカナを漢字に直し、送りがなが必要ならばひらがなで書きなさい。漢字は読みをひらがなで書きなさい。

①　研究のコウセキを認める。
②　平和をトナエル。
③　機械をテンケンする。
④　垂直な線。
⑤　横暴なふるまい。

できなかったと思います」

到はあきれた。千代子が勝気で怜悧（れいり）であることは知っていたが、こうまで、④先の先を読んでいたのだと思うと、いまさら、観測をやってはならないとも云えなくなった。自分の身体（からだ）が、急に力持ちになった千代子の手によって高いところにふわりと持ち上げられたような気持だった。

「あきれたやつだよ、お前は。そういうわけなら疲（※つか）れたときは交替（※こうたい）して貰うことにするか。その前に、ひととおりは器械類の説明をしておこう」

到は千代子を、野中観測所の観測員にすることに決めると、⑤妻にではなく、所長が観測所員に説明するような言葉づかいで、ひととおり観測のやり方と、気象器械について説明して廻った。

千代子は、熱心に見て廻り、質問もした。ときには到が辟易（へきえき）するような問題を出して彼を閉口させた。

到は千代子が彼の助手として申し分がないと分ったときに、肩の重荷が一つおりたような気がした。二時間置きの観測はつらかった。それも、いざというときには千代子に替って貰えると考えただけで気が楽になった。それでも到はなお二日ばかりは、千代子に見習い観測をさせて、そして、その翌日の昼間、到は朝十時の観測が終ってから、観測を千代子にまかせて、六時間あまりぐっすり眠った。眼を覚ましたときはもう日没（※にちぼつ）に近い時刻であった。戸を開けて外に出ると、真赤な夕陽が山の向うに沈むところだった。濃紫色（※こいむらさきいろ）の影（※かげ）となった山並みの手前にできた雲海は、夕陽をうけてバラ色に染まり、富士山頂へつながる光の軸（※じく）を中心に輝（※かがや）いていた。そこで見る夕陽は水平線に沈（※しず）む太陽のように大きくは見えなかったが、なんと美しい色をした太陽だろうと思った。そして、静かな、なんと雄大（※ゆうだい）な落日の景観であろうかと思った。彼は千代子を呼んで、外套（※がいとう）を着て出て来た千代子と肩を並べて、しばらくはその景色に見入ったままだった。

（新田次郎『芙蓉の人』より）

（注）※印…本文中の漢字については、学習指導要領における小学生の配当以外の難しい漢字にはふりがなをふっています。

※1　示度…計測器が示す目盛りの数。

問一　―線部①「きつい眼」について具体的に説明している部分を本文中から抜き出して答えなさい。

問二　―線部②「継穂」の本文中での意味として適切なものを次の中から一つ選び、記号で答えなさい。

ア　理由をつけて断ること　　イ　おわびの気持ちを伝えること

ウ　優しい言葉をかけること　　エ　話を次につなげること

問三　―線部③「彼女がどうやって観測法を覚えたか」とありますが、その方法を二つ、本文中の言葉を使って答えなさい。

問四　空らん【　A　】にあてはまる言葉を本文中から抜き出して答えなさい。

問五　空らん【　B　】にあてはまる漢字として適切なものを次の中から一つ選び、記号で答えなさい。

ア　腹　　イ　耳　　ウ　声　　エ　指

とのない到は、あきらかに、それが、自分を非難している千代子の眼（※まな）ざしだとわかるだけに、そのあとの②継穂（つぎほ）のしようがなくなって、ストーブの上にかけてある薬罐（※やかん）の湯をコップについで飲んだ。味のまったくないまずい湯であった。

「あなたに、ぜひお見せしたいものがあるわ」

千代子は、ふところから、洋紙を何枚か重ねて折って作った、自製のノートを出して、開いて見せた。そこに細かい気象観測値が記入してあった。

「これはいま観測したばかりの数値ですわ。あなたが観測した数値と比較（※ひかく）して見ていただけませんか」

到は千代子の観測記録と彼女の顔を見較（※みくら）べた。さっき彼が定時の気象観測をしたあと、風力計（現在の風速計）の具合を見に外へ出ていた間に観測した記録だなと思った。到が観測するときに千代子がその後をついて廻（※まわ）っていることはよくあった。彼が野帳（やちょう）に記入するのを覗（※のぞ）きこんでいることもあった。しかし、一度も、観測方法を教えてくれと云ったことはなかった。その千代子が、どうやって観測をしたのであろうか。千代子の自製の野帳には、数回の観測記録が、その年月日、観測時刻と共に書きこんであった。

到は、③彼女がどうやって観測法を覚えたかを知るまえに、まずその観測値が正しいかどうかを確かめようと思った。彼は、彼女が観測した値と彼の観測値とを比較した。ほとんど同じ値を示していた。気温に〇・一度の差があったが、それは読取り誤差の範囲（※はんい）であった。

到が驚（※おどろ）いたことには、気圧がちゃんと観測してあった。風向、風速、気温の観測はそうむずかしいことではないが、気圧の観測は、誰（※だれ）にでも容易にできるというものではなかった。見よう見真似で、象牙（※ぞうげ）の針と水銀面を合わせて、水銀柱の高さを読み取ることは、まあまあできるとしても、測定した値に器差補正、温度補正、重力補正を加えるなどということは、【　Ａ　】というものがどういうものであるか、その物理的意味をひととおり知っていなければできないことであった。

「千代子、お前は気象観測の仕方を誰に教わったのだ」

到は、そう云って、ちらっと頭の中に博多のことを思い浮べた。千代子が九州の実家に帰っている間にどこかの測候所にでも行って、気象観測のやり方を教わって来たのかとも思った。

「あなたから教わったのですわ」

千代子はそう云って、おかしそうに【　Ｂ　】を立てて笑った。到は更（※さら）にわからないという顔をした。

「観測の仕方はあなたの後をついて廻っている間に覚えたのですけれど、気象観測に関する専門知識は、あなたが、和田先生から戴（※いただ）いた気象観測という本を何度か読みました」

千代子はちょっと恥かしそうな顔をした。夫の知らない間に夫の本を盗み読みしたことをとがめないでくれと云いたそうな顔だった。

「何度も読んだんだって？」

「はい、東京にいる間にも読んだし、御殿場（※ごてんば）にいる間にも読みました。温度計の※1示度を読み取る場合は眼と水銀柱又はアルコール柱の頂とを結ぶ線が、温度計のガラス面に直角でなければならないなどというところも読んだし、気圧計の補正がなぜ必要なのかも読んで覚えました。でも、実際、あなたの観測するところを見なかったら、私ひとりで観測することは

問三　空らん（　A　）・（　B　）にあてはまる言葉を次の中からそれぞれ一つ選び、記号で答えなさい。

ア　たとえば　イ　さらに　ウ　では　エ　しかし

問四　―線部④『アレロパシー』と呼ばれるこの能力」とありますが、どのような能力ですか。「～能力」に続くように本文中より十三文字で抜き出して答えなさい。

問五　―線部⑤「さにあらず」とありますが、語句の意味として適切なものを次の中から一つ選び、記号で答えなさい。

ア　そうではなく　イ　そういうふうに
ウ　さもにているが　エ　それとはべつに

問六　―線部⑥「どんなトリックがこの離れ業を可能にしたのだろう」について、後の問いに答えなさい。

(1)　「この離れ業」がさしている部分を五十二文字で抜き出し、初めと終わりの五文字を答えなさい。

(2)　この「トリック」とはどのようなことですか。本文中の言葉を使って、「イチビの種子が［　　］こと。」となるように空らん部分を六十文字以内で答えなさい。

問七　本文中には次の一文が抜けています。入るべきところを【　ア　】～【　オ　】の中から探し、記号で答えなさい。

かくしてイチビは実力派雑草としての地位を築いたのである。

二　次の文章を読んで、後の問いに答えなさい。（字数はすべて句読点を含む）

明治二十八年十月、野中到（のなかいたる）は、中央気象台の辞令を得て、日本政府の委※い託観測（たくかんそく）として富士山頂の野中観測所で冬期気象観測を行っている。到を心配する妻の千代子は、到の後を追って山頂に登り、観測所にこもった。

「私に観測をさせて下さいませんか」

「お前に？　なぜお前が観測をやる必要があるのだ」

「そのわけは、これですわ……」

千代子は、にこっとすると、一度手元に戻※もどした鏡を、もう一度到の顔の前にさし出して、鏡の中の、落ちくぼんだ到の眼のあたりをゆびさして云※いった。

「寝不足※ねぶそくよ。こんなことをしていると、あなたは一冬越※こさないうちに死んでしまいます。だから、あなたのかわりに、私が昼間のうちだけでも観測をいたします。あなたは夜の観測があるのだから昼は寝ていなければいけませんわ。そのうち馴※なれたら、私が夜の観測をいたしますから」

しかし、到は、なにをばかなことをという顔で

「お前が来てくれて、雑用を引き受けてくれるし、ほんとうに眠いときは、お前が起してくれるので、安心して、眠れるようになった。これ以上お前に手伝って貰※もらうことはない。だいいち、お前に観測ができるものか」

「私が女だからですか」

千代子はそのとき、①きつい眼で到を見た。そういう眼つきをされたこ

いる。④「アレロパシー」と呼ばれるこの能力によって、イチビは生育が旺盛なトウモロコシと対等に渡り合えることができた。【　イ　】

しかし、この西回りのイチビはごく近年になってもまだアメリカにいた。コロンブスと同じくアメリカ大陸でその旅は終わってしまうのだろうか。

⑤さにあらず、物語には劇的な結末が待っていた。それもアメリカのトウモロコシ畑にいたはずのイチビが、ある日突然、太平洋を隔てた日本のトウモロコシ畑にあらわれたのである。【　ウ　】

⑥どんなトリックがこの離れ業を可能にしたのだろう。テレポテーションでも使ったというのだろうか。【　エ　】

日本は大量のトウモロコシをアメリカから輸入している。実は、イチビの種子はアメリカで収穫されたトウモロコシに紛れて日本にやってきたのである。もちろん、ここまでは決して特別な話ではない。物流が盛んな現代では、さまざまな雑草の種子が外国からの荷物に紛れて日本にやってくる。しかし、日本にやってきた雑草は空港や港のまわりに一時的に身を寄せながら、少しずつ分布をその周囲へと広げていくのがふつうである。ところが、イチビはそんな苦労もなく、畑の真ん中に忽然とあらわれたのである。【　オ　】

そのカラクリはこうである。輸入されたトウモロコシの多くは家畜の餌にされる。トウモロコシに混じって日本に侵入したイチビの種子は、牧場に運ばれて、なんとトウモロコシと一緒に牛に食べられてしまったのである。しかし、イチビの種子は皮がかたいので消化されない。そのため、牛の消化器官を通って糞と一緒に体外に排出されたのだ。そしてイチビの種子を含んだ牛糞が肥料として畑に散布されたというわけだ。こうして、アメリカのトウモロコシ畑からみごとに日本のトウモロコシ畑へと瞬間移動を遂げてしまったのである。

黄金の国ジパングを目指す壮大なロマンを実現したイチビだが、先にたどりついた東回りのイチビと、遅れてきた西回りのイチビとでは、どうやら明暗が分かれてしまった。（　B　）、どちらのイチビもインドを出発し、みごとに日本の地にゴールした。そして、このイチビの数奇な旅によって地球が丸いことがあらためて証明されたのである。

（稲垣栄洋『身近な雑草の愉快な生きかた』より）

（注）※印…本文中の漢字については、学習指導要領における小学生の配当以外の難しい漢字にはふりがなをふっています。

※1　火口…着火するとき最初に火を燃え上がらせるために用いるもの。

問一　―線部①「マルコ・ポーロ」、②「コロンブス」とありますが、二人は「東回り」と「西回り」のどちらのルートで日本を目指しましたか。それぞれ答えなさい。

問二　―線部③「本来の『雑草』として勢力を広げながら」とありますが、「本来の『雑草』」の特徴を筆者はどのようにとらえていますか。次の空らんにあてはまる言葉を本文中から三文字で抜き出して答えなさい。

本来の雑草は（　　三文字　　）がある。

二〇二〇年度 昭和学院中学校

【国　語】〈一般ジェネラルアカデミー試験〉（五〇分）〈満点：一〇〇点〉

一　次の文章を読んで、後の問いに答えなさい。なお、出題の必要上、表記を変えたところがあります。（字数はすべて句読点を含む）

地球をまわってジパングを目指せ

かつて①マルコ・ポーロはシルクロードを旅して中国にたどりつき、黄金の国ジパングに心惹（※こころひ）かれながら、ついに訪れることはできなかった。

時代を経て②コロンブスは、黄金の国ジパングを夢見てスペインから大西洋へ出航したが、その道のりは予想以上に遠く、最後はアメリカ大陸に到着（※とうちゃく）しただけだった。東回りと西回りにそれぞれが日本へ向かったが、ついにはかなわなかったのである。この偉人（※いじん）たちと同じ夢に挑戦（※ちょうせん）した雑草がイチビである。

イチビの原産地はインドである。イチビはふるさとのインドを起点にして、東回りのルートと西回りのルートで日本を目指したのだ。さて、イチビにはどんな冒険（※ぼうけん）が待ち受けていたのだろうか。

イチビはもともと雑草だったが、繊維（※せんい）をとることを目的に、しだいに栽培（※さいばい）も行なわれるようになっていった。イチビの栽培は、シルクロードを通って東方へと伝えられ、やがてユーラシア大陸東端（※とうたん）の中国まで到達した。今から四千年も昔のことである。当時の中国は進んだ文明を誇（※ほこ）っていた。イチビは中国の高い技術のもとで繊維作物として改良が進められ、飛躍（※ひやく）的に進化を遂（※と）げたのである。カルチャーショックにあってすっかり垢抜（※あかぬ）けてしまったといったところだろうか。

中国で作物としての地位を確立した東回りのイチビは、ついに日本に伝えられることになる。先進地の洗練された作物を、日本人はおそらくＶＩＰ待遇（※たいぐう）で迎（※むか）えたことだろう。やがて日本でもイチビは繊維作物として栽培され、縄（※なわ）や袋（※ふくろ）の材料や※1火口（ほくち）として利用された。

しかし時代は移り、現代ではイチビの栽培はすっかりすたれてしまった。放置されたイチビは逃（※に）げ出して、ふたたび雑草となったものの、もはや野性味を失ってしまったイチビは、荒れ地や道端（※みちばた）などにまれに見かける程度にまで落ちぶれてしまったのである。【　ア　】

一方、西回りに伝播（※でんぱ）していったイチビはどうだっただろう。こちらは③本来の「雑草」として勢力を広げながら、ユーラシア大陸西端のヨーロッパに到達した。そして近代になって、アメリカン・ドリームを求める開拓者（※かいたくしゃ）たちとともに大西洋を渡（※わた）り、ついにはアメリカ大陸にたどりついたのである。

新天地に渡ったイチビには、実にサクセス・ストーリーが待っていた。広大なトウモロコシ畑がイチビの大成の場となったのである。

イチビは通常一メートルくらいの高さであるが、トウモロコシと競って伸びると、二、三メートルにもなることが可能である。これだけ伸びることができる雑草はトウモロコシ畑にはほかにいない。（　Ａ　）イチビの根から分泌（※ぶんぴつ）される成分はほかの植物の生育を阻害（※そがい）する作用を持って

2020年度 昭和学院中学校 ▶解答

※ 編集上の都合により，一般ジェネラルアカデミー試験の解説は省略させていただきました。

算数 <一般ジェネラルアカデミー試験>（50分）<満点：100点>

解答

1 (1) 24 (2) $2\frac{1}{16}$ (3) 2 (4) 97 (5) 4040 2 (1) 15 (2) 29 (3) $735cm^2$ (4) 2160円 (5) 16時間 (6) 30個 (7) 100 g 3 56cm 4 (1) 41本 (2) 11個 5 (1) $5.13cm^2$ (2) 75度 6 (1) $80cm^3$ (2) $251.2cm^3$ 7 (1) 分速250m (2) 9時12分 8 **グーを出した人**…2人 **求め方**…(例) 指が全部で23本なので，パーは最大4人である。また，パーの人数は奇数であるから，1人か3人となる。パーが1人のときは，残り18本でチョキ9人となるので適さない。パーが3人のときは，残り8本でチョキ4人となり，グーは2人になる。よって，グーの人数は2人である。

国語 <一般ジェネラルアカデミー試験>（50分）<満点：100点>

解答

一 **問1** ① 東回り ② 西回り **問2** 野性味 **問3** A イ B エ **問4** ほかの植物の生育を阻害する(能力) **問5** ア **問6** (1) アメリカの～あらわれた (2) (例) (イチビの種子が)アメリカから輸入されたトウモロコシに混じり，牛に食べられ糞と一緒に体外に排出され，それが肥料として日本の畑に散布された(こと。) **問7** 【イ】 二 **問1** 自分を非難している千代子の眼ざし **問2** エ **問3** (例) 気象観測の本を盗み読みして学んだ。／到が観測するところを見て学んだ。 **問4** 気圧(気圧の観測) **問5** ウ **問6** (例) 到一人では無理な仕事なので手伝おうと思い，ずいぶん前から勉強していたこと。 **問7** イ **問8** ウ 三 ① イ ② エ ③ オ ④ ウ ⑤ ア 四 ①～③ 下記を参照のこと。 ④ すいちょく ⑤ おうぼう

●漢字の書き取り

四 ① 功績 ② 唱える ③ 点検

2020年度　昭和学院中学校

〔電　話〕　(047)323－4171
〔所在地〕　〒272－0823　千葉県市川市東菅野２－17－１
〔交　通〕　「本八幡」、「京成八幡」、「市川大野」、「東松戸」の各駅からバス

【算　数】〈アドバンストチャレンジ試験〉(50分)〈満点：100点〉

※ **1**～**4**，**5**の(1)(2)，**6**の(1)は解答用紙に答えのみを記入しなさい。
5の(3)，**6**の(2)は解答用紙に式や考え方と答えを記入しなさい。

1 次の計算をしなさい。

(１) $91-84\div4\times3$

(２) $27+37+47+57+67+77$

(３) $\{3+(3+4\times12)\div3\}\times101$

(４) $3.6\times4.8+7.2\times4.4-3.6\times3.6$

(５) $\dfrac{2}{1\times3}+\dfrac{2}{3\times5}+\dfrac{2}{5\times7}$

2 次の問いに答えなさい。

(１) $(\square+0.2):\dfrac{4}{5}=4:1$ について，□ にあてはまる数を求めなさい。

(２) 子供会の児童が長いす１きゃくに４人ずつ座ったところ３人座れませんでした。そこで，長いす１きゃくに５人ずつ座ったところ，３人で座る長いすが１きゃくだけでき，さらに１きゃくの長いすが余りました。子供会の児童の人数を求めなさい。

(３) ３つの曲A，B，Cがあります。曲Aの再生時間は２２０秒で，これは曲Bの再生時間の $\dfrac{11}{13}$ の長さです。曲Cの再生時間は曲Aの再生時間より $\dfrac{1}{10}$ だけ短いです。このとき，この３曲の再生時間の合計は何秒か求めなさい。

（4）あるクラスの児童３０人に，りんごとみかんが好きか嫌いかのアンケートをとったところ，りんごが好きな人が２２人，みかんが好きな人が１５人でした。りんごとみかんが両方とも好きな人が最も少ないときは何人か求めなさい。

（5）△は整数とします。記号｛△｝は，△の約数の個数を表しています。例えば，６の約数は，１，２，３，６の４個なので，{6}=4となります。
このとき，{40}−{{36}}の値を求めなさい。

3 次の問いに答えなさい。

（1）下の図で，印のついた角の和を求めなさい。

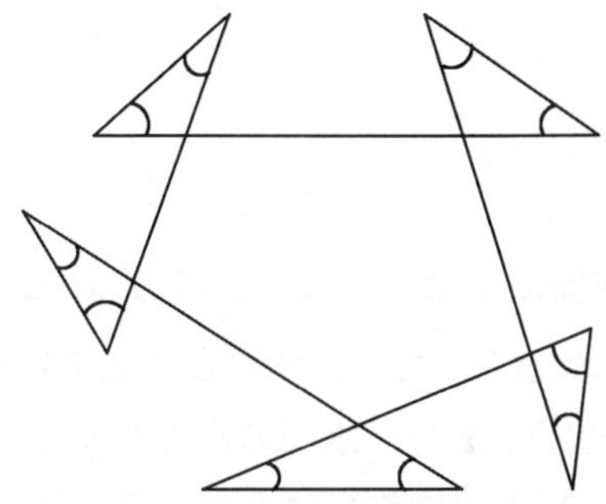

（2）下の図のかげを付けた部分の面積を求めなさい。
ただし，円周率は３．１４とします。また，点Oは半円の中心を表します。

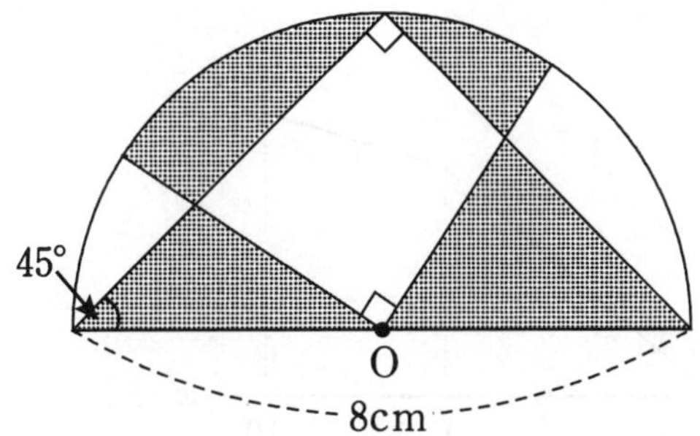

(3) 下の図において，三角形ABC，三角形ADE，三角形BFG，三角形CHIはすべて正三角形です。三角形ABC，四角形ABIH，四角形BCED，四角形CAGFの周の長さがそれぞれ24cm，22cm，20cm，21cmのとき，六角形DGFIHEの周の長さを求めなさい。

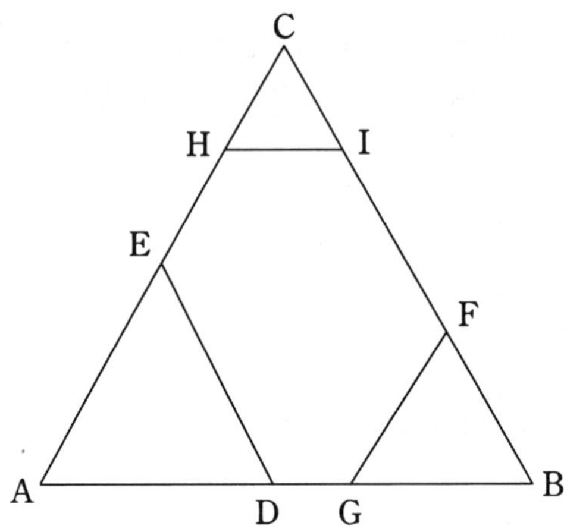

4 縦10cm，横8cm，高さ8cmの直方体の容器に水にうかばない直方体のおもりが入っています。容器に毎分60 cm^3 の割合で水を入れて，満水になるまで観察をしました。下のグラフは水を入れ始めてからの時間を x 分，水面の高さを y cmとしてその関係を表したものです。グラフには水面の高さの増え方に変化の見られた時間と容器が満水になった時間の目盛がかかれています。

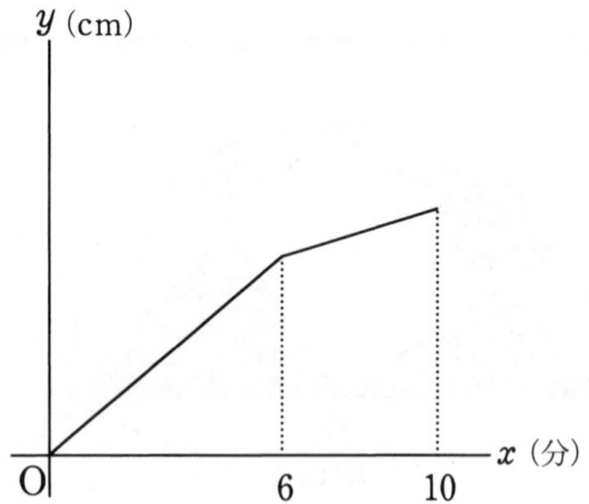

(1) 直方体のおもりの高さを求めなさい。

(2) 直方体のおもりの体積を求めなさい。

5 右の図は，一定の時間ごとに光る信号機です。１のランプは時間が偶数分のときに，２のランプは時間が３の倍数分のときに，３のランプは時間が５の倍数分のときに，それぞれ１分間ランプがつきます。最初，この信号機のランプはすべてついた状態になっていました。図の●はランプが光っていることを表しています。
このとき，次の問いに答えなさい。

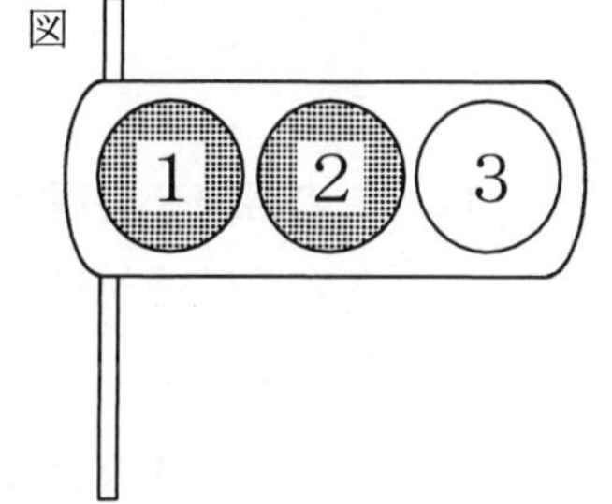

（1）初めて図の信号機と同じ状態になるのは何分後か答えなさい。

（2）２０分後の信号機の様子を図に表しなさい。

6 Ｓ市には市内をじゅんかんするバスがいくつかあります。ＴさんとＵさんはそれらのバスのうち路線Ｘを走るバスについて調べました。

Ｔ「この路線は停留所Ａを出発し，Ｂ，Ｃ，Ｄ，Ｅ，Ｆ，Ｇ，Ｅ，Ｄ，Ｃ，Ｂ，Ａの順に進行しますね。」（資料１）

Ｕ「停留所Ａはバスターミナルと呼ばれ，この近辺の全ての路線の出発地点になっています。１周して戻ってきたバスは次の出発時刻まで待機することができ，時間が来ると再び同じ路線を１周します。」

Ｔ「路線Ｘのバスのうち３か所の停留所の４つの時刻表を調べました。」（資料２）

Ｕ「時刻表を見比べるとＡＢ間はいつも４分間，ＢＣ間はいつも５分間の時間がかかることがわかりますね。」

Ｔ「そうですね。他の停留所も全て調べましたが，どの停留所の間もそれぞれいつも同じ時間かかるようにつくられていました。」

Ｕ「そうだったんですね。他の停留所間では何分ぐらいの時間を見込んでいるのでしょうか。」

Ｔ「停留所Ｅ，Ｆ，Ｇは１５時台と１６時台のみメモをしてきました。」（資料３）

Ｕ「あれ，このメモはどの停留所のものかが書いていないので分かりませんよ。」

Ｔ「しまった。停留所名を書き忘れてしまいました。」

(1) 資料3の時刻表(い)～(に)は「E停留所発(F行)」,「F停留所発」,「G停留所発」,「E停留所発(D行)」のいずれかの時刻表の一部を取り出したものです。これらの停留所は資料3の時刻表(い)～(に)のどれかそれぞれ答えなさい。

U「この路線Xを運営をするにはバスは3台もあれば足りるでしょうか。」

T「3台では絶対足りませんよ。」

U「なぜですか。」

T「それは時刻表を見るとわかります。なぜなら, ［　　　　　　］。」

U「あ,確かにその通りですね。」

(2) 路線Xを運営するには3台のバスでは足りません。その理由を資料2の時刻表をもとに説明しなさい。

〈編集部注：実物の試験問題では，資料は問題冊子と別紙になっています。〉

資料1

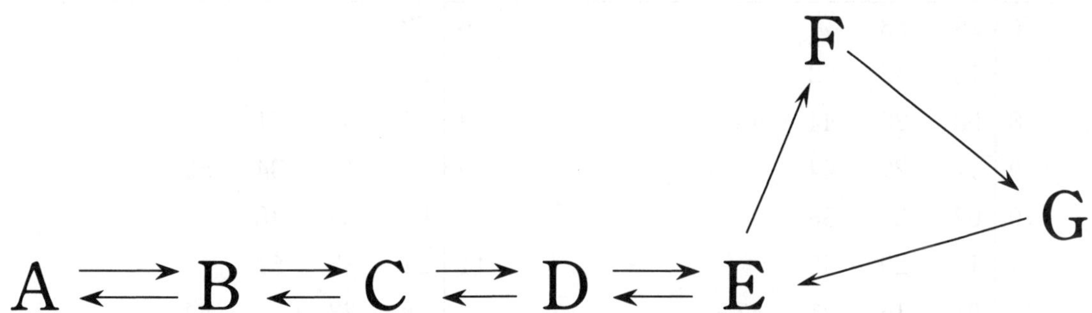

資料2

A停留所（B行き）

時	分				
6	20	49			
7	07	23	43	59	
8	19	35	44		
9	02	20	35	53	
10	16	49			
11	05	20	36	51	
12	07	22	38	53	
13	09	24	40	56	
14	11	27	44		
15	00	20	38	53	
16	11	26	43	59	
17	18	36	53		
18	09	20	31	42	53
19	04	15	26	37	49
20	04	19	36	50	
21	04	32			
22	01	15	46		
23					

B停留所（C行き）

時	分				
6	24	53			
7	11	27	47		
8	03	23	39	48	
9	06	24	39	57	
10	20	53			
11	09	24	40	55	
12	11	26	42	57	
13	13	28	44		
14	00	15	31	48	
15	04	24	42	57	
16	15	30	47		
17	03	22	40	57	
18	13	24	35	46	57
19	08	19	30	41	53
20	08	23	40	54	
21	08	36			
22	05	19	50		
23					

資料2

C停留所（D行き）

時	分					
6	29	58				
7	16	32	52			
8	08	28	44	53		
9	11	29	44			
10	02	25	58			
11	14	29	45			
12	01	16	31	47		
13	02	18	33	49		
14	05	20	36	53		
15	09	29	47			
16	02	20	35	52		
17	08	27	45			
18	02	18	29	40	51	
19	02	13	24	35	46	58
20	13	28	45	59		
21	13	41				
22	10	24	55			
23						

C停留所（B行き）

時	分					
6	52					
7	21	39	55			
8	15	31	51			
9	07	16	34	52		
10	07	25	48			
11	21	37	52			
12	08	23	39	54		
13	10	25	41	56		
14	12	28	43	59		
15	16	32	52			
16	10	25	43	58		
17	15	31	50			
18	08	25	41	52		
19	03	14	25	36	47	58
20	09	21	36	51		
21	08	22	36			
22	04	33	47			
23	18					

資料3

(い)

時	分			
15	11	27	47	
16	5	20	38	53

(ろ)

時	分			
15	00	16	36	54
16	09	27	42	59

(は)

時	分			
15	05	21	41	59
16	14	32	47	

(に)

時	分			
15	13	33	51	
16	06	24	39	56

【社　会】〈アドバンストチャレンジ試験〉(30分)〈満点：50点〉

1　次の文章を読み、各問いに答えなさい。

２０１５年９月の国連サミットでは、２０３０年までに、先進国も新興国も途上国も、国も企業も学校も個人も、あらゆる垣根を越えて協力し、より良い未来をつくろうと、１７の国際目標が採択された。これは［ａ］(持続可能な開発目標)と呼ばれ、実現に向けてさまざまな取り組みがおこなわれている。

経済と社会、環境のいずれも犠牲(ぎせい)にすることなく、豊かさも人も自然もb)持続可能な状態にし、現在も将来も繁栄(はんえい)させていくという考え方の実践(じっせん)は、日本において古くからおこなわれてきたものである。c）江戸時代には、庶民は節約に努め、不要なものや壊れたものを再利用している様子が見られた。長らく続いたこのような暮らしも、d）明治時代に入り産業発展が進むと変化し、環境破壊やe）公害問題が発生するようになった。その後、私たちの暮らしによって、人体に被害が及(およ)んだり、地球に大きな変化が起こっている。便利さに頼(たよ)って快適に暮らすだけではなく、f）地球全体の環境や今後の環境について配慮(はいりょ)する暮らしに変えていくことがせまられている。

問１　空らん［ａ］にあてはまる語句を、次のア〜エより選び記号で答えなさい。

ア　ＳＤＧｓ　　イ　京都議定書　　ウ　パリ協定　　エ　ラムサール条約

問２　下線部ｂについて、次の文章は、江東区深川江戸資料館（東京都）を訪(おとず)れた親子の会話です。会話文の内容全体を参考にして、文中の空らん〔　　　〕にあてはまる文章を作成しなさい。空らん〔　　　〕には文中の下線部に対する解答となる文章が入ります。また、文章の字数に制限はなく、２文以上になってもかまいません。

子：この資料館には江戸時代の深川の町並みがそのままの大きさで再現されているんだよ。一緒に観に来たかったんだ。
親：それじゃちょっと案内してよ。
　　色々な人々の暮らしが見えて確かに面白いね。ちょっとクイズを出してもいいかな？
子：いいよ。何でも聞いてよ。
親：この木戸（門）は暮れの六つ時、今の時間でいうと午後６時位に閉まるということなんだけど、この門の扉(とびら)にこんなことも書いてあるよ。「紙くず拾い、木拾いは一切入ってはいけない」とね。紙くず拾いってだれが何のためにやっているんだと思う？
子：何のためなんだろう？掃除(そうじ)をしているのかなぁ？でも紙くず拾い、木拾いをしてはいけないんだよね。
親：紙くずを買い取る業者もいたんだよ。それに途中で、古着から作った手ぬぐいを売っている展示もあったでしょ。ガイドさんが、「最後はぞうきん、燃やして灰にして肥料とか洗剤にする」とも言っていたよね。覚えてる？
子：そうか、〔　　　　　　　　　　　　　　　　　　　　　　　　　〕。
　　今の日本だと、道路に落ちている紙くずはそのまま燃えるゴミとして捨てられてしまうだけなのにね。

問３　下線部ｃに関する次の各問いに答えなさい。

（１）江戸について述べた文として、正しいものを１つ選び記号で答えなさい。

ア　自然地形的に敵から守りやすい場所で、約１００年間の平和な時代がきずかれた。

イ　全国各地の特産品や米が運び込まれて商業の中心となり、「天下の台所」とよばれた。

ウ　古くからの都で、朝廷や大きな寺社があり学問や文化の中心となった。

エ　「将軍のおひざもと」とよばれ、多いときには人口が１００万人をこえることもあった。

（２）次の地図上の２つの地域の関係を、江戸時代の産業に着目して述べなさい。その際、次の語群から必ず２つの語句を選んで使用しなさい。

〈語群〉　綿花　　くじら　　酒　　しょうゆ　　いわし

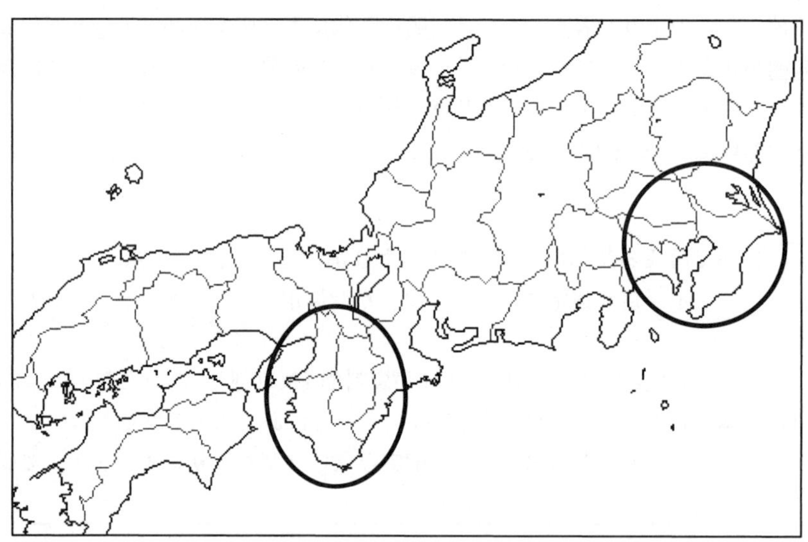

問４　下線部ｄについて、次の文Ａ・Ｂは明治時代の産業発展について述べたものです。Ａ・Ｂの文は正しい内容の文であるか、誤っている内容の文であるか。組み合わせとして正しいものを、ア～エより選び記号で答えなさい。

Ａ：交通や通信の整備が進み、新橋・横浜間に初めての鉄道が開通した。

Ｂ：海岸沿いの水運を利用した群馬県の富岡製糸場のような、官営模範工場が造られた。

ア　Ａ－正しい　Ｂ－正しい　　イ　Ａ－正しい　Ｂ－誤っている

ウ　Ａ－誤っている　Ｂ－正しい　　エ　Ａ－誤っている　Ｂ－誤っている

問５　下線部ｅについて、公害問題について述べた次の文に関する各問いに答えなさい。

日本の銅山は、江戸時代後期には生産量が減少していたが、新しい技術によって再開発され、生産量が増加し、銅は日本にとって貴重な輸出品となった。［　１　］の足尾銅山は、国内生産量の４割以上を占めるようになった。しかし、急速な再開発によって足尾銅山からは高濃度の硫酸銅が流れ出し、近くを流れる［　２　］の水を汚染した。汚染された水が洪水などによって流れ出し、銅山の下流域では魚が死んだり農作物がかれたりするなどの被害が出た。また、銅を精錬（せいれん）する際に出る亜硫酸（ありゅうさん）ガスにより、周辺の山林がかれて洪水が起こりやすくなったため、被害が拡大した。

（１）空欄１・２にあてはまる語句の組み合わせとして正しいものを、ア～エより選び記号で答えなさい。

ア　１－栃木県　２－渡良瀬川　　　イ　１－栃木県　２－利根川

ウ　１－茨城県　２－渡良瀬川　　　エ　１－茨城県　２－利根川

（２）この問題を受けて、明治天皇に直訴（じきそ）するなどの行動をとった人物を、漢字で答えなさい。

問６　下線部ｆに関連する次の各問いに答えなさい。

（１）ケニア人女性のワンガリ・マータイさんは、かけがえのない地球資源に対する尊敬（そんけい）の念がこめられている日本語「もったいない」を、環境を守る世界共通語「ＭＯＴＴＡＩＮＡＩ」として広めることを提唱（ていしょう）した。彼女が２００４年に受賞した国際的な賞を答えなさい。

（２）環境問題の対策として、どのような行動をとることができるか。次のア～ウより１つ選び、その行動がなぜ環境問題の対策になるのか、考えを書きなさい。

ア　家から駅までの道のりを、車を使わず徒歩で向かう。

イ　昼食はコンビニエンスストアで買わずに、家で作った弁当を持参する。

ウ　なるべく洋服を買い替（か）えず、長く大切に使う。

2 日本の農林水産業について、次の各問いに答えなさい。

問１ 次の統計資料(とうけいしりょう)はおもな果実の産地（上位５都道府県）をあらわしています。表中のＡ～Ｄにあてはまる果実名を下の語群よりそれぞれ選んで答えなさい。また、表中のⅠ・Ⅱにあてはまる都道府県名を答え、それぞれの場所を地図上ア～カより選び記号で答えなさい。

＜統計資料＞

順位	A	生産量（トン）
1	山梨県	43,200
2	Ⅰ	25,900
3	山形県	16,700
3	岡山県	16,700
5	福岡県	8,260

順位	B	生産量（トン）
1	山梨県	39,200
2	Ⅱ	28,600
3	Ⅰ	14,500
4	和歌山県	10,200
5	山形県	8,680

順位	C	生産量（トン）
1	青森県	415,900
2	Ⅰ	149,100
3	山形県	47,100
4	岩手県	39,600
5	Ⅱ	27,000

順位	D	生産量（トン）
1	山形県	18,800
2	新潟県	2,240
3	青森県	1,850
4	Ⅰ	1,710
5	Ⅱ	711

※日本国勢図会 2019/20 より作成

＜語群＞　ぶどう　みかん　西洋なし　りんご
もも　かき

＜地図＞

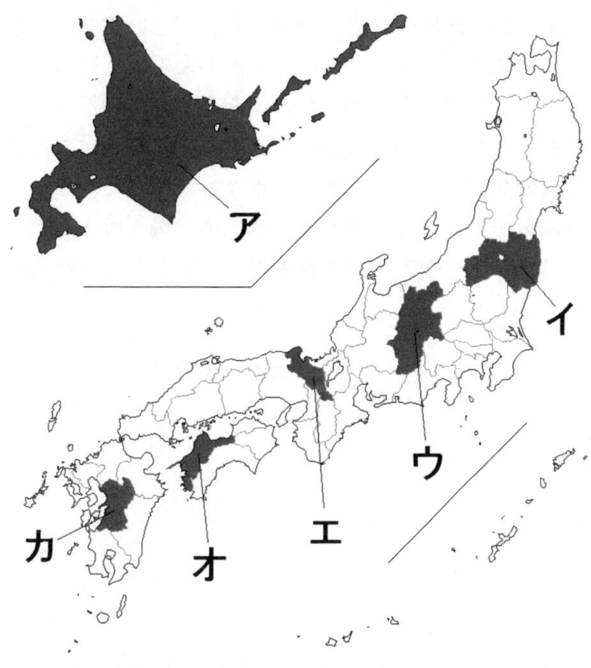

問２　畜産業（ちくさん）に関して、次の表は日本のおもな肉類の輸入先をあらわしています。いずれも上位に入る表中のＩの国名を答え、Ａ～Ｃにあてはまるものを下の語群よりそれぞれ選んで答えなさい。

＜統計資料：日本の肉類の輸入先＞

順位	A　(計 61 万トン)	%
1	オーストラリア	51.3
2	I	40.7
3	カナダ	3.5
4	その他	4.5

順位	B　(計 92 万トン)	%
1	I	28.4
2	カナダ	23.9
3	スペイン	12.1
4	その他	35.6

順位	C　(計 56 万トン)	%
1	ブラジル	71.7
2	タイ	24.8
3	I	3.0
4	その他	0.5

※日本国勢図会 2019/20 より作成

＜語群＞　にわとりの肉　牛肉　ぶた肉　ひつじの肉

問３　日本の農業の現状をあらわした次の文ア～カのうち、正しい文を２つ選び記号で答えなさい。

ア　日本の農業で働く人の数は、１９６０年から年々ふえてきている。

イ　日本の農業で働く人のなかで、高齢者の割合はふえてきている。

ウ　日本は小麦やとうもろこしについては自給できるので、輸入はまったくしていない。

エ　日本の漁業で働く人の数は、１９６０年から年々へってきている。

オ　日本では、米の生産量が消費量を上回っているため、輸入はまったくしていない。

カ　日本の食料自給率は、カナダやアメリカ合衆国、フランスなどの先進国に比べて高いほうである。

問４　情報技術（ＩＴ）の進歩により可能になった、農業における「トレーサビリティ」とは何か。簡単に説明しなさい。

3　次の文を読んで各問いに答えなさい。

昨年（２０１９年）５月に新しい元号が発表され、「令和」の時代が幕を開けました。ａ）「和」の文字は過去に何度もありましたが、「令」の文字は初めてとなります。元号が変わるにあたって、２０１６年８月８日、現在の上皇陛下は［　1　］としてのおつとめについて次のようにお話をされました。

「戦後７０年という大きな節目を過ぎ、２年後には、平成３０年を迎えます。

…　中略　…

本日は、社会の高齢化が進む中、天皇もまた高齢となった場合、どのような在り方が望ましいか、天皇という立場上、現行の皇室制度に具体的に触れることは控えながら、私が個人として、これまでに考えて来たことを話したいと思います。

即位以来、私はｂ）［　2　］行為を行うと共に、日本国憲法下で［　1　］と位置づけられた天皇の望ましい在り方を、日々模索しつつ過ごして来ました。

…　中略　…

私が天皇の位についてから、ほぼ２８年、この間私は、我が国における多くの喜びの時、また悲しみの時を、人々と共に過ごして来ました。私はこれまで天皇の務めとして、何よりもまず国民の安寧と幸せを祈ることを大切に考えてきましたが、同時に事にあたっては、時として人々の傍らに立ち、その声に耳を傾け、思いに寄り添うことも大切なことと考えて来ました。

…　中略　…

天皇のｃ）高齢化に伴う対処の仕方が、［　2　］行為や、その［　1　］としての行為を限りなく縮小していくことには、無理があろうと思われます。

…　中略　…

憲法の下、天皇は［　3　］に関する権能を有しません。そうした中で、このたびわが国の長い天皇の歴史を改めて振り返りつつ、これからも皇室がどのような時にも国民と共にあり、相たずさえてこの国の未来を築いていけるよう、そして［　1　］天皇の務めが常に途切れることなく、安定的に続いていくことをひとえに念じ、ここに私の気持ちをお話しいたしました。
国民の理解を得られることを、せつに願っています。」

※宮内庁ホームページより

問１　下線部ａについて、この二つの文字はある歌集からとられました。奈良時代に編さんされたこの歌集を、漢字で答えなさい。

問２　文中の空らん［１］～［３］にあてはまる語句を、下の語群よりそれぞれ選んで答えなさい。

＜語群＞　国事　参政　主権　象徴　総意　国政

問３　下線部ｂについて、天皇は独断で国会の召集や衆議院の解散などを行うことはできません。天皇がこのような行為をおこなうとき、日本国憲法第３条ではどのようなことを必要とすると書かれているか答えなさい。

問４　下線部ｃについて、２０１８年の日本人の平均寿命は、男女ともに過去最高となりました。高齢化にともなう問題点と対策について、あなたの考えを書きなさい。

【理　科】〈アドバンストチャレンジ試験〉（30分）〈満点：50点〉

1 私たちが利用している電気の大部分は発電所でつくられています。中でも風力発電所では，風の力で羽を回し，羽とつながった発電機を回すことによって電気をつくっています。昭和学院では人間の大きさくらいの風車風力発電機を手作りして実験を行っています。

ある日，『風車にあたる風の速さ(風速)』と『風車風力発電機の発電した電気の量』の関係を調べるために，以下のような手順で実験を行いました。

【実験】

①風車風力発電機をコンデンサーにつなぎました。

②せん風機で風を 100 秒間送って風車風力発電機の羽を回し，コンデンサーに電気をたくわえました。

③風車風力発電機から取り外したコンデンサーに豆電球をつなぎ，豆電球の明かりがついてから消えるまでの時間を記録しました。

④せん風機で送る風の速さを変え，①～③の手順をくり返しました。

実験の結果をグラフにまとめると以下のようになりました。

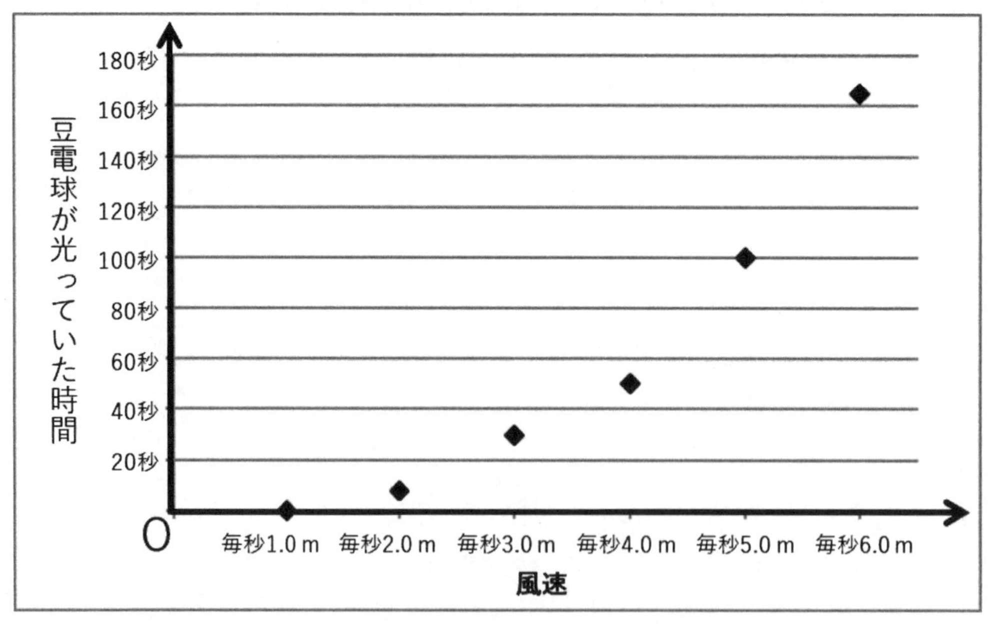

(1)風力発電以外に実用化されている発電方法を 1 つ答えなさい。

(2)【実験】の②において，せん風機から送られている風の速さが毎秒 1.0 m であった時，この風車風力発電機の羽はどのような状態だったと考えられるでしょうか。説明しなさい。

(3)実験の目的に対する答えとなるように，この実験からわかることを説明しなさい。具体的な数値は入れなくてよいものとします。

(4)もし，電気をたくわえたコンデンサーにつないだ器具が豆電球ではなく発光ダイオードだった場合，光っていた時間はどう変わるでしょうか。説明しなさい。

2 ものの燃え方について調べるために，以下のような手順で実験を行いました。

【実験】

①石灰水を入れた集気びんを用意しました。

②ろうそくに火をつけました。

③びんにかぶせたフタのすき間から燃えているロウソクを乗せた燃焼(ねんしょう)さじを右のようにびんに入れ，火が消えるまで入れ続けました。

④火が消えた後，びんからロウソクを乗せた燃焼さじを取り出し，フタを閉じてびんを振りました。

(1)【実験】の④から，石灰水が白く濁ることが確認できました。これは，ロウソクを燃やしたときに何の気体が発生したからでしょうか。気体の名称を答えなさい。

(2)燃焼させたときに(1)の答えと同じ気体が発生するものを，次の中から全て選びなさい。

[落ち葉　スチールウール　アルミニウム　割りばし　ガラス　鉛筆のしん]

(3)【実験】の③からロウソクが燃えつきる前に火は消えてしまうことが確認できました。これはなぜでしょうか。理由を説明しなさい。

3 太郎くんと花子さんは，理科の授業でこれまでに観察してきたメダカのスケッチを整理しています。以下の会話文を読み，そのあとの問いに答えなさい。

花子「今はすっかり大きくなったメダカも，一学期の最初には卵だったのよね……太郎くんメダカが生まれてからのスケッチはちゃんと全部あった？」
太郎「うん，あったよ……でも，せっかくかいたスケッチの順番がバラバラになっちゃって……どうしよう……」
花子「大丈夫，①育っていくようすを理解していれば正しい順番に並べかえられると思うわ。私も手伝うから！」
太郎「ありがとう！」
花子「……あら？　成長したメダカのスケッチ，太郎くんと私ので違うところがあるわね。違う種類のメダカだったのかしら」
太郎「ああ，②僕がかいたのは，おすのメダカなんだ。花子さんがスケッチしたのは，めすのメダカだね。せびれとしりびれの形が，ちょっと違うでしょ？」
花子「なるほどね！」
太郎「そういえば，この尾びれのスケッチをするときは大変だったなあ」
花子「そんなに大変だったかしら？　ポリエチレンの袋にメダカと水を入れて，顕微鏡で見たときよね？　あ，観察がしづらかったっていうのは，もしかして，③メダカと一緒にいれた水の量が多かったからじゃない？」
太郎「そっか！　だからあんなに観察しづらかったんだ。今度，先生に言ってもう一度実験させてもらおうかな」

(1)下線部①について，下の図をメダカの育っていく順番に並べかえなさい。

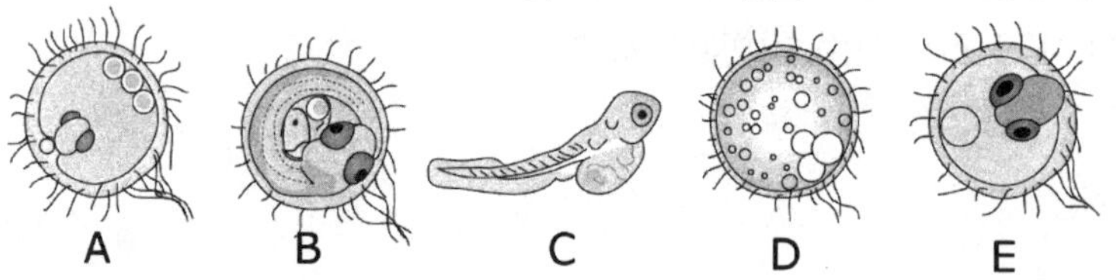

(2)下線部②について，下の図が太郎くんのかいた「おす」のメダカのスケッチになるように，①～⑧のいずれかのパーツを□に入れ，番号で答えなさい。

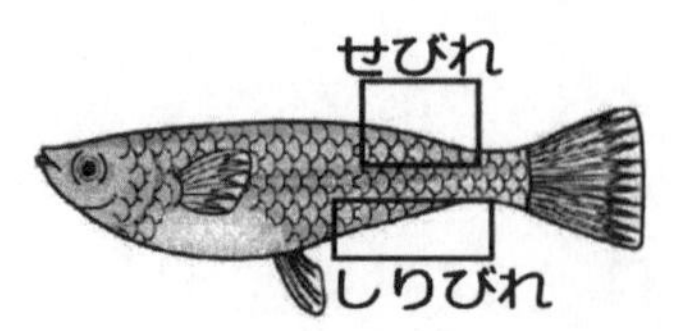

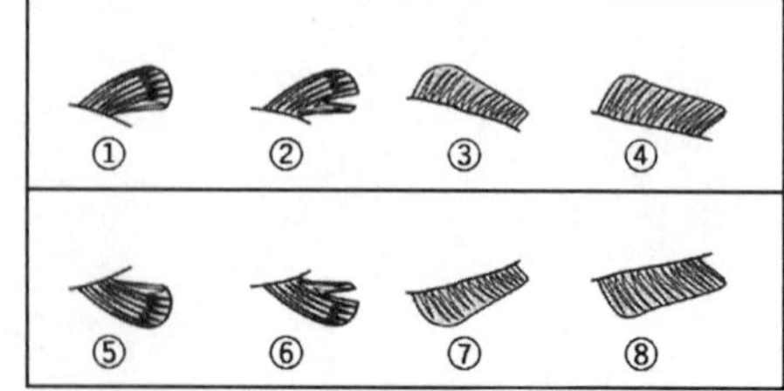

(3)下線部③について，水の量が多いことによって太郎くんの観察がうまくいかなかったのはなぜでしょうか。理由を説明しなさい。

4 地球を含めた惑星についての【資料 1】と【資料 2】を参考に以下の問いに答えなさい。なお，ここでは惑星は球体とし，太陽を中心とした円運動をしているものとしています。

【資料 1】

『夜空にかがやく多くの星は，太陽と同じように自分で光を出しています。このような星を恒星といいます。一方，自分で光を出さず，恒星の光を反射し，恒星を中心にそのまわりを回っている星があります。このような星を惑星といいます。太陽のまわりを回っている惑星は太陽から近い順に『水星，金星，地球，火星，木星，土星，天王星，海王星』となっています。』

【資料 2】

惑　星	地球	木星	ア	イ	ウ	エ	オ	カ
体　積 （地球の何倍か）	1	1321	0.857	764	58	0.056	63	0.151
質　量 （地球の何倍か）	1	317.83	0.815	95.16	17.15	0.05527	14.54	0.1074
衛星数 （2012年のデータ）	1	67	0	65	13	0	27	2
赤道半径 （ｋｍ）	6378	71492	6052	60268	24764	2440	25559	3396
自転周期 （日）	0.9973	0.414	243.02	0.444	0.671	58.65	0.718	1.026
太陽からの平均距離 （×100000000km）	1.496	7.783	1.082	14.294	45.044	0.579	28.75	2.279
平均公転速度 （km／時）	107208	47016	126072	34740	19584	170496	24516	86868
公転周期 （年）	1	11.862	0.6152	29.458	164.774	0.2409	84.022	1.8809

(1)【資料 2】のうち土星は，ア～カのどれですか。記号で答えなさい。

(2)地球と木星を同じ体積あたりで比べたとき，木星の質量は地球に比べて大きいでしょうか。小さいでしょうか。答えなさい。

(3)地球より内側を回っている惑星の自転周期は地球より短いでしょうか。長いでしょうか。答えなさい。

(4)惑星の太陽からの距離と公転周期の間にはどのような関係があるでしょうか。説明しなさい。

問九　次の資料は、日本の満13～29歳の若者を対象とした意識調査による図表です。資料を見て、(1)・(2)の問いに答えなさい。

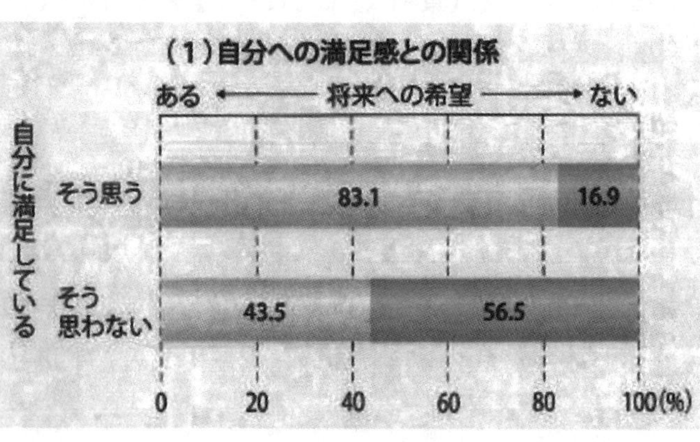

(内閣府編集『平成２６年版　子ども・若者白書』より)

(1)　この資料からわかることを五十文字以内で書きなさい。

(2)　「史織の母」の「娘の将来」についての考え方の問題点を、(1)で答えたことをふまえて、六十文字以内で答えなさい。

三　次の問いに答えなさい。

問一　次の(1)・(2)の―線部のカタカナを漢字に直した時に、同じ漢字を用いているものを、後のア～エのうちから、それぞれ一つずつ選び、記号で答えなさい。

(1)　逆キョウに負けない精神を育む。

ア　借り物キョウ走で一位になった。
イ　身体測定でキョウ囲を測る。
ウ　顕微キョウで観察する。
エ　キョウ界線をはっきりと引く。

(2)　国家間のホウ復措(そ)置が続いている。

ア　毎週ホウ問看護を受けている。
イ　寺院のホウ物殿を見学する。
ウ　母から朗ホウが届いた。
エ　ホウ富な知識に感心する。

問二　次の―線部のカタカナを漢字に直し、送りがなが必要ならばひらがなで書きなさい。漢字は読みをひらがなで書きなさい。

①　イギリスとドウメイを結ぶ。
②　お客様からの注文をウケタマワル。
③　車がコショウした。
④　村の戸数はすくない。
⑤　浴衣で祭りに参加する。

エ　本当は、史織の成績を心配して、佐渡島までかけつけたのに、史織が好きなことだけをやり、気楽に暮らしていることに対しての怒り。

問四　―線部④「父が私を見つめた」とありますが、このときの「父」の気持ちを説明した次の文の空らん（　Ａ　）～（　Ｃ　）にあてはまる言葉を、本文中からそれぞれ二文字で抜き出し、答えなさい。

新潟では（　Ａ　）を見せたことがなかった史織が、佐渡に来てから元気になった姿を見て、史織にとっての（　Ｂ　）の道を、史織自身に（　Ｃ　）させたいという気持ち。

問五　―線部⑤「まだ、終わりじゃないんだ」とありますが、「私」は、何が「終わり」ではないと考えましたか。五文字以上十文字以内で答えなさい。

問六　―線部⑥「この言葉」を、本文中から抜き出して答えなさい。

問七　―線部⑦「私の体の軸がまっすぐになって、ここに、刺さった気がした」とありますが、このときの「私」の気持ちとして、適切なものを次の中から一つ選び、記号で答えなさい。

ア　自分の居場所に迷っていたが、佐渡で自分が本当に好きなこととやりたいことを見つけようと決めた。

イ　今までの薄情で恩知らずな行動を反省し、誰にでも感謝の気持ちを忘れずに生活していこうと決めた。

ウ　いくら居心地がよいからといって、桐谷くんや一花とずっと一緒に過ごすのはあきらめようと決めた。

エ　母の心を傷つけてしまったので、これからは他人を傷つける言葉を口にしないようにしようと決めた。

問八　この文章を説明したものとして適切なものを次の中から一つ選び、記号で答えなさい。

ア　視点が、語り手とともにあり、登場人物の心の内面が読者に伝わってくる。

イ　比喩（ひゆ）表現が多く使われ、幻想的なイメージが読者の目前に広がってくる。

ウ　視点が、主人公とともにあり、主人公の心の内面が読者に伝わってくる。

エ　過去の回想場面が多く、幼少時からの主人公の生い立ちが伝わってくる。

お母さんが、来る?

ずっと住みたくないって言ってた、佐渡に?

もう一度母を見つめた。

やせただけじゃない。私が手元にいなくなって空っぽなんだ。もう一度、そこを埋めようと必死なんだ。

当たり前だ。ずっと、私を育てることだけが生きがいだったんだから。

生きがいが、いなくなる。そうなったら、母はどうなるのだろう。

想像すると、私まで怖くなる。心がぐらぐらと激しく揺さぶられる。

でも……一緒にいたら、私が空っぽになる。

薄情で冷たくて恩知らずな子かもしれない。

でも、もう自分にうそはつけない。つきたくない。

「それは、私が決められることじゃない」

声をしぼり出す。

「だけど、お母さんがもし、佐渡に住むことになったとしても……」

おなかにぐっと力を込める。

「……なったとしても……もう、私をお母さんの心を満たす手段にしないで」

母がふらっとして、父がとっさに支えた。

「私をお母さんの目標にしないで！　夢にしないで！」

母が耳をふさいで首をふった。

「お母さんは、自分で夢を見つけてよ……。私は……私なの！」

何も言わないお母さんの体から、悲鳴が聞こえる気がする。

ひどいことを、言ってしまったかもしれない。

でも、叫び終わると、ずっと心のどこかで震えていたものが、おさまるような気がした。

そして⑦私の体の軸がまっすぐになって、ここに、刺さった気がした。

ここに。今、私の立っている場所に。

（高田由紀子『君だけのシネマ』より）

問一　―線部①「でも、今は違う」とありますが、何が、「今は違う」のですか。以前と今の違いがはっきり分かるように、七十文字以内で答えなさい。

問二　―線部②「怒りがわき上がってくるんだろう」とありますが、「私」の「怒り」をたとえて表している部分を、本文中から十文字前後で抜き出して答えなさい。

問三　―線部③「母の口調はますますきつくなった」とありますが、このときの「母」の気持ちを説明したものとしてあてはまらないものを、次の中から全て選び、記号で答えなさい。

ア　本当は、史織の健康を心配して、わざわざ佐渡島までかけつけたのに、感謝どころか史織の「父」に責められたことに対しての不安。

イ　本当は、史織の将来を心配して、わざわざ佐渡島までかけつけたのに、その気持ちを理解してもらえないことに対してのいらだち。

ウ　本当は、史織の時間のむだを心配して、わざわざ佐渡島までかけつけたのに、新潟にもどらないと言い張ることに対しての軽蔑。

④父が私を見つめた。

「史織が決めることだ」

決めて、いいんだ。私が、自分で……。

⑤まだ、終わりじゃないんだ。

ここにいれば、私は、私が本当に好きなこと、やりたいことを見つけられそうな気がする。

まだ何がしたいのかわからないし、だれも教えてくれないし、押し付けてくれないし、自分で選ぶのはすごく不安で孤独だ。

でも、自由だ。

自由って、自分で決められることだ。

ドアの向こうから、さっこちゃんの声がかすかに聞こえてくる。

桐谷くんや一花の顔が浮かんでくる。

今を……終わりになんてしたくない！

母も私の顔を見つめる。

「お母さん……」

のどの奥が強く押されたみたいにぐっと重くなって、おなかに力を込めないと、吐いてしまいそうだ。

ジンジンと体が熱くなっていく。

私が佐渡に来てからの日々は、ずっと、ずっと、⑥この言葉を言うための助走だったのかもしれない。

言わなきゃ……。

言え、言うんだ。

「私は、まだここにいたい。新潟にはもどらない」

「……何を言ってるの」

母は信じられない、という表情で私を見た。

ずっとずっと笑顔が見たかったのに。

結局、私は母を笑顔にすることはできなかった。

でも、いい。

もう、母のいい子じゃなくて、いい。

――「ママ」

小さいころの私の声がする。

――「おかーさん」

まだ、母を信じていたころの私の甘えた声がする。

ママ……ママ……。

おかーさん……お母さん……。

私の中に、もう、母の言うことを聞くだけの娘という役割はない。

私の居場所は……どこかにあるんじゃない。

私が私の中に作る。きっと、作れる。

「……お母さんっ……もう……私、……お母さんの……言いなりにはならないっ」

胸がバリバリと音をたてて破裂しそうだ。のどが痛い。頭がジンジンする。

涙があふれて、まぶたが、目が、熱くて重い。

母は真っ青な顔で唇をふるわせた。

「じゃあ、お母さんが佐渡に来ても……いい？」

地面がぐらりと揺れる気がした。

ない。

そんな配慮は吹き飛んでいった。

「お母さんは、自分が心配なんでしょ」

「何を言ってるの？　史織の将来のために考えてるんでしょ」

母の声もだんだん大きくなる。

「将来のため？　将来って何？　お母さんが望んだとおりに生きればしあわせな将来につながるの？　だったら、今の私はなんなの？　将来のためのつなぎなの？」

心臓がドクドクと脈打つ。

なんでこんなに②怒りがわき上がってくるんだろう。

そうか……。私、くやしいんだ。

忘れよう、あきらめようと思っても、いつかわかってくれるかもと、心のどこかでは期待していた。

いつか気持ちが通じるんじゃないかって願っていたんだ。

距離を置けば、お母さんも少しは歩み寄ってくれるんじゃないかなんて。

自分がふつうじゃないんだ、できそこないなんだ、って思い込んでいたのは、母を信じていたかったからなんだ。

ほんと……ばかみたい。

そんなことを少しでも期待していた自分が情けない。

「お母さんは勉強も仕事も、いつも反対されて応援してもらえなかった。でもお母さんなら、いろんなものを史織に与えてあげることができる。本当に史織のことを考えているのはお母さんだよ。ここは居心地がいいかもしれないけど、責任がないもの」

……責任？

「そりゃ、好きなことばっかりやって、楽ができてれば、そっちの方がいいと思うに決まっている。でも、それじゃこの先どうなるの？　お母さんには損させているようにしか見えない。史織の時間をむだにしているようにしか……。史織には、将来があるのよ。本当にそのことを考えてあげてるのはお母さんだけなの！」

母の頬が紅潮して、ズブズブと私の中に入り込もうとしてくる。

いやだ！

もう……入り込ませない！

私のことは、もう何も教えないし、お母さんの声も聞きたくない！

「史子、そのことはずっと話し合ってきたのに、約束をやぶるのか？」

父がたしなめるように言うと、③母の口調はますますきつくなった。

「あなたはいつもいい顔ばかりしているけど、今を楽しんでばかりで将来どうなるかなんて子どもにはわからないでしょう！　それを教えて道を示してあげるのが親の役目なんじゃないの？　甘い顔して今を楽しみなさいって放置しておくのが親なの？」

「……じゃあ、史織は中学生になってから笑顔を見せたことがあったか？」

母が何か言いかけて口をつぐむ。

「佐渡に来てから……おれから見ても史織は元気になったよ」

母の顔がゆがむ。

「佐渡で暮らすことが、史織のためにならないと決めつけるのは早いよ。おれは、もう少し一緒に過ごしてみたいと思う。君が最良と思う道が、史織にとっての最良の道かどうかは……」

問八　本文中で述べられている筆者の考えとして正しいものには○を、正しくないものには×をそれぞれ書きなさい。

ア　AIの登場により、人間は創造的な仕事だけに従事するので、仕事が楽になるといえる。

イ　AIが導入されて、人間が単純で機械的な事務仕事をしなくてすむ場合は、肉体的に仕事が楽になるといえる。

ウ　AIが創造的な仕事もできるようになると、有能アシスタントとして仕事を全部奪い、人間はクビにされると思われる。

エ　複雑で高度な仕事を正確に行う必要がある医者や弁護士の仕事は、必ずしもクリエイティブとはいえない。

オ　商品開発やデザインの仕事では、人間が同じようなものばかりを作るのなら、AIが引き受けた方がよい。

二

次の文章を読んで、後の問いに答えなさい。（字数はすべて句読点を含む）

「私」（史織）は、母の望む通りの娘でいようとした結果、友達ともうまくいかなくなり不登校気味であった。中学二年生の四月から、父の転勤に伴い、祖母の「さっこちゃん」と三人で佐渡島の父の実家で暮らしていた。冬のある日、大寒波に見舞われ一万世帯以上が断水になり、新潟にいる母が「私」のところにかけつけてきた。

「……やっぱり、新潟にもどってこない？」

全身がスッと冷たくなる気がした。

終わりだ。連れもどされるんだ。

呼吸が荒くなる。

「史織が心配で、どうしようもなくて……。コンビニもないし、大きいスーパーも近くにないし、どうしてるかなって」

「さっこちゃんといたから……大丈夫」

なんとか言葉を返すと、母は感情があふれたみたいに早口になった。

「勉強はどう？　やっぱりいい塾もないみたいだし、これじゃ新潟にもどってくるにもいい高校に入るのは難しいんじゃないかって、史織が心配で……」

勉強……？

断水で心配して来たんじゃなかったの……？

……今、そんなことを言いに、わざわざここまで来たの？

新潟にいた時の私は、母の「心配」っていう言葉にいつも心が揺れた。厳しくても、私のことを考えてくれているんだって、そう思いたかった。

①でも、今は違う。

「なんで……」

私の心の奥から、黒くてドロドロしたものがせり上がってきた。

「なんでこんな時に勉強のことなんて聞いてくるのっ！」

気がついたら、叫んでいた。

お客さんに聞こえるかもしれない。さっこちゃんを心配させるかもしれ

AIという人間と同等か、それ以上の能力を持った存在の登場によって、仕事の環境が激変しているという事実です。この事実を一刻も早く直視する必要があります。

頭を使う仕事と使わない仕事、自分ははたしてどっちなのだろうかと考え、その変化に備えなければならないのです。

(小川仁志『AIに勝てるのは哲学だけだ ——最強の勉強法12＋思考法10』より)

(注)※印…本文中の漢字については、学習指導要領における小学生の配当以外の難しい漢字にはふりがなをふっています。

※1 インフラ…インフラストラクチャーの略。「基盤」という意味で、たとえば「インフラエンジニア」は、コンピューターやネットワークの導入、管理、運用などの仕事をする。

問一 空らん(A)~(C)にあてはまる言葉を、本文中からそれぞれ二文字で抜き出し、答えなさい。(同じ言葉を二回以上使ってもよい。)

問二 ―線部①「人間のすばらしさを発揮できる分野」とありますが、どのような仕事において、「人間のすばらしさ」を発揮できるのですか。十文字以上十五文字以内で、本文中から抜き出して答えなさい。

問三 空らん(D)~(F)にあてはまる言葉の組み合わせとして正しいものを次から選び、記号で答えなさい。

ア D ですから E そして F つまり
イ D ですから E しかし F それでは
ウ D ところが E そして F それでは
エ D ところが E しかし F つまり

問四 ―線部②「もともと創造性とはそういうものでもあります」とありますが、「創造性」とはどのようなものだと述べていますか。本文中の言葉を使って、二十文字程度で書きなさい。

問五 ―線部③「創造的な仕事を全部AIに奪われることはないでしょう」とありますが、筆者はなぜそのように考えるのですか。本文中の言葉を使って、五十文字以内で答えなさい。

問六 空らん(G)~(J)にあてはまる言葉を、次の中から選び、それぞれ記号で答えなさい。

ア 頭を使う仕事　　イ 頭を使わない仕事

問七 ―線部④「伍する」の意味を次の中から一つ選び、記号で答えなさい。

ア 勇気を奮い起こす　　イ 同等の位置に並ぶ
ウ 相手を追い越す　　エ 同じように真似る

でに賞に応募できるレベルにまでなっています。

　これについては、はたして真の創造性と言えるのかという議論があります。あくまでコンピューターの計算の結果にすぎないのではないかと。すなわち既存の情報を集め、それを新たに組み合わせただけだと。ただ、②もともと創造性とはそういうものでもあります。人間も既存の情報を新たに組み合わせることで、創造を行なっているのですから。

　だとしても、私は人間の創造性のほうがすごいと思っています。なぜなら、そこには全人格や常識のようなものが作用するからです。創造とはまさに、そういう行為にほかなりません。

　少なくとも、③創造的な仕事を全部ＡＩに奪われることはないでしょう。ＡＩはライバルにすぎないのです。今後は人工的に創ったものが好きか、人間が創ったものが好きかという好みの違いになるでしょう。現在でも、モノづくりの世界にはこの違いが存在しています。

　この場合、仕事が楽になるかどうかという点では、ＡＩが創造的な仕事もできるようになれば、有能なアシスタントとして活用できますから、やはり楽になるでしょう。ＡＩにこだわりがあって、意見がぶつかるようになると困りますが。でも、それは人間の弟子との間でもあることですから、しかたありません。ＡＩはクビにしやすいぶんだけ、いいかもしれません。

仕事の二極化

　ＡＩ時代の仕事について、もうすこし現実的に考えてみましょう。これはすでに起こっていることですが、ＡＩのおかげと言うべきか、ＡＩのせいと言うべきか、明らかに仕事の二極化が生じているように思います。

　それは、「頭を使う仕事」と「頭を使わない仕事」です。ＡＩの登場によって、それを開発したり、メンテナンスしたりする仕事が出てきます。これはかなり高度な仕事ですから、（　Ｇ　）と言えます。ＡＩの研究者や高度なプログラミングができるレベルのＩＴ関係の仕事は、※1インフラにかかわる専門職として重宝されるでしょう。

　また、ＡＩが単純業務を引き受けた場合、人間にはより高度で創造的な業務が求められます。そういう創造的な仕事も（　Ｈ　）と言えるでしょう。たとえば、イベント企画や商品開発、デザインなど、人間ならではの創造性をうまく活用できれば、ＡＩに④伍する仕事ができるはずです。

　これに対して、ＡＩにまったく関係がなく、かつ創造性も求められないような仕事が、（　Ｉ　）ということになります。もちろん、どんな仕事でも頭をまったく使わないなどということはありえませんから、これは程度の問題です。肉体労働＝頭を使わない仕事などととらえているわけではないことをご理解ください。

　商品開発やデザインでも、頭を使わずに似たようなものばかり作っているようだと、ＡＩに任せたほうがいいということになってしまいます。これは、ＡＩのメンテナンスも同様です。パターン化されたことはＡＩがいくらでもできるわけですから、当然ですね。

　その意味では、よほどの例外的対応を除いて、マニュアル化された仕事は、すべて（　Ｊ　）ということになります。大学の教員だって、うかうかしていられません。毎年同じようなことをしているなら、ＡＩに教授になってもらったほうがいいと言われかねません。

　まるで不安を煽るように聞こえるかもしれませんが、私が言いたいのは、

二〇二〇年度 昭和学院中学校

【国語】〈アドバンストチャレンジ試験〉（五〇分）〈満点：一〇〇点〉

〈編集部注：実物の試験問題では、三の資料はカラー印刷です。〉

一　次の文章を読んで、後の問いに答えなさい。

（字数はすべて句読点を含む）

仕事は楽になるか？

ＡＩによって仕事が楽になるかどうかは、悲観論と楽観論で大きく変わってきます。ただ、悲観論では基本的に楽になることはないので、ここでは楽観論を前提に考えます。

まず、ＡＩが機械的な事務仕事をこなしてくれる場合、これはどう考えても楽になります。コンピューターが導入されて単純な事務をしなくてよくなったわけですが、それがさらに進展すると思えばいいでしょう。

そのＡＩを搭載（※とうさい）したロボットを使えば、肉体労働も減りますから、人間はスイッチを押（※お）すだけでよくなります。食器洗い機や乾燥（※かんそう）機つき洗濯（※せんたく）機、あるいはお掃除（※そうじ）ロボットが家事労働から（　Ａ　）を解放したように、多くの人たちが、仕事から解放されることでしょう。

では、私たちは何をやるのか？

それは、創造的な仕事です。よりクリエイティブな仕事に従事することになるわけです。企画（※きかく）を立てたり、アイデアを出したり、デザインをしたりというように。

誤解されやすいのですが、複雑で高度な仕事が必ずしもクリエイティブとは言えません。たとえば医者や弁護士のように、複雑で高度だけれどもある程度決まったことを正確に行なうことが求められる仕事は、（　Ｂ　）のほうが得意です。それよりも、感性に委（ゆだ）ねられた曖昧（※あいまい）な仕事のほうが、（　Ｃ　）にとっては難しいのです。これは人間にとっても難しいのですが、従来あまり重視されませんでした。本当は貴重で、これぞ①人間のすばらしさを発揮できる分野であるにもかかわらず。

もちろん一部の芸術家や専門家は高く評価されてきましたが、そういう人たちは特別だと思われてきました。（　Ｄ　）、複雑で高度な仕事を正確にできる医者や弁護士などのほうが一般（※いっぱん）にはすごいとされてきたのです。（　Ｅ　）、そこが大きく変わってくるでしょう。

こうして人間は創造的な仕事だけに従事することになるのですが、それを楽ととらえるかどうかは意見が分かれるところです。

肉体的に楽だとしても、頭は使いますから、その意味ではけっして楽とは言えません。むしろ創造的なことを楽しめるかどうかにかかってくるでしょう。楽しいことは楽だと感じるものです。まるで遊びのように。個人的には楽になると思っています。

（　Ｆ　）、もしＡＩが創造的な仕事にまで従事するようになったらどうでしょう？

実は、すでにＡＩは絵も描くし、小説も書いています。まだ模倣（もほう）のレベルですが、そこからオリジナルな絵を描いているのです。２０１６年、レンブラントの絵に関する情報をＡＩにインプットし、それを応用してレンブラントの新作を描いたというニュースが話題になりました。小説も、す

2020年度

昭和学院中学校 ▶解説と解答

算 数 <アドバンストチャレンジ試験>（50分）<満点：100点>

解 答

1 (1) 28 (2) 312 (3) 2020 (4) 36 (5) $\frac{6}{7}$ **2** (1) 3 (2) 43人 (3) 678秒 (4) 7人 (5) 5 **3** (1) 360度 (2) 12.56cm^2 (3) 15cm **4** (1) 5 cm (2) 40cm^3 **5** (1) 6分後 (2) 解説の図を参照のこと。 **6** (1) **E停留所発（F行）**…(に)，**F停留所発**…(ろ)，**G停留所発**…(は)，**E停留所発（D行）**…(い) (2) （例） 解説を参照のこと。

解 説

1 四則計算，計算のくふう

(1) $91-84\div4\times3=91-21\times3=91-63=28$

(2) $27+37+47+57+67+77=(27+77)+(37+67)+(47+57)=104+104+104=104\times3=312$

(3) $\{3+(3+4\times12)\div3\}\times101=\{3+(3+48)\div3\}\times101=(3+51\div3)\times101=(3+17)\times101=20\times101=2020$

(4) $A\times B+A\times C=A\times(B+C)$となることを利用すると，$3.6\times4.8+7.2\times4.4-3.6\times3.6=3.6\times4.8+3.6\times2\times4.4-3.6\times3.6=3.6\times4.8+3.6\times8.8-3.6\times3.6=3.6\times(4.8+8.8-3.6)=3.6\times(13.6-3.6)=3.6\times10=36$

(5) $\frac{2}{N\times(N+2)}=\frac{1}{N}-\frac{1}{N+2}$となることを利用すると，$\frac{2}{1\times3}+\frac{2}{3\times5}+\frac{2}{5\times7}=\frac{1}{1}-\frac{1}{3}+\frac{1}{3}-\frac{1}{5}+\frac{1}{5}-\frac{1}{7}=\frac{1}{1}-\frac{1}{7}=\frac{7}{7}-\frac{1}{7}=\frac{6}{7}$

2 比，過不足算，割合，集まり，約束記号，約数

(1) $A:B=C:D$のとき，$A\times D=B\times C$になるから，$(\square+0.2):\frac{4}{5}=4:1$のとき，$(\square+0.2)\times1=\frac{4}{5}\times4$となる。よって，$\square+0.2=\frac{16}{5}$より，$\square=\frac{16}{5}-0.2=3.2-0.2=3$である。

(2) 長いす1きゃくに4人ずつ座ると児童が3人余る。また，長いす1きゃくに5人ずつ座ると3人で座る長いすが1きゃくでき，さらに1きゃくの長いすが余るので，すべての長いすに児童が座るためには，$(5-3)+5=7$（人）足りないと考えることができる。よって，右の図1より，長いす1きゃくに座る人数の差が，$5-4=1$（人）のとき，すべての長いすに座る人数の差が，$3+7=10$（人）になるから，長いすの数は，$10\div1=10$（きゃく）と求められる。したがって，児童の人数は，$4\times10+3=43$（人）である。

図1

4人，…，	4人	→	3人余り
5人，…，	5人	→	7人不足
差 1人，…，	1人	→	10人

(3) 曲Bの再生時間の$\frac{11}{13}$が220秒にあたるので，曲Bの再生時間は，$220\div\frac{11}{13}=260$（秒）となる。また，曲Cの再生時間は曲Aの再生時間より$\frac{1}{10}$だけ短いから，曲Cの再生時間は，$220\times\left(1-\frac{1}{10}\right)=198$（秒）とわかる。よって，この3曲の再生時間の合計は，$220+260+198=678$（秒）である。

(4) りんごとみかんが両方とも好きな人が最も少なくなるのは，右の図２のように，両方とも好きでない人がいない場合である。このとき，りんごとみかんが両方とも好きな人(太線部分)の人数は，22＋15－30＝７(人)と求められる。

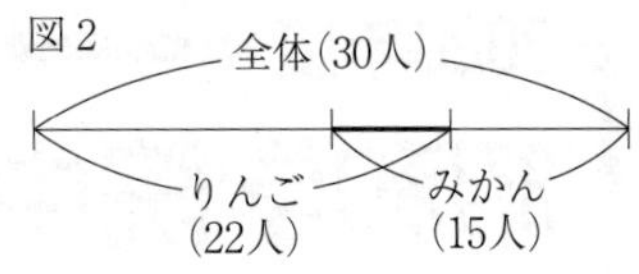

(5) 40の約数は１，２，４，５，８，10，20，40の８個なので，{40}＝８となる。同様に，36の約数は１，２，３，４，６，９，12，18，36の９個だから，{36}＝９，９の約数は１，３，９の３個だから，{{36}}＝{９}＝３になる。よって，{40}－{{36}}＝８－３＝５とわかる。

3 角度，面積，長さ

(1) 下の図１で，N角形の内角の和は，180×(N－２)(度)で求められるから，五角形の内角の和，つまり，角アから角オまでの大きさの和は，180×(５－２)＝540(度)である。また，５個の三角形の内角の和は，180×５＝900(度)になる。よって，求める角の和は，900－540＝360(度)となる。

(2) 下の図２で，角DOEと角AOBの大きさは90度で等しいから，●印の角の大きさは等しくなる。同様に，○印の角の大きさも等しいので，三角形OBDは三角形OAEと，三角形OCEは三角形OADとそれぞれ合同になる。よって，矢印のように移動すると，かげを付けた部分は半径，８÷２＝４(cm)で中心角が90度のおうぎ形になる。したがって，かげを付けた部分の面積は，$4\times4\times3.14\times\frac{90}{360}=12.56$(cm²)となる。

(3) 下の図３で，三角形ABCと四角形ABIHの周のうち，HA，AB，BIはどちらにも共通なので，周の長さの差は，(CH＋CI)とHIの長さの差と同じになる。これは正三角形CHIの１辺の長さと同じになるから，正三角形CHIの１辺の長さは，24－22＝２(cm)となる。同様に，三角形ADEの１辺の長さは，三角形ABCと四角形BCEDの周の長さの差と同じ，24－20＝４(cm)，三角形BFGの１辺の長さは，三角形ABCと四角形CAGFの周の長さの差と同じ，24－21＝３(cm)とわかる。また，六角形DGFIHEの周の長さは，(HE＋ED)＋(DG＋GF)＋(FI＋IH)＝(HE＋EA)＋(DG＋GB)＋(FI＋IC)＝HA＋DB＋FCとなるので，三角形ABCの周の長さから，CHとADとBFの長さを引けば求められる。よって，24－(２＋４＋３)＝15(cm)である。

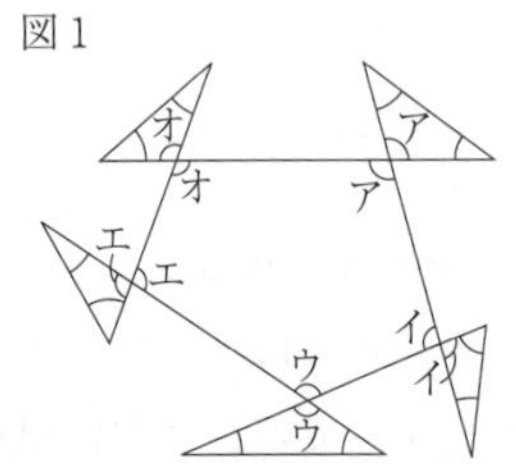

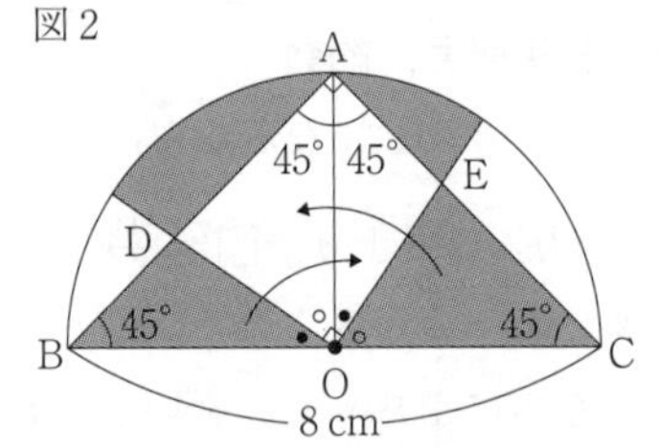

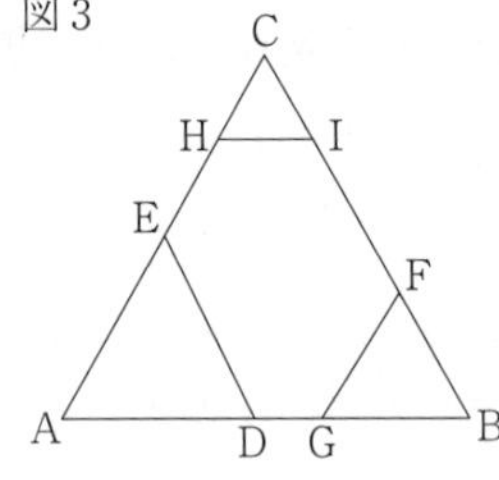

4 グラフ―水の深さと体積

(1) 容器とおもりを正面から見ると，右の図のようになる。問題文中のグラフより，６分後から10分後までの，10－６＝４(分間)で，図の㋐の部分に水が入ったとわかるので，㋐の部分に入った水の体積は，60×４＝240(cm³)となる。よって，㋐の部分の高さは，240÷(10×８)＝３(cm)だから，直方体のおもりの高さは，８－３＝５(cm)である。

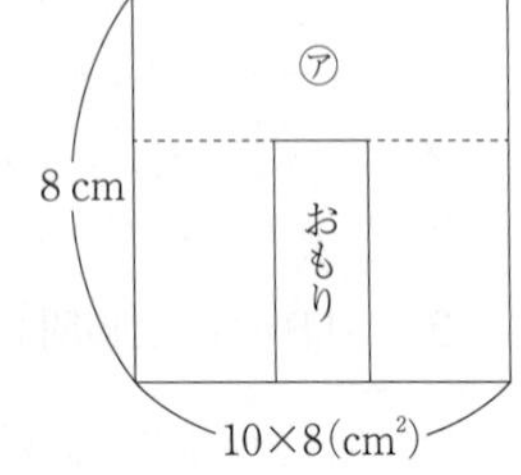

(2) 容器の容積は，10×８×８＝640(cm³)である。また，容器に入れた水の体積は，60×10＝600(cm³)になる。よって，直方体のおもりの体積は，640－600＝40(cm³)

となる。

5 **整数の性質，周期算**

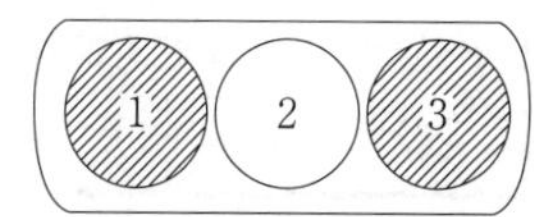

(1)　2と3の最小公倍数は6だから，問題文中の図の信号機と初めて同じ状態になるのは6分後である。

(2)　20は2と5の公倍数だが，3の倍数ではないので，20分後には1と3のランプだけが光っている。よって，右上の図のようになる。

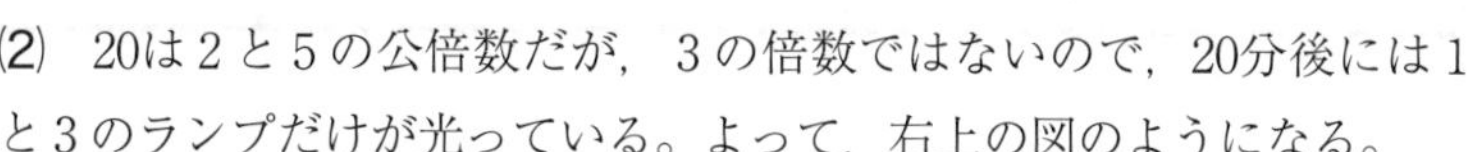

6 **条件の整理**

(1)　(い)～(に)の時刻表に時間の間隔を書き込むと，右の図のようになるので，同じ印をつけた時刻のバスは同じバスとわかる。よって，□の印をつけたバスに注目すると，バスは(に)→(ろ)→(は)→(い)の順に移動するから，E停留所発（F行）は(に)，F停留所発は(ろ)，G停留所発は(は)，E停留所発（D行）は(い)となる。

(い)

時	分
15	○11 (16) □27 (20) △47 (18)
16	◇5 (15) 20 (18) 38 (15) 53

(ろ)

時	分
15	○00 (16) □16 (20) △36 (18) ◇54 (15)
16	09 (18) 27 (15) 42 (17) 59

(は)

時	分
15	○05 (16) □21 (20) △41 (18) ◇59 (15)
16	14 (18) 32 (15) 47

(に)

時	分
15	□13 (20) △33 (18) ◇51 (15)
16	06 (18) 24 (15) 39 (17) 56

(2)　資料2の時刻表を見ると，C停留所をD方面へ6時29分に出発したバスは，6時52分にC停留所へ戻るので，C→D→E→F→G→E→D→Cと進むのに，6時52分－6時29分＝23分かかる。よって，あるバスがA停留所を出発してから再びA停留所に戻ってくるまでに，23＋4×2＋5×2＝41(分)かかることがわかる。また，A停留所を出発する18時台のバスに注目すると，18時9分から41分の間に4台のバスが出発しているため，少なくとも4台は必要である。よって，3台のバスでは運営できない。

社　会　<アドバンストチャレンジ試験>（30分）<満点：50点>

解　答

1 **問1**　ア　**問2**　（例）　紙くず拾いが，紙くずを買い取る業者に紙くずを売るために拾っているんだ。そして，紙くずを再利用して新しい紙としてすき直して使っているんだね　**問3** (1)　エ　(2)　（例）　千葉でとれたいわしを干鰯にして肥料に使い，近畿で綿花栽培を行った。（酒やしょうゆは関西から関東へ送られ，「下り酒」「下りしょうゆ」などとよばれた。）（いわしやくじらをとる漁業技術が，関西から関東に伝わった。）　**問4**　イ　**問5**　(1)　ア　(2)　田中正造　**問6**　(1)　ノーベル平和賞（ノーベル賞）　(2)　（例）　ア／車を使わないことで，排気ガスの量を減らすことができるから。（イ／コンビニエンスストアで買うと，食べた後のごみとしてプラスチックの容器や袋が出てしまうが，家でつくればプラごみ削減になるから。）（ウ／買ったものを長く使えば，ごみを削減できるから。）　**2** **問1**　**A**　ぶどう　**B**　もも　**C**　りんご　**D**　西洋なし　Ⅰ　長野県，ウ　Ⅱ　福島県，イ　**問2**　Ⅰ　アメリカ合衆国　**A**　牛肉　**B**　ぶた肉　**C**　にわとりの肉　**問3**　イ，エ　**問4**　（例）　食品がいつ，どこで，どのようにつくられ，店にならんだのかを，消費者が調べられるしくみのこと。　**3** **問１**　万葉集　**問２**　１　象徴　２　国事　３　国政　**問３**（例）内閣による助言と承認　**問４**　**問題点**…(例)　男女ともに平均寿命80歳を超える(４人に１人が65歳以上，誰でも高齢者となる，病気や死の心配，介護)　**対策**…(例)　定年年齢の延長(年金受給額の引き下げ，施設の増設)

解　説

1 **環境への取り組みを題材とした問題**

問１　2015年に国連サミットで定められた持続可能な開発目標をSDGsといい，「貧困をなくそう」「すべての人に健康と福祉を」「人や国の不平等をなくそう」「平和と公正をすべての人に」など，17分野の目標とそれらを達成するための具体的な169のターゲットから構成されている。

問２　江戸時代に紙は貴重なものであったため，「紙くず拾い」という職業の人が紙くずを拾って紙くず回収業者に売り，集められた紙は選別・再利用され，新しい紙へと生まれ変わった。

問３　(1)　幕府が置かれ「将軍のおひざもと」とよばれた江戸は，大名屋敷や旗本・御家人の屋敷が立ち並んで多くの武士が住み，商人や職人も集まって，18世紀には人口100万人を有する世界最大級の大都市に発展した。したがって，エが正しい。なお，イは大阪，ウは京都についての説明で，江戸・大阪・京都を三都という。　(2)　千葉の九十九里浜でとれたいわしは，干して干鰯という肥料にされ，大阪周辺の綿花栽培などに使われた。関西の伊丹・池田・伏見・灘でつくられた酒は，「下り酒」とよばれて江戸に送られた。関西でつくられたしょうゆは，製法が関東に伝わり，野田・銚子が新たな産地となった。古くから全国各地で行われていたくじら漁は，江戸時代初めに和歌山で組織的にされるようになり，その後，関東に伝わった。

問４　1872(明治５)年，イギリス人技術者の指導によって，日本に初めて鉄道が開通し，蒸気機関車が新橋－横浜間を走ったので，Ａは正しい。同年，近代産業を育成するために官営模範工場の富岡製糸場が群馬県に建てられ，フランス人技師ブリューナの指導のもと輸出用の生糸が生産されたが，この工場は内陸に位置していたので，Ｂは誤っている。

問５　(1)，(2)　栃木県の足尾銅山から流された鉱毒によって，近くを流れる渡良瀬川の水が汚染され，下流域で深刻な被害が出ると，衆議院議員であった田中正造は帝国議会で足尾銅山の操業停止を求めたが，政府の対応は不十分であった。そこで，正造は議員を辞職して明治天皇に直訴を試みたが，銅山の操業は停止されず，十分な解決にはいたらなかった。

問６　(1)　ワンガリ・マータイは，ケニア出身の環境保護活動家で，非政府組織(NGO)のグリーンベルト運動を立ち上げ，2004年にノーベル平和賞を受賞した。マータイは，かけがえのない地球資源に対する尊敬の念を表す世界共通語として，「MOTTAINAI」(もったいない)を広めることを提唱した。　(2)　アについて，車を使うと排気ガスが排出され，それにふくまれている汚染物質が大気汚染をもたらしたり，二酸化炭素の増加が地球温暖化につながったりする。イについて，コンビニエンスストアで昼食を買うと，買った弁当の容器や，おにぎり・サンドイッチの包装紙などがごみとなってしまう。ウについて，洋服を買い替えるとごみが増え，ごみを焼却するときに汚染物質が発生するという問題や，焼却したあとに残った灰の埋め立て場所が不足するという問題がある。

2 日本の農林水産業を題材とした問題

問１　Aは第１位が山梨県で，上位５位に「マスカット」という品種がつくられることで有名な岡山県が入っていることから，「ぶどう」である。Bは第１位が山梨県であることから「もも」で，第２位の県と合わせて生産量の約半分を占める。Cは第１位が青森県で，上位５位に山形県・岩手県といったすずしい地域の県が入っていることから，「りんご」である。〈語群〉で残っている「みかん」と「かき」の第１位は和歌山県，「西洋なし」の第１位は山形県であるので，Dは「西洋なし」となる。Ⅰは「ぶどう」「りんご」の第２位であることから長野県(ウ)，Ⅱは「もも」の第２位であることから福島県(イ)と判断できる。なお，地図中のアは北海道，エは京都府，オは愛媛県，カは熊本県。

問２　日本は「牛肉」と「ぶた肉」の多くをアメリカ(合衆国)からの輸入にたよっている。Aは第１位のオーストラリアと第２位のアメリカで輸入量のほとんどを占めていることから，「牛肉」である。Bは「イベリコぶた」で有名なスペインが上位に入っていることから「ぶた肉」である。Cは第１位のブラジルと第２位のタイで輸入量のほとんどを占めていることから，「にわとりの肉」である。

問３　1950年代後半から日本は工業が発達して経済が著しく発展し，工場や都市で働く人の数が大幅に増加したが，一方で第一次産業である農業・林業・水産業にたずさわる人が年々減ってきている。また，あとをつぐ人も減っているため，農業・林業・水産業で働く人の高齢化が進んでいる。したがって，イとエが正しい。

問４　トレーサビリティは，個々の生産者・食品事業者が，何を，いつ，どこから入荷し，どこへ出荷したかを記録・保存することで，その商品の情報を追跡できるようにしたしくみで，食べ物の安全性や流通経路を消費者に示すことができる。

3 天皇や高齢化を題材とした問題

問１　『万葉集』は，天皇・貴族・防人・農民などさまざまな身分の人がよんだ歌約4500首がおさめられた日本最古の歌集で，奈良時代に大伴家持を中心に編さんされたといわれる。『万葉集』におさめられた歌の中から，家持の父である大伴旅人が開いたうたげでよまれた歌の一節である「初春の令月」の「令」と「風和ぎ」の「和」が採用され，新しい元号の「令和」が生まれた。

問２，問３　日本国憲法第１条により，天皇は日本国および日本国民統合の「象徴」と位置づけられ，このことは主権を持つ国民の総意にもとづくとされている。また，第４条により，天皇は「国政」に関して力を持たず，定められた「国事」行為のみを行うとされ，第３条では，その国事行為には内閣の助言と承認が必要であることが決められている。

問４　2018年の日本人の平均寿命は，女性が87.32歳，男性が81.25歳で，男女ともに過去最高を更新した。65歳以上の高齢者の占める割合は，2000年には約17%であったが，2018年には約28%となり，高齢者が高齢者を介護しなくてはならない，働く人の数が減っているなど，高齢化が深刻な問題となっている。そのため，介護職につく人や介護施設を増やしたり，定年年齢を延長して働く人の数を確保したりするなどの対策が求められている。

理 科 <アドバンストチャレンジ試験>（30分）<満点：50点>

解 答

1 (1) (例) 火力発電　(2) (例) 羽は回っていなかった。　(3) (例) 風速が大きくなればなるほど，発電した電気の量は多くなっている。　(4) (例) 光っていた時間はより長くなる。　2 (1) 二酸化炭素　(2) 落ち葉，割りばし，鉛筆のしん　(3) (例) びんの中の酸素が少なくなってしまったため。　3 (1) D→A→E→B→C　(2) **せびれ**…②，**しりびれ**…⑧　(3) (例) 水の量が多くてメダカが活発に動いてしまったため，尾びれが観察しづらかったから。　4 (1) イ　(2) 小さい　(3) 長い　(4) (例) 惑星の太陽からの距離が長くなればなるほど，公転周期も長くなる。

解 説

1 風力発電の実験についての問題

(1) 現在行われている発電方法には，風力発電のほか，火力発電，原子力発電，水力発電，地熱発電，太陽光発電などがある。

(2) 風速が毎秒1.0mのとき，豆電球が光っていた時間が0秒なので，発電されていないことがわかる。つまり，羽は回っていなかったと考えられる。

(3) 風速を毎秒1.0mより大きくするほど，豆電球が光っていた時間は長くなっている。これより，風速が大きくなるほど，発電した電気の量が多くなることがわかる。

(4) 発光ダイオードは豆電球より消費する電気の量が少ないから，発光ダイオードをつないだ場合，光っていた時間は豆電球のときよりも長くなる。

2 ものの燃え方についての問題

(1) 石灰水に二酸化炭素を通すと，水にとけにくい炭酸カルシウムという物質ができるので，石灰水は白く濁(にご)る。このことから，ロウソクを燃やすと二酸化炭素が発生したことがわかる。

(2) ロウソクのように，炭素を含(ふく)んでいる物質を燃やすと二酸化炭素が発生する。落ち葉，割りばし，鉛筆(えんぴつ)のしんには炭素が含まれている。なお，スチールウール(鉄)やアルミニウムを燃やすと，空気中の酸素と結びつくが，気体は発生しない。

(3) ものが燃えるためには酸素が必要である。ロウソクが燃えると集気びんの中の酸素が使われ，酸素が少なくなるから，ロウソクが燃えつきる前に火が消えてしまう。

3 メダカの生態についての問題

(1) 生まれたばかりの卵には全体に油のつぶがあり(D)，次にはいばんができて油のつぶが集まる(A)。やがてからだになる部分がはっきりしてきて目がつくられ始め(E)，卵の中でからだがおよそできあがる(B)と，間もなくして子メダカ(C)が生まれる。

(2) おすのせびれには切れこみがあり，しりびれは平行四辺形のような形をしている。なお，めすのせびれには切れこみがなく，しりびれは三角形に近い形をしている。

(3) 袋(ふくろ)に入れる水の量が多いと，メダカが活発に動いてしまい，視野から外れるなどして観察しにくくなる。

4 惑星についての問題

⑴ 太陽のまわりを回る惑星は，太陽から近い順に水星，金星，地球，火星，木星，土星，天王星，海王星となっていて，土星は6番目の惑星だから，太陽からの平均距離が6番目に長いイとわかる。なお，太陽からの平均距離から，エが水星，アが金星，カが火星，オが天王星，ウが海王星である。

⑵ 木星の体積は地球の1321倍で，質量は317.83倍なので，同じ体積あたりで比べたときの木星の質量は地球の，317.83÷1321＝0.24…より，約0.24倍である。よって，地球に比べて小さい。

⑶ 地球より内側を回っている惑星は水星と金星である。水星(エ)の自転周期は58.65日，金星(ア)の自転周期は243.02日だから，地球の自転周期0.9973日より長くなっている。

⑷ 表より，太陽からの平均距離が長くなるほど，公転周期も長くなっていることがわかる。

国語 <アドバンストチャレンジ試験>（50分）<満点：100点>

解答

一 **問1** **A** 人間 **B** AI **C** AI **問2** 感性に委ねられた曖昧な仕事 **問3** イ **問4** （例） 集めた既存の情報を新たに組み合わせたもの。 **問5** （例） 人間の創造性には，全人格や常識のようなものが作用しており，人間はAIより優れていると考えるから。 **問6** **G** ア **H** ア **I** イ **J** イ **問7** イ **問8** **ア** × **イ** ○ **ウ** × **エ** ○ **オ** ○ 二 **問1** （例） 自分に対する母の言葉に対して，以前は自分を心配して言っていると思っていたが，今は，母自身が思い通りにしたいだけだと考えている。 **問2** 黒くてドロドロしたもの **問3** ア，ウ **問4** **A** 笑顔 **B** 最良 **C** 決め **問5** （例） 佐渡で暮らすこと。 **問6** ……お母さんっ……もう……私，お母さんの……言いなりにはならないっ **問7** ア **問8** ウ **問9** ⑴ （例） 自分に満足している若者には，自分に満足していない若者よりも，将来への希望を持っているものが多い。 ⑵ （例） 母親の考えで娘がやりたいことをやらせず，本人が満足感を得られなくなることで，将来への希望を失わせてしまうこと。 三 **問1** ⑴ エ ⑵ ウ **問2** ①～③ 下記を参照のこと。 ④ こすう ⑤ ゆかた

●漢字の書き取り

三 **問2** ① 同盟 ② 承る ③ 故障

解説

一 **出典は小川仁志の『AIに勝てるのは哲学だけだ—最強の勉強法12＋思考法10』による。**AIの登場で人間は創造的な仕事に従事するようになり，仕事は頭を使うものと使わないものへの二極化が生じていると述べられている。

問1 **A** 食器洗い機や洗濯機，お掃除ロボットは，人間の代わりに家事をするのだから，家事労働から「人間」を解放したことになる。 **B** 直前の段落に，人間は創造的な仕事に従事するべきだとある。医者や弁護士は必ずしも創造的な仕事ではなく，ある程度決まった仕事を正確に行うことが求められると述べられているので，人間より「AI」のほうが得意だといえる。 **C** 複雑で高度でも，ある程度決まったことを正確に行う仕事はAIのほうが人間より得意だという内容

を受けて，むしろ感性に委ねられた曖昧な仕事を「難しい」としているので，「AI」が入る。

問2　ぼう線部①をふくむ文は，前の「従来～でした」という文と倒置の関係になっている。貴重で人間のすばらしさを発揮できる分野だが，人間にとっても難しい，とされている「これ」は，その前にある「感性に委ねられた曖昧な仕事」を指している。

問3　**D**　前には，一部の芸術家や専門家は高く評価されたが，それは特別なことだとある。後には，複雑で高度な仕事を正確にこなす医者や弁護士のほうが一般にすごいとされてきたと続く。よって，前のことがらを理由として後にその結果をつなげるときに用いる「ですから」が合う。

E　一般には，芸術家や専門家より医者や弁護士のほうがすごいとされてきたと前にある。後には，そこが大きく変わるだろうと続く。よって，前のことがらを受けて，それに反する内容を述べるときに使う「しかし」が入る。　**F**　前では，人間が創造的な仕事だけに従事するなら，個人的には楽になると思うと述べられている。後には，AIが創造的な仕事にも従事するようになったらどうだろうかと続く。創造的な仕事に人間が従事する場合の話から，AIが従事する場合の話に話題が変わっているので，前のことがらを受けて，それをふまえながら次のことを導く働きの「それでは」がよい。

問4　「そういうもの」とは，AIが創造的な仕事をするときの方法にふれた直前の文の内容を指している。ぼう線部②の次の文にもあるとおり，創造性とは集めた既存の情報を新たに組み合わせたものだと筆者は述べている。

問5　直前の段落に注目する。人間の創造性には全人格や常識のようなものが作用しており，人間はAIより優れていると筆者は述べている。「AIはライバルにすぎない」というぼう線部③の次の文からも，創造性においてはAIより人間のほうが優れていると筆者が考えていることがわかる。

問6　**G**　AIを開発したりメンテナンスしたりする仕事は高度なので，「頭を使う仕事」といえる。　**H**　高度で創造的な人間ならではの仕事は，やはり「頭を使う仕事」にあたる。　**I**　「これに対して」とあるように，AIに全く関係がなく，創造性も求められない仕事は，「頭を使わない仕事」になる。　**J**　似たようなものばかりつくる仕事や，パターン化された仕事はAIがいくらでもできると直前の段落にある。よって，マニュアル化された仕事は「頭を使わない仕事」に分類される。

問7　「伍する」は，同等の地位や位置に立つこと。

問8　**ア**　空らんEをふくむ段落の次の段落に，人間が創造的な仕事だけに従事することが楽かどうかは意見が分かれるとあるので，合わない。　**イ**　AIが機械的な事務仕事をこなす場合，そのAIが搭載されたロボットを使うと肉体労働も減ると最初から二つ目，三つ目の段落に述べられているので，合う。　**ウ**　ぼう線部③で，創造的な仕事を全部AIに奪われることはないだろうと筆者は述べているので，合わない。　**エ**　六つ目の段落に，複雑で高度な仕事が必ずしもクリエイティブとはいえないとして，医者や弁護士の仕事がその例にあげられているので，合う。

オ　最後から四つ目の段落に同じ内容が述べられている。

二　**出典は高田由紀子の『君だけのシネマ』による。**母の希望に沿おうとして不登校気味になった「私」(史織)は，母と離れた佐渡の暮らしで自分を取りもどし，もう言いなりにはならないと母に宣言する。

問1　ぼう線部①の直前の二文から，以前の「私」は，母が自分のことを心配してくれて言葉をかけてくれているのだと思っていたことがわかる。しかし今，断水を心配して来たのかと思っていた母から勉強や進路のことを言われ，母は「私」を母の望み通りにさせようとしているのだと，「私」が考えるようになったことが読み取れる。

問２　この「怒り」とは，「私」を自分の思い通りにしようとする母に対する「私」の怒りである。「私」を新潟にもどらせて自分が望む道を歩かせようと母が考えていることを感じ取ったとき，心から「黒くてドロドロしたもの」がせり上がってきたのだから，この部分がぬきだせる。

問３　この後の母の言葉は，史織を佐渡で過ごさせる父への批判になっているので，史織の将来を心配する気持ちが理解されないいらだちと，史織の暮らしぶりに対する怒りは合う。父は母をたしなめたが責めてはおらず，史織はこの時点では新潟に帰らないとは言っていないので，アとウは合わない。

問４　**A**　父はこの前で，史織が新潟では「笑顔」を見せなかったことを，母にしてきしている。　**B，C**　父は，佐渡での暮らしが史織のためにならないとはまだ決めつけられないとし，史織にとっての「最良」の道は史織に「決め」させたいと考えている。

問５　本文の最初で，母の「新潟にもどってこない？」というさそいを聞いた「私」は，「終わりだ。連れもどされるんだ」と思っている。一方父の，佐渡で暮らすことが最良かどうか「史織が決めることだ」という言葉に，「私」は「終わりじゃない」と希望を持っている。つまり，佐渡で暮らすことが終わりではないというのである。

問６　佐渡に来てからの日々を助走にたとえていることから，「私」が一番言いたかったことは何か考える。新潟で自分を見失っていた「私」が，母の言うことを聞くだけの娘でいることをやめ，自分で自分の居場所をつくろうという決心をした後に放った「……お母さんっ……もう……私，……お母さんの……言いなりにはならないっ」という言葉に，「私」の強い思いがこめられている。

問７　娘の自分を思いどおりにすることで心を満たすのはやめてほしいと母に伝えたことで，「私」は母の言うとおりにしないといけないという思いこみから自分を解放した。そして，自分の気持ちに正直に，佐渡で自分の好きなこと，したいことを見つけようと決めたのだから，アがよい。

問８　主人公の視点から物語が進行していくことで，「私」の心の動きが読者に伝わってくるので，ウがあてはまる。

問９　(1)　自分に満足している若者では，将来への希望がある者が８割以上であるのに対し，自分に満足していない若者では５割に満たない。自分に満足している若者のほうが，将来への希望を持っている割合が高いといえる。　(2)　史織の母は娘の将来に対して自分の考えを押しつけて，やりたいことを認めず，自分は「ふつうじゃない」「できそこないなんだ」と思わせている。この考え方では本人の満足感が得られず，将来への希望をむしろ失わせてしまうおそれがあることが問題だといえる。

三　同じ漢字を用いる熟語，漢字の書き取りと読み

問１　(1)「逆境」は，思うようにならず苦しいことの多い立場をいい，同じ漢字を用いるのはエの「境界」である。なお，アは「競走」，イは「胸囲」，ウは「顕微鏡」と書く。　(2)「報復」は，しかえしをすることを意味し，同じ漢字を使うのはウの「朗報」である。なお，アは「訪問」，イは「宝物」，エは「豊富」となる。

問２　①　同じ目的のために，協力して行動することをかたく約束すること。　②　音読みは

「ショウ」で，「承知」などの熟語がある。　③　機械や体の機能がうまく働かなくなること。
④　家の数。　⑤　もめんでつくったひとえの着物のこと。

Memo

Memo

2025年度用
中学スーパー過去問

■編集人 声の教育社・編集部
■発行所 株式会社 声の教育社
〒162-0814 東京都新宿区新小川町8-15
☎03-5261-5061(代) FAX03-5261-5062
https://www.koenokyoikusha.co.jp

※本書の内容についての一切の責任は当社にあります。内容・解説・解答・その他は当社ホームページよりお問い合わせ下さい。

ストリーミング配信による入試問題の解説動画

2025年度用web過去問　ラインナップ

■ 男子・女子・共学（全動画） 見放題
36,080円（税込）

■ 男子・共学 見放題
29,480円（税込）

■ 女子・共学 見放題
28,490円（税込）

● 中学受験「声教web過去問（過去問プラス・過去問ライブ）」（算数・社会・理科・国語）

3～5年間 **24校**

過去問プラス

麻布中学校	桜蔭中学校	開成中学校	慶應義塾中等部	渋谷教育学園渋谷中学校
女子学院中学校	筑波大学附属駒場中学校	豊島岡女子学園中学校	広尾学園中学校	三田国際学園中学校
早稲田中学校	浅野中学校	慶應義塾普通部	聖光学院中学校	市川中学校
渋谷教育学園幕張中学校	栄東中学校			

過去問ライブ

栄光学園中学校	サレジオ学院中学校	中央大学附属横浜中学校	桐蔭学園中等教育学校	東京都市大学付属中学校
フェリス女学院中学校	法政大学第二中学校			

● 中学受験「オンライン過去問塾」（算数・社会・理科）

3～5年間 **50校以上**

東京	青山学院中等部	東京	国学院大学久我山中学校	東京	明治大学付属明治中学校	千葉	芝浦工業大学柏中学校	埼玉	栄東中学校
東京	麻布中学校	東京	渋谷教育学園渋谷中学校	東京	早稲田中学校	千葉	渋谷教育学園幕張中学校	埼玉	淑徳与野中学校
東京	跡見学園中学校	東京	城北中学校	東京	都立中高一貫校 共同作成問題	千葉	昭和学院秀英中学校	埼玉	西武学園文理中学校
東京	江戸川女子中学校	東京	女子学院中学校	東京	都立大泉高校附属中学校	千葉	専修大学松戸中学校	埼玉	獨協埼玉中学校
東京	桜蔭中学校	東京	巣鴨中学校	東京	都立白鷗高校附属中学校	千葉	東邦大学付属東邦中学校	埼玉	立教新座中学校
東京	鷗友学園女子中学校	東京	桐朋中学校	東京	都立両国高校附属中学校	千葉	千葉日本大学第一中学校	茨城	江戸川学園取手中学校
東京	大妻中学校	東京	豊島岡女子学園中学校	神奈川	神奈川大学附属中学校	千葉	東海大学付属浦安中等部	茨城	土浦日本大学中等教育学校
東京	海城中学校	東京	日本大学第三中学校	神奈川	桐光学園中学校	千葉	麗澤中学校	茨城	茗渓学園中学校
東京	開成中学校	東京	雙葉中学校	神奈川	県立相模原・平塚中等教育学校	千葉	県立千葉・東葛飾中学校		
東京	開智日本橋中学校	東京	本郷中学校	神奈川	市立南高校附属中学校	千葉	市立稲毛国際中等教育学校		
東京	吉祥女子中学校	東京	三輪田学園中学校	千葉	市川中学校	埼玉	浦和明の星女子中学校		
東京	共立女子中学校	東京	武蔵中学校	千葉	国府台女子学院中学部	埼玉	開智中学校		

web過去問 Q&A

過去問が動画化！
声の教育社の編集者や中高受験のプロ講師など、
過去問を知りつくしたスタッフが動画で解説します。

Q どこで購入できますか？
A 声の教育社のHPでお買い求めいただけます。

Q 受講にあたり、テキストは必要ですか？
A 基本的には過去問題集がお手元にあることを前提としたコンテンツとなっております。

Q 全問解説ですか？
A 「オンライン過去問塾」シリーズは基本的に全問解説ですが、国語の解説はございません。「声教web過去問」シリーズは合格のカギとなる問題をピックアップして解説するもので、全問解説ではございません。なお、「声教web過去問」と「オンライン過去問塾」のいずれでも取り上げられている学校がありますが、授業は別の講師によるもので、同一のコンテンツではございません。

Q 動画はいつまで視聴できますか？
A ご購入年度２月末までご視聴いただけます。
複数年視聴するためには年度が変わるたびに購入が必要となります。

よくある解答用紙のご質問

01

実物のサイズにできない

拡大率にしたがってコピーすると，「解答欄」が実物大になります。配点などを含むため，用紙は実物よりも大きくなることがあります。

02

A3用紙に収まらない

拡大率164％以上の解答用紙は実物のサイズ（「出題傾向＆対策」をご覧ください）が大きいために，Ａ３に収まらない場合があります。

03

拡大率が書かれていない

複数ページにわたる解答用紙は，いずれかのページに拡大率を記載しています。どこにも表記がない場合は，正確な拡大率が不明です。

04

１ページに２つある

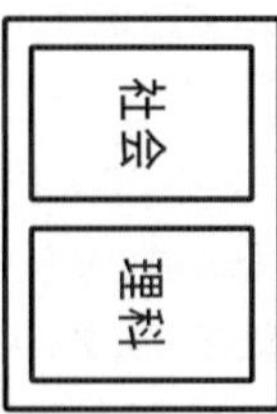

１ページに２つ解答用紙が掲載されている場合は，正確な拡大率が不明です。ほかの試験回の同じ教科をご参考になさってください。

【別冊】入試問題解答用紙編

解答用紙は本体からていねいに抜きとり、別冊としてご使用ください。

※　実際の解答欄の大きさで練習するには、指定の倍率で拡大コピーしてください。なお、ページの上下に小社作成の見出しや配点を記載しているため、コピー後の用紙サイズが実物の解答用紙と異なる場合があります。

●入試結果表

— は非公表

年度	回	項目		国語	算数					合格者
2024	算数１科・国語１科	配点(満点)		100	100					算数最低点
		合格者平均点	男	—	—					男 —
			女	—	—					女 —
		受験者平均点	男	—	—					国語最低点
			女	—	—					男 —
		キミの得点								女 —
	回	項目		国語	算数	社会	理科	２科合計	４科合計	合格者
	アドバンストチャレンジ	配点(満点)		100	100	50	50	200	300	２科最低点
		合格者平均点	男	—	—	—	—	—	—	男 —
			女	—	—	—	—	—	—	女 —
		受験者平均点	男	—	—	—	—	—	—	４科最低点
			女	—	—	—	—	—	—	男 —
		キミの得点								女 —
	(注)　２科・４科受験ともに、国語・算数・英語から２科選択。英語の合格者平均点・受験者平均点は、ともに非公表。									
年度	回	項目		国語	算数					合格者
2023	算数１科・国語１科	配点(満点)		100	100					算数最低点
		合格者平均点	男	—	—					男 —
			女	—	—					女 —
		受験者平均点	男	—	—					国語最低点
			女	—	—					男 —
		キミの得点								女 —
	回	項目		国語	算数	社会	理科	２科合計	４科合計	合格者
	アドバンストチャレンジ	配点(満点)		100	100	50	50	200	300	２科最低点
		合格者平均点	男	—	—	—	—	—	—	男 —
			女	—	—	—	—	—	—	女 —
		受験者平均点	男	—	—	—	—	—	—	４科最低点
			女	—	—	—	—	—	—	男 —
		キミの得点								女 —
	(注)　２科・４科受験ともに、国語・算数・英語から２科選択。英語の合格者平均点・受験者平均点は、ともに非公表。									

〔参考〕満点(合格者最低点)　2022 年：算数１科 100(男 66・女 70)・国語１科 100(男 58・女 57)
アドバンストチャレンジ２科 200(男 102・女 102)・４科 300(男 156・女 148)
2021 年：適性検査型 200(男 68・女 66)
アドバンストチャレンジ２科 200(男 115・女 116)・４科 300(男 178・女 177)
2020 年：第１回一般ジェネラルアカデミー２科 200(男 137・女 135)
アドバンストチャレンジ２科 200(男 113・女 107)・４科 300(男 159・女 162)

※　表中のデータは学校公表のものです。ただし、２科合計・４科合計は各教科の平均点を合計したものなので、目安としてご覧ください。

２０２４年度　昭和学院中学校

算数解答用紙　算数１科

番号		氏名		評点	／100

1

(1)	
(2)	
(3)	
(4)	

2

(1)	
(2)	時速　　　km
(3)	通り
(4)	秒後
(5)	個
(6)	円

3

(1)	cm^3
(2)	cm^2

4

(1)	
(2)	個
(3)	

5

(1)	午前１０時　　分から　　分
(2)	午前１０時　　分　　秒

（注）この解答用紙は実物を縮小してあります。Ｂ５→Ｂ４（141%）に拡大コピーすると、ほぼ実物大の解答欄になります。

〔算　数〕100点(推定配点)

1～4　各６点×15　5　各５点×２

２０２４年度　昭和学院中学校

国語解答用紙　国語一科

番号　　氏名　　評点　／100

一
問一
問二（10・20・30・40・50・60・70）
問三　ア　イ　ウ
問四
問五
問六　1　2
問七（10・20・30・40・50）
問八

二
問一　来るため
問二
問三
問四
問五（10・20・30・40・50・60）
問六
問七
問八

三　1　2　3　4

四　ア　意味　イ　意味　ウ　意味

（注）この解答用紙は実物を縮小してあります。208％拡大コピーをすると、ほぼ実物大の解答欄になります。

〔国　語〕100点(推定配点)

一　問１　３点　問２　９点　問３　各２点×３　問４，問５　各３点×２　問６　各４点×２　問７　７点　問８　各３点×２　二　問１　４点　問２～問４　各３点×３　問５　８点　問６　５点　問７，問８　各３点×３　三，四　各２点×10

２０２４年度　昭和学院中学校　アドバンストチャレンジ

算数解答用紙

番号		氏名		評点	／100

1

(1)	
(2)	
(3)	
(4)	
(5)	

2

(1)	km
(2)	
(3)	人
(4)	通り
(5)	円

3

(1)	cm
(2)	cm

4

(1)	番目
(2)	番目

5

(1)	9時　　分
(2)	cm^2

（注）この解答用紙は実物を縮小してあります。Ｂ５→Ｂ４(141%)に拡大コピーすると、ほぼ実物大の解答欄になります。

〔算　数〕100点(推定配点)

1～3　各６点×12　4, 5　各７点×４

２０２４年度　昭和学院中学校　アドバンストチャレンジ

社会解答用紙

番号		氏名		評点	／50

1	問１	A	都道府県名	記号		
		B	都道府県名	記号		
		C	都道府県名	記号		
		D	都道府県名	記号		
	問２	Ⅰ		Ⅱ		
	問３			問４		
	問５	①		②		
	問６	記号		理由		

2	問１			問２		
	問３			問４		
	問５			問６	（１）	・
	問６	（２）		問７		

3	問１	歳		問２	の最高機関	
	問３					
	問４	番号		具体的な取り組み		
	問５	（１）		（２）		
	問６					

（注）この解答用紙は実物を縮小してあります。Ｂ５→Ｂ４（141%）に拡大コピーすると、ほぼ実物大の解答欄になります。

〔社　会〕50点（推定配点）

1　問１～問５　各１点×14＜問４は完答＞　問６　３点＜完答＞　2　各２点×９　3　問１～問３　各２点×３　問４　３点＜完答＞　問５，問６　各２点×３

２０２４年度　　昭和学院中学校　アドバンストチャレンジ

理科解答用紙

番号		氏名		評点	／50

1	(1)	秒	(2)	
	(3)			
	(4)			
2	(1)		(2)	
	(3)		(4)	
3	(1)		(2)	
	(3)		(4)	
	(5)			
4	(1)		(2)	→
	(3)			

（注）この解答用紙は実物を縮小してあります。Ｂ５→Ａ４（115%）に拡大コピーすると、ほぼ実物大の解答欄になります。

〔理　科〕50点(推定配点)

1　(1)，(2)　各３点×2＜(2)は完答＞　(3)　４点　(4)　３点　2，3　各３点×9＜2の(2)，(3)は完答＞　4　(1)，(2)　各３点×2　(3)　４点

２０２４年度　昭和学院中学校　アドバンストチャレンジ

英語解答用紙

番号　　氏名　　評点 /100

1

	(1)	(2)	(3)	(4)
Part 1				
Part 2				
Part 3				

2

(1) ＿＿＿＿＿＿＿＿＿＿＿＿＿＿＿＿＿＿＿＿＿＿＿＿＿＿＿＿＿＿＿＿＿＿＿＿ ?

(2) ＿＿＿＿＿＿＿＿＿＿＿＿＿＿＿＿＿＿＿＿＿＿＿＿＿＿＿＿＿＿＿＿＿＿＿＿ .

(3) ＿＿＿＿＿＿＿＿＿＿＿＿＿＿＿＿＿＿＿＿＿＿＿＿＿＿＿＿＿＿＿＿＿＿＿＿ .

(4) ＿＿＿＿＿＿＿＿＿＿＿＿＿＿＿＿＿＿＿＿＿＿＿＿＿＿＿＿＿ tomorrow.

(5) ＿＿＿＿＿＿＿＿＿＿＿＿＿＿＿＿＿＿＿＿＿＿＿＿＿＿＿＿＿＿＿＿＿＿＿＿ .

3

(1)	(2)	(3)	(4)	(5)
(6)	**(7)**	**(8)**	**(9)**	**(10)**

4

(1) ＿＿＿＿＿＿＿＿＿＿＿＿＿＿＿＿＿＿＿＿＿＿＿＿＿＿＿＿＿＿＿＿＿＿＿＿

＿＿＿＿＿＿＿＿＿＿＿＿＿＿＿＿＿＿＿＿＿＿＿＿＿＿＿＿＿＿＿＿＿＿＿＿

(2) ＿＿＿＿＿＿＿＿＿＿＿＿＿＿＿＿＿＿＿＿＿＿＿＿＿＿＿＿＿＿＿＿＿＿＿＿ .

(3)

① ＿＿＿＿＿＿＿＿＿＿＿＿＿＿＿＿＿＿＿＿＿＿＿＿＿＿＿＿＿＿＿＿＿＿＿＿

② ＿＿＿＿＿＿＿＿＿＿＿＿＿＿＿＿＿＿＿＿＿＿＿＿＿＿＿＿＿＿＿＿＿＿＿＿

③ ＿＿＿＿＿＿＿＿＿＿＿＿＿＿＿＿＿＿＿＿＿＿＿＿＿＿＿＿＿＿＿＿＿＿＿＿

④ ＿＿＿＿＿＿＿＿＿＿＿＿＿＿＿＿＿＿＿＿＿＿＿＿＿＿＿＿＿＿＿＿＿＿＿＿

⑤ ＿＿＿＿＿＿＿＿＿＿＿＿＿＿＿＿＿＿＿＿＿＿＿＿＿＿＿＿＿＿＿＿＿＿＿＿

5

	①	②	③	④	⑤
(1)					
(2)					

（注）この解答用紙は実物を縮小してあります。189％拡大コピーをすると、ほぼ実物大の解答欄になります。

〔英　語〕100点(推定配点)

1　各２点×10　2　各３点×５　3　各２点×10　4　(1)　６点　(2)　４点　(3)　各２点×５　5　(1)　各３点×５　(2)　各２点×５

２０２４年度　昭和学院中学校　アドバンストチャレンジ

国語解答用紙

番号		氏名		評点	/100

一
問一
問二
問三
問四
問五
問六
問七
問八
問九

二
問一
問二
問三
問四
問五
問六
問七
問八

三
1
2
3
4
5
6

四
1
2

(注) この解答用紙は実物を縮小してあります。189%拡大コピーをすると、ほぼ実物大の解答欄になります。

〔国　語〕100点(推定配点)

一　問1～問5　各4点×5　問6　10点　問7～問9　各4点×3　二　問1　4点　問2　8点　問3　4点　問4　10点　問5～問8　各4点×4　三，四　各2点×8

２０２３年度　　昭和学院中学校

算数解答用紙　算数１科

番号		氏名	

評点	／100

1

(1)	
(2)	
(3)	
(4)	

2

(1)	
(2)	人
(3)	分速　　m
(4)	g
(5)	cm^2

3

(1)	ア	度	イ	度
(2)	cm			

4

(1)	
(2)	番

5

(1)	分後
(2)	分後
(3)	毎分　　L

（注）この解答用紙は実物を縮小してあります。Ｂ５→Ｂ４（141％）に拡大コピーすると、ほぼ実物大の解答欄になります。

〔算　数〕100点（推定配点）

1　各７点×４　2　各６点×５　3　(1)　各３点×２　(2)　６点　4，5　各６点×５

二〇二三年度　昭和学院中学校

国語解答用紙　国語一科

番号		氏名		評点	/100

一
問一 ア　イ　ウ
問二 X　Y
問三
問四
問五
問六 ということ。
問七
問八

二
問一 ア　イ　ウ
問二
問三
問四
問五 初め 〜 終わり
問六
問七

三 1　2　3　4　5

四 1　2　3　4　5

（注）この解答用紙は実物を縮小してあります。182%拡大コピーをすると、ほぼ実物大の解答欄になります。

〔国　語〕100点(推定配点)

一 問1　4点<完答>　問2　各2点×2　問3　4点　問4　8点　問5, 問6　各4点×2　問7　7点　問8　各4点×2　二 問1　各2点×3　問2, 問3　各4点×2　問4　7点　問5　4点　問6　8点　問7　4点　三, 四　各2点×10

2023年度　昭和学院中学校　アドバンストチャレンジ

算数解答用紙

番号		氏名	

評点	／100

1

(1)	
(2)	
(3)	

2

(1)	
(2)	日目
(3)	円
(4)	
(5)	

3

(1)	cm
(2)	倍

4

(1)	回
(2)	

5

(1)	(　　　　)
(2)	(　　　　)

6

(1)	cm
(2)	
(3)	秒後

（注）この解答用紙は実物を縮小してあります。B５→B４(141%)に拡大コピーすると、ほぼ実物大の解答欄になります。

〔算　数〕100点(推定配点)

1～4　各６点×12　5　各５点×２　6　各６点×３

2023年度　昭和学院中学校　アドバンストチャレンジ

社会解答用紙

番号　　氏名　　評点　／50

（注）この解答用紙は実物を縮小してあります。172%拡大コピーをすると、ほぼ実物大の解答欄になります。

1

問1　問2　問3　問4　問5　問6　問7

2

問1　問2　問3　問4　問5　記号　県名　県　問6

3

問1　問2　問3　問4【4】　20　問4【5】　20　問5　問6　問7　20

〔社　会〕50点(推定配点)

1　問1～問5　各2点×5　問6, 問7　各3点×2　2　問1～問3　各2点×3　問4～問6　各3点×3<問5は完答>　3　問1～問3　各2点×3　問4　各3点×2　問5, 問6　各2点×2　問7　3点

２０２３年度　昭和学院中学校　アドバンストチャレンジ

理科解答用紙

番号		氏名	

評点	／50

1	問 1		問 2	
	問 3		問 4	
2	問 1			
	問 2			
	問 3			
	問 4	ゴミ A はゴミ B よりも		
3	問 1		問 2	
	問 3		問 4	
4	問 1			
	問 2		問 3	
	問 4			

（注）この解答用紙は実物を縮小してあります。Ｂ５→Ａ４(115%)に拡大コピーすると、ほぼ実物大の解答欄になります。

〔理　科〕50点(推定配点)

1～3　各３点×12<1の問１，問３，問４は完答>　4　問１　各２点×２　問２，問３　各３点×２<問２は完答>　問４　４点

2023年度 昭和学院中学校 アドバンストチャレンジ

英語解答用紙

番号		氏名		評点	/100

1

	(1)	(2)	(3)	(4)
Part 1				
Part 2				
Part 3				

2

(1) ＿＿＿＿ ?

(2) ＿＿＿＿ Tokyo Skytree.

(3) ＿＿＿＿ the States.

(4) ＿＿＿＿ .

(5) ＿＿＿＿ .

3

(1)	(2)	(3)	(4)	(5)
(6)	(7)	(8)	(9)	(10)

4

(1)

(2)

(3)

5

	①	②	③	④	⑤
(1)					
(2)					

（注）この解答用紙は実物を縮小してあります。189%拡大コピーをすると、ほぼ実物大の解答欄になります。

〔英　語〕100点(推定配点)

1 各2点×10　2 各3点×5　3 各2点×10　4 (1) 5点　(2) 3点　(3) 7点　5 各3点×10

二〇二三年度　昭和学院中学校　アドバンストチャレンジ

国語解答用紙

番号　　氏名　　評点　／100

一
問一
問二
問三
問四
問五
問六
問七
問八

二
問一
問二
問三
問四
問五
問六　初め　〜　終わり
問七
問八

三
1　誤　正
2　誤　正
3　誤　正
4　誤　正

四
1　2　3
4　5　6

（注）この解答用紙は実物を縮小してあります。185%拡大コピーをすると、ほぼ実物大の解答欄になります。

〔国　語〕100点(推定配点)

一　問1　4点　問2　3点　問3　8点　問4　4点　問5，問6　各3点×4　問7　8点　問8　各3点×2　二　問1　7点　問2　3点　問3　8点　問4　4点　問5　3点　問6　4点　問7，問8　各3点×2　三，四　各2点×10<三は各々完答>

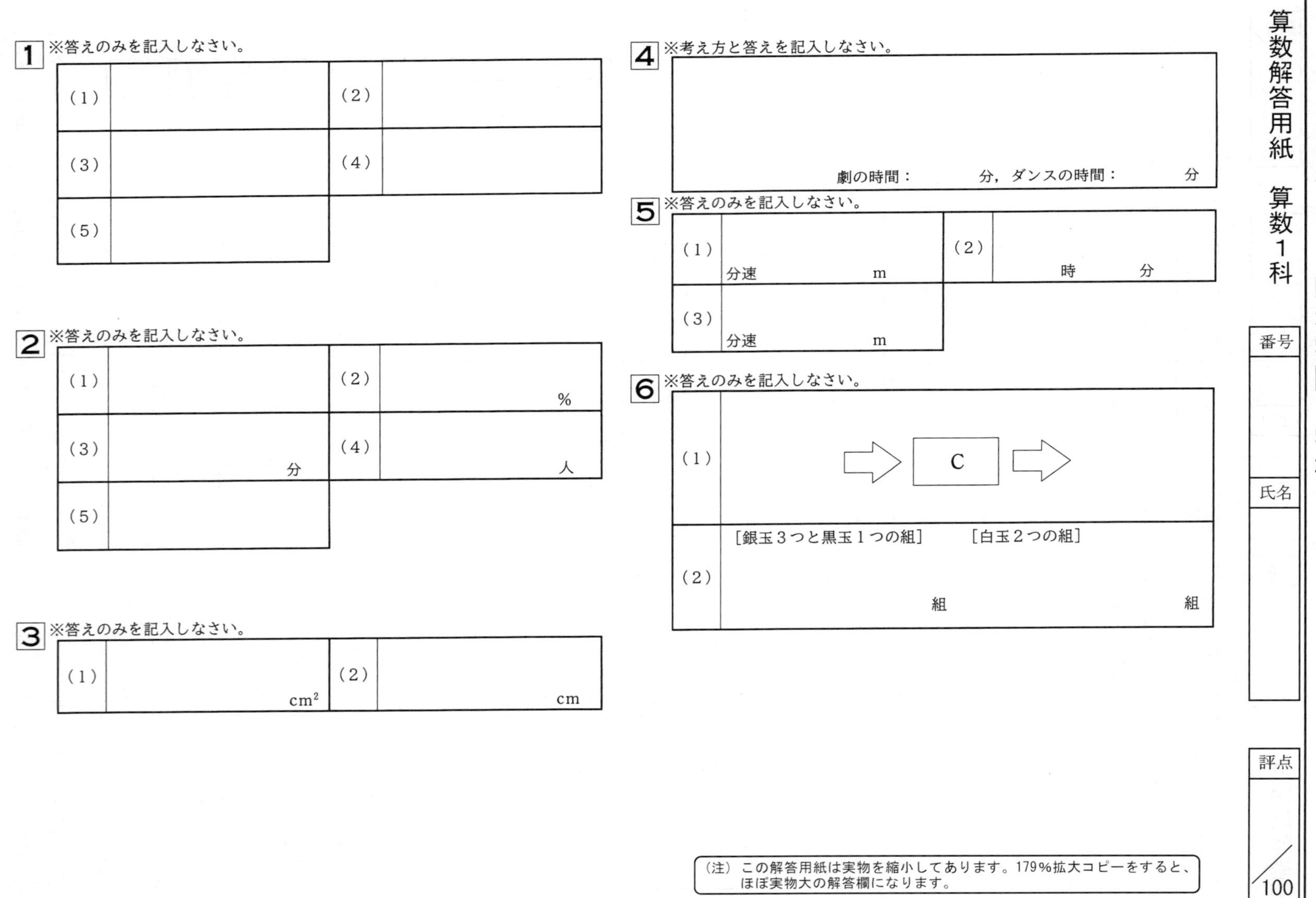

2022年度　昭和学院中学校

算数解答用紙　算数1科

番号		氏名		評点	/100

1 ※答えのみを記入しなさい。

(1)		(2)	
(3)		(4)	
(5)			

2 ※答えのみを記入しなさい。

(1)		(2)	%
(3)	分	(4)	人
(5)			

3 ※答えのみを記入しなさい。

(1)	cm^2	(2)	cm

4 ※考え方と答えを記入しなさい。

劇の時間：　　分，ダンスの時間：　　分

5 ※答えのみを記入しなさい。

(1)	分速　　m	(2)	時　　分
(3)	分速　　m		

6 ※答えのみを記入しなさい。

(1)	⇨ C ⇨
(2)	[銀玉3つと黒玉1つの組]　　組　[白玉2つの組]　　組

(注) この解答用紙は実物を縮小してあります。179%拡大コピーをすると、ほぼ実物大の解答欄になります。

〔算　数〕100点(推定配点)

1 各5点×5　2～4 各6点×8　5 各5点×3　6 各6点×2

二〇二三年度　　昭和学院中学校

国語解答用紙　国語一科

番号　　氏名　　評点 /100

一
問一
問二
問三
問四 A B C D
問五
問六
問七
問八

二
問一 A B C
問二
問三
問四
問五
問六

三 ① ② ③ ④ ⑤

四 ① ② ③ ④ ⑤

（注）この解答用紙は実物を縮小してあります。172％拡大コピーをすると、ほぼ実物大の解答欄になります。

〔国　語〕100点(推定配点)

一 問1，問2　各6点×2　問3　7点　問4～問6　各5点×3<問4は完答>　問7　6点　問8　5点<完答>　二 問1　各2点×3　問2，問3　各7点×2　問4～問6　各5点×3<問5は完答>　三，四　各2点×10

2022年度　昭和学院中学校　アドバンストチャレンジ

算数解答用紙

番号		氏名		評点	/100

1 ※答えのみを記入しなさい。

(1)		(2)	
(3)		(4)	

2 ※答えのみを記入しなさい。

(1)		(2)	
(3)		(4)	
(5)			

3 ※（1）は答えのみ，（2）の①，②は式や考え方と答えを記入しなさい。

(1)	度		
(2) ①	cm	②	cm²

4 ※答えのみ記入しなさい。

(1)		(2)	
(3)			

5 ※式や考え方と答えを記入しなさい。

(1)	秒後	(2)	AB：BC＝　：

6 ※式や考え方と答えを記入しなさい。

(1)	日目	(2)	曜日
(3)	日		

（注）この解答用紙は実物を縮小してあります。200%拡大コピーをすると、ほぼ実物大の解答欄になります。

〔算　数〕100点(推定配点)

1～6　各5点×20

２０２２年度　昭和学院中学校　アドバンストチャレンジ

社会解答用紙

番号		氏名		評点	/50

（注）この解答用紙は実物を縮小してあります。204％拡大コピーをすると、ほぼ実物大の解答欄になります。

1

問1　問2　問3

問4

問5　【X】　【Y】

問6

問7

2

問1　問2

問3　平城京の建設に必要な

問4　問5

問6　問7

問8

3

問1　問2　問3

問4

問5　（1）　（2）

問6　【手順1】

【手順2】

〔社　会〕50点(推定配点)

1　問1～問6　各2点×7<問5は完答>　問7　3点　2　問1，問2　各2点×2　問3　3点　問4～問8　各2点×5　3　問1～問5　各2点×6　問6　4点

２０２２年度　昭和学院中学校　アドバンストチャレンジ

理科解答用紙

番号		氏名	

評点	／50

1

（1）	g	（2）	g
（3）	g	（4）	g

2

（1）	ア		イ	
	ウ		エ	
（2）			（3）	℃
（4）				
（5）				

3

（1）	観察した結果		結果から考えたこと	
（2）	観察した結果		結果から考えたこと	
（3）				

4

（1）	生徒Ａの液体		生徒Ｂの液体	
	生徒Ｅの液体			
（2）				
（3）				
（4）				

（注）この解答用紙は実物を縮小してあります。Ｂ５→Ｂ４（141%）に拡大コピーすると、ほぼ実物大の解答欄になります。

〔理　科〕50点（推定配点）

1　各２点×４　2　(1)～(4)　各２点×７　(5)　４点　3　各３点×3<各々完答>　4　(1)　各２点×３　(2)～(4)　各３点×３

２０２２年度　昭和学院中学校　アドバンストチャレンジ

英語解答用紙

番号		氏名		評点	/100

1

Part 1	(1)	(2)	(3)	(4)
Part 2	(1)	(2)	(3)	
Part 3	(1)	(2)	(3)	

2

(1) ＿＿＿＿＿＿＿＿＿＿ .

(2) ＿＿＿＿＿＿＿＿＿＿ home.

(3) ＿＿＿＿＿＿＿＿＿＿ the gym ?

(4) ＿＿＿＿＿＿＿＿＿＿ .

(5) ＿＿＿＿＿＿＿＿＿＿ .

3

(1)	(2)	(3)	(4)	(5)
(6)	(7)	(8)	(9)	(10)

4

(1)

(2)

(3)　a　b　※選んだ方に○をすること

5

(1)	①	②	③	④	⑤
(2)	①	②	③	④	⑤

（注）この解答用紙は実物を縮小してあります。189％拡大コピーをすると、ほぼ実物大の解答欄になります。

〔英　語〕100点(推定配点)

1　各２点×10　2　各３点×５　3　各２点×10　4　(1)　５点　(2)　３点　(3)　７点　5　各３点×10

二〇二三年度　昭和学院中学校　アドバンストチャレンジ

国語解答用紙

番号　　氏名　　評点　／100

一
問一
問二
問三　初め～終わり　から。
問四
問五
問六
問七

二
問一
問二
問三
問四
問五
問六　C　D　E　F
問七
問八
問九　大黒と話しているうちに

三
①　②

四
①　②　る　③
④　⑤　⑥

（注）この解答用紙は実物を縮小してあります。189%拡大コピーをすると、ほぼ実物大の解答欄になります。

〔国　語〕100点(推定配点)

一　問1～問5　各4点×6　問6　8点　問7　5点　二　問1～問6　各4点×6<問6は完答>　問7　8点　問8　5点　問9　8点　三　各3点×2　四　各2点×6

２０２１年度　昭和学院中学校　適性検査型

適性検査Ⅱ解答用紙

番号		氏名		評点	/100

1

問1	
問2	成り立つ関係
	成り立つ理由
問3	○ ○ ○

2

問1	（30〜40字のマス目）
問2	仕組み：＿＿＿＿＿＿ 説明：
問3	

3

	(A)	(B)	(C)	(D)	(E)	(F)	(G)
問1							

問2	

（注）この解答用紙は実物を縮小してあります。179%拡大コピーをすると、ほぼ実物大の解答欄になります。

〔適性検査Ⅱ〕100点(推定配点)

1　問1　8点<完答>　問2　成り立つ関係…10点，成り立つ理由…15点　問3　10点　2　問1　10点　問2　15点　問3　10点　3　問1　各1点×7　問2　15点

二〇二二年度　昭和学院中学校　適性検査型

適性検査Ⅰ解答用紙

番号　　氏名　　評点　／100

問一

問二

問三

（注）この解答用紙は実物を縮小してあります。179％拡大コピーをすると、ほぼ実物大の解答欄になります。

〔適性検査Ⅰ〕100点(推定配点)

問1，問2　各15点×2　問3　70点

２０２１年度　昭和学院中学校　アドバンストチャレンジ

算数解答用紙

番号		氏名		評点	/100

1 ※答えのみを記入しなさい。

(1)		(2)	
(3)		(4)	
(5)			

2 ※答えのみを記入しなさい。

(1)		(2)	:
(3)	%	(4)	
(5)			

3 ※式や考え方と答えを記入しなさい。

(1)	Aさん　Bさん	(2)	回

4 ※式や考え方と答えを記入しなさい。

(1)	cm^3	(2)	cm

5 ※（1），（2）は答えのみ，（3）は式や考え方と答えを記入しなさい。

(1)	cm	(2)	cm
(3)			cm

6 ※（1），（2）は答えのみ，（3）は式や考え方と答えを記入しなさい。

(1)	通り	(2)	通り
(3)			通り

（注）この解答用紙は実物を縮小してあります。204%拡大コピーをすると，ほぼ実物大の解答欄になります。

〔算　数〕100点(推定配点)

1～6　各５点×20＜3の(1)は完答＞

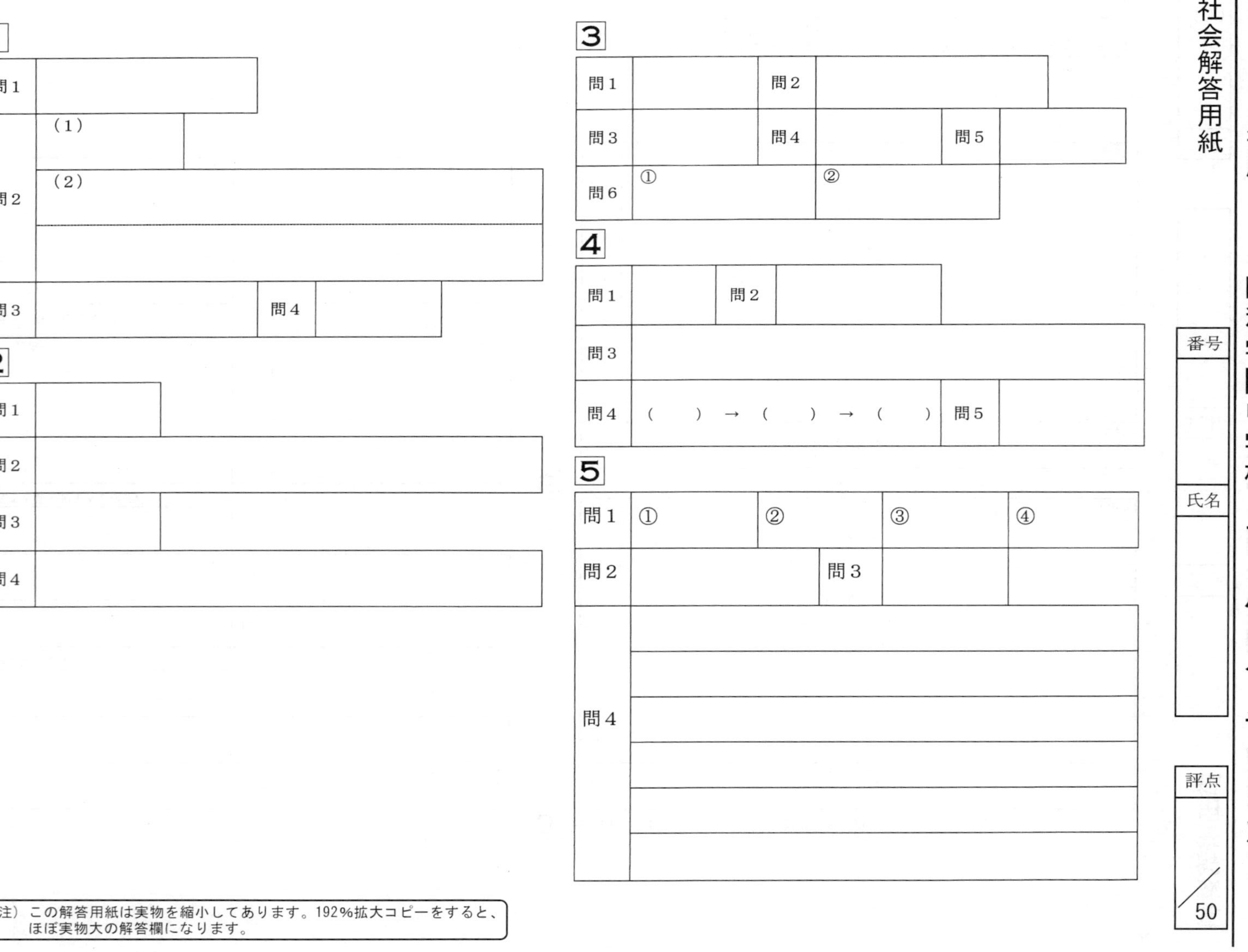

〔社　会〕50点(推定配点)

1　問1～問3　各2点×4<問2の(2)は完答>　問4　1点　2　各2点×4　3　問1～問5　各2点×5　問6　各1点×2　4　各2点×5<問4は完答>　5　問1　各1点×4　問2，問3　各2点×2　問4　3点

２０２１年度　昭和学院中学校　アドバンストチャレンジ

理科解答用紙

番号		氏名		評点	／50

1

(1)			
(2)	図1		図2	
(3)		(4)	
(5)			

2

(1)				
(2)	g	(3)	①	g
(3)	②			
(3)	③			
(4)				
(5)	%	(6)	①		②	g

3

(1)	必要な条件１		比べる実験	と
	必要な条件２		比べる実験	と
(2)				
(3)	①	②	③	④

（注）この解答用紙は実物を縮小してあります。Ｂ５→Ｂ４（141％）に拡大コピーすると、ほぼ実物大の解答欄になります。

〔理　科〕50点（推定配点）

1　(1)～(4)　各２点×５　(5)　３点　2　各２点×９　3　(1)　各２点×４　(2)　３点　(3)　各２点×４

２０２１年度　昭和学院中学校　アドバンストチャレンジ

英語解答用紙

番号		氏名		評点	/100

1

Part 1	(1)	(2)	(3)	(4)
Part 2	(1)	(2)	(3)	
Part 3	(1)	(2)	(3)	

2

(1) ________ at Showa Gakuin?

(2) ________ it rains.

(3) ________ since I was seven.

(4) Do you know ________?

(5) ________ to speak English.

3

(1)	(2)	(3)	(4)	(5)
(6)	(7)	(8)	(9)	(10)

4

(1)

(2)

(3)　a　b　※選んだ方に○をすること

5

(1)	①	②	③	④	⑤
(2)	①	②	③	④	⑤

（注）この解答用紙は実物を縮小してあります。192%拡大コピーをすると、ほぼ実物大の解答欄になります。

〔英　語〕100点(推定配点)

1　各２点×10　2　各３点×５　3　各２点×10　4　(1)　５点　(2)　３点　(3)　７点　5　各３点×10

二〇二二年度　昭和学院中学校　アドバンストチャレンジ

国語解答用紙

番号　　氏名　　評点　／100

一
問一　人間は（50字）
問二
問三
問四（30字）
問五
問六
問七　㋐最初　最後　㋑最初　最後
問八

二
問一
問二
問三　㋐　㋑
問四
問五　→　→　→
問六
問七
問八（40字）

三
問一　①　②　③　④　⑤
問二　①　②　③

（注）この解答用紙は実物を縮小してあります。192%拡大コピーをすると、ほぼ実物大の解答欄になります。

〔国　語〕100点(推定配点)

一　問1　8点　問2，問3　各4点×2　問4　6点　問5～問8　各4点×5　二　問1～問3　各4点×4　問4，問5　各5点×2<問5は完答>　問6，問7　各4点×2　問8　8点　三　各2点×8

2020年度　　昭和学院中学校　一般ジェネラルアカデミー

算数解答用紙

番号		氏名	

評点	／100

1

(1)	
(2)	
(3)	
(4)	
(5)	

2

(1)	
(2)	
(3)	cm^2
(4)	円
(5)	時間
(6)	個
(7)	g

3

cm

4

(1)	本
(2)	個

5

(1)	cm^2
(2)	度

6

(1)	cm^3
(2)	cm^3

7

(1)	分速　　　m
(2)	時　　　分

8

グーを出した人　　　人

(求め方)

(注) この解答用紙は実物を縮小してあります。B４用紙に135%拡大コピーすると、ほぼ実物大で使用できます。(タイトルと配点表は含みません)

〔算　数〕100点(推定配点)

1　各４点×5　2　(1)～(5)　各４点×5　(6), (7)　各５点×2　3～7　各５点×9　8　グーを出した人…2点, 求め方…3点

二〇二〇年度　昭和学院中学校　一般ジェネラルアカデミー

国語解答用紙

番号　氏名　評点 /100

一
問一 ① ②
問二
問三 A B
問四 能力
問五
問六 (1) 初め 終わり
(2) イチゴの種子が ことと。
問七

二
問一
問二
問三
問四
問五
問六
問七
問八

三 ① ② ③ ④ ⑤

四 ① ② ③ ④ ⑤

（注）この解答用紙は実物を縮小してあります。172％拡大コピーすると、ほぼ実物大で使用できます。（タイトルと配点表は含みません）

〔国　語〕100点(推定配点)

一　問1　各3点×2　問2　4点　問3　各3点×2　問4　5点　問5　4点　問6　(1)　5点　(2)　8点　問7　4点　二　問1　5点　問2～問4　各4点×4　問5　3点　問6　6点　問7，問8　各4点×2　三，四　各2点×10

2020年度　昭和学院中学校　アドバンストチャレンジ

算数解答用紙

番号		氏名		評点	/100

1 ※答えのみを記入しなさい。

(1)		(2)	
(3)		(4)	
(5)			

2 ※答えのみを記入しなさい。

(1)		(2)	人
(3)	秒	(4)	人
(5)			

3 ※答えのみを記入しなさい。

(1)	度	(2)	cm^2
(3)	cm		

4 ※式や考え方と答えを記入しなさい。

(1)	cm	(2)	cm^3

5 ※答えのみを記入しなさい。

(1)	分後	(2)	①　②　③

6 ※（1）は答えのみを記入しなさい。

(1)	E停留所発（F行）		(2)	
	F停留所発			
	G停留所発			
	E停留所発（D行）			

（注）この解答用紙は実物を縮小してあります。208%拡大コピーすると、ほぼ実物大で使用できます。（タイトルと配点表は含みません）

〔算　数〕100点(推定配点)

1～3　各5点×13　4，5　各6点×4　6　(1)　5点<完答>　(2)　6点

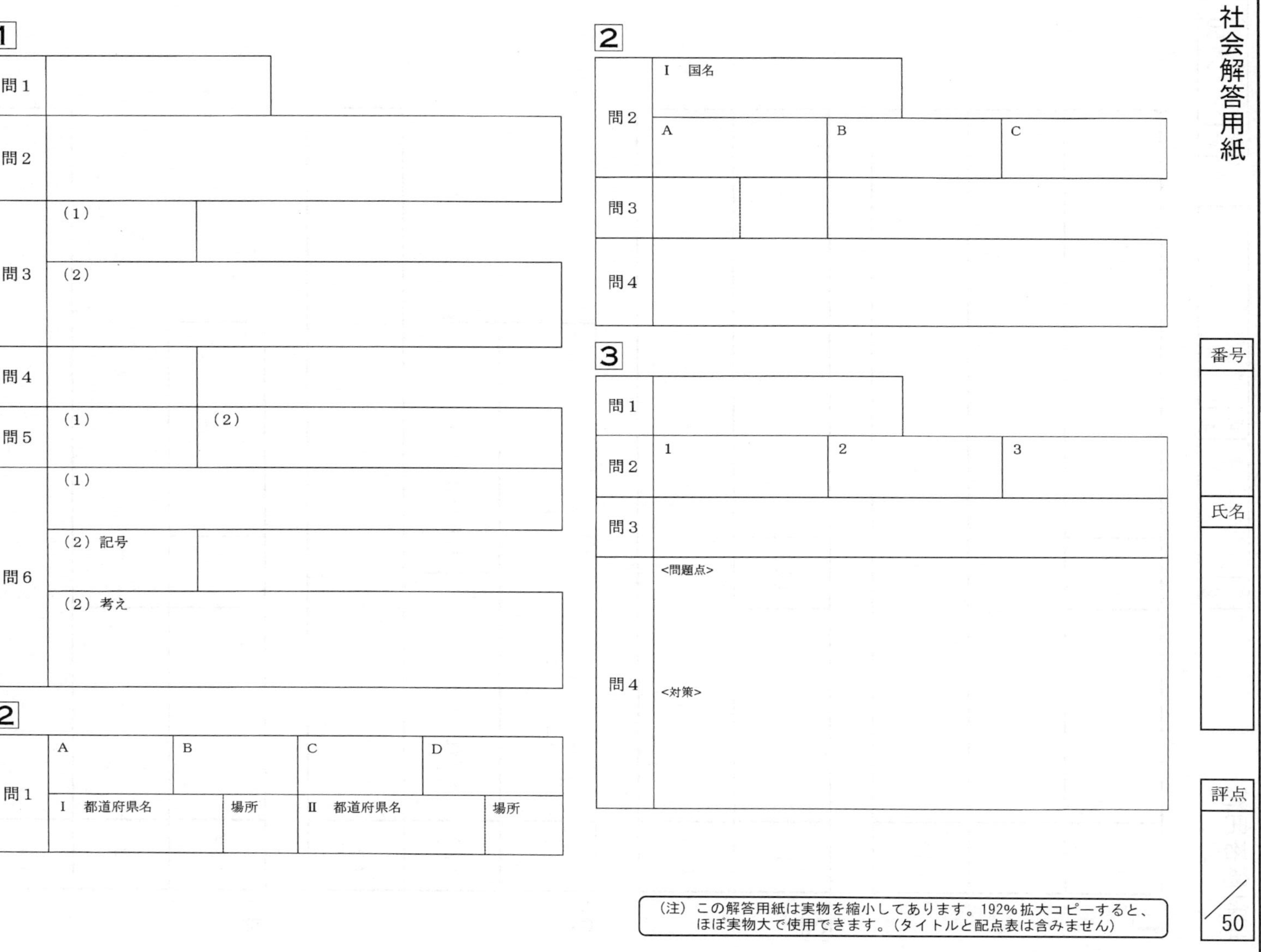

2020年度　昭和学院中学校　アドバンストチャレンジ

社会解答用紙

番号　　氏名　　評点　／50

1

問1

問2

問3　(1)　(2)

問4

問5　(1)　(2)

問6　(1)　(2) 記号　(2) 考え

2

問1　A　B　C　D　Ⅰ 都道府県名　場所　Ⅱ 都道府県名　場所

2

問2　Ⅰ 国名　A　B　C

問3

問4

3

問1

問2　1　2　3

問3

問4　<問題点>　<対策>

(注) この解答用紙は実物を縮小してあります。192% 拡大コピーすると、ほぼ実物大で使用できます。(タイトルと配点表は含みません)

〔社　会〕50点(推定配点)

1　問1　1点　問2　2点　問3　(1)　1点　(2)　2点　問4　1点　問5　(1)　1点　(2)　2点　問6　(1)　2点　(2)　2点　2　問1　A～D　各2点×4　都道府県名・場所　各2点×2<各々完答>　問2　各2点×4　問3　各1点×2　問4　2点　3　各2点×6<問4は完答>

２０２０年度　昭和学院中学校　アドバンストチャレンジ

理科解答用紙

番号		氏名		評点	／50

1

(1)		(2)	
(3)			
(4)			

2

(1)		(2)	
(3)			

3

(1)	→ → → →	
(2)	せびれ	しりびれ
(3)		

4

(1)		(2)	
(3)			
(4)			

（注）この解答用紙は実物を縮小してあります。Ｂ４用紙に119%拡大コピーすると、ほぼ実物大で使用できます。（タイトルと配点表は含みません）

〔理　科〕50点（推定配点）

1 (1)～(3)　各３点×３　(4)　４点　2 (1)　３点　(2)，(3)　各４点×２<(2)は完答>　3 (1)，(2)　各３点×３<(1)は完答>　(3)　４点　4 (1)～(3)　各３点×３　(4)　４点

二〇二〇年度　昭和学院中学校　アドバンストチャレンジ

国語解答用紙

番号　氏名　評点 /100

一
問一 A B C
問二
問三
問四
問五
問六 G H I J
問七
問八 ア イ ウ エ オ

二
問一
問二
問三
問四 A B C
問五
問六
問七
問八
問九 (1) (2)

三
問一 (1) (2)
問二 ① ② ③ ④ ⑤

(注) この解答用紙は実物を縮小してあります。200%拡大コピーすると、ほぼ実物大で使用できます。(タイトルと配点表は含みません)

〔国　語〕100点(推定配点)

一　問1　各2点×3　問2～問4　各3点×3　問5　5点　問6　各2点×4　問7　3点　問8　各2点×5　二　問1　8点　問2，問3　各3点×2<問3は完答>　問4　各2点×3　問5～問8　各3点×4　問9　(1)　5点　(2)　8点　三　各2点×7

Memo

東京都／神奈川県／千葉県／埼玉県／茨城県／栃木県ほか

2025年度用 声の教育社版

中学受験案内

■全校を見開き2ページでワイドに紹介！

■中学～高校までの授業内容をはじめ部活や行事など、6年間の学校生活を凝縮！

■偏差値・併願校から学費・卒業後の進路まで、知っておきたい情報が満載！

首都圏版
東京・神奈川・千葉・埼玉・茨城・栃木ほか
中学受験案内 2025年度用
私立・国公立中学 353 校のスクール情報を徹底リサーチ！
入試問題は持ち帰れる？　お弁当は毎日？
非常時の連絡は？　学校生活の様子から、いざというときの対応まで、親が本当に知りたい情報が満載！
周辺の環境は？
●大手模試3社のデータを一挙公開！ 四谷大塚・首都圏模試・サピックス
試験日別 予想偏差値一覧
●今春の結果から 2025年度入試を予測する！
●志望校を選ぶ！決める！ 完全ポイントガイド
●ココが知りたい！ 受験ホット情報
最新！ 2024年春大学合格状況
各校のICT機器の活用
部活動一覧
制服アラカルト
声の教育社

私立・国公立353校掲載

Ⅰ 首都圏（東京・神奈川・千葉・埼玉・その他）の私立・国公立中学校の受験情報を掲載。

合格情報
近年の倍率推移・偏差値による合格分布予想グラフ・入試ホット情報ほか

学校情報
授業、施設、特色、ICT機器の活用、併設大学への内部進学状況と併設高校からの主な大学進学実績ほか

入試ガイド
募集人員、試験科目、試験日、願書受付期間、合格発表日、学費ほか

Ⅱ 資　料
(1)私立・国公立中学の合格基準一覧表（四谷大塚、首都圏模試、サピックス）
(2)主要中学早わかりマップ
(3)各校の制服カラー写真
(4)奨学金・特待生制度，帰国生受け入れ校，部活動一覧

Ⅲ 大学進学資料
(1)併設高校の主要大学合格状況一覧
(2)併設・系列大学への内部進学状況と条件

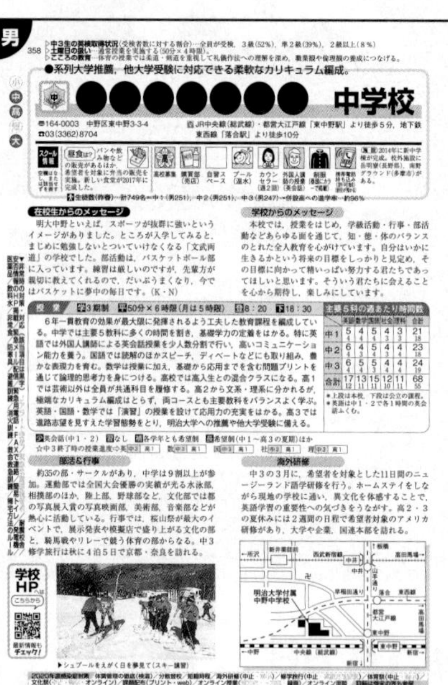

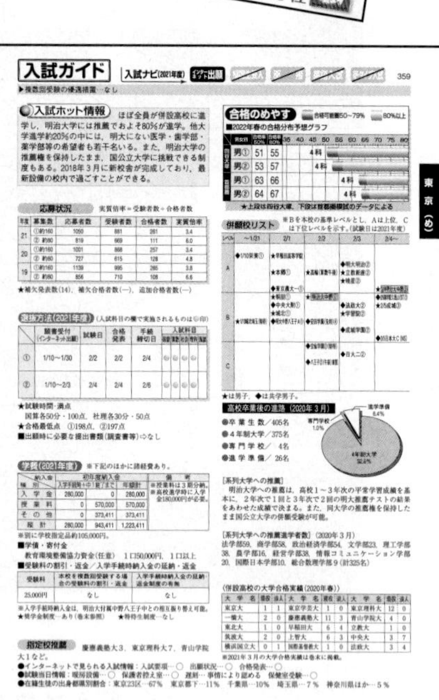

志望校・併願校を この１冊で選ぶ！決める!!

過去問で君の夢を応援します

声の教育社

〒162-0814　東京都新宿区新小川町8-15
TEL.03-5261-5061　FAX.03-5261-5062
https://www.koenokyoikusha.co.jp